Michael Hauck

FRANKFURTER ALLERLEI

FRANKFURT (1960)

Das erste Bild aus der Phantasie von Frankfurt stammt aus der
Anfangszeit meiner Malkünste, es ist in Öl auf Holz gemalt.
Immer wieder folgten ähnliche Bilder von einem imaginären Blickpunkt aus.
Dieser befindet sich hoch über Sachsenhausen und erfasst Frankfurt
von der Untermainbrücke bis zum Dom mit dem Taunus als Hintergrund.
Obgleich aus der Phantasie zeigen diese Bilder viele Veränderungen
des Stadtbildes im westlichen Teil der Stadt. Man sieht dort die
immer mehr und höher werdenden Hochhäuser, während der Ostteil
rechts vom Dom eher unverändert blieb. Auch der Bogen,
den der Main bildet, bleibt unverändert, ebenso der Eiserne Steg und
die Bäume am Sachsenhäuser Ufer und der Taunus.

Michael Hauck

FRANKFURTER ALLERLEI

Erlebtes und Erlerntes
aus neun Jahrzehnten

Droste Verlag

MICHAEL HAUCK

Jahrgang 1927, entstammt einer alteingesessenen Frankfurter Bankiersfamilie.
38 Jahre lang war er persönlich haftender Gesellschafter der Privatbank Georg Hauck & Sohn (heute Hauck & Aufhäuser Privatbankiers), deren Ehrenvorsitzender er ist.

Er war Mitglied in verschiedenen Aufsichtsräten und ehrenamtlich unter anderem drei Jahre Vorsitzender des Vorstands der Frankfurter Wertpapierbörse (heute Deutsche Börse AG). In dieser Funktion war er Mitinitiator des Dax. Die *Deutsche Vereinigung für Finanzanalyse & Anlageberatung/Asset Management e. V. (DVFA)* wurde von ihm mitgegründet, ebenso die *Europäische Arbeitsgemeinschaft für Wertpapieranalysen und das Institut für Kapitalmarktforschung* (heute Center for Financial Studies an der Johann Wolfgang Goethe-Universität Frankfurt).

Michael Hauck erhielt das Bundesverdienstkreuz
1. Klasse, den Verdienstorden des Landes Hessen
und die Ehrenplakette der Stadt Frankfurt am Main.

1997 fasste er seine Veröffentlichungen und Vorträge aus
vier Jahrzehnten in seinem Buch *Kompost*
(Fritz Knapp Verlag Frankfurt) zusammen.

2009 brachte er im Societäts-Verlag das Buch
Albert Hahn – ein verstoßener Sohn Frankfurts,
Bankier und Wissenschaftler heraus.
Es ist eine einfühlsame Dokumentation geworden,
die nicht nur über einen Mann berichtet, in dem sich
alter Geldadel und Bildungsbürgertum verbanden und
dessen Fliege äußeres Zeichen seines Nonkonformismus
war, sondern es erzählt auch über eine untergegangene Epoche der Stadt Frankfurt am Main.

Frankfurter Allerlei ist quasi eine Fortsetzung von
beiden Büchern und enthält auch wieder bereits
Veröffentlichtes. Hinzu kommen nun ein
längeres Interview und allerlei kritische, nachdenkliche
und amüsante Beobachtungen und Anmerkungen
über Frankfurt am Main, seine Bürger, Häuser
und Institutionen –
aus neun Jahrzehnten Erlebtem und Erlerntem.

INHALT

1. Editorial

2. Wirtschaftsbürger

3. Finanzen

4. Lokales – Frankfurter Miniaturen

5. Bildung – Frankfurter Schulen

6. Architektur

7. Aus dem Leben des Herausgebers

8. Leserbriefe und Presseartikel

1. EDITORIAL

Leitartikel

„Leipziger Allerlei“ gilt mit seinen vielen Gemüsezutaten in der Welt der Kulinarik als ein Klassiker unter den Beilagen. Mein *Frankfurter Allerlei* hat mit Sicherheit nicht den Anspruch, mit der Original-Rezeptur der köstlichen Leipziger Erfindung konkurrieren zu wollen. Dennoch will es genauso leicht bekömmlich sein – als Lesebuch. Und da ich weder Koch noch Schriftsteller bin, sondern Bankier war, gestatte ich mir für die Struktur meines Buches eine Anleihe bei den Printmedien zu machen: Wie in einer Zeitung auch sammele ich in meiner Publikation Informationen, Meinungen, Rückblicke, Kritik, Anekdotisches und Biografisches – aus meinen neun Jahrzehnten. Und wie in einer Zeitung ist innerhalb der Kapitel kein unmittelbarer Zusammenhang zu entdecken. Was aber alles zusammenhält, sind Frankfurt am Main und das Leben in dieser Stadt. Zu meinem 70. Geburtstag habe ich schon einmal ein Buch veröffentlicht unter dem Titel *Kompost – Reden und Aufsätze aus vier Jahrzehnten. Frankfurter Allerlei* ergänzt *Kompost*. Die Zusammenstellung und Redaktion hat mir Freude gemacht, ebenso wie manches positive Echo. Auch dies hat mich ermutigt zur Zubereitung dieses *Frankfurter Allerlei.*

Bei Vorgesprächen hat eine als Historikerin Ausgebildete sich geweigert, die Redaktion zu übernehmen. Das werde ja ein ungeordneter Steinbruch. Hätte sie von einem Haufen ungeordneter Lego-Steine gesprochen, hätte ich zugestimmt.

Der Vergleich mit einer Zeitung und die Einteilung in sogenannte Bücher wie Finanzen, Bildung, Wirtschaft oder Lokales zeigen, was der Leitfaden beim Ordnen dieser Zusammenstellung von Fundstücken eines über 89-Jährigen war. Einige Inhalte werden, wie eben in Zeitungen üblich, in den verschiedenen Kapiteln dieses Buches öfter auftreten – aus unterschiedlicher Perspektive. Und wie bei vielen alten Geschichten wird manches Wiederholung und schon bekannt sein, anderes interessiert nicht. Dann kann man es und soll es – wie beim Zeitunglesen – übersehen. Wenn dennoch einiges interessant ist und am Ende sogar gefällt, so erfüllt diese Veröffentlichung ihren Zweck.

Ohne die Hilfe von Experten wäre mein *Frankfurter Allerlei* nicht zustande gekommen. Redaktion und Organisation übernahm Martin Roos aus Düsseldorf, der Sohn meines Vetters Eberhard, nachdem ich von anderen einige Absagen wegen der zu erwartenden Schwierigkeiten erhalten hatte. Ich bin ihm dankbar, er hat ganz in meinem Sinne und doch sehr selbständig und konstruktiv gearbeitet.

Besonderen Lektoren-Fleiß hat Konstanze Crüwell für das Interview, das Johannes Ernst mit mir führte, aufgebracht. Die Aufnahme mit einem Tonbandgerät war technisch nicht einwandfrei gelungen und machte einige Arbeit, denn es hatte sich herausgestellt, dass sich das Interview für eine schriftliche Wiedergabe nicht ohne Überarbeitung eignete. Es war ja eigentlich zum Hören und nicht zum Lesen gedacht. Ich bin dankbar für das Ergebnis. Der Dank gilt auch besonders dem Interviewer Johannes Ernst. Ebenso danke ich Annette Gerster, die mir beim Verfassen des Buches nicht nur geduldig zugehört, sondern meine Gedanken auch in lesbare Schriftform gebracht hat.

Danken möchte ich auch dem Geschäftsführer des Droste Verlages Jürgen Kron und dem Lektor Hermann Stauffer. Sie waren für mich bereits bei der Veröffentlichung meines Buches über Albert Hahn tätig und haben sich mir dadurch auch für dieses Buch empfohlen.

Wie immer bei Danksagungen möchte ich auch meiner Frau danken für die Geduld bei der Entwicklung der Ideen und meiner Tochter für die Idee des Interviews.

Allen Lesern, die die Geduld haben, sich mit dieser Veröffentlichung zu befassen, danke ich sowohl für Lob als auch Kritik.

Frankfurt am Main, im Frühjahr 2017

Editorische Notiz: Vom Büchermachen

Buchhaltung, Buchführung und Bilanzen habe ich gelernt und verstehe etwas davon, wenn es sich nicht auch noch dabei um EDV (wie früher) oder IT und Digitalisierung (wie heute) handelt. Vom Buchmachen, das heißt vom Wetten für den Pferderennsport, verstehe ich sehr wenig und habe in meinem Leben weder gesetzt noch gespielt. Bücher machen habe ich erst im späteren Leben getan, gelernt (in dieser Reihenfolge) und mich daran erfreut. So konnte und durfte ich bisher einige Bücher veröffentlichen oder zu ihrer Veröffentlichung beitragen.

Im Folgenden werden diese Bücher kurz zusammengestellt:

- *Kompost, Veröffentlichungen und Reden aus vier Jahrzehnten,* Verlag Fritz Knapp, Frankfurt am Main 1997.

  Das Buch enthält die bis zu meinem 70. Geburtstag im April 1997 von mir geschriebenen Artikel und gehaltenen Vorträge.

- *Und alle meine Pferde. Aus meiner Antikensammlung.* Verlag Philipp von Zabern, Mainz 1999/2000.
- *Enten, Hirsche & Elefanten. Ein Haus für alte Tiere,* Stroemfeld Verlag, Frankfurt am Main 2000.
- *Igel, Rinder & Bären. Neue Bewohner im Haus für alte Tiere,* Stroemfeld Verlag, Frankfurt am Main 2003.

  Diese drei Bücher enthalten Abbildungen meiner antiken Tier-Sammlung, die aus kleinen Antiken und Tieren und Terrakottadarstellungen besteht und – vorausgesetzt sie sind wirklich echt! – aus Italien, Griechenland und anderen Ländern im Nahen Osten und aus China stammen und zwischen dem zweiten Jahrtausend vor und 700 nach Christus entstanden sind. Ich habe die Abbildungen in den Büchern jeweils kurz kommentiert.

- *Albert Hahn – ein verstoßener Sohn Frankfurts, Bankier und Wissenschaftler. Eine Dokumentation,* Societäts-Verlag, Frankfurt am Main 2009.

Angeregt und finanziert habe ich die folgenden Bücher:

- *Deutsche Bildung? Briefwechsel zweier Schulmänner. Otto Schumann – Martin Havenstein. 1930–1944, Herausgeber: Notker Hammerstein,* Insel Verlag, Frankfurt am Main 1988.

  Das Buch enthält einige politisch und zeitgeschichtlich hochinteressante Briefe meines Klassenlehrers am Lessing-Gymnasium Frankfurt, Otto Schumann, aus der Zeit des NS-Regimes, die zum Teil auch mich persönlich betreffen.

- *Henry Oswalt, Bildungsbürger und Mäzen, Autoren: Birgit Wörner/Roman Köster, erschienen in der Schriftenreihe „Gründer, Gönner und Gelehrte" der Goethe-Universität Frankfurt am Main,* Societäts-Verlag Frankfurt am Main 2014.

  Das Buch ist zum 100-jährigen Jubiläum der Johann Wolfgang Goethe-Universität Frankfurt in einer Reihe von ca. 20 Biografien erschienen und schildert Leben und Werk von Henry Oswalt, meinem Großvater, im Hinblick auf die Gründung der Universität. Ich habe die Erstellung veranlasst und finanziert.

- *Die Geschichte des Vereins der Freunde und Förderer der Universität* – dieses noch in Entstehung befindliche Buch ergänzt die Biografie von Henry Oswalt, der Mitbegründer und 1. Vorsitzender der Vereinigung gewesen ist.

Der Autor wird Dr. Michael Maaser sein, Archivar der Johann Wolfgang Goethe-Universität.

Eine Biografie meines Großvaters Otto Hauck existiert nicht, da die Verwaltung der Archive der Bank und der Familie im Zweiten Weltkrieg zerstört worden sind, sind auch keine Unterlagen wie Briefe oder anderes mehr zu finden.

In der *Geschichte der IHK*, zum 200-jährigen Jubiläum erschienen, gibt es einen längeren Beitrag über sein Leben und seine Arbeit für die Kammer in den zwanzig Jahren, in denen er Präsident war (von Dr. Andreas Hansert verfasst), an dem ich durch Beschaffung von Unterlagen mitgearbeitet habe.

In der *Geschichte des Städelschen Museums-Vereins*, ebenfalls von Herrn Dr. Hansert geschrieben, ist ein längerer Beitrag über meine Überlegungen zu der Neugründung des Vereins nach dem Zweiten Weltkrieg enthalten. Ich hatte mich für eine breite Mitgliedschaft im Hinblick auf eine zu erwartende größere Rolle der breiten Masse der Bevölkerung an den Kunstmuseen eingesetzt. Mein Vorschlag hatte seinerzeit das Missfallen der Herren Benno Reifenberg und Ludwig Rottenberg als Administratoren und Herrn Prof. Holzingers als Direktor erregt.

Heute hat der Verein 7.900 Mitglieder. Wiedergegründet hat ihn Albert von Metzler. Ich war lange Mitglied der Städel-Administration und habe mein Amt dann an Barbara von Metzler abgegeben. Spätere Vorsitzende des Städelschen Museumsvereins lange nach meinem Ausscheiden wurde Sylvia von Metzler.

Auch in der Biografie *Ernst Beutler*, 1985 herausgegeben von Christoph Perels beim Freien Deutschen Hochstift, Frankfurter Goethe-Museum, ist von meiner 40 Jahre dauernden Tätigkeit im Verwaltungsrat des Freien Deutschen Hochstifts die Rede.

- *Spurenlese, Georg Hauck & Sohn 1796–1996,* Fritz Knapp Verlag, Frankfurt am Main 1996.

Für dieses Jubiläumsbuch habe ich Anregungen gegeben und sonstige Beiträge geleistet. Es behandelt zum zweihundertjährigen Jubiläum der Bank Georg Hauck & Sohn deren Geschichte und die in meiner aktiven Zeit tätigen Partner.

- *Wagen und Wägen, Gedanken und Wirken eines Privatbankiers in zwei Jahrzehnten,* Eigenverlag Hessische Druckerei GmbH, Darmstadt, Hoppenstedt-Haus 1966.

Herausgegeben (im Selbstverlag) zum 70. Geburtstag von Kurt Heide, dem langjährigen Partner nach dem Zweiten Weltkrieg.

Die Hauptarbeit für dieses Buch leistete mein Partner Axel Schütz. Von mir stammt ein Aufsatz über einen neuen Weg zur Schätzung des Bruttogewinns deutscher Aktiengesellschaften (die sogenannte Hauck'sche Formel, weil in der Bank Georg Hauck & Sohn entstanden).

- *Marcus Bierich. Im Spiegel seiner Familie, Freunde und Weggefährten;* die Gespräche führte Felizitas Gräfin Schönborn, Eigenverlag, Frankfurt am Main 2010.

Es war meine Idee und Anregung, eine Sammlung von Erinnerungen an Marcus Bierich zusammenstellen zu lassen. Ich habe für diese Aufgabe Felizitas Gräfin Schönborn gewinnen können, die bereits ähnliche Biografien veröffentlicht hatte. Robert Bierich, der Sohn von Marcus, übernahm die Kosten für die Autorin und Kosten für die

Erstellung und den Versand des Buches. Ich habe dazu einen Aufsatz geliefert, der unsere gemeinsame Ausbildungszeit in Hamburg und London beinhaltet, während der wir uns anfreundeten und oft sahen, so in der Berufsschule, die Marcus Bierich und ich mit 24 und 25 Jahren noch zu besuchen hatten. Bierich hatte Mathematik und vorher Philosophie studiert und über Lord Russells „Grundlagen der Mathematik" promoviert. Seine berufliche Laufbahn beendete er als Chef der Robert Bosch-Gruppe (Vorsitzender der Geschäftsführung).

Wie bereits gesagt, gibt es eine Zusammenfassung meiner Aufsätze und Vorträge bis 1997 in *Kompost*. Die seitdem verfassten und nicht mehr veröffentlichten Aufsätze finden sich nun in diesem Buch, dem *Frankfurter Allerlei*, wieder – soweit sie von Interesse sein könnten.

Zu erwähnen sind noch zwei als Broschüren herausgegebene Veröffentlichungen:

Engadin, Eigenverlag, Dezember 2013.

Zuhaus und anderswo, Eigenverlag, November 2014.

Sie enthalten Wiedergaben meiner von mir als Hobbymaler „geschaffenen" Bilder in Öl, Acryl und Aquarell, alle nicht größer als DIN A4. Die Auflage war klein, jeweils nur 200 bis 300 Stück.

2. WIRTSCHAFTSBÜRGER

Otto Hauck in der Industrie- und Handelskammer

Otto Hauck war von 1915 bis 1921 Vizepräsident und von 1921 bis 1933 Präsident der IHK. Wegen seiner Beliebtheit und fachlichen Kompetenz erhielt er große Ehrungen. In einem Bericht der Frankfurter Zeitung vom 9. Januar 1929 heißt es:

„Professor Dr. Salomon sprach sodann Geheimrat Gans und dem Präsidenten der Industrie- und Handelskammer [Hauck] aus Anlaß ihrer 25jährigen Zugehörigkeit zur Industrie- und Handelskammer großen Dank aus, überreichte für pflichtgetreue und erfolgreiche Mitarbeit Geheimrat Dr. Gans die große goldene Medaille für Verdienste um das Wirtschaftsleben und teilte den Beschluß der Industrie- und Handelskammer mit, daß eine Porträtbüste des Präsidenten Hauck angefertigt werden solle. Beiden Jubilaren wurde je eine künstlerisch ausgeführte Adresse überreicht.“[1]

Am 30. Januar 1933 bat Vizepräsident Professor Salomon die Mitglieder der IHK Frankfurt Hanau zu einer kurzen Vorbesprechung. Es ging um den 70. Geburtstag von Präsident Otto Hauck. Bei dieser Sitzung waren 40 bis 50 Herren anwesend, darunter Georg Hartmann und Arthur von Weinberg. Otto Hauck wurde laut Protokoll unter der Rubrik „entschuldigt“ angeführt. Der einzige Tagesordnungspunkt war an diesem Tag Otto Haucks Geburtstag.

[1] In: Hessisches Wirtschaftsarchiv (HWA) 3/4555; viele wichtige Informationen über Otto Hauck sind im HWA Darmstadt zu finden. Das HWA ist seit 1904 Mitglied der Handelskammer.

Die anwesenden Herren beschlossen, ihm aus diesem Anlass die Goldene Medaille zu überreichen. Sie beauftragten Professor Richard Scheibes von der Städelschule, der auch schon die Medaille für Leo Gans angefertigt hatte. Alle Beteiligten wurden um Diskretion gebeten, da Otto Hauck davon vorerst nichts erfahren sollte. Am 25. März 1933 war die Medaille fertig. Jetzt musste sie nur noch am Geburtstag überreicht werden.

Doch es kam anders. Mit der Machtergreifung der Nazis und damit dem Anfang des nationalsozialistischen Terrorregimes änderten sich auch die Zeiten für die IHK. Das gesamte Präsidium der Kammer trat am 31. März 1933 zurück – oder besser gesagt: musste zurücktreten. Die Leitung übernahmen kommissarisch zwei Mitglieder der Nationalsozialistischen Deutschen Arbeiterpartei. Professor Dr. Hans Trumpler, Kammersyndikus von 1905 bis 1937, wurde gezwungen, in den Ruhestand zu treten. Er starb am 19. Februar 1955 in Los Angeles (Kalifornien), 79 Jahre alt.

Noch einen Tag zuvor, am 30. März 1933, hatten sich in der IHK die jüdischen Geschäftsleute wegen des bevorstehenden Boykotts der jüdischen Unternehmen getroffen. Es war vergeblich. Denn am gleichen Vormittag hielten die Nazis auf dem Römer eine Kundgebung ab. Als sie von dem Treffen der jüdischen Kaufleute erfuhren, ließ Gauleiter Sprenger die Teilnehmer von SS-Leuten verhaften und ins Polizeipräsidium abführen.

In den *Frankfurter Nachrichten* vom 31. März 1933 heißt es: „Protestversammlung der NSDAP auf dem Römer gegen die „Gräuelpropaganda" durch Juden in ausländischen Zeitungen. Gauleiter Sprenger habe dabei Kenntnis gegeben von einem Treffen von 40 jüdischen Vertretern der Frankfurter Geschäfts- und Handelswelt, die zu einer Besprechung zusammengefunden hätten, um Maßnahmen zu beraten, wie der beabsichtigten Boykottbewegung entgegengetreten werden könne. Die Leitung der NSDAP habe von dieser Zusammenkunft erfahren und die Teilnehmer geschlossen zum Polizeipräsidium bringen lassen, wo der Charakter dieser Besprechung festgestellt werden solle."

Ludwig Heilbrunn war Augenzeuge dieser Verhaftungen: „Ich sah eine Anzahl Herren der jüdischen Geschäftswelt, hauptsächlich Besitzer großer Ladengeschäfte und Warenhäuser, mit erhobenen Händen im Geschwindschritt von SS-Leuten über die Kaiserstrasse eskortieren. Eine große Zahl Menschen zog mit Geschrei hinterher. Unvergessen ist mir ein kleines, blondes Ladenmädchen, das mitlief und mit gellender Stimme schrie: ‚Auf die Judde, immer auf die Judde'. Man erfuhr, dass vom Vizepräsidenten der Handelskammer die maßgebenden Geschäftsinhaber zu einer Sitzung geladen waren, um zu beraten, ob am Boykott-Tag die Läden geschlossen gehalten werden sollten. Während der Sitzung wurden die Teilnehmer verhaftet und durch Zeil und Kaiserstrasse im Eilschritt nach dem Polizeipräsidium geführt. Die Suspension der jüdischen Anwälte und Notare erfolgte unmittelbar darauf..."[2]

In der *Frankfurter Zeitung* vom 1. April 1933 gibt es dazu folgende die Wahrheit verdrehende Beschreibung:
„Das Präsidium der Industrie- und Handelskammer Frankfurt-Hanau ist am Freitag in seiner Gesamtheit *freiwillig zurückgetreten.* Im Einvernehmen mit dem bisheri-

[2] Vgl. Ludwig Heilbrunn, Eine Lebens-Skizze 1870 bis 1936.

gen Präsidium übernehmen heute die Nationalsozialisten Dr. Lüer und Generaldirektor Prost kommissarisch die Präsidialgeschäfte und werden diese ehrenamtlich so lange führen, bis gesetzlich eine anderweitige Regelung erfolgt. Dem bisherigen Geschäftsführer Syndikus Dr. Trumpler tritt der Nationalsozialist [...] Ringel mit gleichen Rechten ehrenamtlich zur Seite."

Auch Otto Hauck musste zurücktreten. Dennoch erhielt er anlässlich seines 70. Geburtstages am 10. April 1933 die Goldene Medaille – nun aber von den neuen Leitern der IHK. In den Akten findet sich das Manuskript des vom zurückgetretenen IHK-Präsidium geplanten Verleihungsschreibens an Otto Hauck – datiert auf den 10. April 1933. Vorgelesen oder veröffentlicht wurde es nie. Otto Hauck wird darin in warmen Worten gewürdigt.

Unter anderem heißt es dort:
„Sie haben vor Jahren eine Medaille gestiftet, die denjenigen verliehen werden sollte, die sich um das Frankfurter Wirtschaftsleben verdient gemacht haben. In dem Gefühl herzlicher Dankbarkeit hat die Industrie- und Handelskammer beschlossen, Ihnen diese Medaille in Gold zu verleihen in der Überzeugung, dass sie keinem Würdigeren überreicht werden könnte. Wir übergeben Ihnen dieses Erinnerungszeichen mit dem Wunsch, dass ein gütiges Geschick Ihnen die Kraft und Gesundheit gewähren möge, noch viele Jahre Ihres Amtes zu walten als von uns allen verehrter Präsident, dessen Führung unserer Kammer heute mehr wie je bedarf."

Wie gesagt – das Schreiben erreichte Otto Hauck nicht. Bei der Verleihung ging es eher etwas nüchterner zu. So zumindest ist es dem „Geburtstagsartikel“ in der *Frankfurter Zeitung* vom 12. April 1933 zu entnehmen: „(...) die Aufopferung rechtfertigte es gewiß, daß die Kammer ihrem fast dreißigjährigen Mitglied die Goldene Medaille für Verdienste um das Wirtschaftsleben zu verleihen beschlossen hat, der zweite Fall überhaupt. Den Vorsitz in der Kammer hat Herr Hauck gleich den anderen Mitgliedern des Präsidiums vor wenigen Tagen niedergelegt (...)“.

Otto Hauck starb ein Jahr später, am 25. November 1934. IHK-Präsident Lüer schrieb – auf Veranlassung von Professor Trumpler, dem ehemaligen IHK-Syndikus – ein Kondolenzschreiben an die Familie. In der *Frankfurter Zeitung* vom 1. Dezember 1934 heißt es:

„Trauerfeier für Otto Hauck. Eine der führenden und maßgeblichen Persönlichkeiten der Frankfurter Wirtschaft, der langjährige Präsident der Industrie- und Handelskammer, Bankier Otto Hauck, Seniorchef des Bankhauses Georg Hauck & Sohn, wurde gestern zu Grabe geleitet. Obwohl die Beerdigung auf Wunsch der Familie in aller Stille vor sich gehen sollte, konnte die Trauerhalle des Hauptfriedhofs den großen Freundeskreis, den sich Otto Hauck im Leben geschaffen hatte, kaum fassen. Die Spitzen der Bank- und Börsenkreise und der Industrie, Ärzte, Gelehrte, Kaufleute usw. versammelten sich – mit dem Personal der Bankfirma – um den mit weißen Chrysanthemen und Nelken geschmückten Sarg. Nicht weniger als 160 Kränze waren die letzten Spenden des Dankes und der Liebe. Weihevolles Orgelspiel des Organisten Lingemann leitete die Trauerfeier ein. Dann hielt Pfarrer Karl Veidt die Gedächtnisrede, der er das Wort aus dem ersten Brief des Apostels Paulus an die Korinther, Kapitel 13 „Die Liebe höret nimmer auf“ zugrunde legte. Nach einem

Trostwort an die Angehörigen führte der Geistliche aus, daß die Liebe ein Grundzug des Lebens von Otto Hauck gewesen sei, daß ihn herzliche Güte mit den Menschen verbunden habe. Schon in jungen Jahren sei er zu eigener Verantwortung gekommen, manche Ehrenämter habe er im Krieg und Frieden bekleidet, wobei er hohe Anerkennung gefunden habe, jederzeit sei er ein würdiger Vertreter des bewährten guten Frankfurter Familiensinns und der alten Tradition gewesen. Im Leben habe er viel Freundesliebe geerntet, so daß sich aufrichtige Freundestrauer um seinen Heimgang zeige. Volksverbundenheit könne nur aus dem Herzen kommen. Mit einem Gebet schloß die Trauerrede. Weitere Ansprachen wurden auf Wunsch der Familie nicht gehalten."

Erinnerungen an Persönlichkeiten des Rotary Club Frankfurt

Ich bin gerade sechs Monate älter als unser Rotary Club Frankfurt. Mitglied wurde ich 1961 und bin damit sozusagen nach Prof. Schopper Dienstältester.

So kann ich mich der Aufforderung von Herrn Berge nicht verschließen, im Nachtrag zur 75-Jahr-Feier des Clubs etwas aus der Frühzeit des Clubs zu berichten.

Als ich eintrat, war der Club gerade 34 Jahre alt und seit der Wiedergründung 1948 waren erst 13 Jahre vergangen. Ich betätigte mich einige Jahre im Aufnahmeausschuss und als Revisor, kandidierte aber nie für den Vorstand. Der Beruf und ehrenamtliche Tätigkeiten hatten mir als ich jünger war keine Zeit gelassen und als ich später weniger zu tun hatte und nach der Pensionierung 1993 hatte ich gesundheitliche Probleme.

Wie und was war unser Club in der Zeit vor 42 Jahren und danach? Ich denke, dass dies immer von den Mitgliedern abhängig war und ist und so will ich den von mir erwünschten Rückblick – nach wenigen allgemeinen Aussagen – im Wesentlichen durch Kurz-Darstellungen, durch Miniatur-Porträts von Mitgliedern versuchen. Sie sind naturgemäß subjektiv, sind nicht vollständig und lassen viele Mitglieder aus. Es können natürlich auch Erinnerungsfehler oder falsche Deutungen unterlaufen.

In den meisten geschilderten Fällen bestanden persönliche Beziehungen, die zur weiteren Subjektivität verführen. Ich hoffe aber, dass dies die Darstellung lebendiger macht.

Zuerst aber die allgemeinen Erinnerungen.

Von der Gründung 1927 hatte unser Club – mit Ausnahme der Rotarierlosen Zeit 1936–1949 – bis zur Gründung des Clubs Friedensbrücke 1960 eine Art Monopolstellung in Frankfurt. Er hatte dadurch – aber nicht nur dadurch – ein wenig den Ruf der Exklusivität und des Elitären. Unsere Mitglieder standen oft an der Spitze oder in der Spitze der wichtigsten Frankfurter öffentlichen und privaten Institutionen und Firmen, und so war auch diese Richtung für die Neuaufnahmen bestimmender als die breite Skala der beruflichen Tätigkeiten (Beispiele: Stadt, Universität, Hessischer Rundfunk, Goethe-Haus oder Oberlandesgericht). Daneben ist ein Schwerpunkt bei den alteingesessenen Frankfurter Firmen (Beispiele: Hartmann & Braun, Latscha, Fries, Breidenstein, Hahn oder Dietz) zu finden.

Auch die Bank, in der ich von 1946 bis 1993 als persönlich haftender Gesellschafter und Aufsichtsratsmitglied tätig war (Georg Hauck & Sohn, heute Hauck & Aufhäuser) ist, da sie 1796 in Frankfurt gegründet wurde, wohl als alte Frankfurter Firma zu bezeichnen.

Der Ruf des „Elitären“ war also nicht unbegründet. Das änderte sich langsam nach der Gründung des zweiten Clubs, Friedensbrücke 1960, und der vielen weiteren. Ich erinnere mich, dass wir in den gemeinsamen Sitzungen der Aufnahme-Ausschüsse quasi einen Anspruch auf verschiedene wichtige Positionen vertraten. Stärkere Veränderungen dieser Strukturen kamen durch den Club Römer. Dort orientierte man sich von Anfang an und, wenn ich es richtig sehe, durch Einfluss von Herrn von Gleichen eher an der Originalität als an beruflichen Positionen.

Ich glaube mich richtig zu erinnern, dass es während meiner aktiven Zeit im Aufnahme-Ausschuss war, dass der Club Römer später nicht mehr an den gemeinsamen Sitzungen teilnahm.

Ein besonderes Merkmal unseres Clubs war damals schon und ist heute noch die Qualität der Vorträge.

So weit also ein paar allgemeine Bemerkungen zur Struktur in der Vergangenheit. Über die Gegenwart kann und will ich bei dieser Gelegenheit nichts sagen und komme nun zu den angekündigten Miniatur-Porträts. Dabei richte ich mich zuerst nach der Liste des Club-Präsidenten und schließe alle Lebenden aus.

Präsident bei der Gründung 1927 und später noch einmal 1933/34 war Moritz Freiherr von Bethmann. Ich kannte ihn gut, er war mit meinem Vater, der schon 1946 starb, befreundet und ich erinnere mich an manche Einladung in das von Bomben nicht zerstörte Nebengebäude im Bethmann'schen Park. Das schöne Hauptgebäude wie auch der Rundtempel für die Ariadne-Statue von Daneker waren im Krieg zerstört worden.

Moritz von Bethmann wurde nach 1949, soweit ich es sehen kann, nicht mehr Rotarier. Mein Vater hat ihm seine

Einstellung nach 1945 zu seiner Tätigkeit davor hoch angerechnet. Ich weiß, dass vor allem die Idee einer Volksgemeinschaft ihn beeindruckte, ja einleuchtete und – um im Bild zu bleiben – blendete. Er hat aber wie wenige Betroffenheit gezeigt und Fehler offen zugegeben. So zum Beispiel fiel es auf ihn als Präsident der Gesellschaft für Handel und Industrie, viele dem Regime nicht genehme Mitglieder zu entlassen. Auch mein Vater musste oder durfte gehen, weil der Gauleiter Sprenger Mitglied werden wollte. Von Bethmanns Sohn Johann Philipp (Hans) von Bethmann, war in unserem Club Mitglied, ging aber als Mitbegründer des Clubs Friedensbrücke 1960 dorthin.

Vor meiner Zeit, nämlich 1951/52 war Leisler Kiep, Gründungsmitglied 1927, Präsident. Sein Bruder war 1944 im Zusammenhang mit dem Attentat vom 20. Juli von den Nazis hingerichtet worden. Er selbst bemühte sich, die Gründerfamilie der Farbwerke Hoechst, vormals Meister Lucius & Brüning, als Ehemann einer Tochter des Mitgründers, einer geborenen von Meister, zusammenzuschließen, um einen gewissen Einfluss zu gewinnen. So war er noch im Aufsichtsrat von Hoechst, aber schon sein Sohn, Walther Leisler Kiep (Mitglied im Club 1955–1961), wurde nicht mehr von Hoechst angesprochen. Er wurde dann in den „Main Board" der ICI berufen. Der Sohn von Walther, ebenfalls Walther, also der Enkel von Leisler Kiep, ist seit 1998 wieder Mitglied in unserem Club. Für mich ist dies ein Beispiel von vielen.

Bei den großen Aktiengesellschaften trennen sich, so zeigt dies, nach einer Expansion, der die Gründerfamilien oft finanziell nicht folgen können, meist die Gründerfamilien vom Unternehmen. Das Management ist oft gegen die Aufnahme von Mitgliedern der Gründerfamilie in die Unternehmensführung eingestellt.

In der Geschichte unseres Clubs hat Günther Ramdohr einen besonderen Ehrenplatz. Mitglied seit 1934, seit 1950 in Frankfurt. Präsident 1952/53, Distrikt Governor 1962/63 und Paul Harris Fellow. Für mich und uns alle war er eigentlich „Mr. Rotary“. Dabei war er keineswegs ein Berufsrotarier. Er war unkompliziert, einfach, informell und vor allem sehr sympathisch. Wir können wirklich froh sein, dass er so lange unser Clubleben bereichert hat. Er starb 2001.

Zu mir sprach er oft über die persönliche Beziehung zu meiner Mutter, sie hatten viele Golfturniere zusammen gespielt, meine Mutter immerhin mit einem Handicap von 7. Herr Ramdohr fragte mich einmal, was aus ihren vielen Siegestrophäen aus den Golfturnieren geworden sei. Diese Golfleidenschaft hat uns nämlich 1945 viel geholfen. Meine Mutter hatte ihre große Sammlung von Golfpreisen, meist Silberbecher, am schwarzen Markt gegen Esswaren oder auch gegen Dachpappe für das Haus oder die Bank getauscht und damit für die Familie und die Mitarbeiter der Bank gesorgt. Das hat mit Rotary nichts, aber ein wenig mit der Zeitgeschichte zu tun und stellt eine Verbindung von G. Ramdohr zu mir persönlich dar.

Aber zurück zur Liste der verstorbenen Altpräsidenten.

Vorher, nämlich 1949/50, war Hans Latscha Präsident. Ich kann mich gut an ihn erinnern, obwohl er schon 1967, 86-jährig, gestorben ist. Bis zu seinem Tode war er Clubmitglied. Für mich war er ein erfolgreicher, patriarchischer, sozial engagierter Unternehmer mit starker lokaler Frankfurter Bindung. Er oder bereits sein Vater hatten in Buchschlag eine sozial ausgerichtete Siedlung mit hübschen Jugendstilhäusern gegründet. Dort wohnte viel später unser Präsident 1984/85, Dr. Justus Fürstenau, bis zu seinem frühen Tode 2001. Über ihn noch einiges später.

Der Sohn von Hans Latscha, Günter Latscha, war 1954/55 Präsident. Auch er führte die damals gut bekannte Lebensmittelkette. Vielen Frankfurtern ist noch der Werbeslogan bekannt: LLL – „Latscha liefert Lebensmittel". Sein Wohnhaus in Kronberg ließ er sich von Hermann Mäckler bauen, auch er Mitglied unseres Clubs – und auch über ihn später mehr. Günther Latscha starb 1966 mit erst 55 Jahren an Krebs, ebenso wie sein Sohn Peter Latscha, der Mitglied des Clubs war und nur 45 Jahre alt wurde.

Der jüngere Bruder von Günther, Dieter Latscha, war 1982/83 Governor unseres Bezirkes. Seinen Besuch bei uns begann er mit dem Hinweis, dass für alle Governors die Besuche beim Club Frankfurt mit Angst begleitet würden. Der Club habe den Ruf, der Rotary-Hierarchie nicht mit dem ihr gebührenden Respekt zu begegnen. Der Besuch von Dieter Latscha aber wurde sehr vergnügt, da Dieter Latscha ein unprätentiöser, natürlicher und liebenswerter Mensch war. Er schilderte kritisch und ohne zu großen Ernst die Rotary-Bürokratie und was ihm dort so begegnete.

Dieter Latscha führte nach dem Tod seines Bruders die Firma, dem Zeitgeist entsprechend, expansiv.

Mit anderen Filialisten zusammen gründete man die Großmarktkette „Kaufpark", die aber erfolglos blieb und viel Geld kostete. Daraufhin kündigte eine Großbank (sie sei hier nicht benannt, es war aber nicht die Deutsche Bank) die Kredite kurzfristig, was für die Firma ein großes, fast lebensgefährdendes Problem darstellte. Für die ebenfalls engagierte Dresdner Bank übernahm ihr Vorstandsmitglied Meyer-Preschany, auch er Mitglied unseres Clubs, schnell entschlossen auch diesen Kredit in der festen Überzeugung, dass eine so honorige Familie zu ihren Verbindlichkeiten stehen würde. Man dürfe ihr nicht einfach den Geldhahn abdrehen und man dürfe nicht dem Vorurteil entsprechen, das dahin geht, dass die Banken oft bei Regen die Regenschirme zurückfordern würden. Der Betrieb konnte damit in Ruhe einen geeigneten Käufer suchen, der in der Rewe-Gruppe gefunden wurde. Der Familie blieb ein dem Wert des Unternehmens entsprechender Kaufpreis. Unser Mitglied Meyer-Preschany hat sich, nachdem er in seine Heimat, den südlichen Schwarzwald, zurückgezogen ist, kürzlich von uns verabschiedet.

Die Firma Latscha ist nicht der einzige Frankfurter Name, der mit unserem Club durch leitende Persönlichkeiten verbunden war und jetzt für Frankfurt nicht mehr oder nicht mehr selbständig besteht. Ich nenne hier ohne Anspruch auf Vollständigkeit neben Latscha Fries, Dietz, Fertsch-Röver, Hartmann & Braun, aber auch große Konzerne wie Rütgers-Werke, Degussa oder die Hoechst AG oder die Dresdner Bank.

Das Leben von Gerd Fries, Präsident 1957/58, ist sicherlich interessant. Er war eng befreundet mit Günther Latscha und mit Hermann Mäckler, der auch sein Haus baute, beide Clubmitglieder. Gerd Fries war übrigens ein Vetter von mir.

Sein Schicksal ist zum Teil verdunkelt von der deutschen Geschichte 1933 bis 1945. Er galt unter den Nürnberger Gesetzen als „Mischling 1. Grades“, schon dieser Ausdruck ein Teil der bösen Ideologie. Als solcher durfte er keine Beziehungen zu „arischen“ Frauen haben. Er lebte deswegen im Krieg in Warschau mit seiner Freundin Hilde, seiner späteren Frau, zusammen, da es in Frankfurt zu gefährlich war. Er und sie wären wegen „Rassenschande“ scharf bestraft und eingesperrt worden, wahrscheinlich hätte dies den Tod bedeutet. Die beiden heirateten sofort nach der Besetzung Frankfurts 1945 durch die Amerikaner, bekamen dann aber keine Kinder mehr. Der adoptierte Sohn stellte sich als krankheitsbelastet heraus und starb 1995. Die unter schwersten Depressionen leidende Tochter starb schon 1993, beide zu Lebzeiten der Mutter. War es ein Fehler, ihr erst beim 20. Geburtstag von ihrer Adoption zu berichten? Gerd Fries starb 1985 und musste vorher noch die Liquidation seiner Firma Fries & Sohn, die Stahlbau betrieb, erleben.

Wirtschaftshistorisch erscheint mir einer der Gründe interessant. Nach dem Krieg wurden die Tochtergesellschaften von Konzernen, besonders im Stahlbereich, durch ein ungerechtes Umsatzsteuer-System bevorzugt, ja eigentlich subventioniert. Erst die Einführung der Mehrwertsteuer 1968 hat Chancengleichheit geschaffen, da war es aber für viele kleinere Firmen zu spät, so auch für Fries.

Seine Witwe lebte im Altersheim, war aber seit Jahren schwer von der Parkinson'schen Krankheit gezeichnet und ist im Mai 2003 gestorben.

Der Eiserne Steg ist übrigens von der Firma Fries gebaut worden. Gerd Fries besaß eine mit Kaltnadel auf einer Kupfernadel gearbeitete Kopie von Beckmann von seinem Ölgemälde.

1959 und 1960, also in der Zeit, als meine Aufnahme beschlossen wurde, war Karl Bernard (1890 bis 1972) Präsident. Meine Eltern kannten das Ehepaar Bernard recht gut seit deren Umsiedlung von Berlin nach Frankfurt.

Mit dem sogenannten „Gesetz zur Wiederherstellung des Berufsbeamtentums“ 1933 hatte Karl Bernard seine hohe Position in der Reichsverwaltung verloren und wurde Mitglied des Vorstands der Frankfurter Hypothekenbank, bei der damals mein Vater im Aufsichtsrat saß. Nach Gründung der „Bank deutscher Länder" 1948 wurde Bernard zum Präsidenten des Zentralbank-Rates, der höchsten Position, berufen. Mit der Führung des Direktoriums wurde Geheimrat Vocke betraut. Dem damit vorprogrammierten Konflikt ist – nach außen jedenfalls – Bernard ausgewichen. Er war der Vertreter des besten preußischen Beamtentums, gebildet, vornehm, zurückhaltend, objektiv und unbestechlich. Er hat damit bei mir einen unvergesslichen Eindruck hinterlassen, denn meine Erfahrungen mit deutschen Beamten in meiner Jugend waren nicht die besten.

Sein Amt endete mit der Gründung der Deutschen Bundesbank Ende 1957, als die beiden Präsidenten-Positionen zusammengefasst wurden. Professor Heinsius erinnerte in einem seiner Vorträge an ihn, indem er berichtete, wie Bernard in einer strengen Klausurtagung eines Experten-Ausschusses, die mehrere Tage dauerte und bei der die deutschen Berater allerdings den Maßgaben der Alliierten folgen mussten, die Währungsreform 1948 mit anderen vorbereitete. Der deutsche Vorschlag war dann den Alliierten wohl in manchen Teilen zu kompliziert, denn er nahm einen Teil des Lastenausgleichs vorweg, den die Alliierten einem späteren Gesetz des dann deutschen Gesetzgebers überlassen wollten.

Eine kleine Erinnerung sei noch eingefügt. Karl Bernard entstammte einer hugenottischen Familie, die meines Erachtens nach der Aufhebung des Ediktes von Nantes durch Ludwig XIV. von den toleranten preußischen Königen in Preußen aufgenommen wurden. Daher legte er Wert darauf, dass sein Name französisch ausgesprochen wurde. Hier hatte er eine andere Einstellung und auch wohl eine andere Tradition als unser heutiges Mitglied Bernard, dessen Name deutsch ausgesprochen wird.

E. von Schwartzkoppen war 1972/73 Präsident. Beruflich war er Geschäftsinhaber der traditionellen Berliner Handelsgesellschaft, später – nach der Fusion mit der Frankfurter Bank – BHF-Bank. Seine Familie stellte nach meiner Kenntnis hohe Beamte im Kaiserreich. Er war hochgebildet. Für mich, jedenfalls als ich noch jung war, schien er ein wenig zu konservativ zu sein gegenüber den neuen Entwicklungen, und ich projizierte auf ihn meine Jugendeindrücke von Berlin. Berlin hatte das Autokennzeichen „I A" und Frankfurt nur „I T", und so war vor dem Kriege auch ein gewisser Minderwertigkeitskomplex in Frankfurt entstanden, übrigens auch im Bankgewerbe.

Herr von Schwartzkoppen, Paul Harris Fellow, berichtete einmal sehr eindrücklich über seine Zeit in russischer Gefangenschaft nach dem Ende des Krieges. Er war als Mitglied der Geschäftsleitung einer der großen Berliner Banken verhaftet worden und kam gesundheitlich schwer belastet erst nach Jahren wieder frei. Ich habe eine leider für mich unangenehme Erinnerung an ihn. Ich hatte einen Vortrag gehalten, um zu zeigen, dass eine Diskriminierung von Kapitaleigentum gegenüber den Pensionsansprüchen nicht berechtigt ist. Pensionsansprüche, diskontiert und bewertet nach versicherungstechnischen Methoden, haben Kapital ähnlichen Charakter. In der Diskussion lehnte Herr von Schwartzkoppen diese Idee als abwegig ab (obwohl sie ja gerade zur Verteidigung der Kapitaleigner formuliert war). Ich wurde sehr heftig und geradezu unkontrolliert gegen ihn, indem ich sagte, dass er als Jurist das wohl nicht verstehe und als Nachfolger von Walther Rathenau, der ja auch eine Zeitlang Geschäftsinhaber der Berliner Handelsgesellschaft war, sich offener gegenüber Fragen von „kommenden Dingen“ zeigen sollte. Die Rotarier waren von meiner rhetorischen Entgleisung geschockt. Mir war es nicht gut und ich ging nach Hause und ins Bett. Ich hatte mit über 40 Grad Fieber und einer schweren Lungenentzündung den Vortrag gehalten. Bei Herrn von Schwartzkoppen habe ich mich natürlich, sobald es mir besser ging, schriftlich entschuldigt.

Auch die BHF-Bank hat vor kurzem ihre Selbständigkeit verloren und ist Teil des niederländischen Finanzkonzerns ING geworden.

1982/83 war Dieter Rudolph Präsident. Ich hatte ihn bei der Gründung der Selbständigen Unternehmer 1948 kennengelernt und hatte später viel mit ihm Kontakt, als er Generalsekretär der Jungen Unternehmen, der JU, war. Dann wurde er Hauptgeschäftsführer des Tapetenverbandes. Seine Tätigkeit in der FDP im Stadtparlament als relativ junger Mann ließ von seiner zukünftigen Laufbahn viel erhoffen. Auf meine Bitte hin stellte er im Stadtparlament für uns die Frage, wieso der Nachbar meiner Bank, die Commerzbank, ohne unsere Nachbarschaftgenehmigung bauen dürfe. Als Antwort von dem damaligen Stadtrat, Herrn Hillebrecht, las er einen Brief von Georg Hauck & Sohn vor: „Wir sind einverstanden, dass die Commerzbank baut“. Den zweiten Teil des Briefes, nämlich: „vorausgesetzt, wir erhalten die gleiche GFZ“ hatte er einfach unterschlagen. Irgendetwas ging schief im Schicksal von Dieter Rudolph. Er verließ den Tapetenverband und musste sich materiell sehr einschränken. Unser Rotary Club hat sich im Verhältnis zu ihm vorbildlich benommen. Der Club blieb seine Heimat, er konnte an den Treffen teilnehmen und hat dies auch oft getan. Aber wirklich helfen ließ er sich nie. Auch er war Paul Harris Fellow.

Von Herrn Dr. Schleussner bekam ich noch Informationen über die Tätigkeit von D. Rudolph im Patronatsverein:

Dieter Rudolph hat sich große Verdienste um den Patronatsverein erworben. Er wirkte ehrenamtlich als 2. Vorsitzender als Vermittler zwischen den Mitarbeitern der Frankfurter Bühnen und dem Frankfurter Publikum. Er war bei fast allen Premieren anwesend und mit unserem Mitglied Peter Eschberg und seiner Frau verband ihn eine gute Freundschaft.

Die Trauerfeier für ihn, die im Kammerspiel stattfand, vereinte viele Frankfurter Freunde. Ich konnte damals leider wegen einer Reise nicht teilnehmen. Die Feier war eine würdige Anerkennung der Verdienste von D. Rudolph und wurde vom Patronatsverein unter der Leitung von Dr. Hans Schleussner (der übrigens von 1959 bis zum Übertritt in den Club Friedensbrücke 1961 bei uns Mitglied war) und Prof. Peter Eschberg, unser Mitglied seit 1993, gestaltet. Peter Eschberg brachte in einer Rede zum Ausdruck, dass er die stete Anwesenheit Dieter Rudolphs im Theater anerkannte und seine Zustimmung, aber auch gelegentliche kritische Bemerkungen anerkennend würdigte. Ohne Dieter Rudolph hätte der Patronatsverein nicht die Bedeutung als Frankfurter Kulturverein erlangt, die er heute innehat.

Zum Präsidenten 1983/84 wurde Dr. Heinrich Irmler gewählt. Zu ihm hatte ich alte und enge Beziehungen und konnte ihn dafür gewinnen, dass er von 1980 bis 1990 Vorsitzender des Aufsichtsrates von Georg Hauck & Sohn wurde, das war natürlich nach seinem Ausscheiden aus der Bundesbank im Jahre 1979 und mit der vorgeschriebenen Genehmigung des Zentralbankrates. In der Bundesbank war er von 1948 bis 1979 tätig, als Landeszentralbank-Präsident von Niedersachen von 1963 bis 1964 in Hannover und dann als Mitglied des Direktoriums. Er war als Direktoriumsmitglied zuständig für die volkswirtschaftliche Abteilung als Nachfolger von Dr. Wolf und Vorgänger von Professor Dr. Schlesinger und Professor Dr. Issing, der heute diese Aufgabe in der Europäischen Zentralbank wahrnimmt. Alle waren oder sind Mitglieder in unserem Rotary Club. Dr. Irmler war für mich ein idealer Bundesbank-Vertreter. Klar, gradlinig, offen für Argumente, oft unbeugsam und in keiner Weise von den flüchtigen politischen oder von den Tageseinflüssen zu beeinflussen. Er hatte auch keinerlei Hang zu öffentlicher Geltung. An ihn und die Zusammenarbeit denke ich noch sehr gerne zurück und bin mir darin – wie ich weiß – mit Professor Schlesinger ganz einig. 2002 haben wir ihn in Falkenstein beerdigt.

Die meisten werden sich noch an Dr. J. Fürstenau erinnern, den wir 2002 begraben mussten, erst 73 Jahre alt. Er war Präsident 1984/85 und war auch Paul Harris Fellow. Ich kannte ihn aus meiner frühen Studienzeit vor 1950 und er hat längere Zeit im Hause meiner Mutter gewohnt. Wir hatten zusammen einen internationalen Studenten-Club gegründet und ihn zusammen mit anderen geleitet. So erinnere ich mich an von uns organisierte Diskussionsveranstaltungen mit dem damaligen Frankfurter Professor W. Hallstein, später Staatssekretär von Konrad Adenauer und mit Alfred Grosser, dem in Frankfurt geborenen, in Paris lebenden großen Förderer der ersten französisch-deutschen Verständigung. Alfreds Vater musste den Posten des Leiters des Clementine-Kinderhospitals 1933 als Jude aufgeben und floh nach Frankreich, wo Alfred Grosser durch Hilfe Fremder überleben konnte. Wir haben unter der tätigen Leitung von Frau Dr. Reschke im Krankenhaus eine Gedenktafel für Professor Grosser angebracht, auf der auch zwei in Hadamar ermordete Kinder aus dem Krankenhaus genannt werden.

Eine Rotary-Geschichte von J. Fürstenau möchte ich aber noch wiedergeben. Er berichtete über einen Governor-Besuch im Club. Fürstenau war Clubmeister. Der Governor habe ihn streng angesehen und ihn aufgefordert, diese seine Tätigkeit zu definieren. Er habe darauf geantwortet, dass er leider keine Ahnung habe, was dieses Amt bedeute. Auch dies lag in der Tradition unseres Clubs der Rotary-Hierarchie gegenüber, der rotarischen Bürokratie, von der bereits berichtet wurde.

Nachzutragen ist, dass auch ein Vorgänger von ihm als Hauptgeschäftsführer des Vereins Deutscher Maschinenbau-Anstalten (VDMA), R. Andouard, Präsident 1965/66 war.

1985/86 war Reinhard Goerdeler unser Präsident. Auch sein Leben war überschattet von der deutschen Geschichte durch die Ermordung seines Vaters. Als Leipziger Oberbürgermeister war er in der Planung des Attentats auf Adolf Hitler vom 20. Juli1944 als Reichskanzler vorgesehen. R. Goerdeler war in der Führung der damaligen großen Deutschen Treuhandgesellschaft tätig und war dann Mitbegründer der internationalen führenden Wirtschaftsprüfer-Organisation KPMG, in der die DTG aufgegangen ist. Es ist wohl nicht allen bekannt, dass das „G" in der weltweit tätigen großen KPMG für „Goerdeler" steht. Auch er war übrigens Paul Harris Fellow. Hier wieder eine persönliche „Story": Ich konnte ihn bewegen, eine junge Dame als Volontärin in die DTG aufzunehmen. Sie hat wenig später einen Mitarbeiter der DTG, heute KPMG geheiratet. Es handelt sich um das Ehepaar Ronaldo Schmitz, er war ehemals Mitglied des Vorstandes der Deutschen Bank und ist

Mitglied des Rotary Clubs Römer. So haben zwei Mitglieder unseres Clubs Schicksal bei einem Mitglied des Clubs Römer spielen können. Rotary auch als Ehevermittlung!

Der letzte in meiner Liste der verstorbenen Altpräsidenten ist Wilfried Braun, Präsident 1990/91 und Paul Harris Fellow. Eingetreten ist er 1952. Er war Vorsitzender des Vorstandes und dann Mitglied des Aufsichtsrates der Hartmann & Braun AG. Die Dynamik der Branche Prozess-, Mess- und Automatisierungstechnik und auch die Umstellung der Produkte auf Digitaltechnik überstieg die Möglichkeiten der Familien-Aktionäre.

Die Mehrheit ging 1978 zunächst an die AEG und noch im gleichen Jahr an die Mannesmann AG über, damals unter der Leitung von Egon Overbeck, Mitglied unseres Clubs von 1960 bis 1962. Wilfried Braun hatte zu ihm enge persönliche Beziehungen, aber dies garantierte auf die Dauer nicht die von W. Braun erhoffte weitgehende Selbständigkeit von H&B. Das Unternehmen ist heute Teil des ABB-Konzerns.

Aber auch der verstorbene Egon Overbeck würde das, was aus Mannesmann geworden ist, nicht verstehen.

Der Nachfolger von Wilfried Braun als Vorsitzender des Vorstands von Hartmann & Braun, Dr. J. Felder, ist Mitglied unseres Clubs seit 1988. Nachzutragen ist, dass auch der Vater von Wilfried Braun, Waldemar Braun, Präsident unseres Clubs, und zwar 1934/35, war.

Heute ist S. Köhler, ein Enkel von Waldemar und Neffe von Wilfried Braun Mitglied unseres Clubs.

Damit schließe ich die Porträt-Reihe einiger Altpräsidenten ab.

Ein Rotary Club, der seine Mitglieder gerne aus der Spitze von Unternehmen oder Institutionen auswählt, hat es oft schwer, Persönlichkeiten für seine Hierarchie, besonders für das zeitraubende Amt des Präsidenten und das des Vortragswartes, zu finden. Als ich die „Porträt-Reihe" begann, habe ich mich bei der Auswahl nach dem Verzeichnis der Alt-Präsidenten richten können.

Nun fiel mir bald auf, dass ein Rückblick und meine „Miniaturen-Sammlung" sehr unvollständig wären, denn viele unserer Mitglieder waren ja beruflich so überlastet, dass sie nie für ein Amt bei Rotary infrage kamen.

Ich ergänze meine Vorstellung daher mit einer Reihe von weiteren Persönlichkeiten aus unserem Rotary Club. Die Auswahl ist, ich wiederhole es, durch persönliche Beziehungen geprägt und erhebt keinen Anspruch auf Vollständigkeit oder Gewicht.

Sehr gerne erinnere ich mich an Professor Ernst Beutler. Er war Rotarier bei uns von 1927, also seit der Gründung, bis zu seinem Tod 1960. Wie K. Bernard war er durch seine Frau vom sogenannten „Gesetz zur Wiederherstellung des Berufsbeamtentums" betroffen. Trotz mancher Bemühungen gelang es aber den NS-Funktionären nicht, ihn von seinem Posten als Direktor des Freien Deutschen Hochstiftes – Goethe-Haus zu entfernen.

Diese Institution ist als Stiftung keine staatliche Institution und ihr Verwaltungsrat ließ sich nicht beeinflussen und hielt an Professor Beutler fest. Dies erfolgte mit gewissem Mut und hat dem Hochstift großen Nutzen gebracht. Professor Beutler war ein hervorragender Leiter des Hauses, ein großer Sammler für das Goethe-Museum, das erst durch ihn Bedeutung erlangte, und auch Autor und Herausgeber von vielen wissenschaftlichen Werken über Goethe. Der Wiederaufbau des Goethe-Hauses ist in erster Linie seiner Initiative zu verdanken und auch seiner Begabung Gelder zu sammeln. Beim Wiederaufbau hatte er viele Gegner, die die Ruine zum Gedenken an den Krieg erhalten sehen wollten. Darunter befanden sich übrigens auch unser Mitglied Hermann Mäckler, ein enger Freund von Professor Beutler, und Dolf Sternberger, ebenfalls Mitglied unseres Clubs. Ich meine, dass der Wiederaufbau durch die Bedeutung, die das Haus auch als Kopie des alten gewonnen hat, gerechtfertigt wird.

Ich erinnere mich an die Führungen im noch nicht zerstörten Goethe-Haus durch Professor Beutler. Für mein Alter zu frech, meinte ich bei der zweiten Führung, dass er, Professor Beutler, bei der zweiten Führung etwas anders geschildert habe als bei der ersten. Er antwortete mir, er schildere oft etwas anders als zuvor, es komme nicht auf die Genauigkeit an, die doch nicht ganz zu erreichen sei, sondern auf die Lebendigkeit.

Auch seine Bücher zeigen diese Lebendigkeit. Eines, den von ihm 1943 herausgegebenen und erläuterten *West-östlichen Diwan* Goethes, schenkte er mir 1946 nach meiner Rückkehr aus der französischen Kriegsgefangenschaft. Aber ich verdanke ihm noch etwas, was ich erwähnen möchte. Ich kam 1958 in den Verwaltungsrat des FDH, aus dem ich erst jetzt (2002) nach 45 Dienstjahren ausscheide, da ich das Alter von 75 Jahren, und meine Schwerhörigkeit als zwingende Gründe ansehe.

Etwa gleichzeitig scheidet unser Mitglied Professor Perels aus dem Hochstift aus, wo er seit 1983 als Direktor sehr segensreich für die Bedeutung des FDH, für den Wiederaufbau des Museums und für die wissenschaftliche Arbeit gewirkt hat. Wir werden Schwierigkeiten haben, seinen Nachfolger im Club aufzunehmen. Es wird aller Voraussicht nach eine Frau sein.

Zu Ernst Beutler fällt mir noch eine für ihn typische Geschichte ein. Es wurde mit großen Schwierigkeiten ein Nachfolger gesucht in einer Zeit, in der ein west-östlicher

Konflikt drohte. Professor Beutler meinte vor dem Verwaltungsausschuss, in dem einige Industrielle und Bankiers (unter anderem Hermann Josef Abs) Mitglieder waren, er verstünde nicht, warum es schwierig sei, einen Nachfolger für die Leitung des Hochstiftes zu finden. Wenn die Russen kämen, so kämen doch die meisten Herren des Verwaltungsausschusses als Vertreter des Großkapitals ins Gefängnis, während der Leiter des Hochstiftes sicherlich ein wichtiges Mitglied der dann kommunistischen Kulturträger würde. Glücklicherweise kam es für uns nicht dazu.

Ganz besonders habe ich Professor Dolf Sternberger (1907–1989) geschätzt, der seit 1959 Mitglied war. Ich durfte sein Vermögen verwalten und konnte seine Frau nach seinem Tode weiter betreuen. In meiner Bibliothek finden sich noch vier Bände seiner gesammelten Schriften, Insel-Verlag, und ein Buch „Heine und die Abschaffung der Sünde“ – alle diese Bücher schenkte er mir.

Er war für mich ein Repräsentant der alten liberalen Frankfurter Zeitung, für die er von 1927 bis 1943 gearbeitet hat. 1943 musste er durch Erlass des Propagandaministeriums seinen Beruf als Journalist aufgeben. Er war ein hochgebildeter Intellektueller, ein anerkannter Wissenschaftler mit Interesse und aktiver Teilnahme am politischen und kulturellen Zeitgeschehen. Sein typischer Mainzer Tonfall liegt mir noch heute im Ohr. Er war Vizepräsident und später Ehrenpräsident der Deutschen Akademie für Sprache und Dichtung. Das Amt des Präsidenten übt heute unser Mitglied Professor Reichert aus.

Als im Jahre 1985 zu Ernst Beutlers 100. Geburtstag im FDH eine Feier abgehalten wurde, hat Dolf Sternberger die Gedenkrede gehalten. 1985 erhielt Professor Sternberger die Goethe-Plakette der Stadt Frankfurt.

Ein ebenfalls herausragender Journalist der FZ und der FAZ war Erich Welter, Mitglied bei Rotary seit 1930. Er starb 1982. Heute noch wird er im Impressum der FAZ als Gründungsmitglied aufgeführt, bis vor wenigen Jahren sogar noch auf der Titelseite. Persönlich kannte ich ihn aber leider nicht

Ebenso im Ohr wie die Sprache von Dolf Sternberger habe ich noch das laute, fröhliche Lachen von Dr. H. Wilhelmi, Sozius der Anwaltpraxis Dr. Karl Rasor, Dr. Wilhelmi, Dr. Wedesweiler, Dr. Flesch, Alexander Rasor, und von 1958 bis 1961 Bundesschatzminister in einem der Kabinette von Konrad Adenauer. Nach meiner Erinnerung war er Mit-Schöpfer der Idee der Volks-Aktie. In seiner Zeit wurde auch die Aktie der Volkswagen AG in einem großen Kreis platziert. Leider war diese erste Welle der Popularisierung der Aktie nicht von durchschlagendem Erfolg. Sie verebbte in der Folgezeit und auch die Bewegung um den neuen Markt zeigt sich jetzt als ein Strohfeuer. Trotz allem aber ist die Aktie heute populärer als früher und dies ist auch Dr. Wilhelmi zu verdanken. In den Rotary Club war er 1934 eingetreten. Er starb 1970.

Als ich 1961 eintrat, war Herr OB Bockelmann Mitglied und zwar seit 1956, als er erstmals OB wurde. Er kam aus einer in Russland ansässigen deutschen großbürgerlichen Familie, war in die SPD eingetreten und dann in Frankfurt OB geworden. Ich mochte ihn gerne. Als ein SPD-Mitglied „ohne Stallgeruch“ gelang es ihm nie, wie aber auch anderen SPD-Oberbürgermeistern in Frankfurt, die Partei geschlossen hinter sich zu bekommen oder zu behalten und so war seine Zeit als OB nicht nur erfolgreich. Er schied 1964 aus dem Amt des Frankfurter Oberbürgermeisters aus und auch aus unserem Club. Danach wurde er geschäftsführendes Vorstandsmitglied des Deutschen Städtetages. Er verunglückte nicht lange danach zusammen mit dem Münchner Oberbürgermeister Brauchle tödlich auf der Autobahn. Vor seiner Tätigkeit in Frankfurt war er Oberstadtdirektor in Lüneburg. Weniger bekannt ist, dass sein Neffe der berühmt gewordene Schlagersänger Udo Jürgens ist.

Hier sollte darauf hingewiesen werden, dass auch weitere Oberbürgermeister und Bürgermeister Frankfurts Mitglied in unserem Club waren, so W. Wallmann und H.J. Moog.

Eine wichtige Rolle im Club spielte Hermann Schlosser Senior, Mitglied von 1935 bis zu seinem Tode 1979. Er ist der Vater unseres Mitglieds Hermann Schlosser, Rotarier seit 1972 und Präsident 1988/89. Als Vorstandsvorsitzender der Degussa war Hermann Schlosser (Senior) für Frankfurt eine wichtige Persönlichkeit und dies galt auch für den Club. Für mich war er der Typ des positiven Unternehmensführers patriarchalischer Prägung. Auch er hatte eine starke soziale, der Frankfurter Tradition verpflichtete Prägung und dies bestimmte auch nach seinem Ausscheiden die Degussa, bis sie jetzt ihren Sitz nach Düsseldorf verlegt hat. Frankfurt verdankt ihm neben vielem anderen auch den Erhalt des später Hermann-Schlosser-Haus genannten Gebäudes, gebaut 1823 am Untermainkai. Seiner Initiative zu verdanken ist auch die Hermann-Schlosser-Stiftung. Sie erhielt die Geldbeträge, die sonst üblicherweise Firmen ihren Chefs bei Geburtstagen oder Jubiläen durch Geschenke zukommen lassen. Ihr Kapital beträgt jetzt rund 2,5 Millionen Euro. Die Stiftung fördert erfolgreich Nachwuchskräfte der Chemiebranche, Chemiker, Physiker, Kaufleute oder Juristen. Ich war 26 Jahre in ihrem Vorstand tätig. Für mich unverständlich hat man jetzt den Namen der Stiftung in Degussa-Stiftung geändert.

Hermann Schlosser verlor durch den Krieg drei Kinder. Der älteste Sohn in meinem Alter kam aus der Gefangenschaft mit Tuberkulose zurück. Chemotherapie gab es damals noch nicht. Ich hatte ein ähnliches Schicksal, da ich in Kriegsgefangenschaft eine TB bekam, konnte aber in Davos geheilt werden. Dadurch entstand zwischen Hermann Schlosser und mir eine besondere persönliche Beziehung.

Georg Delliehausen – genannt Schorsch – ist 1927 Rotary-Mitglied geworden und dies bis zu seinem Tode 1982 geblieben. Ich denke, dass er bei den Präsenzlisten oft oder immer ganz oben zu finden war. Rotary war ein Teil seines Lebens und teilweise seine Heimat. Für mich wäre Georg Delliehausen, der große Theater- und Opern-Liebhaber, eigentlich eine Figur des Theaters selbst. Jedenfalls wäre sein Auftritt ein großer Erfolg und er wäre ein viel geliebter Schauspieler geworden so wie er ein sehr beliebter Rotarier war.

Auch seine früher gut bekannte Frankfurter Speditionsfirma Delliehausen besteht nicht mehr. Herr Bär gibt mir noch folgende Ergänzungen:

Das Elternhaus von Georg Delliehausen stand am Main wie auch Stallungen und das Lagerhaus der gleichnamigen Firma. Offenbar tat Georg nicht gut in der Schule, sodass die Eltern, katholischen Bekenntnisses, sich entschlossen, ihn nach Hanau in die Schule zu schicken. Hanau war seinerzeit durchgängig evangelischen Glaubens. Selbstverständlich nutzte Georg jeden katholischen Feiertag, um der Schule fernzubleiben. Eines schönen Tages kam er morgens wie gewohnt zur Schule und antwortete auf die Frage seines Klassenlehrers: „Georg, wo warst du gestern?“, „Gestern war Mariä Himmelfahrt, Herr Studienrat“. „Lieber Georg, ich bin fast sicher, dass

Du in den Himmel kommst, aber bestimmt kommst Du nicht in die Untersekunda".

In seinen letzten Lebensjahren war Georg Delliehausen ein beliebter Gast im Hessischen Rundfunk und auch im Hessischen Fernsehen. Eines Morgens, er war immer sehr früh in seinem Betrieb, ging das Telefon. Er meldete sich mit seinem Namen und wurde von der anrufenden Dame befragt, ob er denn der Delliehausen sei, der so oft im Fernsehen und auch im Funk befragt würde. Nicht ohne Stolz bestätigte er das. Darauf die Kundin: „Es wäre gescheiter, Sie würden sich mehr um Ihr Geschäft kümmern als im Funk und Fernsehen aufzutreten. Bei mir stehen seit 14 Tagen die Kisten Ihrer Firma zur Abholung bereit. Trotz mehrmaliger Reklamation ist bisher nichts geschehen."

Meine Zusammenstellung wäre unvollständig, wenn ich Fritz Dietz nicht erwähnen würde. Er war Mitglied im Club von 1957 bis 1984, das heißt bis zu seinem Tode. Er war kein Paul Harris Fellow und auch nie Präsident. Dafür war er von 1964 bis 1980 Präsident der IHK Frankfurt. Auf ihn passt das Zitat aus Wallenstein: „Von der Parteiengunst verwirrt, schwankt sein Charakterbild in der Geschichte". Er war schon als Junge Mitglied des Rugby-Teams des „Sportclub 80", der Sport ist fair, aber auch hart. So kam es, dass er nicht nur Freunde hatte. Seine Freundschaften pflegte er und dies galt auch im Verhältnis zu den damals großen in der Stadt oder im Lande regierenden oder oppositionellen Politikern. Es war ja die Zeit des Aufbaus und eine rege Zusammenarbeit zwischen allen Parteien und ein Konsens in wichtigen Dingen waren nötig. So erinnere ich mich an die großen Abendessen, die er in der Vorweihnachtszeit im Schloß-Hotel in Kronberg gab. Anwesend waren unter anderem Ministerpräsident Zinn (SPD),

Wirtschaftsminister Karry (FDP), der später von Terroristen ermordet wurde, OB Arndt, Kanzler Brandt, Außenminister Schröder, Bundespräsident Scheel, Bundesbankpräsident Karl Blessing und prominente CDU-Politiker wie Walter Wallmann, OB in Frankfurt, und Bundesminister Riesenhuber. Alle zusammen haben wir dann im besten Konsens „O du fröhliche" gesungen, und zwar unter der Leitung des aus der Sowjetunion kommenden Don-Kosaken-Chors (OB Wallmann ist seit 1976 Mitglied bei uns; Professor Riesenhuber ebenso).

Als IHK-Präsident hat Fritz Dietz viel Kraft für diese Aufgaben eingesetzt. Das gilt auch für den erfolgreichen Wiederaufbau des Opernhauses. Wahrscheinlich wäre ohne die private Initiative das Opernhaus abgerissen worden. Seine Firma, bekannt als Zucker-Dietz, ist dann aber unglücklich und eigentlich ohne Schuld gescheitert an einer Transaktion, die ich kurz schildern will. Sie ist auch ein Teil der Geschichte der kommunistischen Weltwirtschaftspolitik und ist ein Teil des tragischen letzten Lebensabschnitts von Fritz Dietz. Seine Firma kaufte – zusammen mit sieben anderen Firmen – per Termin bei einer Baisse in Polen von einer Staatshandelsgesellschaft polnischen Zucker in großen Mengen und verkaufte fest an einen internationalen Käufer. Es kam eine Hausse und die Polen wollten den Zucker zu den dann 14-fach höheren Preisen als mit Dietz kontraktiert im Markt verkaufen. Der Staat verbot den Export und die staatliche Handelsgesellschaft erklärte wegen „force majeure" nicht liefern zu können.

Dietz klagte und verlor über alle möglichen Instanzen, zuletzt im House of Lords. Er musste den Zucker zu den dann hohen Preisen und mit enormen Verlusten einchecken, um seine Verpflichtungen aus dem Börsengeschäft erfüllen zu können. Die Ursache des Verlustgeschäftes war doch, dass der kommunistische Staat und die Staatshandelsgesellschaft gegen die internationalen Regeln des „fair trade" verstoßen hatten. Ich sagte schon: eine Schuld von Dietz ist schwer zu konstruieren. Hätte er „polnischen Zucker" verkauft, hätte die „force majeure"-Klausel ihn vielleicht gerettet.

In der Folgezeit gab es dann einen Umsturz in der IHK. Ich war danach zwar Mitglied der Vollversammlung der IHK (insgesamt waren es fast 20 Jahre), habe aber damals nie konkrete und glaubwürdige Informationen über die wirklichen Gründe erfahren, die zur Abberufung von Fritz Dietz als Kammerpräsident führten. Ein Urteil konnte und kann ich nicht abgeben. Ich sah nur, wie viele, die sich Fritz Dietz immer schweigend gebeugt hatten und ihm nie offen widersprachen, sich jetzt offen über ihn negativ äußerten. Mir gefiel dieser Stil nicht. Auch in der Folgezeit hat man oft die Verdienste von Fritz Dietz verschwiegen und ihn zum Beispiel zu festlichen Veranstaltungen nicht mehr eingeladen. Er war ausgezeichnet mit der Ehrenplakette der Stadt Frankfurt und Träger des Großen Bundesverdienstkreuzes mit Stern und Schulterband. Posthum wurde ihm die Ehrenmitgliedschaft der Alten Oper verliehen.

Immer hervorragend, interessant und amüsant waren Vorträge von Hermann Mäckler. Er war bis 1985 Mitglied im Club. Die Vorträge waren begleitet von Zeichnungen, die zeigten, dass Hermann Mäckler auch als Zeichner und als Schriftsteller ein großer Künstler war. Von seinen Bauten, die er zusammen mit Giefer entwarf, sind zu nennen: Wiederaufbau Bartholomäus-Dom Frankfurt, die alte Deutsche Bibliothek, Frankfurter Flughafen, St. Katharinen-Krankenhaus, Zwillingstürme Deutsche Bank (nach Verkauf ausgeführt von ABB Frankfurt).

Zu meiner Familie bestanden enge Verbindungen. Das Büro Giefer & Mäckler baute durch Eingreifen meiner Mutter in den frühen 50er-Jahren Gebäude für Georg Hauck & Sohn in der Neue Mainzer Straße, das allerdings 20 Jahre später einem Neubau gewichen ist, der jetzt nach weiteren 20 Jahren schon wieder abgerissen wird. Meine Mutter baute auch noch ihr eigenes Wohnhaus mit Giefer & Mäckler.

Der Sohn von Hermann Mäckler, Christoph Mäckler, folgte dem Vater im Beruf des Architekten und auch als Rotary-Mitglied seit 1986.

Eine der angesehensten Persönlichkeiten aus unserem Club war seit 1962 Professor Helmut Coing, geboren 1912, gestorben 2000.

Er war eher still und zurückhaltend. Wenn er aber an unseren Diskussionen teilnahm, so war es in einem geschliffenen Stil in bestem Deutsch und immer sehr bemerkenswert. Von Herrn Professor Stolleis erhielt ich eine Liste seiner Tätigkeiten und Ämter: Rektor der Goethe-Universität, Vorsitzender der Westdeutschen Rektorenkonferenz, Vorsitzender des Wirtschaftsrats, Vizepräsident der Max-Planck-Gesellschaft, Gründer und Direktor des Max-Planck-Instituts für europäische Rechtsgeschichte (seit 1964), Mitglied des Ordens Pour le Mérite für Wissenschaft und Künste und dort Ordenskanzler, sechsfacher Ehrendoktor und Träger anderer hoher Auszeichnungen. Vom Fach war er Rechtshistoriker, Zivilrechtler, Rechtsvergleicher und Rechtsphilosoph. Auf allen diesen Gebieten hat er Bedeutendes geleistet. Seine große Gabe war allerdings auch die Wissenschaftsorganisation. Ich habe also kaum übertrieben, ihn als eine der hervorragendsten Persönlichkeiten aus unserem Club zu bezeichnen und ich bringe seine Darstellung deshalb auch am Ende.

Als bevorzugte Quelle möchte ich die *Frankfurter Biographie* von Professor Wolfgang Klötzer, Verlag Waldemar Kramer, nennen. Professor Klötzer ist seit 1976 Mitglied im Rotary Club Friedensbrücke.

Damit schließe ich die Reihe der Miniaturen ab, möchte aber nochmals wie am Anfang eine allgemeine Bemerkung hinzufügen.

Beim Zusammenstellen der Daten fiel mir auf, in wieviel Fällen Söhne und auch ein Enkel von früheren Mitgliedern in den Club aufgenommen worden sind. Nachzutragen ist dazu, dass auch der Großneffe von Dr. Hartwig Breidenstein, Mitglied 1949 bis 1967, Felix Breidenstein, seit 1997 Mitglied ist.

Ich finde dies sehr positiv und denke, dass wenige andere deutsche Rotary Clubs ähnliches aufweisen. Ich hoffe, dass unsere Aufnahme-Ausschüsse diese Tradition mit Klugheit fortführen werden.

Tradition alleine aber sollte nicht bestimmend sein, sondern Tradition und Zukunft, Tradition als Verpflichtung zur Zukunft.

So ist die Vergangenheit bei der Gestaltung der Zukunft nicht zu vergessen und so sollte mein Bericht angesehen werden. Ich hoffe, ich habe die Aufforderung, die Vergangenheit unseres Clubs ein wenig lebendig zu machen, befriedigend erfüllt. Ich bitte nochmals um Verständnis für die Notwendigkeit einer Auswahl bei den Kurz-Porträts und auch für die subjektive Auswahl und die subjektive Darstellung. Ich denke, dass dies eine größere Lebendigkeit brachte und auch ein wenig Zeitgeschichtliches.

Rückblick auf Vorträge in 50 Jahren Rotary

10. Oktober 2011. Ich habe, da ich ja nun mehr Zeit habe, dieses Jahr einmal das Mitgliederverzeichnis unseres Rotary Clubs etwas gründlicher studiert und dabei festgestellt, dass ich in diesem Jahr 50 Jahre Mitglied sein werde. Ich bin 1961 aufgenommen worden und seit dem Tod von Professor Schopper der Dienstälteste in diesem unserem Club. Ich habe außerdem in unserem Mitgliederverzeichnis festgestellt, dass noch sechs weitere Mitglieder und Freunde in jenem Jahrzehnt aufgenommen wurden, nämlich die Freunde Bär 1965, Rathke 1965, Herbst und Meier-Preschany 1966, von Leonardi und Moog 1968. Es wird also in den nächsten sieben Jahren noch öfters Gelegenheit sein, ein 50-jähriges Jubiläum zu begehen.

Über das, was wir alle von unserer Mitgliedschaft Positives bekommen, will ich heute aber nicht sprechen, es jedoch am Anfang erwähnen. Wir alle wissen darum und daher darf ich diese wichtige Seite von Rotary als Grundlage unserer Gemeinschaft ansehen, muss es aber nicht mehr in Worten darstellen. Ich beschränke mich im Vortrag auf die Themen meiner Vorträge in 50 Jahren Mitgliedschaft. Für das viele Positive, das ich von Rotary bekam, bin ich Rotary Dank schuldig und bin auch dankbar dafür.

Wenn ich selbst mir Noten geben sollte, so möchte ich mit den Minuspunkten anfangen. In Hinsicht auf meine lange Mitgliedschaft muss ich insbesondere feststellen, dass ich in diesen fünf Jahrzehnten nie für den Vorstand kandidiert habe. Das hat insbesondere zuerst zeitliche und später dann gesundheitliche Gründe gehabt.

Als Pluspunkte rechne ich mir dagegen an, dass ich

einige Jahre den Vorsitz des Aufnahmeausschusses übernommen hatte, was ja auch recht arbeitsintensiv und verantwortungsvoll ist. Ich habe in einem später nochmals zu erwähnenden kleinen Büchlein geschrieben, wie am Anfang unser Club doch eine gewisse Führungsrolle für Frankfurt beanspruchte, was aber mit der Zeit, je mehr Rotary Clubs es in Frankfurt gab, umso stärker in den Hintergrund trat.

Insbesondere Herr von Gleichen hat auch dagegen Stellung genommen und hat an den Meetings, die es damals regelmäßig gab, nicht mehr teilgenommen. Sein Rotary Club, der Club Römer, ist vielleicht dadurch abweichend von allen anderen Clubs personell zusammengesetzt. Einen Zauberer hatten wir in 50 Jahren nicht.

Dann war ich viele Jahre Revisor unseres Clubs und habe dementsprechend einmal im Jahr Bericht abgegeben.

Ob ich meine Vorträge auf die Plus-Seite meiner Aktivität im Rotary Club rechnen kann, möchte ich nicht selbst entscheiden müssen. Es sind allerdings nur noch wenige Mitglieder, die sich daran erinnern werden. Daher gehe ich heute darauf ein. Dabei entsteht eine Art Autobiografie und das wäre das dritte Mal, dass ich im Club von meinem Leben berichte.

Den Lebenslauf habe ich, wie alle neuen Mitglieder, am Anfang natürlich, gegeben. Aber ich habe dies dann ein zweites Mal getan. Ich glaube in den 80er-Jahren kam ein Vortragswart auf die Idee, die älteren Mitglieder ihren Lebenslauf wiederholen zu lassen, was für die jungen manchmal interessant war. Diese Wiederholung ist dann irgendwann wieder verloren gegangen. Vielleicht kann man einmal überlegen, dies wieder einzuführen.

Nun zu den Vorträgen:

Von rund 13 Vorträgen habe ich noch die Manuskripte. Einen Teil davon in einem Buch, *Kompost*, das ich 1997 herausgegeben habe und das meine Vorträge und sonstige schriftliche Arbeiten enthält.

Ich kommentiere einzelne der Vorträge, die vielleicht noch interessant oder amüsant sind.

Die Mafia

Im ersten Vortrag habe ich über die Mafia in Sizilien gesprochen. Und zwar anhand eines sehr guten Artikels, der im „New Yorker" erschienen war. Damals erhielt Italien sehr große Beiträge aus dem Marshall-Plan. Italien war ein wichtiger Partner in der europäischen Politik und ist es heute noch, sodass wir meines Erachtens uns schon mit der Mafia zu befassen haben. Der Artikel zeigte deren Bedeutung und kriminellen Machenschaften. Die amerikanische Zeitschrift berichtete, dass ein Gefängnisarzt veranlasst wurde, einen gefangenen Mafioso selbst zu töten, weil die übrigen Mafia-Mitglieder Angst hatten, dass sie verraten würden. Nach dem Ende meines Vortrags sagte Herr von Schwartzkoppen, damals Geschäftsführer der BHG: „Herr Hauck, Sie als junges Mitglied des Clubs haben vielleicht noch nicht gesagt bekommen, dass man im Rotary über Fakten aus Kultur, Wissenschaft und Wirtschaft oder Entwicklungen, aber nicht Märchen erzählt."

Ich meine, dass wir später bei der Etablierung des Euro uns auch nicht ausreichend über griechische Verhältnisse informiert haben.

„Was ist Vermögen?"

... war ein späteres Thema. Damals gab ein gewisser Professor Krelle einen Vermögensvergleich, in dem er nur Aktien und Beteiligungen an Industriefirmen bewertete, nicht aber Immobilien und nicht die Altersversorgung. Meine Überzeugung war und ist auch heute noch, dass die Altersversorgung kapitalisiert in einen Vermögensvergleich aufgenommen werden muss. Höhere Beamte haben einen kapitalisierten Barwert ihrer Altersansprüche von einer halben Million. Sie sehen sich aber als vermögenslos an und handeln entsprechend.

1986 habe ich über Pensionsfonds gesprochen. Das System war damals in Deutschland noch relativ unbekannt. Die meisten Unternehmen bildeten Rückstellungen. In den USA, England, Holland habe ich die enormen Vermögensmassen kennengelernt. Ich habe auch gesehen, dass Kapitalmärkte ohne Pensionsfonds doch sehr zurückbleiben, und das ist leider heute in Deutschland immer noch der Fall.

Aktienbewertung

Ich fand noch verschiedene Vorträge über berufliche Fragen, nämlich hauptsächlich über die Bewertung von Aktien. Das war ein Thema, das mich damals sehr interessierte und mit dem ich mich auch aktiv beschäftigte. Ich gründete damals 1959/1960 mit Freunden die DVFA, die Deutsche Vereinigung für Wertpapieranalyse und Anlageberatung, deren Ehrenmitglied ich im letzten Jahr zum 50-jährigen Jubiläum wurde.

Aufgrund des damaligen Rechts waren Aktiengesellschaften ja nur verpflichtet, wenige Zahlen zu veröffentlichen, so zum Beispiel Umsatz, Steuern und Dividende. Viele Aktiengesellschaften haben auch nicht mehr veröffentlicht. Das war natürlich für die Aktionäre sehr nachteilig, weil sie gar nicht wussten, wie viel eigentlich ihre Gesellschaft verdiente und Insider konnten das sehr gut ausnutzen. Ich denke hier an die Entstehung großer Wirtschaftsimperien, z.B. von Flick, der die Bilanzen besser lesen konnte, Insiderinformationen hatte und entsprechend billiger ganze Gesellschaften aufkaufte. Ohne eine gute Transparenz und eine Veröffentlichung der Gewinne, wie wir sie heute haben, ist aber eine Aktienkultur nicht darzustellen.

Staatsbankrott und Finanzkrisen

1980 hielt ich einen Vortrag, der heute wieder aktuell wäre. Das Thema lautete „Sammeln von historischen Wertpapieren". Das Sammelgebiet zielt auf heute fast wertlose oder nur noch Sammlerwert erzielende Wertpapiere von Aktien oder Rentenemissionen, die von Konkurs gegangenen Staaten oder Wirtschaftsunternehmen emittiert worden waren und die als Drucksache oft erstaunliche künstlerische Qualitäten aufweisen. Sie erzählen aber von den vielen Staatsbankrotten früherer Zeiten, so z.B. von Russland oder von den US-amerikanischen Südstaaten oder auch vom Deutschen Reich oder deutschen Gemeinden und vielen anderen.

Die Panama-Aktie aus 1880 zum Beispiel mit der Unterschrift von Lesseps, dem Erbauer des Suezkanals, erinnert an diese riesige Fehlspekulation und Fehlplanung, die Lesseps selbst ins Gefängnis brachte und die französische Regierung stürzte.

Interessant sind die von Ivar Kreuger, dem schwedischen Zündholzkönig, Finanzier und Betrüger. Er fälschte Wertpapiere, die er dann Banken als Sicherheit gab.

„Es ist alles schon mal dagewesen", sagt der jüdische Philosoph Ben Akiba – oder mit Salomo: „Nichts Neues unter der Sonne."

Große Versprechen auf Gewinne machen blind, siehe Mister „Bernie" Madoff. Hätte man nicht lernen können?

Ähnlich aktuell wäre ein Vortrag, den ich irgendwann nach 1970 gehalten habe, also zur Zeit der Krise des IOS Imperiums, die ja in einem Crash endete. Der Vortrag war eine Kurzfassung von *Emil Zolas „L'argent"* und schildert den von einer Romanfigur verursachten Finanzskandal, den Zusammenbruch einer großen Bank durch gewagte Finanzspekulationen. *„L'argent"* spielt in Frankreich in der Mitte des 19. Jahrhunderts. In der Diskussion zeigte sich ein Gast, ein Mitbewerber der IOS-Gruppe, beleidigt über die aktuellen Bezüge des Buches, aus dem man ja dann auch richtig den Crash voraussehen konnte.

Ich finde dann aus den 80er- und 90er-Jahren noch einige Vorträge, die nicht-berufliche Themen behandeln, so über die Villa Merton. Ich hatte einige Essen in der Villa Merton organisiert und habe dort über die Villa und die Familie Merton einen Vortrag gehalten. Es gibt übrigens ein sehr interessantes Buch über Frankfurter Familien und Lebensweisen zwischen 1880 und 1930, das die Familie Merton intensiv behandelt. *(siehe: Birgit Wörner, Frankfurter Bankiers, Kaufleute und Industrielle. Werte, Lebensstil und Lebenspraxis 1870 bis 1930. Mäzene, Stifter, Stadtkultur, Bd. 9,* Frankfurt 2011*)*

Villa Mumm

In den 80er-Jahren organisierte ich ein ähnliches Meeting wie das in der Villa Merton dann ich der Villa Mumm. Sie liegt, manchen Frankfurtern unbekannt, zwischen der Forsthausstraße/Kennedyallee und der Mörfelder Landstraße im „Mumm'schen Park" und beherbergt heute das Institut für Geodäsie/Kartenkunde des Bundes.

Die Familie Mumm von Schwartzenstein war Weinhändler in Frankfurt und gründete ca. 1825 die Firma Mumm Champagne in Frankreich. 1918 wurde die Firma vom französischen Staat beschlagnahmt und die Familie verlor ihr sehr großes Vermögen. Der Mumm'sche Park wurde parzelliert, ich wohne seit 1980 dort sozusagen im Schatten der Villa.

In die Reihe „Frankfurter Familien" gehört auch der Vortrag über einen „Besuch bei Robert von Hirsch in Basel" aus dem Jahr 2010, der in diesem Buch in Kapitel 4 zu finden ist. Ich berichtete über diesen bis 1934 in Frankfurt ansässigen international bekannten Kunstsammler, den ich nach dem Krieg öfters in Basel besuchen konnte. Auch dieser Vortrag war eigentlich ein Blick in Frankfurts Geschichte der letzten 150 Jahre, mit der ich mich gerne befasse. Es ist auch die Geschichte des Westends, zu dem ja auch die Villa Bonn hier gehört.

Ich hatte mich seit 2000 schon intensiv befasst mit der Biografie eines anderen Frankfurters, nämlich mit dem Bankier Albert Hahn, und dadurch mich intensiv mit der Zeit vor 1933 beschäftigt. Ich brauche auch hier keine Werbung für das Buch mehr machen, weil es vergriffen ist.

Sie sehen, dass Biografie ein besonderes Interessengebiet von mir ist. Daraus entstand dann in einem Gespräch mit Klaus Berge die Idee, dass ich anlässlich des Club-Geburtstages (der Club ist ja in meinem Geburtsjahr 1927 gegründet worden) einige Kurzbiografien von verstorbenen Mitgliedern, vor allem von den Präsidenten verfasse. Die kleine Broschüre ist dann mit entscheidender Hilfe von Freund Klostermann im Jahr 2003 in seinem Verlag erschienen.

Ich schildere darin sehr kurz die Lebensdaten von 24 Mitgliedern. Die Arbeit war für mich sehr interessant und stellt einen Blick in die Geschichte Deutschlands und Frankfurts und des Rotary Clubs dar. Ich denke, dass das Büchlein gerade für neu aufgenommene Mitglieder interessant sein könnte und rege an, dass dies einmal besprochen und eventuell organisiert wird. Ich helfe gerne dabei.

Über das Sammeln von antiken Tierfiguren
Ich darf noch einen Besuch im Museum im Karmeliterkloster erwähnen, den ich organisiert habe anlässlich einer Ausstellung eines mit mir befreundeten Antikensammlers, Leo Mildenberg, der seine Sammlung für einige Monate in Frankfurt ausstellen ließ. Ich habe damals auch über meine eigene Sammlung gesprochen und hatte sie teilweise auch dort ausgestellt. Ich hatte auch vorher in den 70er-Jahren, oder vielleicht auch schon in den 60er-Jahren, einmal einige Stücke aus meiner Sammlung in den Club mitgebracht zu einem Vortrag über antike Tiere, ein Interessengebiet, das ich viele Jahrzehnte lang verfolgt habe.

Damit beende ich meinen Rückblick über meine Vorträge hier im Club während der letzten 50 Jahre und habe sicherlich einiges ausgelassen, aber vielleicht auch mit manchem Ihr Interesse angeregt. Ich bin mir bewusst, dass ich dabei auch ein wenig meine eigene Biografie vorgebracht habe, und denke, dass vielleicht auch das eine Anregung ist, dass Sie hier im Club sich ab und zu einmal mit der Biografie von Älteren befassen. Damit befassen Sie sich auch gleichzeitig auch mit der Geschichte der Stadt und ein wenig auch des Landes.

Also ich hoffe, ich habe Sie nicht aufgehalten und wünsche dem Club, unserem Rotary Club, weiterhin viele anregende Meetings.

Centrale für Private Fürsorge

Wilhelm Merton gründete nicht nur die Metallgesellschaft und die Frankfurter Universität, sondern auch eine Reihe von sozialen Einrichtungen: um 1890 das Institut für Gemeinwohl Centrale, aus der 1899 die Centrale für Private Fürsorge hervorging und auch die Akademie für Sozial- und Handelswissenschaften.

Zum ersten Vorstand nach 1890 gehörte auch mein Urgroßvater Alexander Hauck (1838–1916).

Nach dem Zweiten Weltkrieg leitete August Oswalt (1892 bis 1983), der Bruder meiner Mutter und Partner bei der Bank Georg Hauck, die Centrale im ehrenamtlichen Nebenberuf neben einer großen Anzahl von anderen Funktionen in der Zeit des Wiederaufbaus. Unterstützt wurde er von Adolf Reiss (1877 bis 1962), der die Centrale notariell und bis 1933 persönlich betreut hatte.

Reiss vermachte der Centrale – er war Junggeselle geblieben – sein gesamtes Vermögen, das nach Maßstäben der Zeit nicht übertrieben hoch war. Ich weise daher auf die Tatsache hin, dass Adolf Reiss sein Vermögen sowohl durch extreme Sparsamkeit als auch durch Festhalten an Aktien erhalten hatte. Er entstammte einer seit 1530 in Frankfurt ansässigen Familie, die im Taunus ihren Sommersitz hatte. Der Vater von Adolf Reiss war Ehrenbürger in Bad Soden, der Onkel in Kronberg. Die Familie hatte um 1889 ein schönes Grundstück, die Villa Schönbusch in Kronberg, an die verwitwete Kaiserin Friedrich verkauft, die dann mit Namensnennung Reiss an ihre Mutter, Queen Victoria, verkaufte. Auf dem Grundstück wurde von 1889 bis 1894 das Schloss Friedrichshof als ihr Witwensitz gebaut. Seit 1954 wird Schloss Friedrichhof als Hotel genutzt (Schlosshotel Kronberg).

Stifterverband

Eine längere Zeit bis zum Ende meiner Tätigkeit für den Stifterverband war Dr. Marcus Bierich Vorsitzender des Anlageausschusses, damals als Vorsitzender der Geschäftsleitung der Bosch AG. Er war mit mir zusammen in der Berufsschule in Hamburg im Lehrlingsunterricht gewesen. Er hatte eine Eins im Abschluss, ich eine Drei. Bierich hatte schon in Mathematik promoviert, ich war Absolvent eines Kriegsgefangenenlagers.

Ich traf Marcus Bierich auch wieder im Verwaltungsrat des Freien Deutschen Hochstifts (FDH), in den ihn Hermann Josef Abs berufen hatte, der mit Bierich enge Verbindungen gepflegt hat.

Nach seinem frühen Tod im Jahr 2000 hatte ich die Idee, eine Biografie über ihn anfertigen zu lassen – in Form von circa 30 Interviews mit Freunden und Bekannten von Marcus Bierich. Sein Sohn übernahm die Finanzierung und Organisation und die von mir empfohlene Autorin des Buches, Felizitas Gräfin Schönborn, führte die Interviews und verfasste das Buch. Der Fischer-Verlag in Frankfurt hatte die Verlagsarbeit übernommen.

Die Familie Bierich hatte gewünscht, dass das Buch nicht in den Handel kam. Es zeigt einen Unternehmer, der für die deutsche Wirtschaft nicht typisch ist, mit philosophischer Ausbildung und literarischen Interessen. Das Buch zeigt die Breite seiner Interessen und Tätigkeiten.

Städelverein

1959 wurde der Städelsche Museums-Verein wiedergegründet und neu belebt. Seine Geschichte wurde 1994 von Dr. Andreas Hansert, einem Frankfurter Historiker, verfasst. Die treibende Kraft war Albert von Metzler, mein Onkel und Patenonkel. Er hat mich zu vielen der Gründungsversammlungen und Verhandlungen hinzugezogen und veranlasst, dass ich in den ersten Vorstand des neuen Vereins berufen wurde. Albert von Metzler war erst 1950 aus russischer Kriegsgefangenschaft zurückgekommen und hatte sich dann mit voller Kraft und erfolgreich für seine Bank, für das Städel, das Freie Deutsche Hochstift (FDH) und manche andere Frankfurter Institution eingesetzt. Nach seinem Tode folgten ihm seine Tochter Barbara von Metzler im Städel, dessen Vorsitzende in der Administration sie von 1994 bis 2003 wurde, und seine Schwiegertochter Sylvia von Metzler im Städelverein, dessen Vorsitz sie seit 2007 innehat, und sein Sohn Fritz von Metzler als großzügiger Spender für beide – Städel und Städelverein.

Ein wenig konnte ich bei Barbara von Metzlers Wahl in den Vorstand tun. Ich war 1989 altershalben zurückgetreten mit der Auflage, dass Barbara als Kandidatin für meinen Sitz aufgestellt und dann auch gewählt würde. Aus dieser Position heraus wurde sie dann in das Kuratorium und auch zur Vorsitzenden gewählt. Bei der Diskussion über die – wie man heute sagt – „Strategie“ des Vereins wurde zu Beginn und bei der Erstellung der Satzung erörtert, ob man eine kleine Gruppe exklusiver Mitglieder mit hohen Beiträgen oder eine offene, breit angelegte Mitgliedschaft anstreben will. Der damalige Leiter, Professor Holzinger, ein guter Freund unserer Familie, strebte die Exklusivität an. Ich setzte mich stark für eine Öffnung ein und berichtete aus meiner Zeit in den USA, dass dort die Museen vor Ort für viele ein Anziehungspunkt für Freizeit und für den Tourismus geworden waren. Selbst im Mittleren Westen in bäuerlicher Umgebung und bei einer Einwohnerzahl von etwa 10.000 Menschen und 5.000 Studenten fand ich ein viel besuchtes Kunstmuseum vor, in dem drei Bilder von Beckmann zu finden waren. Leider hat die Freundschaft zu Holzinger durch mein Auftreten und Eingreifen ein wenig gelitten.

Heute hat der Städelverein über 6.000 Mitglieder und zu seinen Ausstellungen bilden sich am Eingang lange Menschenschlangen. Dabei habe ich zu meiner Zeit im Vorstand des Städelvereins diese Ausstellungen abgelehnt, weil sie natürlich dorthin führen, dass vom Städel eigene Bilder auch an andere Museen in Europa oder auch in Übersee ausgeliehen werden müssen. Es stand gegen meine ewige Forderung der Öffnung für ein breites Publikum, dass ich nun eher gegen Ausleihe war und noch immer bin. Hier folge ich dem Gründer, Johann Friedrich Städel, und auch Professor Ernst Holzinger, einem späteren Städel-Direktor, die beide Ausleihungen ausschlossen.

Ich argumentiere heute noch, dass auch der kleinste Schaden, der trotz aller Technik nicht vermieden werden kann, auf die Dauer die Substanz der Kunstwerke angreift. Bei der Ausleihe der Athene aus dem Liebieghaus nach Basel 1960 wurde die Nase abgeschlagen. Das konnte durch geschickte Handwerker unsichtbar repariert werden. Bei mir jedoch ist es nicht vergessen. Ich denke, dass die fortschreitende Digitalisierung die Versendung auf Dauer ersetzen wird und meine allgemeinen Grundsätze über das Verbot des Bilder-Tourismus angenommen werden.

Zu dem letzten großen Erweiterungsbau, der 2012 fertiggestellt wurde, habe ich nur wenig beigetragen. Ich war ja schon zu alt, um noch persönlich mitzuwirken, und darum habe ich auch immer gespendet, was ich mir positiv anrechne. Bei dem Umbau in den 80er-Jahren hatte die Bank die neue Drehtür und ihren Einbau übernommen. Die Tür ist jetzt wieder verschwunden.

Eine Erfahrung bei Spenden für Ankäufe, die ich im Städel gemacht habe, beeinflusst mich ebenfalls. Und zwar macht sie mich etwas zurückhaltender als früher. Meine Mutter stiftete 1946 ein Bild, das zuerst in ihrem Elternhaus und dann im nächsten Haus, das von den Amerikanern beschlagnahmt war, hing. Es handelt sich um ein Gemälde von A. Burger und zeigt den Blick auf Kronberg und den Altkönig – ein Bild von sicherlich nicht hoher Bedeutung, aber für Frankfurter recht attraktiv. Das Bild ist seit Jahrzehnten im Keller verschwunden.

Die zweite schlechte Erfahrung mit Schenkungen betrifft ein Bild des französischen Malers Jean-Léon Gérôme aus dem Jahr 1874, betitelt „Heiliger Hieronymus“. Das Bild war dem Museum 1935 von den Erben meines Großvaters Otto Hauck geschenkt und umgehend in das Depot gestellt worden. Das Bild galt seitdem als verschollen und war auch nicht in der Inventarliste geführt. 2011 wurde es durch Zufall wiederentdeckt und fand nun, nach Restaurierung, einen sehr ehrenvollen Platz im Saal der französischen Maler des 19. Jahrhunderts im Städel.

Freies Deutsches Hochstift

Im Freien Deutschen Hochstift war ich von 1958 bis 2003 im Verwaltungsausschuss, die letzten Jahrzehnte als Stellvertretender Schatzmeister, tätig. Auch der Direktor zur Zeit meines Eintretens, Professor Dr. Ernst Beutler, war ein Freund der Familie, sein Sohn ein Schulkamerad von mir im Lessing-Gymnasium. Schon mit 14 Jahren hatte Professor Beutler mich zwei Mal zu Führungen im damals noch nicht zerstörten Goethe-Haus mitgenommen. Beim zweiten Besuch sagte ich ihm in jugendlicher Frechheit, er habe das doch beim letzten Mal etwas anders erzählt. Seine Antwort: Ich erzähle immer etwas aus der Fantasie und etwas anders, aber genau weiß man ja sowieso nichts.

Diese doch für einen Wissenschaftler untypischen Äußerungen habe ich nicht vergessen und halte sie immer noch für richtiger als eine angeblich unangreifbare Behauptung. Auch eine andere Aussage von Beutler war wohl richtig. Es war in der schlimmsten Krise des kalten Krieges, in einer Diskussion über die Bedeutung seines Amtes. Er sagte dem Gremium, das aus Industriellen, Bankvorständen, Rechtsanwälten, Bankiers bestand: „Wenn die Russen jetzt kämen, dann säßen Sie meine Herren alle im Gefängnis, und ich als Hüter des Kulturgutes wäre ein großer, wichtiger Mann."

Die Tätigkeit als Stellvertretender Vorstand für Finanzen machte mir deswegen Freude, weil sie mich mit Hermann Josef Abs wieder zusammenbrachte – auch wenn seine Kommentare oft ätzend sein konnten: Nach meinem langen, abgelesenen und umständlichen Bericht über die Finanzen des abgelaufenen Jahres in der Mitgliederversammlung lobte er meinen „hervorragenden Vortrag", den er kurz wiederholen werde. Er hatte alle Zahlen im

Kopf und trug sie nochmals kurz, klar und verständlich vor.

Lange nach seinem Tode und da keine Biografie von Abs mir ein ausreichendes Bild von ihm zu geben scheint, machte ich in einem Kreis seiner früheren Mitarbeiter den Vorschlag, die noch lebenden Zeitzeugen von Abs zu einer Darstellung seiner Persönlichkeit zu bewegen und dies zu einer Art Biografie zusammenzufügen. Der Vorschlag wurde aber leider abgelehnt.

Über negative Erfahrungen im Hochstift sei auch noch zu berichten. Sie beziehen sich auf die Arbeitsweise der Bürokratie – langsam, kompliziert und oft ineffizient. Dabei hatten sich im Hochstift die Vertreter der Stadt Frankfurt, des Bundes und des Landes Hessen größte Mühe gegeben. Es zeigte sich, dass Menschen in der Bürokratie verloren sind wie Charlie Chaplin in seinem Film „Modern Times".

Sehr schlecht waren die Erfahrungen mit dem Stadtbauamt beim Umbau des Museums. Vom Vorsitzenden wurde viel Geduld verlangt.

Bei der Deutsch-Französischen Gesellschaft habe ich (ungefähr 1959) bei der Gründung der Frankfurter Vereinigung mitgewirkt, an die ich mich wegen eines der Gründungsmitglieder erinnere. Der Mann berichtete über seine Beziehungen zu Frankreich, die aus Zeiten des Krieges stammten, in denen er wohl als Besatzungsoffizier das Land kennenlernte. Ich fand diese Bemerkung nicht ganz angebracht und hatte dann darauf verzichtet, auf meine Erfahrungen als Kriegsgefangener anzuspielen, die ganz und gar negativ waren. Als die Deutsch-Französischen Gesellschaft etabliert war, bin ich zurückgetreten. Das hatte aber andere, negative Gründe.

International Student Service ISS

Schon bald nach dem Beginn meines Studiums der VWL in Frankfurt gründete ich mit einigen Freunden einen Verein der Mitglieder des ISS. Wir wollten die wenigen ausländischen Studenten an unserer Uni betreuen und die natürlichen Beziehungen pflegen.

Gedacht war auch an eine Art Club-Leben wie bei den Korporationen und Studentenverbindungen. Das gelang aber nicht und der ISS ging auch extra Wege, sodass unsere damaligen Vorhaben scheiterten. Während einiger Jahre haben wir aber auch interessante Vorträge organisiert. So kam Professor Walter Hallstein, der spätere Staatssekretär unter Adenauer, damals Jura-Professor in Frankfurt, als Redner zu uns.

Durch persönliche und freundschaftliche Beziehungen, die bis heute andauern, konnte ich Alfred Grosser aus Paris als Sprecher gewinnen. Es kamen damals noch nicht einmal 20 Zuhörer, was für mich recht unangenehm war. Später hatte Grosser einen so gewaltigen Ruf – da war jeder große Saal voll besetzt.

Zu meiner Freude gelang es mir sehr viel später, im Clementinum (dem Kinderkrankenhaus in Frankfurt) eine Gedenktafel anbringen zu lassen, in der besonders der Vater von Alfred Grosser, als der letzte jüdische Leiter 1933 nach Frankreich emigriert, geehrt wurde. Und Grosser war bei der Einweihung dabei.

3. FINANZEN

Fehler bei der Beaufsichtigung von Führungspersonal

Regel Nummer eins: Bei der Einstellung sollte man sich auch, aber nicht ausschließlich auf die schriftlichen Unterlagen des Kandidaten verlassen.

Regel Nummer zwei: Bei mündlichen Auskünften über Bewerber sollte man sich auf mehr als eine Person verlassen.

Regel Nummer drei: Auch in einer Führungsposition muss Kontrolle geduldet werden. Die Kontrolle zum Beispiel von scheinbar unwichtigen Dokumenten (wie Belege von Geschäftsessen) kann Aufschluss über die Respektierung von Richtlinien und Grundsätzen geben.

Regel Nummer vier: Die Behauptung von Führungskräften, dass sie aus der Struktur heraus einsame Beschlüsse hätten fassen müssen, ist sorgfältig zu untersuchen und zu begründen.

Regel Nummer fünf: In seiner Posse *Die beiden Nachtwandler oder Das Notwendige und das Überflüssige* lässt der österreichische Dramatiker Johann Nepomuk Nestroy eine seiner Figuren sagen: „Ich glaube von allen Menschen das Schlechteste, selbst von mir, und ich habe mich noch selten getäuscht." Ohne Vertrauen ist eine Führung von Wirtschaftsunternehmen nicht möglich.

Erläuterung:
In dem Volkslied *In einem Polenstädtchen*, in dem es um eine schöne Polin geht, die nie küsste, heißt es am traurigen Schluss: „Ich hab einmal geküsst und schwer gebüßt." Ich habe gegen die obigen Grundsätze als größter Gesell-

schafter und Vorsitzender des Gesellschafterausschusses der Immobilienverwaltungsgesellschaft HGG verstoßen und dafür schwer gebüßt. Die Gesellschaft verwaltet und entwickelt den Grundbesitz von Georg Hauck & Sohn, der Anfang der 1980er-Jahre auf sie übertragen wurde. Gesellschafter sind über 30 Familienmitglieder und andere Gesellschafter der Bank. Als Vorsitzender hätte ich mich durchsetzen müssen, und zwar mit guten stichhaltigen Beweisen, dass durch Mehrheitsbeschluss des Gesellschafterausschusses ein Geschäftsführer eingesetzt und behalten wurde. (Er hatte einen Architekten empfohlen, der später wegen Bestechung eine längere Gefängnisstrafe absitzen musste.) Das alles hat große Probleme verursacht – und zwar über Jahre hinweg mit Verwandten und Freunden.

Das Problem löste sich schließlich dadurch, dass der Geschäftsführer für den Neubau der Kaiserstraße 26/Neue Mainzer Straße 28 – ein zwanzigstöckiges „kleines Hochhaus" – sich selbst als nicht mehr ausreichend kompetent bezeichnete und eine Nichtverlängerung seines Vertrages geboten schien.

Die Hauck'sche Formel

Georg Hauck & Sohn war 1968 Gründungsmitglied der Universal-Investment-Gesellschaft mbH in Frankfurt. Ab Ende 1970 erwarb das Bankhaus Hauck & Aufhäuser Geschäftsanteile an der Universal. Seit dieser Zeit legte die Universal-Investment sogenannte Private-Label-Fonds auf und arbeitete eng mit den Experten des Kerngeschäftsfelds „Unabhängige Vermögensverwalter" von Hauck & Aufhäuser zusammen. Praktisch parallel zum Investmentsparen entwickelte sich die Wertpapieranalyse in Deutschland zu einer eigenständigen Disziplin. Auf diesem Gebiet leistete Georg Hauck & Sohn Pionierarbeit. Unternehmen veröffentlichten grundsätzlich nur spärlich Daten und die Analysten hatten kaum Zugang zu den Führungsetagen. Die Aktiengesellschaften mussten beispielsweise zwar ihren Steueraufwand veröffentlichen, nicht aber ihren Gewinn.

Die Hauck'sche Formel ist Teil der Bemühungen um eine Reform des seinerzeitigen Aktienwesens. Erfolgreich war sicherlich dabei die Gründung DVFA, an der ich auch beteiligt war. Vielleicht hat auch die Hauck'sche Formel einiges dazu beigetragen, um die Publizitätsscheu der Vorstände der notierten deutschen Aktiengesellschaften durch die heutige Publizitätsfreudigkeit abzulösen.

Wenn ich heute zum Beispiel den Geschäftsbericht der Deutschen Bank in die Hand nehme, so frage ich mich, ob man nicht manchmal des Guten etwas zu viel tut. Es ist schwer, in dieser Masse von Fakten das Wichtige und Zukunftsweisende zu finden.

Seinerzeit hat ja manche Gesellschaft außer der Dividendensumme praktisch nichts über Erträge ausgesagt. So kam ich auf die Idee, aufgrund der veröffentlichten Steuerzahlen auf die angenäherten Ertragszahlen zurückzuschließen. Zuerst haben wir die Steuern ins Verhältnis gesetzt zur Börsenbewertung. Dann eines Tages (ich glaube 1958) erfand ich eine Formel, die aus vielleicht fünf oder sechs Zahlen bestand, und zeigte sie meinem Partner Axel Schütz. Er war damals zuständig für die Bilanz der Firma und hatte größere und bessere mathematische Kenntnisse und Begabung als ich. Er kam dann zwei Tage später mit der Formel, die als Hauck'sche Formel bekannt wurde, und die er in Nachtarbeit zu Hause erarbeitet hatte. Aus Werbegründen gaben wir ihr den Namen der Bank, eigentlich aber gebührte Axel Schütz ein Teil der Urheberrechte.

Schon optisch ist die Formel ein kleines Kunstwerk. Der Finanzexperte Helmut Lipfert hat die Formel in seinem Aufsatz „Wandlung von Kapitalstruktur und Finanzierungsformen deutscher Industrieaktiengesellschaften“ *(In: Strukturwandlungen einer wachsenden Wirtschaft, Bd. 2, Duncker & Humblot, Berlin 1964, S. 601)* ausführlich dargestellt. Und er macht das viel kompetenter als ich das je könnte. Deswegen erlaube ich mir an dieser Stelle den Luxus, die mathematische Formulierung unserer Methode ohne weitere Erläuterungen abzudrucken:

$$E = \frac{30\,000\,S + 300\,D\,(b\text{-}a) - [00b + 3g\,(100\text{-}b)]\,L}{300b + 3g\,(100\text{-}b)}$$

In der Folgezeit hatten wir in unserem monatlichen Börsenbericht die geschätzten Ertragszahlen in Prozent des Börsenwerts der wichtigsten deutschen Aktiengesellschaften veröffentlicht. Das Ergebnis unserer Berechnungen war offenbar so korrekt, dass Unternehmen, die nicht publizieren wollten, gegen diese Formel Sturm liefen. Günter Vogelsang, damals Finanzvorstand bei Mannesmann, meinte sogar: „Wer die Hauck'sche Formel anwendet, wird aus dem Konsortium unserer Bankverbindungen gestrichen.“ Wir hatten keine Geschäftsbeziehungen zu Mannesmann – also war es uns völlig gleichgültig. Viele reagierten aber auch positiv, beispielsweise Dr. Rolf Magener von der BASF und außerdem fast die gesamte Presse.

In einem Vortrag, den ich vor der New York Society of Analysts hielt, kam ich auch auf die Formel zu sprechen, fand aber schnell heraus, dass man sie in New York schon als gängiges Handwerkszeug benutzte, ohne allerdings die Quellen zu kennen. Die Hauck'sche Formel hat somit bestimmt ihren Dienst getan und bedeutet einen kleinen Stein im Gebäude der Reform des Aktienwesens.

Korrespondenz zur Hauck'schen Formel

Brief von einem Professor
29. Juni 2015

Sehr geehrter Herr Hauck,
bis zum Jahr 2009 durfte ich mit großer Freude für Ihr Bankhaus als Leiter des institutionellen Geschäftes tätig sein. Aus dieser Zeit kennen wir uns auch persönlich. So überreichten Sie mir im März 2005 ein Exemplar Ihres Buches *Kompost*, das ich mit größtem Interesse gelesen habe. Viel habe ich aus Ihrem Buch gelernt. Ich freue mich, Ihnen heute zu schreiben und Sie um eine kleine Unterstützung zu bitten.

Seit vielen Jahren habe ich eine Honorarprofessur an der Universität Erfurt für das Fach Finanzmarkttheorie. Ein Gebiet, das Sie, lieber Herr Hauck, Ihr ganzes Leben lang eng begleitet haben. Bei Vorbereitungen zu der Vorlesung stieß ich auf die nach Ihnen benannte „Hauck-Formel". Nun ist die Idee geboren, meine Studenten -innen zu bitten, diese Formel auf die heutige Zeit anzuwenden und auszurichten. Ich hoffe, dass dieses Vorhaben Ihnen recht ist. In Ihrem Buch *Kompost* stieß ich dabei auf zwei Artikel in der „Zeitschrift für das gesamte Kreditwesen (ZfgK)" und „Neue Betriebswirtschaft" aus dem Jahr 1959, die ich mir besorgen werde. Gibt es darüber hinaus noch Material/Artikel, die ich in die Analyse einfließen lassen kann? Es wäre wunderbar, wenn Sie mich hier unterstützen könnten und mir einen Hinweis geben, ob und wo ich weiteres Material sichten kann.

Ich hoffe natürlich sehr, dass meine Zeilen Sie bei guter Gesundheit erreichen und freue mich über eine Antwort von Ihnen.

Für heute grüßt Sie sehr herzlich,

Antwortbrief an diesen Professor
8. Juli 2015

Lieber Herr Professor,
über Ihren Brief habe ich mich gefreut und zwar sowohl wegen der Wiederaufnahme des Kontaktes zu mir als auch wegen Ihres Interesses an der Hauck'schen Formel. Ich schreibe heute, kurz nachdem ich von der Übernahme der Bank durch die Chinesen hörte. Ich bin völlig unbeteiligt daran ebenso wie an der ganzen nicht glücklichen Entwicklung seit meinem Ausscheiden aus der Bank. Ich beobachte sie aber mit Interesse und Bedauern. Die äußeren Umstände, z.B. auch die erheblichen bürokratischen Kontrollaufgaben, erschweren nicht nur den Großbanken, sondern insbesondere auch den Kleininstituten das Dasein [...] Die Bankenlandschaft wird dadurch einförmiger.

Ihr Interesse an der sogenannten Hauck'schen Formel weckt bei mir viele Erinnerungen, sie ist ein Teil der Bemühungen um eine Reform des seinerzeitigen Aktienwesens. Erfolgreich war sicherlich dabei die Gründung der DVFA, an der ich auch beteiligt war. Vielleicht hat auch die Hauck'sche Formel einiges dazu beigetragen, um die Publizitätsscheu der Vorstände der notierten deutschen Aktiengesellschaften durch die heutige Publizitätsfreudigkeit abzulösen.

[...]

In der von Ihnen angegebenen Zeitschrift ist die Formel vollständig abgedruckt, wir haben sie später nochmals in einem Gedenkbuch für Kurt Heide abgedruckt (sie heißt *„Wagen und Wägen, Gedanken und Wirken eines Privatbankiers in zwei Jahrzehnten. Kurt Heide und seinen Freunden gewidmet, Hessische Druckerei Darmstadt 1966*, das Buch ist höchstens antiquarisch irgendwo zu bekommen). Die Veröffentlichung in der ZfgK ist aber vollständig.

Kurze Zeit später erschien die gleiche Formel von einem Mitarbeiter von Herstatt in einer anderen Zeitschrift. Ich habe dann Herstatt geschrieben, das ich mit allen Zahlen voll übereinstimme bei dieser

Herstatt-Formel, was wohl kein Wunder sei, da sie bei uns abgeschrieben worden sei, also ein Plagiat darstelle. Man entschuldigte sich.

In der Folgezeit haben wir in unserem monatlichen Börsenbericht die geschätzten Ertragszahlen in Prozent des Börsenwerts der wichtigsten deutschen Aktiengesellschaften veröffentlicht. Ich glaube, dass wir damit einen schönen Publizitätserfolg hatten. Die Reaktion vieler Vorstände war damals sehr negativ. Herr Vogelsang z.B, damals Finanzvorstand bei Mannesmann, sagte oft, er würde jede Bank, die diese Formel anwende, aus dem Konsortium von Mannesmann ausschließen. Ich erwiderte damals, dass mich das nicht stören würde, da wir sowieso noch nie Mitglied im Konsortium gewesen seien. Positiv reagierte zum Beispiel Dr. Magener von der BASF und außerdem fast die gesamte Presse.

[...]

2012 etwa wurde die Formel in einer Ansprache erwähnt, als ich bei der DVFA die Ehrenmitgliedschaft erhielt. Seitdem ist erst Ihre Nachfrage mir wieder auf der Spur.

Sonst glaube ich hat die Hauck'sche Formel ihren Dienst getan und bedeutet einen kleinen Stein im Gebäude der Reform des Aktienwesens.

[...]

Mit freundlichen Grüßen

Michael Hauck

Lehren aus 50 Jahren Erfahrung an der Börse

Interessieren eigentlich die Erfahrungen und Meinungen eines 80-Jährigen? Aus der noch anhaltenden aktuellen Finanzkrise kann man doch wieder eines lernen, nämlich dass aus früheren – teuren – Erfahrungen kaum etwas gelernt wurde und es zu – noch viel teureren – neuen Verlusten kam. Ich denke daran, dass man aus dem Fall „Münnemann", der langfristige Schuldschein-Darlehen der Industrie kurzfristig finanziert hatte und daran in den 70er-Jahren Pleite ging, hätte lernen können, wie riskant das „aus kurz mach lang" sein kann. Aus der Geschichte der Anleger der IOS Fonds von B. Cornfeld hätte man lernen können, dass Anlagen in Fonds, die von sich behaupten, besser geführt und risikoärmer als alle anderen zu sein, oft zu großen Verlusten führen können. Und wenn mehr Menschen noch Latein gelernt hätten, so hätte man wissen können, dass *„immobil"* übersetzt werden muss mit „unter bestimmten Verhältnissen nicht zu verkaufen". Was sollen also Erinnerungen und Erfahrungen eines alten Mannes? Der geneigte Leser und vorher die Redaktion der Zeitschrift müssen den Wert oder Unwert beurteilen.

Der Kapitalmarkt und speziell der Aktienmarkt hat für die Entwicklung einer Marktwirtschaft eine große Bedeutung. Der Aktienmarkt dient einmal zur Organisation des Austausches von Aktien und für deren Bewertung und zum anderen zur Organisation der Eigenkapitalbildung der Wirtschaft durch Aktienemissionen. Hier wiederum ist zu unterscheiden zwischen bereits bestehenden und gehandelten Aktiengesellschaften und andererseits neu an die Börse kommenden Aktiengesellschaften, heute als Going Public oder IPO bezeichnet.

Zu Beginn meiner Tätigkeit als Bankier, d.h. in den Jahren nach 1956, waren der deutsche Aktienmarkt und besonders auch der Markt für Neuemissionen unterentwickelt. Die Gründe dafür sind vielfältig. Der „demokratische“, jedenfalls auf gleichen Grundrechten basierende Kapitalmarkt lag den damals die Wirtschaft führenden Persönlichkeiten der Industrie und der Banken, d.h. der Deutschland AG, wenig am Herzen. Sie finanzierten ihre Unternehmen eher durch Selbstfinanzierung und durch staatliche Hilfen wie Investitionshilfegesetz oder durch Fremdkapital und aus den neu gebildeten Pensionsrückstellungen. Der Weg über den Markt war unbeliebt.

Der Aktienmarkt, Erstemissionen, Außenseiter und neue Gesichter und die Entwicklung kreativer neuer Ideen waren nicht das, wofür sich die Deutschland AG in erster Linie interessierte. Das waren vielmehr der Wiederaufbau und auch die Wiederherstellung der alten Strukturen, so z.B. in der Stahlindustrie und bei den Banken. Dementsprechend war der Aktienmarkt als Entwicklungsgebiet anzusehen. Und der Markt für Aktien-Erstemissionen war ein durchaus unterentwickeltes Gebiet. Von den wenigen damals neu an die Börse gegangenen Gesellschaften ist ein großer Teil nicht mehr existent oder nicht mehr selbständig und nicht mehr notiert. Hartmann & Braun und Neckermann seien als geografisch mir nahe liegende Beispiele genannt. Gleichzeitig nahm die Zahl der an den Börsen gehandelten Aktien ständig ab, durch Fusionen und Übernahmen zwischen und von deutschen Gesellschaften (Beispiel Feldmühle AG) und sehr stark durch ausländische Käufer (Beispiel Knorr AG). Die an den Börsen gehandelten Gesellschaften nahmen im Durchschnittsalter zu und in der Zahl ab, ähnlich wie heute die Alterspyramide der Bevölkerung. Eine Vielzahl von Gesellschaften, die sich sicher gut als börsengehandelte Gesellschaften entwickelt hätten, wurden an Investoren verkauft, aber nicht durch „Going Public" erhalten (Beispiel Uhu Fischer, Boehringer Mannheim).

Zu erinnern ist noch an den Versuch, den Kapitalismus des kleinen Mannes, den Volkskapitalismus, durch die Emission der Volksaktie VW zu entwickeln. Dieser Versuch misslang. Die VW-Aktie wurde zwar dem Kleinsparer mit materiellen Vorteilen schmackhaft gemacht, lag aber dann jahrelang wie unverdauliche Nahrung im Magen der Anleger. Warum konnten aber die Ziele dieser Privatisierung nicht erreicht werden, d.h. Verkauf zu Gunsten der öffentlichen Hand und Anlage durch Kleinanleger und die Förderung des Kapitalmarktes? Meines Erachtens hatte das öffentliche Interesse an einem möglichst hohen Verkaufserlös die stärkeren Befürworter und die langfristigen Interessen der Anleger auf eine für sie günstige Entwicklung ihrer neu erworbenen VW-Aktien waren vernachlässigt worden.

Wurde daraus gelernt für die andere große „Volksaktie", die der Telekom? Hier wurde wieder sehr viel für das Gelingen der Emission getan und viel zu wenig für das langfristige Interesse der neuen Aktionäre. Mir erschienen damals schon die Werbemethoden für den Verkauf dubios. Banken und Börsengebäude wurden nächtelang in rosa Licht getaucht mit dem Logo der Telekom. Das Fernsehen und die Presse wurden mit einem riesigen Werbeetat als Werbeträger benutzt. Mit etwas Übertreibung ausgedrückt: Es fand eine gigantische öffentliche Kursmanipulation zu Gunsten des Emittenten statt. Und der Erfolg war ähnlich wie früher bei der VW-Privatisierung: Auch hier wurde etwas mundgerecht gemacht, was sich später als schwer verdaulich herausstellte.

Zur Vergangenheit zurück: Bis zum Ende meiner aktiven Berufstätigkeit 1993 hielt sich der Aktienmarkt im Stadium eines „Schwellengebietes“, der Markt für Erstemissionen blieb aber noch weiter eher unterentwickelt. Was dann kam, war die Periode der New Economy und deren Zusammenbruch. Das ist den Lesern von Going Public, die ja zum großen Teil selbst aktiv oder passiv daran mitgewirkt haben, sehr gut (und auch sehr schlecht) in Erinnerung, jedenfalls besser als dem Autor.

Mir scheint aber, dass es weiterhin aller Kräfte bedarf, die für die Wirtschaft so überaus wichtige Funktion des Kapitalmarktes zu organisieren und damit den Übergang von neuen und kleineren Unternehmen aus dem zuerst beschränkten Kreis von Gesellschaftern in die Form der notierten Aktiengesellschaft mit einem weiten Aktionärskreis zu erleichtern. Die kurze Phase der New Economy hat ja nicht nur Schlechtes gebracht und hier gilt es nun wirklich einmal, aus schlechten Erfahrungen zu lernen. Die nunmehr 10-jährigen Bemühungen von „Going Public“ in dieser Richtung finde ich daher außerordentlich unterstützenswert und positiv.

Und nun einige Stichworte zum „Lernen aus Fehlern“ für die Neuemission von Aktien:

Die Hedge Fonds und die Private Equity-Gesellschaften können einen gut funktionierenden Markt für das Going Public nicht ersetzen. Für viele Gesellschafter verschieben sie das „Going Public“ nur zeitlich.

Hedge Fonds und Private Equity-Gesellschaften versorgen die Unternehmen nur oberflächlich gesehen mit dem dringend benötigten Eigenkapital, wenn sie sich bei der Übernahme der Beteiligungen selbst verschulden. Für zusätzliches Kapital durch Kapitalerhöhungen haben sie später meist keinen Spielraum mehr.

Immer noch ist das Kapitalaufkommen im Aktienmarkt aus heimischen Quellen in Deutschland im Gegensatz zu England, USA und auch Holland und anderen, auch kleineren, Ländern viel zu gering. Der Hauptgrund liegt in der anderen Struktur der Altersvorsorge: dort Kapital gedeckt, bei uns immer noch weitgehend im Umlageverfahren.

Dadurch sind wir zu stark abhängig vom Auslandskapital (Hedge Fonds und Private Equity). Für kleinere lokale Gesellschaften und Spezialisten, zum Beispiel für die Finanzierung der Umsetzung von Forschungsergebnissen lokaler Universitäten, ist ein guter lokaler Kapitalmarkt die viel bessere Lösung als der globale internationale Markt.

Das Erstemissionsgeschäft ist volkswirtschaftlich viel zu wichtig, um nur den „players" überlassen zu werden. Mir graust sowieso vor diesem Ausdruck „player", der ja mittlerweile auch von seriösen Adressen benutzt wird. Er unterstreicht das meines Erachtens negative Vorherrschen der kurzfristigen Gewinnmaximierung. Erstemissionen sind dagegen eine Frage der langfristigen Optimierung.

Dabei sehe ich die Rolle der kurzfristigen „Spekulation" gar nicht negativ, nur sollte sie nicht die langfristig orientierten Anleger in den Hintergrund drängen. Ohne Spekulation funktioniert die Börse nur schlecht, ohne langfristige Anleger aber gar nicht.

Es wäre schön, wenn ebenso viel Können, Energie, Ideenreichtum und Verkaufsbemühungen wie sie für die Unzahl der neu emittierten Zertifikate aufgebracht werden, auch für Aktienerstemissionen eingesetzt würden.

Die Emittenten müssen ihre Erstemission als langfristige Maßnahme ansehen und viel daran setzen, zufriedene Aktionäre zu gewinnen. Das gilt auch und besonders für die öffentlichen Hände bei der Privatisierung.

Dazu gehört, dass der Emittent nicht ein Maximum an Erlös anstreben sollte, sondern er sollte einsehen, dass die Anleger noch eine langfristige Chance brauchen.

Presse, Medien und Berater sollten noch stärker Erstemissionen positiv kritisch begleiten und einen Publizitätsrummel wie bei der Telekom unter Umständen als schädlich für die Anleger beschreiben und dadurch für die Zukunft vermeiden.

Sehr schädlich ist es, wenn Gesellschaften an die Börse gehen und kurze Zeit später ihre Ertragsprognosen reduzieren müssen. Das ist, wenn es vorsätzlich und wissentlich geschieht, nicht mehr als Kavaliersdelikt anzusehen. Es schädigt nicht nur die Anleger, sondern den so wichtigen Markt für das Going Public.

Es gibt zwei Parameter, denen beide gleiches Gewicht zugemessen werden muss: einerseits das Interesse des Emittenten, d.h. des Verkäufers bei Erstemissionen, und andererseits die langfristigen Interessen der Käufer, d.h. der neu zu gewinnenden Anleger.

Da in der Regel die Emissionshäuser eher dazu tendieren, die Interessen der Emittenten/Verkäufer zu vertreten, bedarf es ebenso starker Interessenvertreter für die Anleger.

Bei der Kursfindung muss für den Anleger neben der Aussicht auf Verzinsung und auf eine gute Entwicklung der Gesellschaft auch eine Risikoprämie einberechnet werden. Er legt ja liquide Mittel, die eine risikoarme Verzinsung ermöglichen, in eher illiquiden neuen Aktien an, mit einer durch gute vergangene Entwicklung noch nicht ablesbare ungewisse Zukunft.

Und am Schluss noch ein ceterum censeo, auch auf Lateinisch:

„*Videant consules ne quid res publica detrementi capiat.*" Frei übersetzt: Mögen die Verantwortlichen dafür sorgen, dass der so wichtige Markt für Going Public nicht wieder Schaden leidet, sondern eine gute, ja notwendigerweise eine bessere Entwicklung nimmt.

Fazit: Der Markt für Erstemissionen von Aktien, für das „Going Public", ist zu wichtig für eine moderne zukunftsorientierte und von Innovationen stark abhängige Volkswirtschaft wie die der Bundesrepublik Deutschland und man kann es sich nicht leisten, vermeidbare Fehler der Vergangenheit zu wiederholen.

Der Schleier um die „conduits"

(geschrieben im Herbst 2007, vor der Bankenkrise 2008)

Nach dem Ausscheiden aus konkreter geschäftlicher Verantwortung geht es sehr schnell, dass man die aktuellen Probleme nicht mehr kennt oder nicht mehr versteht. Das wurde einem früher immer von Älteren so geschildert und ganz geglaubt hat man es für seine eigene Person nicht.

So habe ich von den enorm hohen Summen der über sogenannte „conduits" abgewickelten Bankgeschäfte erst etwas erfahren, als die Industriebank IKB vor dem Zusammenbruch stand und mit früher unglaublich hohen Summen durch den Staat gerettet wurde oder werden musste.

Erstaunlich ist für mich die Tatsache oder die Vermutung, dass auch manche in der Verantwortung Stehenden davon nichts gewusst oder verstanden haben. Ich habe, um das alles besser zu verstehen, versucht, mir durch schriftliche Auseinandersetzung mit einigen der Themen eine bessere Klarheit zu verschaffen. Leider kamen diese Informationen und mir die Erkenntnis über die bankmäßigen

Fehler drei bis fünf Jahre zu spät. Ob sie vorher etwas genützt hätten? Wohl kaum, denn die zu verdienenden Margen waren für eine Selbstbeschränkung zu hoch.

Die „conduits", ihre Konstruktion und ihre Geschäfte wurden umhüllt mit einer Reihe von Schleiern, meist juristischer, aber auch wirtschaftlicher Natur. Obwohl sie zum Teil recht durchsichtig sind, hätte man sie, so meine ich, rechtzeitig bei Seite schieben müssen, um die wirtschaftliche Wahrheit zu sehen, und dann hätte man vielleicht den Schleiertanz am Rande des Abgrunds vermieden. Aber mein Großvater sagte schon aus 50-jähriger Bankerfahrung heraus: „In der Wirtschaft gibt es nur „Soll" und „Haben", „Hätte" aber gibt es nicht."

Wenn ich trotzdem eine Entschleierung versuche, so kann sie zur Erklärung dienen, vielleicht aber auch zur Vermeidung ähnlicher Problematik auf anderen, aber doch vergleichbaren Gebieten. Ich denke zum Beispiel mit manchen Vorbehalten an die unzähligen Zertifikate und andere alternative Instrumente und ihre kunstvollen juristischen Konstruktionen, die auch hier in manchen (in vielen?) Fällen die wirtschaftlichen Fakten und Probleme verschleiern. Mir jedenfalls sind die meist klein gedruckten juristischen Vertragsbedingungen oft (oder meist) unverständlich. Ich schreibe das dem Alter zu, aber es geht wohl auch manchen Jüngeren ebenso.

Welche juristischen Schleier bei den „conduits" sind denn nun gemeint? Zuerst ist es die Ablehnung der Mutterschaft von den Gesellschaften, die doch zweifelsohne die „conduits" gegründet und sie herangezogen haben, sozusagen an ihrer Mutterbrust. Dass sie nicht in die Bilanz dieser Stiefmütter einbezogen und veröffentlicht werden mussten, beruht auf sehr geschickten juristischen Konstruktionen, entspricht aber kaum der wirtschaftlichen Realität, was sich jetzt im Notfall auch so herausstellt.

Dieser elterlichen Verantwortung würde auch durch die Refinanzierungszusagen entsprochen, was dann eigentlich im Widerspruch zur juristischen Distanz zwischen Stiefmutter und Conduit-Tochter stand. Um die Refinanzierung wurde wieder ein juristischer Schleier gelegt. Die Zusagen, so konnte man lesen, beschränken sich nämlich auf eine Laufzeit von unter einem Jahr, und sie mussten, so ging die Argumentation, deswegen nicht den Aufsichtsbehörden, weder der BaFin noch der Bundesbank, gemeldet werden. Es ist anzunehmen, dass aus der gleichen vordergründigen Argumentation auch die eigenen Gremien, nämlich die Aufsichtsräte und deren Kreditausschüsse, nicht richtig über diese, wirtschaftlich gesehen, Großkredite informiert und dementsprechend von diesen auch nicht genehmigt wurden. Das Argument, es seien nur Zusagen unter einem Jahr Laufzeit, kann wirtschaftlich schon deswegen nicht gelten, weil die Stiefmütter ja „Lender of last resort“ waren. Sie waren nicht durch verbindliche Refinanzierungszusagen von dritter Seite gesichert. Es hat sich in der Notlage genau so abgespielt, dass nämlich die Refinanzierungslinie der Stiefmütter in Anspruch genommen wurde und der Markt eine Refinanzierung verweigerte.

Dass der Markt oft nicht, und schon gar nicht immer mit einer positiven Zinsmarge, eine Refinanzierung zulässt, wenn aus „kurz“ „lang“ gemacht wird, das hätten zumindest die Älteren aus der Erfahrung der 60er- und 70er-Jahre wissen können. Münnemanns Versuch, langfristige Schuldscheindarlehen durch den Geldmarkt zu refinanzieren, endete in einer Katastrophe. Die Jüngeren hätten das in der Berufsschule oder im betriebswirtschaftlichen Studium lernen müssen.

Märkte sind eine Addition von menschlichen Entscheidungen und damit nicht oder nicht immer vorhersehbar. Ihr Verhalten ist in noch so raffinierten Finanzplänen nicht oder nicht immer richtig zu prognostizieren. Jedenfalls handelte es sich bei den Refinanzierungszusagen der Stiefmütter um unter Umständen langfristig gebundene Liquidität und die Kurzfristigkeit war ein eigentlich durchsichtiger Schleier.

Ein weiterer Schleier lag über den komplizierten Konstrukten der Bündelung und Streuung von Risiken in handelbaren Rechtsträgern, zum Beispiel in den sogenannten ABS (Asset Backed Securities). H.J. Abs würde sich nicht freuen, seinen Namen so missbraucht zu sehen. Die Konstruktionen verdecken, dass sie immer noch Risiken enthalten, die, wie sich jetzt herausstellt, oft „Klumpenrisiken" sind. Die Risiken reagieren oft gleichzeitig und gleichmäßig auf Konjunkturentwicklungen, so die Hypotheken niederer Qualität in den USA. Aber nicht nur das, die Verschleierung der Risiken führte dazu, dass anstelle einer Einheit mit einem einzigen Risiko oft das zehn- bis zwanzigfache angelegt wurde und damit die Risikostreuung praktisch aufgehoben wurde.

Einen weiteren Schleier sehe ich vor dem Zinsveränderungsrisiko zwischen den kurz- und den langfristigen Zinsen. Zinsen haben sich schon oft so entwickelt, dass das kurzfristige über dem langfristigen Zinsniveau zu liegen kam. Dann kommen die aus ihren Zusagen zur Refinanzierung gezwungenen „Stiefmütter" schnell in eine Verlustzone, die bei den riesigen Volumina höchst gefährlich wurden.

Noch ein Schleier ist zu erwähnen. Das ist der Schleier, der durch die Bewertung von Rating-Agenturen entsteht. Es ist eine auch bei Aufsichtsbehörden und beim Gesetzgeber vorhandene Vorstellung oder besser noch Illusion, dass ein Analyst einer Rating-Agentur ein Risiko besser beurteilen kann als ein guter Kredit-Sachbearbeiter, der in der Regel viel näher am Kundengeschäft angesiedelt ist. Das geht zurück auf den Glauben, dass Wirtschaft voll und ganz planbar, vorhersehbar, analysierbar, mathematisch erfassbar ist. Ich bin der Letzte, der Markt- und Bilanzanalysen ablehnt, im Gegenteil. Aber kritisch wird es, wenn man sich davon blenden lässt und vorbehaltlos und kritiklos den Ergebnissen der Bewertung durch Rating-Agenturen glaubt. Das Gefühl im Bauch, der Geruch in der Nase und die Angst vor eigenen Verlusten oder vor Abzügen vom Gehalt sind meines Erachtens auch unverzichtbare Teile der Methode, Risiken zu bewerten.

Es gilt, was der Bankier Albert Hahn (1889–1968) so formulierte: „Fürchte die Kreditoren“ (nämlich vor plötzlichem massierten Abzügen oder Zinsveränderungen) und „hasse die Debitoren“, da Liebe nämlich blind macht.

Das Rating ist eben nur ein Fenster, um auf Risiken zu schauen und im Fall der „conduits“ war es ein verschleiertes Fenster.

Die Bilder von den Schleiern erinnern mich an das Gedicht von Schiller „Das verschleierte Bild zu Sais“. Hier gerät der Jüngling, der die letzte Wahrheit erfahren will, beim Fortziehen der Schleier in größte Lebensgefahr. Er wird sprachlos und kann über das Gesehene nichts aussagen.

Im Falle der „conduits“ ist es aber gerade umgekehrt. Das Nicht-Entschleiern und das Nicht-Erkennen der Wahrheit und das Nicht-Berichten über wahre Risiken brachten manchen die fast tödlichen Gefahren.

„Vestigia terrent“, mögen diese schlechten Erfahrungen bei den „conduits“ dazu führen, dass bei anderen neuartigen Konstrukten die dort verschleierten Risiken rechtzeitig erkannt und möglichst dann vermieden werden.

Problematik der Zertifikate

Etwas rechtzeitiger vor dem Beginn der Finanzkrise 2008 habe ich mich zu einem Problem, von dem ich glaube, es als Problem erkannt zu haben, geäußert, nämlich zu dem hohen Volumen des Zertifikatgeschäftes. Im Folgenden möchte ich diese Gedanken noch einmal wiedergeben.

Über die alternativen neuen Anlageformen ist verschiedentlich gesagt und geschrieben worden, dass sie die direkten Anlagen in Aktien und in klassische Investment-Zertifikate „verdrängen". Dieser Ausdruck hat mir das „Greshamsche Gesetz" in Erinnerung gerufen, das ich vor rund 60 Jahren beim volkswirtschaftlichen Studium kennenlernte. (Im Brockhaus-Lexikon von 1969 ist zu lesen: „Gresham, Sir Thomas, *London 1519, † ebd. 1579. Nach Gresham wurde das „Greshamsche Gesetz" benannt, das den Erfahrungsansatz zum Ausdruck bringt, wonach „schlechtes" Geld „gutes Geld aus dem Umlauf vertreibt.")

Gilt Ähnliches auch – mutatis mutandis – für die neuen alternativen Anlageinstrumente? Sicherlich sind klassische Investment-Zertifikaten emittiert von Kapitalanlagegesellschaften unter dem Kapitalanlagegesetz besser geregelt und bieten dem Anleger besseren Schutz als die wenig geregelten neuen Zertifikate, die meist von Banken emittiert sind.

Die Anlagen und die Kosten der klassischen Investmentanteile werden bekanntlich regelmäßig veröffentlicht und sind transparent. Die Anlagen selbst sind rechtlich Eigentum der Anleger. Bei den neuen Zertifikaten andererseits handelt es sich „nur" um Forderungen gegen den Emittenten. Was dieser mit den Geldern der Anleger macht, steht in seinem Ermessen und ist nicht ersichtlich. Auch in den Bilanzen der Emittenten sind sie gar nicht, schwer oder nicht detailliert zu finden. Nur bei den Zertifikaten der „DWS Go“ kommen die Gegenanlagen in den Eigentumsbereich der Anleger. In ihrer Werbung unterstreicht die DWS dies nachdrücklich.

Andererseits kann man argumentieren, dass das Kapitalanlagegesetz, dessen Ausführungsbestimmungen und die Handhabung durch Gerichte und Aufsichtsinstanzen zu Überregulierungen bei den klassischen Anlageinstrumenten geführt haben. In einer Marktwirtschaft sollte ja die Nachfrage, d.h. hier die Anleger, maßgeblich die Produktion und die Produkte beeinflussen. Und offensichtlich sind ja die neuen Produkte sehr stark gefragt, besonders auffallend in Deutschland, und sie sind ein Verkaufserfolg, zumindest für Emittenten und Vermittler geworden.

Sie sind in der Tat kreativ und reagieren flexibel auf die Nachfrage. Hier treffen sich, für mich nicht verständlich, und das auch wieder besonders in Deutschland, zwei völlig gegensätzliche starke Nachfrageströme und entsprechende Produkte, und zwar einmal nach größter Sicherheit und einmal nach hoch spekulativen Engagements.

In Deutschland führt das dazu, dass wir eine seltsame Pyramide erkennen können, die m.E. aber leider auf dem Kopf steht. Die direkten Aktienanlagen bilden eine relativ kleine Spitze, das heißt also eine kleine Basis. Dann findet sich ein großes, aber zurückgehendes Volumen an klassischen Investmentzertifikaten und dann ein immer stärker wachsendes Volumen von Anlagen in neuen alternativen Instrumenten.

Diese für Deutschland zurzeit typische Struktur weicht auffallend von vergleichbaren Ländern ab, und ich finde dafür keine Erklärung. Ist der deutsche Anleger klüger und erfahrener? Ich fürchte, dass dies nicht der Fall ist und die Erfahrung bestätigt dies.

Auch bei den verbrieften Forderungen, den ABS, bei den „conduits“, den Zweckgesellschaften ist ein relativ großer Anteil von deutschen Anlegern gekauft worden und das zum Teil in einem Ausmaß, das nichts mehr mit Risikostreuung zu tun hat, im Gegenteil.

Die neuen alternativen Anlagen sind zum Beispiel Verträge über Termingeschäfte, Optionen, es sind komplizierte Werte mit Bezügen auf sinkende oder steigende Aktienkurse oder Indices und ähnliche zum Teil sehr komplizierte Konstruktionen. In manchen Fällen verbirgt sich der wirtschaftliche Sachverhalt hinter einem juristischen Schleier.

Ich bewundere die Kreativität der Erfinder, obwohl ich oft die wirtschaftlichen Sachverhalte nicht verstehe. Dafür bin ich wohl zu alt. Aber ich kann nicht vergessen, dass die Herstatt-Bank, dass Baring und die Metallgesellschaft sehr hohe Verluste durch sehr große und ihre Existenz vernichtende Engagements mit Kunden aus Devisengeschäften oder aus Öl-Termingeschäften erlitten haben, da sie nicht vollständig gegengedeckt waren. Die Transparenz in den drei genannten Fällen war durch die Kompliziertheit der Geschäfte nicht mehr gegeben und dadurch gab es auch keine Kontrollmöglichkeit und kein frühzeitiges Eingreifen. Gerade die Komplexität der alternativen Anlagen bei Zertifikaten, und das gilt auch für Hedge Fonds, bereitet nach meiner altmodischen Ansicht für eine Kontrolle der vollen Abdeckung der Risiken auch große technische Schwierigkeiten. Ich kenne aber viel zu wenig die neuen technologischen, computergesteuerten Kontrollmöglichkeiten oder kenne sie überhaupt nicht. Aber ich komme von der Erfahrung nicht los, dass immer noch menschliche Fehler und menschliche Schwächen das beste Kontrollsystem infrage stellen können. Auch die jüngsten schlechten Erfahrungen mit den „conduits", mit den Zweckgesellschaften, mit den ABS bestätigen diese Skepsis. Dabei liegt eine Gefahr wohl weniger in technischen Details, die allerdings immer noch eine große Rolle spielen können, als vielmehr in den übermäßigen Volumina. Sie entstehen meines Erachtens eben dadurch, dass die Risiken zu stark verschleiert bleiben.

Es ist mit den neuen Anlagen in Zertifikaten und Hedge Fonds für die Anleger ähnlich wie bei Medikamenten. In vorsichtig dosierten Mengen sind sie überaus nützlich, in größeren Mengen unter Umständen gefährlich.

Eine andere Schwäche des Systems sehe ich in dessen Werbung. Ich meine, dass die Risiken ebenso deutlich und ebenso in großen Buchstaben gezeigt werden müssten wie die Chancen. Zurzeit ist für schlecht Sehende, z.B. für mich selbst, das Kleingedruckte zu klein. Dies könnte zu einem „Klumpenrisiko" für Emittenten werden, wenn einmal höchstrichterliche Entscheidungen die Emittenten oder die Vermittler in die Verantwortung für die Werbung hineinziehen.

Man kann, wenn man zu den meist alten Bedenkenträgern gehört, noch manche anderen Probleme sehen. Sie könnten wieder wie bei den ABS und den Zweckgesellschaften zu Domino-Effekten und dann erfahrungsgemäß zu Überreaktionen der Anleger und, später, der Aufsicht und der Gesetzgeber führen.

Die Absicht bei der Formulierung dieser Bedenken und Erinnerungen ist, diese hoch interessanten Anlageformen, die sehr gut die Anlageportefeuilles ergänzen können, wenn sie wohldosiert werden, vor Missbrauch und Übertreibungen zu schützen. Es soll also eine positive Kritik im Interesse der Weiterentwicklung des Kapitalmarktes sein, die aber frühere Fehlentwicklungen berücksichtigt, um schon einmal verursachte hohe Verluste zu vermeiden.

Einen Aspekt des Problems habe ich in dem Aufsatz nicht behandelt, nämlich den moralischen oder besser gesagt unmoralischen. Bei einem Kauf oder Verkauf werden Güter (auch Aktien) oder Dienstleistungen getauscht und bei einem fairen Preis bekommt jede Seite einen fairen Wert. (Wie sich die Werte danach, nach der Transaktion, verhalten, ist eine andere Frage.) Bei einer Wette bekommt bei deren Einlösung eine Seite alles und die andere Seite, der Verlierer, nichts. Je größer der Gewinn, umso größer der Verlust.

Eine Zertifikate-Wette mit hohem Risiko, den gesamten oder einen großen Anteil des gewetteten Betrages zu verlieren, ist aber eine völlig falsche Basis einer Geldanlage. Dementsprechend sind die Bezeichnungen „Industrie-Anleihen", die eine starke Nähe zu Wetten bzw. einen starken Anteil als Wetten des Kapitals verwenden, schlichtweg als Mogelpackung oder als Falschetikettierung zu bezeichnen und sollten in dieser Form nicht zu dem amtlichen oder geregelten Handel an einer amtlichen Börse zugelassen werden. Mir ist entgegengehalten worden, dass dies auch für fast alle Optionsgeschäfte oder Devisentermingeschäfte gilt. Das hat der Gesetzgeber wohl auch so gesehen, wenn er für diese Geschäfte die Banken zwingt, schriftlich von Kunden eine Bestätigung der erfolgten Beratung für alle solchen Geschäfte einzuholen und auf Risiken besonders hinzuweisen.

Bei Zertifikaten ist dies unterlassen worden. Außerdem werden diese Geschäfte in der Regel auch zur Abdeckung oder Minderung von bereits getätigten Anlagen vorgenommen, d.h. also auf bankenneudeutsch für ein „Hedging". Zu Beginn des Handels per Termin oder in Optionen an der Frankfurter Wertpapierbörse hat man in Verfolgung dieser Idee auch bei Leerverkäufen eine Deckung an den entsprechenden Wertpapieren verlangt, was natürlich den Handel sehr erschwerte. Überhaupt stieß der Termin- und Optionshandel auf stärkeren Widerstand, auch bei sehr kompetenten Börsianern. Ich erinnere mich, dass ich im Börsenvorstand lange Zeit für die Aufnahme dieses Handels eintrat, es war etwa 1965. Schließlich einigte man sich darauf, im Börsenvorstand einen Ausschuss für Optionshandel einzurichten. Nach der Sitzung des Börsenvorstands, in der ich zum Vorsitzenden des neuen Ausschusses gewählt worden, war, äußerte sich Dr. H. Feith, Mitglied des Vorstands der Deutsche Bank AG, zu mir dahingehend, er habe mich eigentlich für einen seriösen Bankier und nicht für einen Spekulanten gehalten, der die Wetten an den der Börse zulassen wolle.

Heute weiß ich, dass Herr Dr. Feith nicht völlig Unrecht hatte. Die Büchse der Pandora war geöffnet mit der Einführung des Optionshandels und später noch mehr nach der Börsenreform durch Herrn Dr. Breuer, ebenfalls Vorstand der Deutsche Bank AG. Das Spiel wurde zum Teil ein Roulette, die Aufsichtsorgane verloren völlig die Kontrolle beispielsweise über die Emissionen von Zertifikaten (und deren Deckung bei den Emittenten) gegen die These, dass in vielen Fällen der Anleger alles und der Emittent (oft die Bank, die die Anlage in ihre eigenen Zertifikate empfahl) am meisten verdient, wenn der Kunde am meisten verliert, entgegensetzt, dass der Emittent ja das Risiko im Markt abdecken und daher er selbst gar nicht die Gewinne behielte. Das stimmt nur dialektisch. Der Anleger zahlt seine Verluste an den Emittenten. Was der tut, ist dann nicht mehr Sache des Anlegers, sondern Sache des Emittenten und seiner Aufsicht. Ebenso liegt das Risiko der Bonität des Emittenten alleine und voll beim Anleger. Das wurde ebenfalls mit der Mogelpackung „Zertifikat" verdeckt, bis die Lehmann-Pleite es schmerzhaft zur Erkenntnis brachte.

Wiederbelebung von Auslaufmodellen der Wirtschaftstheorie und -politik

Längere Zeit war nichts mehr über die Arbeitnehmerbeteiligung am „Produktivkapital" zu hören. Jetzt hat irgendwer – oder war es sogar der Bundespräsident in einer seiner Neujahrsansprachen – dieses veraltete und schon zum Gespenst gewordene Schlagwort wieder aus der Mottenkiste hervorgeholt. Und manche aus den großen Volksparteien sehen gleich wieder ein Mittel, um Wähler zu gewinnen oder zu behalten.

Es zeigt sich, dass sich Wirtschaftsstrukturen viel schneller ändern als Ideologien und darauf aufbauende praktische Strategien.

In der Mitte des 19. Jahrhunderts hatten sich die meisten europäischen Volkswirtschaften von einer vorwiegend agrarwirtschaftlichen Struktur zu industriell geprägten entwickelt. Mitte des 20. Jahrhunderts entwickelten sich nun die Volkswirtschaften hin zu „postindustriellen" Strukturen, die geprägt werden von Dienstleistung, Forschung, Wissensvermittlung, Neuentwicklungen, Software und so fort. Die Anpassung der Theorie und der Ideologien an so gründliche Änderungen geht viel langsamer vor sich. Der nicht vermehrbare Grund und Boden, die Monopolrente des Landbesitzers, finden sich unter anderem bei Saint Simon, bei Karl Marx, bei Franz Oppenheimer und irgendwo auch in dem Mythos von Blut und Boden. Bodenreformen folgten der Idee der Umverteilung. Dabei hat man wohl damals übersehen, dass sich Erträge aus Grund und Boden durch gute Organisation, durch wissenschaftlich basierte Düngung etc. vervielfältigen lassen. Ebenso vermindern sich die Erträge durch schlechtes Wirtschaften, zum Beispiel durch Sozialisierung. Das heißt, dass die Annahme, Grund und Boden sei nicht vermehrbar, so nicht mehr gültig ist.

Ähnliches kann man aus der Entwicklung der industriellen Wirtschaft sehen. Hier sprach und spricht man von der Beteiligung der Arbeitnehmer am „Produktivkapital", ohne zur Kenntnis zu nehmen, dass eine solche ideologische Formulierung nicht mehr in die Zeit der postindustriellen Strukturen passt. Denn was ist denn heute „Produktivkapital"? Bei Marx waren es die Kohlengruben, die Stahlproduzenten, die Maschinenbauer und deren Maschinen, die Textilfabriken und deren Webstühle. Hier konnte man noch mit einigem Recht argumentieren, dass die Arbeiter mit ihren Leistungen Erhebliches geleistet haben zur Erstellung der „Produktionsmittel". Aber schon bei der chemischen Industrie muss man fragen, was sind hier eigentlich Produktionsmittel, an deren Erfolgen die „Arbeitnehmerschaft" zu partizipieren hat? Parallel muss ja auch gefragt werden, was ist denn heute ein Arbeiter bzw. die „Arbeiterschaft"? Ist ein Computerfachmann im alten Sinne ein Arbeiter? Doch sicher nicht.

Was sind Lizenzen, Patente, Erfindungen, die hohen Kosten für Anwendungskontrolle bei der Pharmaindustrie, was sind geleaste maschinelle Anlagen?

Arthur von Weinberg bekam seine Beteiligung an der von ihm mitgegründeten IG Farben AG nach 1932 abgenommen, bevor man ihn in Theresienstadt umkommen ließ. Prof. Blum, ein Frankfurter Arzt, der gerade noch emigrieren konnte, hatte seine Formel für „Rekaphos“ im Kopf und konnte in der Schweiz durch dessen Herstellung wieder zu einer seinen Leistungen angemessen Vermögensbasis kommen. Auch hier zeigt sich, dass das Konzept des Produktivkapitals nicht mehr aussagekräftig ist.

Die Frage also „Was sind Produktionsmittel“ ist in der postindustriellen Zeit nicht mehr exakt zu definieren und gerade jetzt wollen Politiker eine Beteiligung am Produktivkapital durchsetzen.

Unter einer solchen Gesetzgebung könnten sich dann Firmen bilden, die nur noch aus „Leasing“, „Zeitarbeit“, „Outsourcing“ und „Software“ ohne „Hardware“ bestehen, und einer Beteiligung der Arbeitnehmer dadurch ausweichen. Und die Firmen könnten ins Ausland abwandern, das nicht so ideologisch rückständige und entwicklungsfeindliche, produktivitätshemmende Gesetze zur Anwendung bringt.

Vor kurzem brachte der Hörfunk eine gute Analyse der Defizite in Deutschland. Das nötige Wissen und die entsprechende Ausbildung, auch die wissenschaftlichen Grundlagen und Bedingungen für die Forschung seien in Deutschland recht gut und besser als in vielen vergleichbaren Ländern. Was aber gar nicht funktioniere, sei die wirtschaftliche Umsetzung in eine Produktion durch Firmenneugründungen mit dem entsprechenden Know-how. Wenn diese Analyse richtig ist, und sie ist es, so würde eine neue Gesetzgebung zur Beteiligung der Arbeitnehmer am „Produktivkapital“, die in Europa und wohl auch weltweit einzigartig wäre und – wie hoffentlich gezeigt – auf einer falschen Analyse der modernen Welt beruht, Deutschland noch weiter zurückwerfen. Seine Wirtschaft ist schon jetzt durch die Überbürokratisierung gefährlich zurückgeblieben. Dass stärkere Motivation der Mitarbeiter sinnvoll und wichtig für die notwendigen wirtschaftlichen Innovationen ist, bezweifelt niemand, im Gegenteil. Aber richtige, notwendige Maßnahmen dürfen nicht durch falsche verhindert werden.

Wenn dazu noch gesetzlich festgelegt wird, dass eine „Beteiligung am Produktivkapital" ein Teil der Tarifverträge und damit jährlich zu entrichten sein wird, dann kann die Beteiligung des „freien Kapitals" zuerst in eine Minderheit und dann praktisch nahe Null gedrückt werden, wenn man die Anwendung der laufenden Beteiligungszuweisung auf ein paar Jahrzehnte in die Zukunft projiziert. Nicht zu vergessen ist in diesem Zusammenhang auch die deutsche Mitbestimmung. Wenn sie ergänzt wird durch Aufsichtsrat und Vertreter des Arbeitnehmer-Anteils, die durch die wachsenden Anteile am Produktivkapital entsendet werden, so ist eine Mehrheit der Arbeitnehmer bald erreicht.

Unter diesen Verhältnissen wäre aber mit einiger Sicherheit kein Kapital, zumindest aber kein freies zusätzliches Kapital für Innovationen im Markt zu finden. Will man das wirklich?

Teilhabe am Gewinn

Die Saison für Geschäftsberichte und Hauptversammlungen ist eröffnet durch die Siemens AG, die ihr Geschäftsjahr bereits am 30. September abschließt. Der Geschäftsbericht umfasst 310 Seiten und enthält meines Erachtens alle Informationen, auf die die Aktionäre und die Öffentlichkeit Anspruch haben, um den Geschäftsverlauf und die Lage der Gesellschaft, deren Eigentümer sie sind, zu kennen und zu prüfen. Ich sehe keinen Qualitätsunterschied zu anderen internationalen börsennotierten Gesellschaften mehr.

Das war in den 50er-Jahren, als ich meine berufliche Tätigkeit begann, sehr viel anders.

Die Berichte enthielten keine Angabe über den Umsatz und der Gewinn lag – zufällig? – auf gleicher Höhe wie die Dividende, Geschäftsberichte umfassten selten mehr als 30 Seiten. Der Fortschritt in der Publizität, der auch den Fortschritt in der Grundeinstelllung der Verwaltung gegenüber den Aktionären aufzeigt, ist zu vergleichen mit dem technischen Fortschritt der produzierten Güter und Dienstleistungen.

Hier könnte die Betrachtung enden, wenn nicht der Brief des AR-Vorsitzenden an die Aktionäre folgenden Satz enthielte:

„Sie, verehrte Aktionärinnen und Aktionäre, wollen wir mit einer erneut hohen Dividende an diesen Erfolgen teilhaben lassen."

Man könnte eine Kritik daran als „peanuts" abtun, als irrtümliche Überbleibsel-Formulierung aus grauer grausamer Vorzeit, oder als irrtümlichen Griff in eine Mottenkiste, wenn man ihn nicht als gefährlich und kontraproduktiv und diese eingangs gegebene so positive Beurteilung infrage stellen könnte. Die Tatsache, dass 2011 die ThyssenKrupp AG, die Linde AG, die MAN AG, die Wacker AG, die SAP AG und sicher noch andere gleiche oder ähnliche Formulierungen benutzt haben, macht die Angelegenheit nicht besser, im Gegenteil. Sie macht es notwendig und sinnvoll, darüber zu schreiben.

Wenn der Vorschlag, dass die Verwaltung die Aktionäre am erhöhten Gewinn durch eine erhöhte Dividende teilhaben lassen will in Bezug auf die Mitteilung im Geschäftsbericht, dass die Dividende 41 Prozent des Gewinns beträgt, so entsteht doch sofort die nicht beantwortete rhetorische Frage, wer denn an den nicht verteilten anderen 59 Prozent des Gewinnes „teil hat". Das Unternehmen „an sich"?, die Mitarbeiter?, der Vorstand?, der Fiskus?

Es besteht ja sicherlich Übereinstimmung, dass die gesamte Gesellschaft Eigentum der Gesamtheit der Aktionäre ist und dementsprechend der Gesamtgewinn (Dividende plus Rücklagen-Zuführung plus eventuelle Bildung stiller Reserven) den Aktionären zusteht. Sie entscheiden selber durch die Hauptversammlung über die Aufteilung in Dividende und Zuführung zu den eigenen Mitteln. Aus den Zuführungen werden neue Investitionen finanziert, die auch wieder in den Eigentumsbereich der Aktionäre fallen.

Und dies führt zur zweiten einer Diskussion dringend bedürften Formulierung des Briefes an die Aktionäre. Die Aussage, „die Aktionäre wollen wir teilhaben lassen", stammt aus dem Wörterbuch der Vorzeit, in der die Rolle des Vorstandes als Vormund der Aktionäre angesehen wurde. Schon der nächste Satz stellt diese mögliche Auslegung richtig: *„Aufsichtsrat und Vorstand schlagen Ihnen eine Dividende von 3,00 € … vor."*

Das ist keine Kritik an der Einstellung der Verwaltung von Siemens gegenüber den Siemens-Aktionären, sondern der Hinweis auf ein Versehen oder Über-Sehen bei der Abfassung des betreffenden Dokuments. Sie betrifft Siemens, weil deren Bericht am Anfang der Saison erscheint. Zu hoffen ist, dass keine oder nur wenige Gesellschaften dieses Jahr ähnliche Formulierungen verfassen. Bei der Infineon AG allerdings heißt es:

„An unserem Erfolg haben auch unsere Kapitalgeber

partizipiert: Im Geschäftsjahr 2011 hat Infineon über Dividenden, Aktienrückkäufe sowie Rückkäufe unserer Wandelanleihe insgesamt 308 Millionen Euro ausgeschüttet."

Bonifikationen und Aktienrückkäufe

Hier sollen weder das eine Thema noch das andere im Einzelnen behandelt werden, sondern die möglichen unheiligen Allianzen zwischen beiden.

Die Vergütung an führendes Unternehmenspersonal in Form von Bonifikationen wird vielfach als eine der Ursachen der Krise der Jahre 2007 ff. genannt. Kritisiert wird, zu Recht wie ich meine, die zum Teil unangemessene Höhe und auch die Art der Bemessung und die Loslösung von längerfristigen Entwicklungen des Unternehmens und das Fehlen von „negativen Boni", von Malus-Zahlungen, von Nachberechnungen und ähnlichem.

Bei der Basierung der Boni auf Börsenkurse zeigt folgende Überlegung, schematisiert, folgende Möglichkeiten, für die sich sicherlich in den letzten Jahren ähnliche in der Real-Wirtschaft finden lassen.

Eine Bank hat ein großes Portefeuille an Aktien und muss in einer starken Baisse hohe Abschreibungen verursachen. Sie würden zu Verlusten führen, wenn man nicht außerordentliche Erträge durch Verkauf von alten Beständen, an Immobilien, Aktien oder Beteiligungen, die schon lange gehalten wurden und die hohe stille Reserven enthalten, zum Ausgleich benützen könnte. Im Jahr darauf korrigieren sich die Kurse stark nach oben und die abgeschriebenen Aktienbestände werden gewinnbringend verkauft. An den dadurch erzielten hohen Buchgewinnen auf die im Vorjahr abgeschriebenen Aktien orientieren sich dann (die satzungsgemäß sicherlich richtig) errechneten Boni. Wirtschaftlich gesehen haben die Boni-Empfänger kaum Leistung erbracht oder Risiken getragen, um die Boni zu rechtfertigen.

Bei der Kopplung der Boni an Börsenkurse kommt nun die unheilige Allianz zum Aufkauf von eigenen Aktien ins Spiel (Spiel ist hier der richtige doppeldeutige Ausdruck!). Der Vorstand kann durch einen Rückkauf von eigenen Aktien die Aktienkurse beeinflussen, ja man könnte auch sagen, er könnte sie manipulieren. Die in den häufigen Satzungsänderungen der letzten Jahre erleichterten Rückkaufsmöglichkeiten erleichtern auch dieses regelwidrige Vorgehen. Manche Vorstände könnten sich sogar gehalten sehen, alle ihm gegebenen Möglichkeiten auszunutzen und zumindest laufend zu überprüfen.

Das Bonussystem in Verbindung zum Rückkauf und Verkauf von eigenen Aktien zur Beeinflussung der Kurse der eigenen Aktien ist aber sicher nicht die Aufgabe eines Wirtschaftsunternehmens und seines Vorstandes.

Eine Gesetzesänderung ermöglichte durch Satzungsänderungen den Aktiengesellschaften, durch ihre Vorstände und in Abstimmung mit dem Aufsichtsrat ohne ad hoc-Einberufung und Beschlussfassung einer Hauptversammlung bis zu einem bestimmen Prozent des Kapitals eigene Aktien im Markt zurückzukaufen. Seit der Gesetzesänderung haben sehr viele Aktiengesellschaften durch Hauptversammlungsbeschluss ihre Satzungen entsprechend geändert.

Ich habe jedes Mal, wenn ich als Aktionär die Vollmachtformulare für Hauptversammlungen bekam, diese so ausgefüllt, dass ich den Antrag auf Satzungsänderung abgelehnt habe. Ich habe mich immer gewundert, dass Presse und aktienrechtliche Fachliteratur oder auch Aktionärsverbände dieses Vorgehen kritiklos akzeptieren.

Ich sehe aber auch andere negative Auswirkungen und eigentlich wenig Vorteile. Es wird von den Verwaltungen immer wieder darauf hingewiesen, dass diese Möglichkeit dem Vorstand ein flexibles und schnelles Vorgehen bei Firmenkäufen ermöglicht. Man könne durch Weitergabe von eigenen Aktien aus dem Bestand die cash-Posten schonen. Das mag so sein, aber es wird in der Praxis eigentlich nur selten angewandt, sodass es für mich keine ausreichende Begründung darstellt.

Immer wieder habe ich in Positionen, in denen ich Mitverantwortung für das Aktienwesen trug, argumentiert, die vornehmste Aufgabe der Börse sei es, den Wirtschaftsunternehmen Eigenkapital zur Verfügung zu stellen. Und bei der Diskussion des deutschen Kapitalmarktes wird immer wieder darauf hingewiesen, dass viele deutsche Aktiengesellschaften unterkapitalisiert seien, mit anderen Worten, sie sollten durch Kapitalerhöhungen ihre Verschuldung abbauen. Dies gilt seit der Finanzkrise insbesondere auch für Banken.

Gleichzeitig erleichtert man die Möglichkeit des Rückkaufs von eigenen Aktien. Dies scheint mir ein Widerspruch zu sein. Auch als Handwerkszeug für das „cash"-Management erscheint mir ein Rückkauf von eigenen Aktien wenig geeignet. Unter Umständen müssen die eingekauften eigenen Aktien dann ja wieder verkauft werden und das könnte einen besonders schlechten Einfluss auf die Kursgestaltung haben, was sicherlich unerwünscht ist.

Den Käufen und Verkäufen von eigenen Aktien hängt auch leicht ein schlechter Geruch von Insidergeschäften zu Gunsten der Aktiengesellschaft an.

Selbstverständlich weiß der für die Transaktion zuständige Vorstand mehr als Käufer oder Verkäufer. Bei Kapitalerhöhungen oder bei Erstemissionen werden sehr eingehende Prospekte erstellt, durch die der Markt informiert wird. Bei Käufen oder Verkäufen eigener Aktien entfällt meistens jede ad hoc-Mitteilung.

Dass das ganze Thema für mich etwas Absurdes umgibt, zeigt die Tagesordnung einer großen deutschen Aktiengesellschaft, die gleichzeitig den Kauf und Verkauf von eigenen Aktien erleichtert und im nächsten Punkt die Genehmigung einer Kapitalerhöhung vorschlägt.

Es wäre schlimm, wenn die Gesellschafter „Marktmacher" für ihre eigenen Aktien würden. Die Kurse sollen durch die Börse gemacht werden, nicht durch interessierte Insider. Der Vorstand hat genügend ihm legal zustehende Möglichkeiten: gute Ergebnisse, gute Publizität, gute und leicht lesbare Information und regelmäßige „Investors Relations". Und zuletzt noch das Eingehen auf die Überschrift: Kursmanipulationen durch An- und Verkäufe eigener Aktien lassen leicht eine Verbindung zu einem anderen Thema entstehen, das allerdings zurzeit im Mittelpunkt des Interesses steht, nämlich zum Thema Bonifikationen. Das aber ist dann in der Tat „ein weites Feld", um *Effi Briest* von Fontane zu zitieren.

Banken-Logik

Meine Bank hatte eine sehr kleine Beteiligung an einer gut rentierenden Gesellschaft. Eine Großbank hielt die Mehrheit und wollte alleinige Gesellschafterin durch Aufkauf der freien Anteile werden. Wir erhielten ein Angebot in Höhe von (alle Zahlen sind hier unpräzise, aber auch nicht von Bedeutung) 300 Prozent des Nominalwertes. Es läge, so die Auskunft, beträchtlich über dem effektiven Wert des Anteils. Ich wurde dann zu einem Generalbevollmächtigten der Bank einbestellt (das ist der Ausdruck, der zum Beispiel für Botschafter benutzt wird). Der Gesprächspartner erklärte mir, dass wir doch ein sehr gutes Geschäft machen würden und dass wir das Angebot annehmen sollten. Im Übrigen sei der Mehrwert durch die Tätigkeit seiner Bank entstanden.

Ich antwortete ihm, dass ich ihm ein Angebot in Höhe 300 Prozent für den gesamten Anteil der Großbank verbindlich mache und wenn er den Preis von 200 Prozent für gut und die Basis für ein gutes Geschäft ansehe, er 250 Prozent doch seinerseits akzeptieren müsse und er ein noch besseres Geschäft machen würde. Ich verpflichtete mich, ihm für mein Angebot sofort eine Garantieerklärung einer entsprechenden Adresse zu besorgen. Mein Gesprächspartner sah mich zweifelnd ob meiner Zurechnungsfähigkeit an und erklärte das Gespräch bald für beendet. Das sei keine Art zu verhandeln.

Nicht lange danach machte die Großbank ein Angebot in Höhe von 300 Prozent, das er aber ebenfalls nicht annahm. Mein Lateinlehrer kam mir in Erinnerung mit zwei lateinischen Aphorismen: „Si duo faciunt idem non est idem“ und „Quod licet Iovi non licet bovi“.

Übertragung von Rückstellungen

In Zusammenhang mit der Entsorgung von Atommüll der Atomkraftwerke wird von Politikern, politischen Parteien und in manchen Medienberichten die Forderung erhoben, dass die für die Entsorgung gebildeten Rückstellungen der die Atomkraftwerke betreibenden Gesellschaften und hier insbesondere von RWE auf den Staat übertragen werden. Ich setze voraus, dass die Medien dies wortgetreu wiedergeben. Wenn das der Fall ist, so ist aber diese Formulierung falsch. Sie zeigt, wie wenig Juristen in Fragen der Bilanztheorie und -praxis ausgebildet sind, was man auch oft anderswo, zum Beispiel in der Rechtsprechung feststellen kann.

Was wohl beabsichtigt ist, ist eine Übertragung von Mitteln, um den Aufwand für die endgültige Unterbringung des Atommülls von den Energieversorgern sofort an den Staat zu übertragen, das heißt also, dass es sich um liquide Aktiva aus dem Bestand der Gesellschaften handelt. Ein Übertrag von Rückstellungen ergibt keinen Sinn. Und bestimmt ist nicht gemeint, dass die gebildeten Rückstellungen bei der Bilanzierung in ihrer Höhe vom Staat zu übernehmen wären. Das würde dann durch Übernahme von Kosten der Unternehmen von Atommüll geschehen müssen, und dies wiederum würde dann Einsatz von Liquidität bedeuten.

Sinn ergäbe die Forderung nach Übertragung der Rückstellung, wenn man sie so auslegt, dass Liquidität in Höhe der Rückstellungen an den Staat übertragen werden soll. Das würde allerdings voraussetzen, dass bei der Bildung der Rückstellungen (die zu Lasten des Ertrags gebucht wurden) auch liquide Mittel gebunden würden, z.B. durch besondere Zuordnung. Das ist bei der Bildung von Rückstellungen nicht der Fall und in der Regel auch nicht vorgesehen. Die Inanspruchnahme der Rückstellung ist in die Liquiditätsbetrachtung der Gesellschaft einzubeziehen, die aber nicht veröffentlicht wird. Vorschriften zur Aufrechterhaltung der jederzeitigen Liquidität gibt es nur für einen generellen Rahmen, nicht aber für Einzelpositionen. So wird die sofortige Übertragung von Liquidität in Höhe der gebildeten Rückstelllungen für Entsorgung von Atommüll die Liquiditätsrechnung der

Energieversorger völlig in Unordnung bringen und unter Umständen die Gesellschaft selbst in die Nähe der Zahlungsunfähigkeit.

Jedenfalls würden die im Zusammenhang mit der Energiewende notwendigen Investitionen unter Umständen infrage gestellt. Diese Folgeschäden sind wohl noch nicht in die Diskussion der Übertragung der Rückstellungen eingeflossen. Die Fehler, die hinsichtlich der Entsorgung beim Aufbau der Atomkraftwerke gemacht worden sind, so z.B. die zu geringen Kostenschätzungen, sind aber wohl kaum nur den Energieversorgern anzulasten. Einen großen Teil des Nutzens aus billiger Energie tragen mit Sicherheit auch die Stromverbraucher, und zwar die Privaten ebenso wie die Industrie. Dies muss der Politik die Berechtigung geben, aus den Steuereinnahmen einen Teil der Aufwendungen für die Entsorgung zu tragen.

Ein wichtiger Schritt dazu wäre meines Erachtens auch die Verrechnung von fehlerhaften Formulierungen wie der, die ich hier zu beschreiben versuche.

Niedrigzinsperiode

Weder in den 40 Jahren Arbeit im Bankgeschäft noch in den leider wenigen Jahren meines Studiums der Volkswirtschaftslehre noch in der Geschichte der Volkswirtschaft noch in der von mir verfolgten Literatur oder in der Presse wurde eine über Jahre anhaltende Niedrigzinsperiode, wie wir sie in der Gegenwart (2015) erleben, behandelt – und zwar weder in ihrer Länge noch in der niedrigen Höhe des Zinses. Dementsprechend fehlen auch eingehende Untersuchungen, welche Folgen zu erwarten sind und wie man wieder zurückkehrt zu den „normalen“ Verhältnissen. Die

Anpassung kann nicht problemlos sein. Das „respice finem“, das Behandeln der Folgen und das Beschreiten neuer Wege ist keine Stärke der Anleger.

Gelebt und vorgelebt wurden uns die Wirkung der Herabsetzung des Zinses und die Mehrung des Geldvolumens, nicht aber das Gegenteil und somit ist zurzeit eine auf die Zukunft gerichtete Anlageberatung außerordentlich erschwert. Eine Berücksichtigung der Erwartungen zukünftiger Konjunkturzyklen ist somit unmöglich.

Aber: Man hat weitgehend die Zinsveränderungsrisiken und eine lange Niedrigzinsperiode bei der Anlage in Risikopapiere vernachlässigt und die Risiken nicht vermieden. Wie werden in Zukunft die Strategien der großen Lebensversicherer und Pensionsfonds aussehen? Schon jetzt hört man manche Stimmen, die die Altersvorsorge durch Kapitalbildung wieder ablehnen und die oberflächlich gesehen nicht die an den Zins gebundenen Umlagesysteme der öffentlichen Hand oder Pensionszusagen, die durch Rückstellungen gedeckt werden, den Pensionsfonds, Lebensversicherungen oder Riester-Renten vorziehen.

In meiner Generation waren wir jahrzehntelang bemüht, die kapitalgedeckte Altersversorgung zu empfehlen. Die lange Niedrigzinsperiode hat zwar zeitweise die Aktienanlagen gefördert, sie hat aber die Anlage in Renten als sehr problematisch und keineswegs „mittelsicher“ dargestellt. Wie wird die Zukunft aussehen?

Die Deutsche Vereinigung für Finanzanalyse und Asset Management (DVFA)

Wichtige Fragen des Aktienwesens sind erst durch die DVFA behandelt und verstanden worden. Als Mitgründer der DVFA spreche ich mit Dr. Hanns-Alexander Klemm, Partner bei Hauck & Aufhäuser Privatbankiers, über die Anfänge der DVFA sowie die Aufgaben und das Selbstverständnis von Wertpapieranalysten heute. Das Gespräch wurde bereits einmal abgedruckt in der *Börsen-Zeitung* vom 26. Oktober 2010:

Hauck: Die Gründung der DVFA war eigentlich eine Arbitrage zwischen Amerika und Deutschland. Wir haben die Idee von den USA vorgelebt bekommen. Dort waren die Analysten schon lange gut organisiert und hatten kompetente Mitglieder. Die amerikanischen Analysten, die deutsche Gesellschaften besuchten, waren meistens Emigranten, die gut deutsch sprachen. Unsere Finanzvorstände haben sie empfangen und sehr gut informiert. Erstaunlicherweise hat man den Amerikanern vieles offengelegt, was wir als deutsche Analysten nicht gesagt bekamen. In den Augen der Industrievorstände waren die Deutschen nicht ausreichend qualifiziert.

Klemm: Das mag etwas mit der mangelnden Aktienkultur in Deutschland zu tun gehabt haben, andererseits war die Wertpapieranalyse in den USA in Wissenschaft und Praxis ja schon viel weiter entwickelt als bei uns.

Hauck: Bei uns gab es keine Aktienkultur. An den Hochschulen hat man sich über Unternehmensbewertung nicht viele Gedanken gemacht – jedenfalls nicht in Bezug zur

Börse. Wir Analysten haben dann gesagt: Irgendetwas muss geschehen. Es war meine Anregung an Dr. Volkmar Muthesius, den Herausgeber der Zeitschrift für das gesamte Kreditwesen, eine Tagung zu organisieren. Sie fand Anfang der 60er-Jahre in Frankfurt an der Universität statt. Thema waren Aktienbewertung und Börse. Ich habe dort einen Vortrag über praktische Fragen gehalten. Muthesius hat mich daraufhin zum „Held der Aktie" erklärt. Das hat mir sehr geschmeichelt.

Klemm: Georg Hauck & Sohn hat die Aktienanalyse in den 60er-Jahren im eigenen Haus dann eingeführt?

Hauck: Die Depots unserer Kunden waren immer stark aktienorientiert. Was für die Kunden gut war, denn die Währungsreform und den Krieg haben die Aktien insgesamt ganz gut überstanden. Aber eigentlich wussten auch wir nur wenig. Der Börsenhändler hat beraten, und Analysten gab es, aber sie hatten noch keinen Status und keinen Zugang zu den Unternehmen. Auf der Tagung hat jemand angeregt, auch eine Vereinigung wie in den USA zu gründen. Fünf Leute haben das dann organisiert: Dr. Georg Büchner, Prof. Carsten P. Claussen, Dr. Peter Maurer, Heinz Thierbach und ich, später auch Dr. Weissmann.

Klemm: Ein großer Schritt kam dann mit der sogenannten Hauck'schen Formel ...

Hauck: Die Unternehmen mussten per Gesetz zwar den Steueraufwand veröffentlichen, nicht aber den Gewinn. Meistens zeigten sie Gewinn gleich Dividende. Und alles andere fiel unter den Tisch. Wir hier im Haus sahen den Mangel und kamen auf die Idee, vom Steueraufwand auf den Gewinn hochzurechnen. Ich habe eine Formel aus drei Zahlen gemacht, die war falsch. Ein Partner von mir, Axel Schütz, hat die Formel dann auf drei Zeilen erweitert – recht kompliziert. Aber das Ergebnis war offenbar so korrekt, dass die Unternehmen, die nicht publizieren wollten, gegen diese Formel aufgeschrieben haben. Ein Vorstand von Mannesmann hat damals gesagt: Wer die Hauck'sche Formel anwendet, wird aus dem Konsortium unserer Bankverbindungen gestrichen. Wir hatten keine Geschäftsbeziehungen zu Mannesmann – also war uns das völlig gleichgültig. Im Zusammenhang mit den Anfängen der DVFA sollte aber auch eine Persönlichkeit genannt werden, die uns damals sehr unterstützte: Dr. Rolf Magener. Er war Finanzvorstand der BASF und eher Philosoph als Manager. Er hat die in Gründung befindliche DVFA als erster in die BASF zu einer Präsentation eingeladen. Viele andere Firmen hatten abgelehnt. Der BASF-Besuch war damals der Durchbruch.

Klemm: Dass Analysten ein unabhängiges Urteil über die Ertragskraft eines Unternehmens fällen, das Ergebnis und die Dividendenqualität ermitteln, ist heute Standard. Damals war es in den Anfängen und wurde dann relevant für Banken und für andere Kapitalsammelstellen.

Hauck: Nicht von heute auf morgen, es setzte sich sehr langsam durch. Ich erinnere mich an meine Zeit als Mitglied des Anlageausschusses der DWS. Das waren alles Börsianer. Ich war der erste Analyst in diesem Kreis. Meistens bin ich sehr nett, doch ohne Verständnis von den Großbankenvorständen empfangen worden. Dort habe ich geworben und erklärt, was wir mit der DVFA vorhatten. Einer der führenden Leute im Effektenwesen sagte, er verstehe das nicht. Er sei doch Mitglied in so vielen Aufsichtsräten. Und wenn er von dort zurückkomme, dann erzähle er seinen Leuten, was er gehört habe. Der Mann hat gar nicht gemerkt, dass er illegal tätig war oder sich doch auf sehr dünnem Eis bewegte. Aber das war die allgemeine Einstellung.

Klemm: Warum war man damals eigentlich so ablehnend gegenüber der Wertpapieranalyse?

Hauck: Besonders die Großbanken haben anfangs sehr gebremst und waren auch beeinflusst durch negative Stimmen in der Wirtschaft. Man wollte Finanzanalyse in Deutschland nicht haben. Ich habe einen Kampf geführt, weil ich sagte: Wir Banken sind doch unseren Kunden gegenüber verpflichtet, wenn wir Kundenvermögen in Aktien anlegen. Das war für viele Vorstände ein völlig neues Thema. Es dauerte eine ganze Weile, bis begriffen wurde, dass ein Aktienwesen nach Gutsherrenart nicht geht und uns international isolieren würde.

Klemm: Die Stellung des Anlegers, besonders des institutionellen, hat sich ja erst in den vergangenen zwanzig Jahren so ausgeprägt, wie wir das aktuell kennen. Heute sind die großen Kapitalsammelstellen bedeutsame Investoren für die Unternehmen und damit nicht weg zu denkende Eigenkapitalgeber der Wirtschaft. In der Nachkriegszeit war die Finanzierung sehr auf das Kreditgeschäft abgestellt; die großen Aktienfinanzierungen, wie in der Gründerzeit, lagen weit in der Vergangenheit. Das ist erst später mit der Entwicklung des Kapitalmarktes wiedergekommen.

Hauck: Man muss sich den Beginn der DVFA einmal vorstellen: Am Anfang hatten wir Schwierigkeiten, bei den Unternehmen überhaupt vorgelassen zu werden. Ein Finanzvorstand hat zum Beispiel gesagt: Wie kommen wir dazu, unsere Bilanzen so aufzustellen, dass der Analyst sie versteht. Seine sehr große börsennotierte Gesellschaft ging übrigens wenige Jahre später in ein Vergleichsverfahren. Die Neigung, eine Ertragslage transparent darzustellen, war bei manchen Vorständen gleich null. Ein anderer Finanzvorstand fragte mich: Sie schreiben hier von Cashflow – was ist das? Aber es gab auch Vorstände, die sagten: Lass den Kerl doch mal kommen, das ist etwas Neues, das möchte ich kennenlernen.

Klemm: Heute hat der Aktionär einen ganz anderen Stellenwert und die großen Kapitalsammelstellen haben eine viel größere Bedeutung. Verbunden ist das mit einer enormen Vermögensbildung weltweit und mit viel Liquidität, die in Wertpapiere und Aktien fließt. Von daher erklärt sich die Nachfrage nach qualifizierten, unabhängigen Aktienanalysen, um Kapital in solche Anlagen zu lenken. Gleichzeitig sehen wir bei den Unternehmen einen Paradigmenwechsel – weg von der Kreditfinanzierung durch die Hausbank und hin zu vielfältigen Instrumenten, die eine Finanzierung über den Kapitalmarkt ermöglichen. Kapitalmarktfähigkeit bedeutet für Unternehmen aber eben auch die Bereitschaft, sich großen Investoren gegenüber zu öffnen und ihre Ertragssituation, Strategie und Wettbewerbsfähigkeit transparent zu machen. Das dürften wesentliche Gründe dafür sein, dass sich die Rolle der Analysten als Intermediäre zwischen Kapital und Unternehmen mittlerweile etabliert hat.

Hauck: Das sehe ich genauso. Es kommt noch etwas hinzu: ein Generationswechsel auf Unternehmensseite. Schon in meiner aktiven Zeit hat der harte Widerstand aufgehört, als jüngere Leute an die Ruder kamen. Aber nicht alles ist gut an den vergangenen 50 Jahren, wenn ich das einmal sagen darf, und nicht immer sollte man mit Fingern auf die Unternehmen zeigen. Was mich an der Gesamtentwicklung enttäuscht, sind zum Beispiel die Fehler, die im Zuge des Neuen Marktes gemacht wurden. Warum waren die Analysten nicht in der Lage, die Überbewertungen zu erkennen?

Klemm: Aus meiner Sicht sind die warnenden Stimmen nicht gehört worden, weil das Gros der Analysten sich auch in einem neuen Berufszwang sah. Die moderne Finanzanalyse, besonders bei den großen Instituten, wurde auch als Instrument gebraucht, das mittels Studien Kommissionseinkommen generiert und zudem Ideen an den Corporate-Finance-Bereich liefern kann. Unabhängigkeit und langfristiges Denken wurden oft vernachlässigt wie auch manche Lehren aus der Börsengeschichte.

Hauck: Das ist ein echtes Problem. Die Ablehnung war am Anfang sehr groß, dann hatten die Unternehmen die Grundsätze akzeptiert. Manche Analysten sind heute auch hauptberufliche Salesmen. Das ist nicht gut.

Klemm: Aber die Industrie hat erkannt, dass die Analyse ihre Glaubwürdigkeit verliert, wenn sie sich anstatt eines fundierten Urteils diesen Zwängen unterwirft. Ausschlaggebend sollten Kompetenz, Erfahrung und Unabhängigkeit des Analysten, Akribie sowie Urteilsvermögen sein. Das überzeugt dann nicht nur den Investor, sondern auch den Finanzvorstand, der im Analysten einen Sparringspartner hat, der mit dem Kapitalmarkt in Verbindung steht. Analysten müssen auch Standpunkte vertreten. Ich denke, das Rad hat sich hier schon wieder zurückgedreht.

Hauck: Die Analyse ist besonders wichtig für die Erstplatzierung. Man steht für den Einführungskurs gewissermaßen vor dem Nichts, hat noch keinen Kurs und muss eine Preisaussage treffen. Da gibt es einen Interessenkonflikt: Für wen arbeitet die Emissionsbank? Für den Anleger oder den Emittenten? Der Anleger hat ein Interesse an niedrigen Kursen, der Emittent an hohen, die Emissionsbank und deren Spezialisten stehen dazwischen – ein Thema, das meiner Ansicht nach auch heute noch nicht völlig geklärt ist.

Klemm: Wir kennen das Problem. Deshalb beraten wir heute bei Hauck & Aufhäuser den Emittenten in erster Linie bei möglichen Platzierungsabsichten. Das heißt, wir neutralisieren den Interessenkonflikt und entwickeln als Intermediär ein ausgewogenes Platzierungskonzept, in dem beide Interessen zu ihrem Recht kommen. Analysten tragen aber insgesamt zu einer besseren Markteffizienz bei, besonders im Segment wenig liquider Small und Mid Caps.

Hauck: Lassen Sie mich noch über eine andere Lücke reden, auf die mich der Bankier Albert Hahn einmal aufmerksam gemacht hat. Er war ein großer Kenner der Börse. Als ich mit der Analyse anfing, sagte er mir: Warum kümmerst Du dich um die paar Prozent, die Dir eine Einzelanalyse bringt – kümmere Dich lieber um die Zyklen, da ist mehr Geld zu verdienen. Ich glaube, da ist etwas dran: Der Analyst tendiert manchmal dazu, die Zyklen zu übersehen. Geht man von den einzelnen Unternehmen aus oder von der Gesamtentwicklung? Hahn sagte noch etwas Kluges: Nur wer gegen den Trend arbeitet, kann wirklich Geld verdienen. Aber das ist außerordentlich schwer, besonders für einen Analysten.

KLEMM: Natürlich. Das erfordert auch eine Menge Erfahrung und Selbstvertrauen vom Analysten. Das fehlt manchen, weil sie oft zu kurzfristig denken. Der Analyst muss im Stock Picking seine Chancen sehen, aber auch über einen langen Zeitraum den Zyklen Rechnung tragen. Die Analyse hat das aufgegriffen, indem sie zusätzlich zu Einzelanalysen auch Branchen analysiert und dort Trends aufzuzeigen versucht.

HAUCK: Jetzt haben wir aber genug an Einzelheiten herumkritisiert. In der Summe hätte ich nie gedacht, dass in relativ kurzer Zeit – 50 Jahre sind nicht so lange – eine so große Organisation mit mehr als tausend Mitgliedern aus dieser Gründung entsteht und so viel erreicht wird. Wesentliche Fragen des Aktienwesens sind erst durch die DVFA behandelt und verstanden worden.

Eine weitere Anmerkung zur DVFA

Gegründet wurde die Deutsche Vereinigung für Finanzanalyse und Asset Management (DVFA) im Jahr 1960. Auf einen Vorsitzenden verzichteten wir. Am Anfang bekamen wir relativ schnell die ersten 40 Mitglieder. Es fehlte die Großbank und es fehlten die Wertanlagen zu den großen Aktiengesellschaften. So machte ich mich auf die Reise, da ich als Partner einer Privatbank damals freundschaftlich von der Bankenwelt und auch von den Industriellen empfangen wurde.

Bei den Aktiengesellschaften hatte ich besondere Unterstützung zum Beispiel von Dr. Rolf Magener, dem Finanzchef der BASF. Er lud die neu gegründete DVFA und ihre Mitglieder nach Ludwigshafen ein und veranstaltete als erster eine Präsentation seiner Gesellschaft (und lud zu einem Mittagessen ein!).

Dann ging ich auf Tour zu den Börsenchefs der Großbanken, die ich zum Teil ja aus dem Börsenvorstand kannte. Auch hier war der Empfang freundlich, wenn auch nicht sehr hilfreich. Ein innerhalb des Verbandes geschätzter Vorstand einer Großbank sagte mir, dass für sein Haus Besuche durch Analysten bei Gesellschaften eigentlich überflüssig und sinnlos seien, da er doch wie seine Kollegen nach Aufsichtsratssitzungen den Analysten Bescheid geben könnte und gebe. Hätte er ein schlechtes Gewissen gehabt, so hätte er mir das sicher nicht gesagt, aber es fehlte jedes Unrechtsbewusstsein. Aus dieser fehlenden Erkenntnis heraus, die ganz allgemein vorherrschte, entstand dann viel später die Regulierung der Insider-Information, die so kompliziert ist, dass ich sie nicht verstehe, aber ich muss das auch nicht, da ich keine Insider-Informationen mehr erhalte und verwenden kann. Heute hat die DVFA gut 1.400 Mitglieder. Ich bin heute Ehrenmitglied der Vereinigung und bekam 2010 die Ehrenmedaille verliehen.

European Analyst Society

1962 gründeten europäische nationale Vereinigungen die European Analyst Society (EAS), in deren Vorstand ich viele Jahre tätig war. Ich habe dadurch viele interessante

Begegnungen gehabt und viele interessante Personen kennengelernt. In London wurde bei den Dinners noch ein „The Queen“ eingebracht und auf ein Zeichen, nämlich „You may now drink“, erst getrunken. Beides, so fürchte ich, ist inzwischen – obwohl die Queen im Jahr 2016 noch „herrscht“ und beliebt ist wie nie zuvor – abgeschafft.

1951 hatte ich in New York in der Bank of the Manhattan Company (heute Teil der Chase Bank) den Franzosen Pierre Cabon kennengelernt, mit dem mich noch heute eine enge Freundschaft verbindet. Wir gründeten, hauptsächlich aufgrund seiner Initiative, ein Groupement Européen d’Etudes Financieres, zusammen mit einem Schweizer, einem englischen und einem weiteren französischen Bankinstitut.

Wir erstellten in mühseliger Kleinarbeit zwei oder dreisprachige Branchenstudien, die im In-und Ausland bei Instituten eine gute Resonanz erhielten. Aber es war schwer, dies in Kommissionen zu verwandeln. Das gilt auch für Besuche und Gespräche in London, New York, Singapur, Hongkong und so weiter. Das gelang besser in Deutschland, der Schweiz und Frankreich.

Mit vielen der guten institutionellen deutschen Kunden hätten wir ohne die Analysten der EAS keine Verbindung bekommen. Die Reputation als Analyst (der ich eigentlich gar nicht war) führte dazu, dass ich manches Mal zu Hauptversammlungen eingeladen wurde – als Sprecher zum Beispiel zur Frage der Höhe von Bezugsraten. Damals galt in den Aktionärskreisen und auch in der Presse, dass Bezugsrechte ein Teil der Aktienrendite darstellen.

Ein Beispiel – die Hauptversammlung der Hoechst AG. Plötzlich sagte der Vorstandsvorsitzende Professor Karl Winnacker, dass doch nach seiner Meinung der Vorstand den Aktionären ein gutes Bezugsrecht gewähren würde. Das störte mein Konzept, und ich sagte das vor der ganzen Hauptversammlung dem Vorstand und dem Aufsichtsrat, dass ein Vorstand doch sicherlich den Aktionären nicht „gewähren" könne. Das war ebenso richtig, wie es töricht von mir war, es zu sagen. Denn Professor Winnacker verstand es nicht. Als Chemiker sah er die Aktionäre als eine Art notwendiges, anhängendes Übel an.

Damit war er in seiner Zeit aber nicht allein. Viele Gerichtsentscheidungen bei Abfindungen in dieser Zeit zeigen eine ebenso fehlende Kenntnis bei Richtern wie bei Juristen und selbst bei Instituten und Banken.

Hier hat die Arbeit der Deutschen Vereinigung für Finanzanalyse und Asset Management (DVFA) sicher vieles verbessert. Auch die Compliance-Richtlinien haben, bei vielen Übertreibungen, dort auch viel Gutes gebracht.

Aufsichtsräte

Ich will nicht alle Aufsichtsratsposten einzeln aufzählen. Einzelheiten aus den wenigen Aufsichtsräten, in die ich gewählt wurde, sind langweilig zu erzählen und noch langweiliger zu lesen. Trotzdem sollen einige Begebenheiten festgehalten werden.

Erstes Beispiel: die Michelin Reifenwerke Karlsruhe, Kommanditgesellschaft auf Aktien

Durch Empfehlung meines Freundes Pierre Cabon wurde ich Aufsichtsrat dieser Tochtergesellschaft des in Clermont-Ferrand ansässigen Weltkonzerns. Er war damals für einen so großen Konzern einzigartig in seiner Struktur, nämlich stets ausgerichtet auf die „patrons", deren Mehrzahl damals noch Familienmitglieder waren, die durch Autorität und Delegation leiteten. Ebenso war die Verschwiegenheit und das Geheimhalten eine Spezialität und man kannte das und brauchte das, um den technischen Vorteil des „pneu radiale/ pneu à carcasse radiale" (Stahlgürtelreifen) bis zum Auslaufen des Patentes zu behalten, das eine bessere Rentabilität als die Konkurrenz garantierte.

Als ich das erste Mal in Karlsruhe war, fragte ich nach dem Organisationsschema und bat um eine Besichtigung der Produktion. Es fehlte nicht viel und ich wäre nach Hause geschickt worden. Selbst im Krieg habe der zuständige deutsche Verbindungsoffizier Dr. Zahn seine Anweisung auf Einspruch des Patrons ohne weiteres zurückgezogen. Und ein Organigramm gäbe es überhaupt nicht. Jeder wisse, was er zu tun und zu verantworten habe.

Nach meinem Ausscheiden trat bald François Michelin vom Posten des „patron" zurück, und sein Sohn Edouard übernahm die Leitung. Damals war das oben erwähnte Patent abgelaufen und Michelin konkurrierte mit etwa gleichen Produkten. Er vergrößerte den Konzern in kurzer Zeit nach den neuesten Theorien und Methoden. Offensichtlich hat der Konzern diese sehr schnell durchgeführte Reform, die ja einer Revolution gleich angesehen werden musste, gut überstanden. Aber leider starb er wenige Jahre nach Antreten des Amtes in sehr jungen Jahren (2006). François Michelin habe ich öfters getroffen, seinen Sohn Edouard Michelin leider nie.

Zweites Beispiel: Frankfurter Hypothekenbank (FHB)
Schon mein Vater und Großvater waren in der FHB tätig gewesen waren. Als Sammler von sogenannten historischen, das heißt wertlos gewordenen Wertpapieren hatte ich ein Papier erwerben können, in dem als Aufsichtsrat

mein Großvater Otto Hauck und sein Schwager, mein Großonkel Moritz von Metzler als Aufsichtsrat durch gedruckte Unterschriften verzeichnet sind. Den Aufstieg der FHB zur EuroHyp und den darauf folgenden Fall in die Liquidation habe ich nur noch als Zeitungsleser, aber mit großem Bedauern erlebt. Ich finde es für den Kapitalmarkt als sehr nachteilig, dass durch die Entwicklung und auch die Gesetzgebung (Eigenkapitalanforderungen) die Hypothekenbanken wohl kaum mehr rentabel arbeiten können und auch nur noch wenige existieren. Ich habe aber auch selbst als Mitglied im Aufsichtsrat der FHB an einem Beispiel erlebt, wie viele Hypothekenbanken auf Abwege gerieten. Ein Vorstand der FHB hatte dem AR stolz berichtet, dass er die Rendite durch eine höhere Verzinsung der Liquidität durch Zinsswaps, Optionen und Geschäfte erheblich erhöht habe.

Ich fragte nach dem Risiko und begründete das damit, dass nach meiner Meinung höhere Rendite nie mit höherem Risiko verbunden sein müsste. Der betreffende Vorstand antwortete, es sei kein Risiko übernommen worden. Ich gab mich damit zufrieden, hatte aber ebenso wie alle anderen AR-Mitglieder die Einzelheiten der Geschäfte nicht nachgefragt oder sie nicht verstanden. Nach Pensionierung des zuständigen Vorstandsmitglieds entdeckte man dann doch erhebliche Verlustquellen im Portefeuille. Diese aufgrund von Nichtverständnis unvollständige Kontrolle hat dann in großem Stil die sogenannte Lehman-Krise der subpremium Bonds hervorgerufen. Ich habe dies in kleinem Umfang mit zu verantworten.

Mein Partner R. Schroeder hat mir einmal gesagt, dass derjenige, der eine Ahnung von Risiko nicht zu einem „Nein“ umwandle, eigentlich noch mehr Schuld trage als der, der gar nichts gesehen habe.

Drittes Beispiel: Ciba Geigy GmbH
Auch dies war eine Tochtergesellschaft eines internationalen Konzerns und die Entscheidungen wurden naturgemäß in der Konzernspitze getroffen. Trotzdem war die Tätigkeit interessant. So traf ich dort als Mitglied des AR einen jungen Freiburger Anwalt namens Dr. Wolfgang Schäuble. Leider schied er wenige Jahre später aus, als er seine Karriere im öffentlichen Dienst und der Politik begann.

Interessant waren auch die Kontakte zu den Basler Herren aus dem Vorstand der Ciba Geigy. Einige waren durch ihre militärische Ausbildung und laufende Tätigkeit geprägt. Präzise, kurze, sehr kundige Fragen und Antworten zeichneten die Sitzungen aus. Der Assistent war auch gleichzeitig Adjutant der Kompagnie-Führung, der auch wieder der Chef in der Firma war. Einmal wollte mich einer der Basler Herren in seinem Auto nach Basel zurückfahren und ich bat ihn, meinen Koffer durch seinen Fahrer ins Auto bringen zu lassen. Ich war etwas erstaunt, als der betreffende Herr, Vorstand eines Weltkonzerns, den Koffer in seine Hand nahm. Er habe doch keinen Fahrer. Das ist Basler Stil. Oder war es so? Heute ist die Ciba Geigy in dem Novartis Konzern aufgegangen. Auch in Basel gilt bezüglich der Namensgebung Modernität vor Tradition.

Viertes Beispiel: Deutsche Gesellschaft für Wertpapiersparen mbH (heute DWS)
Die DWS wurde 1956 gegründet. 2006 feierte sie ihr 50-jähriges Jubiläum. Ich war bei der Feier der einzige Gast, der schon Teilnehmer der Gründungsveranstaltung war. Begrüßt hat in die Festveranstaltung im alten Opernhaus ein in London ansässiger zuständiger Direktor der Deut-

schen Bank. Er begrüßte im Namen der Deutschen Bank und besonders „Mrs. Ros“ – er kannte oder wollte weder Bank noch den Namen der Frankfurter Oberbürgermeisterin „Roth“ richtig aussprechen. Dieses Zeichen der veränderten Kultur oder auch Unkultur im Investmentbanking der Deutschen Bank führte dann ja zu den bekannten und von allen bedauerten Entwicklungen unseres früheren Vorbildes und – auch heute noch – unseres Branchen-Primus.

Bei der Gründung und der Zusammenarbeit im Anlageausschuss, in den mich Herr Ulrich, damals Vorstand der Deutschen Bank, berief, war die Zusammenarbeit höchst erfreulich und kollegial. Ein Minderwertigkeitsgefühl des kleinsten Gesellschafters ließen die Herren der Deutsche Bank nicht aufkommen. Nach meinem Ausscheiden aus dem Anlageausschuss haben sich die Verhältnisse geändert, und die Deutsche Bank hat die Anteile von anderen Banken zurückgekauft.

Fünftes Beispiel: Stifterverband für die Deutsche Wissenschaft

Ich war durch einen persönlichen Kontakt in Verbindung mit dem Stifterverband Essen und in dessen Gremium gekommen. In dem Anlagenausschuss fand ich eine kleine Anzahl von unselbständigen Stiftungen von Privatpersonen vor, die der Stifterverband zu verwalten hatte.

Der Ausschuss wurde unter der Leitung eines Herrn aus der Industrie von verschiedenen Mitgliedern, verschiedenen Banken und der Allianz gebildet. Interessant war, dass die Herren aus der Industrie sich als wenig aktienfreudig und auch wenig börsenkundig erwiesen – ein Phänomen, das mich mein ganzes Berufsleben über begleitet hat.

Und zum Schluss:
Der Vollständigkeit halber sei noch auf meine relativ kurze Zeit im Aufsichtsrat von Georg Hauck & Sohn, später Hauck & Aufhäuser hingewiesen. Ich war 1993 nach 40 Jahren in Funktionen als geschäftsführender persönlich haftender Gesellschafter und nach 50-jähriger persönlicher Haftung bei Georg Hauck und Sohn ausgeschieden. Ich wurde dann zum stellvertretenden Vorsitzenden des Aufsichtsrats und zum Mitglied im Gesellschafterausschuss gewählt und zum Ehrenmitglied der Gesellschaft ernannt. Nach einigen Jahren, das heißt 2000, schied ich wieder aus dem Gremium aus, nachdem ich auch meinen Aktienbesitz an Georg Hauck & Sohn verkauft hatte.

Ich hatte keine befriedigenden Aufgaben. Da ich temperamentmäßig nicht untätig zusehen kann, wenn nach meiner Meinung etwas falsch läuft, hatte ich keine gute Zusammenarbeit mit meinen Nachfolgern gefunden und habe dann der relativ schlechten Entwicklung der Bank in schwierigen Zeiten zugesehen.

In den Tagen, in denen dieses geschrieben wird (Sommer 2015), ist nun die Bank von ihren Gesellschaftern einer chinesischen Investorengruppe zum Kauf angeboten worden. Damit endet die Geschichte einer Privatbank, die 1796 begonnen hat.

Griechenland

Seit Beginn der Finanzkrise 2008 wurde in Europa so viel über Griechenland gesprochen und geschrieben wie wohl nie seit dem griechischen Befreiungskrieg gegen die Türkei, zu dem sich Lord Byron freiwillig meldete und dadurch zu Tode kam.

Hätte man sich so viel Gedanken über Griechenland gemacht vor dessen Eintritt in den Euro-Verbund, so hätte man heute wohl weniger Probleme. Aber wie mein Großvater Otto Hauck schon sagte: Es gibt nur Soll und Haben, aber ein Hätte gibt es nicht. So kam auch mir beim Hören der Nachrichten und Meinungen vieles über Griechenland, was ich früher gehört oder gelesen habe, in Erinnerung. Das will ich hier nun zusammenfassen, bestimmt ohne jeden Einfluss und sowieso nach dem Referendum.

Aus der Schulzeit erinnere ich mich, dass wir im Griechisch-Unterricht einmal die Geschichte von Epimenides behandelten, der als Denkaufgabe die Geschichte vom Kreter berichtete, der gesagt haben soll: Wir Kreter lügen immer! Was also ist die Wahrheit?

Das kann man heute sehr gut von dem von den Griechen offerierten Budget und Planungszahlen sagen: ein Paradoxon.

Dann kam mir ein Ausspruch aus meiner Lehrzeit in Erinnerung. Dr. Brinckmann, der zu meiner Lehrzeit Partner bei Brinckmann, Wirtz & Co in Hamburg war, in Smyrna aufgewachsen, erzählte mir von einem griechischen Sprichwort, das etwa so lautet: Es ist der Geldgeber, der verpflichtet ist. Das würde manchen Ausspruch der griechischen Regierung verständlicher machen. Dabei wollte Dr. Brinckmann mir nur bestätigen, dass in der Tat die Kreditgewährung den Geldgeber verpflichtet, dem Gläubiger keine zu hohen Schulden aufzubürden.

Das ist sicher richtig und wird auch im Falle Griechenland nicht beachtet worden sein. Aus dem Lateinunterricht habe ich gelernt: „Quidquid id est, timeo Danaos et dona ferentes – Ich fürchte die Griechen, auch wenn sie Geschenke bringen.“ Das bezieht sich auf die List des

Odysseus, den Trojanern ein Pferd zu schenken, in dem sich griechische Soldaten verbargen und dann den Krieg entschieden.

Nun, Geschenke sind von Griechenland zurzeit wohl nicht zu erwarten. Mit einer gewissen Listigkeit ist aber wohl zu rechnen, auch jetzt wieder. Irgendwann werden die jetzigen Probleme wieder vergessen sein. So viele Staaten waren schon zahlungsunfähig und haben ihre Schulden erlassen bekommen, ganz oder teilweise, Griechenland alleine schon sechs Mal.

Erlebt habe ich, dass Deutschland bis zur Londoner Schuldenkonferenz 1952 seine Schulden und im Detail auch die Schulden der Industrie nicht mehr zahlen oder verzinsen konnte oder auch wollte. Als Sammler von historischen Wertpapieren kennt man eine große Zahl von solchen nicht bedienten Staatsanleihen. Außer Großbritannien finden sich wohl alle Namen, zum Beispiel die Südstaaten der USA, Russland, China und so weiter und so fort.

Wenn das jetzige Drama (das auch einzelne, komödienhafte Einzelheiten aufweist) vergessen ist, dann wird Johann Wolfgang von Goethes Ausspruch wieder stärker in den Vordergrund rücken, der Iphigenie sagen lässt: „Das Land der Griechen mit der Seele suchend."

Goethe und die Deutsche Bank: Der Zauberlehrling

Zu den jüngsten Entwicklungen der Deutschen Bank hat sich Goethe mit Rücksicht auf seine Position als Finanzminister des Herzogs von Sachsen-Weimar nicht mit seinem Namen öffentlich kritisch äußern wollen. Er hat dies aber in verschlüsselter Form getan und zwar in seiner Ballade vom Zauberlehrling. Unter Zuhilfenahme moderner Computerzaubertechnik ist es gelungen, diese Verschlüsselung zu entschlüsseln.

Im Folgenden werden diese Erfolge in das Gedicht von Goethe eingearbeitet, sodass eindeutig eine Kritik abzulesen ist. Goethe hofft sogar, dass er damit etwas beiträgt zur Normalisierung der Situation.

Hat der alte Hexenmeister
Sich doch einmal wegbegeben!
Und nun sollen seine Geister
Auch nach meinem Willen leben.

Alter Hexenmeister: Gemeint ist die frühere Geschäftskultur der Deutschen Bank, ihre Grundsätze und ihre Geschäftsmoral. „Seine Geister" meint die alte Ertragskraft und Kultur der Bank. Die Aussage wird dem Zauberlehrling in den Mund gelegt. Zauberlehrling steht für Führungskräfte, die wie alle Lehrlinge erst kurz bei der Bank sind und die alten Grundsätze nicht mehr kennen gelernt haben bzw. sich nicht mehr an sie halten wollen.

Seine Wort und Werke
Merkt ich, und den Brauch,
Und mit Geistesstärke
Tu ich Wunder auch.

Zuerst glaubt der Zauberlehrling, dass er die moderne Bank beherrscht, wahrscheinlich einschließlich der Mathematik zur Erstellung der Konstrukte. Am Schluss seiner Aufzählung und ein wenig im Abseits nennt der Zauberlehrling noch den Brauch und meint sicher damit die alte Unternehmenskultur, von der er offensichtlich nicht viel hält.

Walle! walle
Manche Strecke
Dass, zum Zwecke,
Wasser fließe,
Und mit reichem, vollem Schwalle,
Zu dem Bade sich ergieße.

Der Zauberlehrling hat die durchaus vernünftige Überlegung, Wasser ins Bad einzulassen, das heißt mit neuen Geschäften, neuen Geschäftsarten, insbesondere dem Investmentbanking, die Wanne schnell zu füllen. Und mit reichem vollem Schwalle – damit spielt Goethe auf die 25 Prozent Rendite an, die angestrebt wurde.

Und nun komm, du alter Besen,
Nimm die schlechten
Lumpenhüllen!
Bist schon lange Knecht gewesen:
Nun erfülle meinen Willen!

Für sein Vorhaben formt er die alte Bank teilweise um.

Auf zwei Beinen stehe,
Oben sei ein Kopf,
Eile nun und gehe
Mit dem Wassertopf!

Walle! walle
Manche Strecke,
Daß, zum Zwecke,
Wasser fließe
Und mit reichem, vollem Schwalle
Zu dem Bade sich ergieße.

Seht, er läuft zum Ufer nieder,
Wahrlich! ist schon an dem Flusse,
Und mit Blitzesschnelle wieder
Ist er hier mit raschem Gusse

Blitzesschnelle. Der Zauberlehrling ist froh über seinen Erfolg. Mit Blitzesschnelle meint der Zauberlehrling wohl auch, dass man diesen

Schon zum zweiten Male!
Wie das Becken schwillt!
Wie sich jede Schale
Voll mit Wasser füllt!

Geschäften kaum folgen kann und spielt auch an auf das schnelle Börsengeschäft mit der HFT-Technik (high-frequency trading).

Stehe! stehe!
Denn wir haben
Deiner Gaben
Vollgemessen!
Ach ich merk es! Wehe! wehe!
Hab ich doch das Wort vergessen!

Plötzlich sieht sich der Zauberlehrling der gesamten Bankenkrise gegenüber, neben der Immobilienkrise in den USA. Er beklagt sich nun, dass das Ausmaß der Geschäfte vollgemessen, d. h. wohl übermäßig ist und die Risiken unverhältnismäßig hoch.

Ach, das Wort, worauf am Ende
Er das wird, was er gewesen.
Ach, er läuft und bringt behende!
Wärst du doch der alte Besen!
Immer neue Güsse
Bringt er schnell herein,
Ach, und hundert Flüsse
Stürzen auf mich ein

Trotzdem werden weiter die Geschäfte initiiert, ohne Rücksicht auf Verhältnismäßigkeit der Risiken in Bezug aufs Kapital weiter abgeschlossen.
Die Entzifferung ergibt, dass Goethe inbesondere die Derivate meint – deutet doch das lateinische Wort „riva" auch auf Wasser hin. Neben den Derivaten sind andere Konstrukte, insbesondere Zertifikate und subprime loans und andere Hypotheken mit hohem Risiko gemeint.

Nein nicht länger
Kann ich's lassen:
Will ihn fassen!
Das ist Tücke!
Ach, nun wird mir immer bänger!
Welche Miene! Welche Blicke!

Mit Tücke meint der Zauberlehrling die Komplexität der Geschäfte, die nicht mehr zu verstehen sind, so zum Beispiel die Anwendung von Algorithmen.

O, du Ausgeburt der Hölle!
Soll das ganze Haus ersaufen?
Seh ich über jede Schwelle
Doch schon Wasserströme laufen.
Ein verruchter Besen,
Der nicht hören will!
Stock, der du gewesen,
Steh doch wieder still!

Manche Versuche des Zauberlehrlings, die Dinge wieder unter Kontrolle zu bringen, scheitern offensichtlich. Mit „Ausgeburt" meint der Zauberlehrling die Algorithmen?

Willsts am Ende
Gar nicht lassen?
Will dich fassen,
Will dich halten
Und das alte Holz behende
Mit dem scharfen Beile spalten!

Die Entschlüsselung zeigt, dass der Zauberlehrling zwar sieht, dass die übermäßige Zuteilung von Boni das Übermaß von Tätigkeiten verursacht hat, aber er sieht keine Möglichkeit, dies zu ändern, sondern er nimmt ein Beil und hackt den Besen in zwei Teile, damit glaubt er, dass er die Bank in 2 Teile mit zwei unterschiedlichen Kulturen aufteilen kann – wobei der eine Teil weiterhin den maßgeblichen Gehilfen weiterhin maßlose Boni zuteilen würde. Der Zauberlehrling sieht jedoch nicht, dass diese Zuteilung den Verlust jeglicher Motivation beim anderen Teil bedeutet.

Seht, da kommt er schleppend wieder!
Wie ich mich nur auf dich werfe,
Gleich, o Kobold, liegst du nieder;
Krachend trifft die glatte Scharte.
Wahrlich brav getroffen!

Der Zauberlehrling entdeckt, dass die praktische Zweiteilung, die auch geografisch eine Aufteilung zwischen Frankfurt und London bedeutet, keine Änderung der Geschäftsmoral bei den Investmentbankern bedeutet

Seht er ist entzwei!
Und nun kann ich hoffen,
Und ich atme frei!

und sie im alten Stil weiter ihre Geschäft außer Kontrolle betreiben.

Wehe! wehe!
Beide Teile
Stehn in Eile,
Schon als Knechte
Völlig fertig in die Höhe!
Helft mir, ach! Ihr hohen Mächte!

Und sie laufen! Nass und nässer
Wird's im Saal und auf den Stufen;
Welch entsetzliches Gewässer!
Herr und Meister, hör mich rufen! –
Ach, da kommt der Meister!
Herr, die Not ist groß!
Die ich rief, die Geister
Werd ich nun nicht los.

Mittlerweile sieht der Zauberlehrling auch, dass das Übermaß an Wasser, das sich schon auf die Stufen und aufs ganze Haus ausdehnt, enormen Schaden verursacht, und er verspricht eine Neuausrichtung der Geschäftspolitik und -strategie und ruft den alten Zaubermeister dafür zu Hilfe.

Den Schluss kann man als Empfehlung Goethes an die Banken ansehen, wobei er die neuen Geschäfte nicht voll verdammt, sondern nur in die Ecke stellt, um sie bei passender Gelegenheit hervorzuholen und eine Rückkehr zu alten Geschäftsgrundsätzen anzuregen.

Goethe erwähnt aber nicht den enormen Schaden, den das Wasser angerichtet hat und die schwierige Reparatur und Aufbauzeit, die bevorstehen.

In die Ecke,
Besen! Besen!
Seids gewesen.
Denn als Geister
Ruft euch nur zu seinem Zwecke,
Erst hervor der alte Meister.

Aber er weiß auch, dass die Rückkehr zum alten Meister der richtige Weg zum Erfolg zu sein scheint. Goethe nennt noch als Entschuldigung dafür, dass sein Gedicht nicht rechtzeitig gelesen wurde, dass die meisten der Genannten nicht lesen können, da es nicht auf Englisch zu lesen war in den entsprechenden Schulen.

Erwähnt werden sollte hier die von anderer Seite durchgeführte Entschlüsselung mit anderen Computerprogrammen. Danach ist der Zauberlehrling nicht nur eine Kritik an der Deutschen Bank, sondern auch an der EZB. Als Finanzminister ist Goethe hier noch vorsichtiger vorgegangen. Aber es soll hier nicht auf Einzelheiten eingegangen werden, es leuchtet doch ein, dass das Übermaß an Wasser, das zum Fließen gebracht wird, eine Anspielung auf die Inflationspolitik und insbesondere auf den Ankauf von Staatschuldverschreibungen bedeutet. Auch hier könnte die Lehre sein, zu alten Grundsätzen zurückzukehren durch ein Vorgehen wie das des Zauberlehrlings, nämlich Zauberkräfte in Gang zu setzen ohne zu wissen, wie man sie eindämmt und wie man wieder zu normalen Verhältnissen zurückkommt, und daher große Schäden anrichtet.

Auf Goethes weitere verschlüsselte Stellungnahme zu moderner Finanzpolitik in Faust II sei hingewiesen. So wurde in Frankfurt 2015 im Freien Deutschen Hochstift eine Veranstaltung durchgeführt unter dem Titel „Goethe und das Geld – Der Dichter und die moderne Wirtschaft".

Als die Börse noch Börse war

„Früher"

Der Artikel wurde bereits vor dem 10. Mai 2005 abgeschlossen, sodass neueste Ereignisse nicht mehr berücksichtigt wurden. Sie scheinen durch die Behandlung des Grundsätzlichen schon vorweggenommen zu sein.

Nur dann sind Vergleiche mit früheren Zuständen und Entwicklungen interessant, wenn sie dazu beitragen, gegenwärtige oder zukünftige Probleme zu analysieren und dies eine Lösung aufzeigen kann. In diesem Sinne sollen auch die folgenden Anmerkungen gelesen werden. Gleichzeitig scheint es mir aber auch legitim zu sein, die Vergangenheit gegen Angriffe zu verteidigen, denn auch das kann für die Zukunft etwas bedeuten. So hat die FAZ in einem Leitartikel vom 08. 03. 2005 geschrieben, dass die Deutsche Börse „früher" eine verstaubte Provinzbörse gewesen sei. Ich war damals, eben „früher", d.h. ab 1985 dreieinhalb Jahre lang ihr Präsident. Vieles an der Kritik mag stimmen. Aber war die Organisation der Börse für die damaligen Anforderungen nicht ausreichend und entsprach sie nicht den ordnungspolitischen Anforderungen? Sie orientierte sich jedenfalls nicht an den Interessen des Trägers, sondern an den Interessen aller Teilnehmer des Kapitalmarktes und – so möchte ich behaupten – es wurde ihr Vertrauen entgegengebracht. Oder besser gesagt, wir haben das Vertrauen Schritt für Schritt mühsam erworben.

Die Aktie als Anlagemedium war, insbesondere seit der Aktienreform, langsam aber stetig in ihrer Bedeutung gestiegen. Dies war, so meine ich, damals als das Hauptproblem gesehen worden. Als Beispiel nenne ich die große Evolution der Publizität der deutschen Aktiengesellschaften. Auf diesem Gebiet, so glaubte ich wie viele andere meiner Generation, müsse mehr Energie eingesetzt werden als bei der Börsentechnik. Die Gründung der DVFA und des Instituts für Kapitalmarktforschung und ihre Entwicklung seien angeführt.

Der Gründung der DVFA vorausgegangen war übrigens 1959 eine von mir initiierte Veranstaltung der Zeitschrift für das gesamte Kreditwesen unter der Leitung von V. Muthesius, die dann den Anstoß zur Gründung gab. Letztlich war aber die stärkste Motivation zur Gewinnung von Vertrauen in die Aktie und den Aktienmarkt der erhebliche Nutzen, den verstärktes Vertrauen in die Aktie den Aktiengesellschaften selbst bringt.

Ich meine – und habe das immer gesagt und geschrieben –, dass außerdem für den Kapitalmarkt und besonders den Aktienmarkt die Struktur der Altersvorsorge ausschlaggebend war und noch ist.

In Deutschland ist die Bildung von Kapital für die Altersvorsorge als Problem vielleicht erkannt, aber die Bildung von Pensionsfonds und die Bildung von privaten Aktien-Portefeuilles zur Altersvorsorge ist gegenüber England, Holland und den USA noch weit zurück und durch die Verunsicherung gegenüber den Aktien nach dem Jahr 2000 auch wieder zurückgeworfen worden.

Wenn in den USA, in Holland, Japan und in England die Börsenkapitalisierung aller an den national gehandelten Aktien in Bezug auf das jeweilige Bruttosozialprodukt das Vielfache der deutschen Zahlen beträgt, so liegt dies in der Struktur der Altersversorgung begründet. Hier hat sich seit „früher" leider nicht viel geändert.

Ich möchte nun behaupten und man kann es auch durch Zahlen belegen, dass die „verstaubte Provinzbörse Frankfurt" den damaligen Ansprüchen genügte. Das System der Kassenvereine für Lieferung und Abwicklung war sogar vorbildlich. Die Hauptprobleme waren „damals“ – so habe ich es und so haben es viele gesehen – in erster Linie das Vertrauen und der Aufbau einer Aktienkultur und erst in zweiter Linie die Technik der Kursfeststellung, die Verbuchung der Umsätze und die Lieferung der Stücke. Und ich kann nicht sehen, dass heute anderes gilt. Die Reihenfolge und die Gewichtung sind meines Erachtens immer noch die gleichen.

Ein wohl nur teilweise zutreffendes Bild sei versucht: Frankfurt wird kaum durch den Bau eines neuen Fußballstadions wieder in die erste Bundesliga aufsteigen. Das kann nur durch ein gutes Fußballteam geschehen.

Vertrauen ist entscheidend: In der Neujahrsveranstaltung der Frankfurter Industrie- und Handelskammer 2005 sprach Josef Ackermann in seiner im Mittelpunkt der Veranstaltung stehenden Ansprache davon, dass die Wiederherstellung des Vertrauens in die Aktie heute das wichtigste gegenwärtige Problem des deutschen Kapitalmarktes sei (aus der Erinnerung zitiert). Dem schließe ich mich voll an.

Mit allem Respekt vor dem in den letzten Jahren erreichten großartigen technischen Fortschritt für die Börse und für die Abwicklung und auch im Hinblick auf niedrigere Kosten für Aktien und Rentenanlagen ist m.E. das von Herrn Ackermann angesprochene Vertrauen in den Aktienmarkt das wichtigere und das wichtigste Problem. Daran sind alle Entwicklungen und Maßnahmen zu messen.

So gesehen war die Entwicklung, die mit der Überschrift „Neuer Markt“ angedeutet werden kann, für die Vertrauensbildung eine Katastrophe. Wer aber war letztlich daran schuld? Es gibt sehr viele „Väter“ dafür, so die Banken, die mangelnden Basiskenntnisse der Anleger und deren „Geldgier". Ich würde ja gerne „die Börse", deren Gremien, auch die Zulassungsstelle von der Verantwortung für die Entstehung der „Blase" des Neuen Marktes freisprechen, aber das scheint mir nicht möglich zu sein, zu viele Argumente und Tatsachen sprechen für eine Mitschuld. So seien z.B. die gescheiterten Überlegungen der Deutsche Börse AG in 2000 genannt, den „Neuen Markt" in Frankfurt und den Markt aller großen alten Gesellschaften in London anzusiedeln. Es wäre eine Revolution gewesen und keine organische Entwicklung, und heute hätte Frankfurt praktisch keine Umsätze mehr.

Vielleicht haben die Erinnerungen an diese damaligen falschen, die Anleger verwirrenden und vertrauensschädigenden Konzepte auch zu der in diesen Tagen erfolgten Ablehnung der Übernahme der LSE beigetragen?

Auch in diesen Tagen in der Presse erwähnte Überlegungen, die Aufgaben der Zulassungsstelle auf die Bundesanstalt für Finanzdienstleistungsaufsicht zu übertragen, müssen wohl auf das Versagen des alten Zulassungssystems in der Euphorie des Neuen Marktes zurückgeführt werden. Aber ist diese Verstaatlichung der richtige Weg? Ich meine, dies wäre ein echter Rückschritt. Die alten Zulassungsstellen arbeiten mit großem Sachverstand und mit geringen Kosten.

Der Hinweis von J. Ackermann auf das Gewicht des „Vertrauens" ist für mich schwer mit dem Hin und Her beim versuchten Erwerb der LSE in Übereinstimmung zu bringen.

Termingeschäfte, Optionen und Derivate

Auch hier kann eine „Story" von „früher" zum Nachdenken anregen. Ich hatte mich relativ frühzeitig für den Aufbau eines Terminmarktes und für den Handel in Optionen interessiert und eingesetzt. So wurde mir etwa 1970 der Vorsitz im neu gegründeten „Optionsausschuss“ innerhalb des Frankfurter Börsenvorstandes angetragen.

In der Diskussion im Börsenvorstand über diese „neuen“ Geschäfte sagte mir Herr Dr. H. Feith, Vorstand der Deutsche Bank AG, er habe nicht gewusst, dass ich ein so spekulativer Bankier sei, und das war nur teilweise im Scherz gemeint. Die schließlich zugelassenen Optionsgeschäfte waren an bestehende Grundgeschäfte in effektiven Stücken gebunden und damit war das Geschäft sehr begrenzt und nicht wirklich anpassungsfähig. Außerdem war die Abwicklung sehr wenig technisiert, aber kompliziert und entsprechend teuer.

Damals habe ich mich geärgert über die Bemerkung von Herrn Dr. Feith und über die Auflagen, besonders über die Bindung an „Grundgeschäfte“ und die Verhinderung einer Weiterentwicklung und die fehlende Unterstützung. Aber wie so oft in meiner Erinnerung der Weiterentwicklung gab es irgendwann einen plötzlichen Bruch in der Haltung der Großbanken und der Nachfolger von Herrn Dr. Feith, Herr Dr. Breuer, hat die großartige Entwicklung der DTB, der Deutschen Terminbörse, nach 1990 ermöglicht. Die DTB hat – später fusioniert – in der EUREX die größte Marktplattform auf ihrem Gebiet aufgebaut.

Daneben hat sich ein enormer Markt für Derivate aller Art gebildet. In der letzten Zeit kamen Hedgefonds in Mode und wurden von den Banken mit Nachdruck empfohlen.

In Erinnerung an die von mir stark kritisierte „Bindung an Grundgeschäfte“ aus den Urzeiten kam mir jetzt doch die Überlegung, ob der Grundgedanke, dass die Volumen der Grundgeschäfte und Optionen sowie Derivate in einem angemessenen Verhältnis stehen sollten, nicht doch beachtenswert sei. Irgendwie erscheint mir das Verhältnis heute nicht mehr im Gleichgewicht zu sein. In einer freien Wirtschaft sollte man Entwicklungen nicht künstlich und durch Vorschriften hemmen. Aber hat man hier vielleicht doch des Guten zu viel getan und eine vielleicht problembehaftete Entwicklung künstlich gepusht? Eine Entwicklung, in der Derivate und anderes eine „Blase" bilden konnten, wäre denkbar. Eine auf dem Kopf stehende Pyramide steht nicht sehr solide. Goethe mit dem Zitat aus dem *Zauberlehrling* kommt mir in den Sinn: „Die ich rief, Geister, werd ich nun nicht los". Jedenfalls sollte man wie überall im Aktienwesen die Grundsätze sehen und beachten, das heißt eher die Grundgeschäfte als die Derivate und Optionen fördern und pflegen oder jedenfalls ausgeglichene Gewichtungen anstreben. Auch das hat mit „Vertrauen" zu tun.

Fusion der Funktionen von Börse und Kassenverein in die Deutsche Börse AG

„Früher" – das oft missbrauchte oder auch verachtete Wort sei hier wieder benutzt – lagen die Funktionen „Vertragsbeschluss" durch Austausch von Schlussnoten und „Kursfeststellung" bei der Börse und die Abwicklung, das heißt die „Lieferung" und zum Teil die „Verwahrung", bei den Kassenvereinen. Die Institutionen waren unabhängig. Die Börse war Teil der Industrie- und Handelskammer und der Kassenverein war eine AG, die Aktien lagen bei Börsenmitgliedern. Das Nebeneinander funktionierte und wurde eigentlich auch nicht infrage gestellt. Die technische Funktionsfähigkeit der deutschen Kassenvereine lag mit an der Spitze aller vergleichbaren Länder. Die Aufgaben sind – so meine ich – so richtig organisiert gewesen und sie sind im Grunde voneinander unabhängig. Die nötige Zusammenarbeit hat nach meiner Erinnerung trotzdem gut funktioniert.

In der Deutsche Börse AG wurden diese Aufgaben alle unter einem Dach und einer Leitung zusammengefasst. Rückblickend sehe ich in dieser Zusammenfassung eine Erklärung für manche in der Folgezeit und zum Beispiel bei den beiden Fusionsverhandlungen entstandenen Probleme. Eine Fusion des etablierten Deutschen Kassenvereins mit einer entsprechenden Institution in welchem Lande auch immer hätte meines Erachtens leicht oder zumindest leichter von allen Seiten akzeptiert werden können.

Bei der Technik spielen ja nationale oder regionale oder lokale Empfindsamkeiten kaum eine Rolle. Etwas anderes ist es, wenn die Kursfestsetzung, deren Kontrolle und z.B. besonders die Zulassung von Wertpapieren zum Handel, die Festlegung und Änderung von Vorschriften und Spielregeln für den Handel und insbesondere die Zusammensetzung der obersten Aufsichtsgremien betroffen sind und u.U. aus und von einem anderen Land mit anderer Sprache geregelt werden sollen. Und im Hinterkopf entsteht bei mir noch die kritische Frage, cui bono? Wie groß sind die Vorteile im Vergleich zu den zu überwindenden Problemen? „Die große Liquidität eines großen Marktes“ ist nach meiner Erfahrung sehr relativ. Bei guter Börse ist die Liquidität des Marktes hoch, bei schlechter Stimmung niedrig, bei Krisen nicht mehr vorhanden. Das ist – so meine These – weitgehend unabhängig von der Größe der Börse und der „Handelsplattform“.

Dass viele große internationale Institutionen lieber einen einzigen großen Markt wünschen, das wäre schon aus Bequemlichkeit für sie vielleicht besser. Aber sie haben sich auch bei der Aufteilung der Umsätze auf mehrere größere Börsenplätze sehr gut den Verhältnissen angepasst. Die kleineren Anleger und die Privatanleger ziehen dagegen m.E. gut organisierte nationale, regionale, ja sogar lokale Börsen vor, Börsen, die in ihrer Nähe liegen, deren Leitung persönlich bekannt ist, die organisch gewachsen sind und den regionalen, nationalen und auch den historischen Gegebenheiten Rechnung tragen. Die Berichte über die Entwicklung der Münchner und der Stuttgarter Börse zeigen das.

Ich habe früher (nachweislich) immer darauf hingewiesen, dass die relativ zur Gesamtwirtschaft kleine Größe der deutschen bzw. Frankfurter Börse insbesondere durch fehlende deutsche Pensionskassen zu erklären ist. Das darf aber sicher nicht dazu führen, dass man sich dem Diktat der internationalen institutionellen Anleger unterwirft. Auch und oft sind gerade die großen Anleger in bestimmten Situationen auf gut funktionierende regionale Börsen mit Kleinanlegern oder deren Vertretern, den Investmentfonds, angewiesen.

Der Spruch „Charity begins at home" kann auch so ausgelegt werden: Die Stärke eines Kapitalmarktes hängt auch von den nationalen und lokalen Anlegern ab. Bei der Zusammensetzung der Benutzer einer Börse auf Anlegerseite sollte man eine alte Börsenweisheit berücksichtigen, nämlich: „Mischen und streuen".

Oben wurde darauf hingewiesen, dass die Börsenkapitalisierung aller Werte in Deutschland im internationalen Vergleich sehr niedrig liegt. Dazu im Widerspruch steht die Tatsache, dass die Börsenkapitalisierung der Deutsche Börse AG die höchste aller an der Börse gehandelten Börsenaktien ist. Dies ist ein recht bedenkliches Ungleichgewicht.

Das größte Problem entsteht aber durch die Vermischung von quasi hoheitlichen Aufgaben mit technischen Aufgaben. Kursfeststellung und Börsenzulassung einerseits sind ganz andere ordnungspolitische Aufgaben als andererseits Kursfeststellungs- und Abwicklungstechnik. Die zuerst Genannten dürfen m.E. nicht dem Prinzip der Gewinnmaximierung unterworfen werden. Das könnte zu Vertrauensverlusten, siehe oben, führen und alle Vorteile der perfekten Technik und der gesunkenen Kosten wären dann zunichte gemacht. Ich glaube immer noch an eine starke Regenerationskraft der Kapitalmärkte und bin – trotz allem – optimistisch.

Mein Großvater Otto Hauck, gestorben 1934, lange Vizepräsident der Frankfurter Börse und 21 Jahre lang Präsident ihrer Trägerorganisation, der IHK, bis er 1933 die Plätze für andere, die „genehmer" waren, räumen musste, hat mir (unter anderem) den Ausspruch hinterlassen: „Es gibt nur Soll und Haben, Hätte gibt es nicht." Demnach sollte man nicht sagen: „Hätte man die Fusion der Funktionen und den Börsengang und die Fungibilität der Deutsche Börse AG nicht unterlassen sollen?" Man darf aber sehr wohl fragen: „Könnte man in Zukunft nicht manches anders machen?" Könnte man z.B. Funktionen, die zusammen gehören, nicht wieder trennen? Das würde viele Probleme lösen. Oder gilt hier „you can't unscramble eggs."? Oder reicht die Institution des Börsenrates, um Interessenkonflikte, die zurzeit systemimmanent erscheinen, zu entschärfen? Über die Funktion und über die Aktivitäten des Börsenrates liegen leider keine oder wenige Informationen vor.

Börsennotierung der Aktien der Deutsche Börse AG

Bei der Gründung der Deutsche Börse AG und für deren Konzeption wichtig war die Schaffung von vinkulierten Namensaktien. So konnte man verhindern, dass die Zusammensetzung der Aktionäre der Börse für sie zu Problemen führen könnte, wie es nun ja nach Abschaffung der Vinkulierung und nach Einführung der Aktien an der Börse eingetreten ist. Mit Abschaffung der Vinkulierung hat man den Rubikon überschritten, d.h. man hat eine kaum noch beeinflussbare Entwicklung eingeleitet.

Für die Aktionäre der Deutsche Börse AG, die ihre Aktien nach dem Börsengang verkauft haben, brachte der Börsengang jedenfalls hohe Gewinne. Gilt das aber auch für das Börsenwesen im Allgemeinen und aus ordnungspolitischer Sicht? Hat man damals wirklich alle Konsequenzen bedacht? Hat man an einen möglichen Konflikt der Interessenten und der Interessen zwischen den „strategischen" Zielen der Börse einerseits, z.B. die geplante Übernahme der LSE, und den Intentionen der Aktionäre andererseits, gedacht? Wichtiger noch, hätte man nicht die Zielkonflikte zwischen „public service" und „shareholder value" sehen oder sogar vermeiden müssen? (Das angelsächsische Denken durch die neue Aktionärsstruktur verführt zur Benutzung englischer Ausdrücke, was ich sonst gerne vermeide: der Usus von Fremdwörtern ist prinzipiell auf ein Minimum zu reduzieren!)

Natürlich ist man hinterher, wenn man vom Rathaus kommt, immer klüger. Bekannt wurde ja, dass die meisten lokalen, regionalen oder nationalen Aktionäre, die „früher" als die Börsen tragenden galten und auch nicht nur deren Interessen vertraten, ihre Aktien verkauft haben. Dass neue Aktionäre nicht nur die Interessen der Börse vertreten, liegt eigentlich auf der Hand.

Es zeigte sich jedenfalls, dass die jetzige Aktionärsstruktur große Probleme mit sich gebracht hat. Shareholder Value, jedenfalls in der Form, wie man den Begriff jetzt anwendet, kann u.U. eben mit ordnungspolitischen Zielen zusammenstoßen und ihnen entgegenstehen, und dies auch mit der so wichtigen Vertrauensbildung. Hätte hier der „Börsenrat" Schäden verhindern können? Oder könnte er es noch?

Börsennotierte Gesellschaften unterliegen ex definitione dem Gesetz der Gewinnoptimierung. Dass dies im Hinblick auf öffentlich-rechtliche Aufgaben problematisch werden kann, wurde aufgezeigt. Aber auch diese Tatsache, dass manche Funktionen einer Börse monopolistische Elemente enthalten, sei hier als ein möglicher Gegensatz zur Gewinnoptimierung genannt.

Zwischenfazit
Die Börse ist einer der wichtigsten Dienstleister für den Kapitalmarkt. Sie hat auch den Kleinanlegern und den lokalen, regionalen und nationalen Bedürfnissen und dem ebenso zusammengesetzten Emittentenkreis zu dienen. Das ist mit Gewinnmaximierung oder auch mit Gewinnoptimierung schwer in Einklang zu bringen. Bei einer mit den Grundproblemen und Grundaufgaben der Börse wenig oder gar nicht verbundenen „Aktionärsstruktur" werden vermehrt Interessenkonflikte auftreten müssen, je weniger Deckungsgleichheit der Interessen vorhanden ist. Eine Besinnung auf Grundprobleme könnte Wege aufzeigen.

Beim Gang durch die Vergangenheit fand ich Zitate, die ich am Schluss noch bringen möchte: 1967 habe ich als „Redakteur" des Börsenberichtes von Georg Hauck & Sohn das Gedicht von Adelbert von Chamisso „missbraucht" und es am Schluss wie folgt umformuliert:

„Der Alte wird gar ernst und spricht:
Was hast Du angerichtet? Das ist kein Spielzeug nicht.
Die Börse ist kein Spielzeug, was kommt Dir in den Sinn?
Denn wäre nicht die Börse, wo käm die Wirtschaft hin!"

Daran erinnerte ich mich, als die *FAZ* vom „Börsenpoker" um die LSE schrieb.

In meiner 1997 im Verlag Fritz Knapp erschienenen Zusammenfassung meiner früheren Veröffentlichungen (*Kompost. Reden und Aufsätze aus vier Jahrzehnten*) fand ich folgende Zitate von Pater Nell-Breuning, auch er Ehrenbürger der Stadt Frankfurt, die in den Kontext passen (Zitate aus *Grundlagen der Börsenmoral*, 1928):

„Das Streben nach Erwerb im Marktverkehr ist, solange es sich nicht selbstherrlich zum finis ultimus aufwirft, der Eingliederung in die rechte Zweckordnung durchaus fähig. Unmöglich wird diese Einordnung allerdings dann, wenn es als reines Verdienststreben sich verselbständigt unter Ausschluß des entsprechenden Dienstwillens."

„Wie gewisse produktionstechnische Mittel die Gefahr derartigen Mißbrauchs in besonderer Weise naherücken, geradezu die Versuchung zu solchem Mißbrauch in sich schließen, so können auch größere markttechnische Mittel, gerade je vollkommener sie sind, umso größere Mißbrauchsmöglichkeiten, Gefahren und Versuchungen in sich bergen."

Bei Nell-Breuning findet sich aus der Zeit vor 1928 auch ein Zitat nach dem Berliner Börsenkommissar Göppert, der die Börse als „dienendes Glied der Wirtschaft, nicht Erwerbsgelegenheit für jedermann" bezeichnet.

Und ganz zum Schluss noch ein wirklich altes, nämlich lateinisches Zitat nach Cicero: „Videant consules ne quid detrimenti res publica capiat." Frei übersetzt: Mögen die Verantwortlichen darauf achten, dass die „res publica" keinen Schaden erleidet. Mit „res publica" meine ich die Börse und den Finanzplatz Frankfurt.

Vorherrschaft der Technik

Zurzeit liest man und hört man häufig bei der Analyse der heutigen und zukünftigen Entwicklungen in Politik und Wirtschaft, dass anstelle „des Menschen“ (oder auch „der Menschen“) die Technik, der Staat, die Institution oder die Organisation das Handeln bestimmen. Das gilt, so scheint mir, auch und besonders bei den hier zu behandelnden wichtigen Strukturfragen der Kapitalmärkte und der Börsenstruktur.

Konkret kann man das zeigen bei der Einsetzung des „Xetra-Systems“ für den Handel anstelle des früheren Systems des Handels über die Makler. Ich meine, dass auch der Ausdruck „Handelsplattform“ anstelle „Handel“ in diese Richtung geht. „Handelsplattform“ ist ein technischer Begriff, „Handel“ basiert auf der Tätigkeit von Menschen.

Das Messen der Erfolge der verbesserten Technik für den Aktienmarkt wird wichtiger Maßstab für die gesamte Entwicklung.

Der ungeheure Verlust an Vertrauen und auch an Vermögen verschwindet zu oft hinter der großen anerkennungswürdigen technischen Entwicklung insbesondere bei der Abwicklung von Geschäften und bei der Kursfeststellung. Sicher – ohne die Technik wäre das heutige Volumen kaum zu bewältigen.

Aber war es richtig, den (die) Menschen in der Konzeption und der Realisierung so völlig oder so weitgehend auszuschalten? Vielleicht fehlt hier die Kontinuität, die organische Entwicklung. Hat man vielleicht etwas zu viel „Revolution“ betrieben und einer Evolution nicht vertraut? Auszuschalten ist der Mensch, sind die Menschen, bei allem technischen und kreativen Fortschritt nicht, in letzter Analyse steckt doch immer im Hintergrund ein Mensch oder Menschen. Die Computer werden letzten

Endes doch von Menschen mit Eingaben gespeist. Die Kurse werden ja letztlich nach Entscheidungen zu Kauf oder Verkauf entschieden, und die entstehen bei Menschen und nicht bei Computern. Alle Entscheidungen haben Vor- und Nachteile. Vielleicht hat man die Defizite und Nachteile der großartigen technischen Entwicklung zu wenig beachtet. Einer dieser Nachteile ist m.E., dass die Technik oder das von ihr beherrschte System weniger Vertrauen kreiert als ein mehr auf Menschen (mit starker Computerunterstützung) geprägtes System. Das führt zum nächsten Kapitel.

Und ich habe auch „zu meiner Zeit", d.h. zwischen 1956 und 1992 und auch in meiner relativ kurzen Zeit als Börsenpräsident von 1986 – 1989 so argumentiert und dementsprechend im Rahmen meiner beschränkten Möglichkeiten gehandelt. Dieses uns damals so wichtig erscheinende Gewinnen von Vertrauen in die Aktie, heute würde man das vielleicht als Aufbau einer Aktienkultur bezeichnen, erklärt vielleicht auch den von manchen kritisch zitierten „Reformstau" bei der Entwicklung des deutschen Börsensystems vor ca. 1990.

In der *FAZ*, aber sicherlich auch durch andere, wurde der damalige Zustand „vor 10 – 15 Jahren" als verstaubte Provinzbörse bezeichnet.

Dabei war viel zu tun und es ist auch viel erreicht worden und man war eigentlich auf gutem Weg, in Deutschland eine „Aktienkultur" zu entwickeln (ohne dieses Wort damals zu gebrauchen). Viel beigetragen hat jedenfalls – nach erheblichen Anfangsschwierigkeiten und zeitlichen Verzögerungen – die veränderte Einstellung der deutschen Vorstände. Ich erinnere mich, dass bis zur Aktienrechtsreform manche Gesellschaften nicht einmal den Umsatz, geschweige denn den Gewinn veröffentlichten. Der Gewinn entsprach der Dividendenausschüttung. Amerikanische Analysten berichteten damals, dass bei Gesprächen mit Verantwortlichen deutscher Aktiengesellschaften die Standardantwort über Gewinn, Gewinnentwicklung etc. gewesen sei: „No comment".

Die notierten Aktiengesellschaften haben sich dann durch Druck der Anleger, der Presse, der US-Analysten und später auch der DVFA (damals Deutsche Vereinigung für Finanzanalyse und Anlageberatung, an deren Gründung ich 1959 beteiligt war) nach und nach dem internationalen Standard angepasst.

Ist es wirklich nur mein Alter und meine angebliche Ausrichtung auf die Vergangenheit, die man mir bei einer solchen Analyse sicher vorwerfen wird, dass ich für heute eigentlich die gleichen Probleme als wichtig ansehe und auch die Gewichtung der Probleme nicht geändert habe?

Die Börse als börsengehandelte Aktiengesellschaft

Jedenfalls kann man erkennen, dass Entwicklungen selten oder nie lange Zeit in die gleiche Richtung laufen. Immer gab es Veränderungen der Trends und man kann auch erkennen, dass sie oft plötzlich eintraten und nur von wenigen rechtzeitig vorher erkannt werden.

Das gilt allgemein für die Geschichte, die Politik, die Wirtschaftsentwicklung, die Börsenkurse und die Entwicklung der Organisation der Börse, um die es hier ja insbesondere geht. Man kann, so meine ich, lernen, dass es keine mit Sicherheit vorhersehbaren, prognostizierbaren Entwicklungen gibt. Natürlich braucht man Analysen und Prognosen für Entscheidungen und man muss ja laufend Entscheidungen für die Zukunft treffen. (In diesem Sinne habe ich mich 1959/60 an der Gründung und der Entwicklung der DVFA beteiligt und dafür viel Zeit investiert. Aber ich meine, dass es genau so der kritischen Hinterfragung von Strategien – ein Wort, das „früher" selten gebraucht wurde – bedarf.) Das hat nichts mit negativer Haltung und „Demotivierung" oder neuem „Bedenkenträgertum" zu tun. Wer so gegen Kritik argumentiert, der macht es sich zu leicht oder er hat keine besseren Argumente.

Erinnert sei aber z.B. daran, dass vor fünfzig Jahren viele deutsche Aktiengesellschaften nicht einmal ihren Umsatz in der GuV veröffentlichten. Die angegebenen Gewinne entsprachen in der Regel der vorgesehenen Dividende. Hier war die wichtigste Arbeit zu leisten und hier war es m.E. gelungen, zeitlich bis zur unkontrollierten Entwicklung des neuen Marktes das für ein gesundes Aktienwesen nötige Vertrauen zu entwickeln, z.B. durch Aktienrechtsreformen, auch durch Einsicht bei den meisten Vorständen, Aktionärsvereinen, der DVFA und anderen.

Dies wurde der neuen Organisation der Börse wohl vorgezogen. Aber sollte man nicht heute, im Hinblick auf die Historie, aber auch in Hinblick auf das, was Herr Ackermann 2005 fordert, sich mehr mit der Frage des Vertrauens in die Aktie befassen als sich zu konzentrieren auf diese riesige Anstrengung, die Mehrheit der Londoner Börse zu erwerben? Wird das der Forderung von Herrn Ackermann gerecht, in erster Linie Vertrauen in die Aktien zurückzugewinnen? Wollen das die Anleger, die kleinen einschließlich, und insbesondere schafft es Vertrauen, wenn die Mehrheit der Deutsche Börse AG, die zur Zeit wohl wenig lokale Bindung hat, den Kauf von London beschließt? Welche Beziehungen gibt es denn noch zwischen dem Kleinanleger und der Mehrheit der Deutsche Börse AG? Vielleicht darf hier ein Bibelwort missbraucht werden: Was nützt es dem Menschen, wenn er die ganze Welt gewönne und doch Schaden nähme an seiner Seele (wobei Seele für Vertrauen stehen soll)?

Mit der Diskussion über die Übernahme der Londoner Börse und die Entwicklung der Börsenkurse der Aktie DWS AG wird wieder auf dem Hintergrund der Vergangenheit ein Thema berührt, das im Rückblick eigentlich eine Revolution darstellte, nämlich der Börsengang der Deutsche Börse AG.

In der Vergangenheit hat die FWB (die ja rechtlich Teil der IHK war) über die Kursmakler und die Kursmaklerkenner die Käufer und Verkäufer zusammengebracht und je nach Angebot und Nachfrage die Kurse festgesetzt. Diese Arbeitsleistung hatte Vor- und Nachteile. Für die Öffentlichkeit war die Kursfestsetzung ein durch Menschen kontrollierter Vorgang, bei dem auch der vom Land angesetzte Börsenkommissar und die staatliche Aufsicht mitwirkten und kontrollierten. Wie immer gab es natürlich auch hier schwarze Schafe und Missbrauch. Aber das System wurde von den Anlegern insbesondere den größeren, akzeptiert. Die Abwicklung, d. h. die Lieferung der Stücke und die Überwachung, erfolgte über den Kassenverein (es sei denn, dass der Kunde ausdrücklich effektive Stücke verlangte). Das System war nicht perfekt, aber doch gut, und es wurde auch, wie gesagt, verstanden und akzeptiert.

In der Deutsche Börse AG wurden nun die beiden Systeme fusioniert und technisch perfektioniert, die Kosten bei den meisten Funktionen konnten gesenkt werden. Soweit so gut, obwohl auch hier schon ein ordnungspolitisches Problem entstand, die Börse war nicht mehr allein mit einer Aufgabe betraut, nämlich dem Ausgleich von Angebot und Nachfrage und der Festsetzung der Kurse. Zwar ist rechtlich noch das alte System der hoheitlichen

Aufgabe erhalten geblieben, aber so verstärkt, dass der Kleinanleger zumindest es nicht mehr versteht.

Auch der „Börsenrat“, der eine Art historisches Vermächtnis übernommen hat, ist in seiner Funktion kaum bekannt und lässt auch wenig von sich hören.

Die in meinen Augen wirklich grundlegende Revolution war der Börsengang der Deutsche Börse AG.

Mein Großvater Otto Hauck, der vor 1933 lange Jahre Vizepräsident der Frankfurter Wertpapierbörse und Präsident der Industrie- und Handelskammer, zu der die Börse ja gehörte, war, hinterließ mir eine Weisheit, die wie folgt lautet: „Es gibt Soll und Haben, aber kein Hätte.“ Dagegen verstoße ich, wenn ich den Börsengang jetzt viel zu spät nochmals hinterfrage. Aber die vielen Diskussionen zur Übernahme der Londoner Börse und die offen zu Tage getretene Struktur der Aktionäre und der Meinungsbildner der Deutsche Börse AG zeigen doch Folgen des Börsenganges, von denen man doch einmal fragen muss, ob die Börse so auch wirklich für die Anleger und Emittenten optimale Lösungen produziert und ob man beim Börsengang das auch wirklich so gewollt hat.

Dieses Hinterfragen, auch aus der historischen Erfahrung heraus, könnte vielleicht ja zu einer teilweisen Änderung der Strategie der Börse insgesamt führen, nämlich zu einer nicht gewinnmaximierenden Dienstleistung aus öffentlichem Interesse des Kapitalmarktes, der Anleger, der Interessenten und auch aus Interesse der Region.

Gewinnmaximierung durch quasi Monopol der Börse ist sowieso von vielen Seiten her infrage gestellt. Ordnungspolitisch ist das System nur schwer einzugliedern. Die auch schon historisch gewordene Erinnerung an die Verluste der Anleger im Neuen Markt und die fast gleichzeitig glattgestellten Gewinne durch Verkauf der Aktien der Deutsche Börse AG seitens der Erstaktionäre zeigt die Problematik der börsennotierten Aktien.

Ebenfalls aus historischer und ordnungspolitischer Sicht sind die Entwicklungen der großen deutschen gehandelten Aktiengesellschaften und ihrer Gewinne und ihrer Stellung im Vergleich mit anderen europäischen einschließlich der englischen großen Gesellschaften und die Entwicklung der Börsenkapitalisation der Deutsche Börse AG schwer in Übereinstimmung zu bringen.

Diese Überlegungen werden Anfang März 2016 formuliert. Wie die Versuche der Übernahme der Londoner Börse auch ausgehen werden, es sollten die genannten, früher vielleicht doch mehr beachteten Grundsätze wieder stärker berücksichtigt werden: Vertrauen in die Aktie schaffen, die Börse als Dienstleister für den Kapitalmarkt (der ja eine große, über die Börsenkurse hinausgehende Bedeutung hat), den Menschen, der zur Zeit hinter der Technik zurücksteht, wieder stärker in den Mittelpunkt rücken, die regionalen und nationalen Belange nicht den globalen Interessen opfern, es gibt auch Kleinanleger, es gibt lokale Aktien und es gibt lokales Vertrauen.

Man muss hier ein Gleichgewicht finden. Die Krise der letzten Jahre hat gezeigt, dass auch die Großen nicht immer den Markt beherrschen. Es gibt Situationen, in denen die „Großen“ ganz gerne Kleinanleger einschließlich deren Vertreter, die öffentlichen Investmentfonds, als Käufer gesehen hätten und haben. Liquidität wird nicht unbedingt, wie es aber oft behauptet wird, durch große und immer größere Märkte und Handelsplattformen kreiert. Liquidität kommt durch Vertrauen und gute Stimmung. Wenn beides fehlt, wird man auch in den technisch noch so gut organisierten Märkten kaum oder keine Liquidität finden.

Die gegenteilige Behauptung, dass große Märkte größere Liquidität schaffen, ist aus historischer Sicht wie viele andere ähnliche Behauptungen nicht zu halten.

Ist es nicht so, dass insbesondere durch den Gang an die Börse sich gegenüber „früher" die Möglichkeiten für Interessenkonflikte vervielfältigt haben und die Lösungsmöglichkeiten dafür erheblich abgenommen haben? Jede oder fast jede Entscheidung, die eine Umsatzminderung oder einen Ausschluss von Börsenteilnehmern oder der Ausschluss von notierten Gesellschaften verursacht, vermindert automatisch jedenfalls in den meisten Fällen den Gewinn und verstößt damit gegen die von den meisten Aktionären geforderte Gewinnmaximierung. Wie hatte man sich bei den Neuerungen eigentlich deren Lösung gedacht?

(Zum Thema Vertrauen fällt mir wieder der bereits zitierte Bibelspruch ein, der mit einem gewissen Missbrauch und einer Analogie für die Börse und ihre Expansionspläne, aber auch für die Wirtschaft im Allgemeinen gelten kann: „Was nütze es dem Mensch, wenn er die ganze Welt gewönne und doch Schaden nähme an seiner Seele?")

Besser ist es zu fragen, ob man für die zukünftige Entwicklung der Börse die Funktionen nicht wieder trennen kann und soll? Das würde viele Probleme lösen.

Man könnte mit der börsennotierten „Deutsche Börsentechnik AG" fusionieren oder mit wem immer es die technisch besten Erfolge verspricht. Die Funktion „Börse" bliebe davon unberührt und fest verankert und übersichtlich kontrolliert.

Börsennotierung der DWS AG

Der letzte Satz, die Börse bliebe fest verankert, basiert wieder auf dem „hätte" oder „hätte man besser nicht".

Hinterher ist man immer klüger. Aber war das so ins Kalkül gezogen worden, als man mit den Aktien der DBAG an die Börse ging? Frankfurt war stolz, diesen Schritt als eine der ersten Börsen getan zu haben.

Als negativ für die Vertrauensbildung, zurzeit eines der wichtigsten Aufgaben des Kapitalmarktes, hat sich gezeigt, dass die meisten Börsenmitglieder von „früher“, und darunter auch einige der ganz großen, ihre Aktien verkauft und dadurch hohe Gewinne erzielt haben. Die jetzige Aktionärsstruktur war für den Erwerb der LSE das große entscheidende Hindernis. Wenn man der Transaktion kritisch gegenüber stand, so konnte einen das zufrieden stellen. Aber zeigt es nicht gleichzeitig, dass die Börsenpolitik sich nach Gesichtspunkten richtet, für die die Ordnungspolitik praktisch irrelevant ist? Maßgeblich ist der „shareholder value“, der schon bei normalen Aktiengesellschaften vielfach mit guten Gründen infrage gestellt wird.

Wie viel mehr gilt diese Infragestellung, die – wie dargelegt – in ihrem nicht-technischen Gebiet eine ordnungspolitische Aufgabe hat. Und es darf auch nicht übersehen werden, dass die Börse eine quasi monopolhafte Stellung einnimmt und diese durch Fusionen auch noch ausbauen will. Es kann mit vielen Gründen bezweifelt werden, dass die Gewinnmaximierung für die Börse ordnungspolitisch nicht eine geeignete Basis für die Strategie und noch weniger für die Vertrauensbildung darstellt.

4. LOKALES – FRANKFURTER MINIATUREN

Hier nun folgt eine Zusammenstellung von mal langen und mal kurzen Geschichten oder von Biografien und Zitaten aus veröffentlichten oder nicht veröffentlichten Berichten. Sehr nützlich war für mich dabei eine umfassende und sehr informative Quelle: *die Frankfurter Biographie. Personengeschichtliches Lexikon,* herausgegeben von Prof. Wolfgang Klötzer, in zwei Bänden 1994 und 1996 erschienen im Verlag Waldemar Kramer, Frankfurt am Main.

Vieles, was ich im Folgenden zu Papier bringe, geht auf diese Quelle zurück. Beschrieben werden Lebensläufe von Frankfurter Bürgern, die ich kannte, die in irgendeiner Verbindung zu mir oder meiner Familie standen oder von denen ich gelesen habe. Ich wurde besonders von meinen beiden Kindern gedrängt, über das Thema „Frankfurt" zu schreiben – nämlich über das, was ich erlebt, erfahren oder gehört habe oder worüber ich Unterlagen in meiner kleinen Sammlung von „Francofortensien" gefunden und gelesen habe. Die nun von mir hier gebrachten Berichte, Daten, Angaben und „Geschichten" sind von mir zum Teil bereits anderweitig veröffentlicht oder festgehalten.

Hermann Josef Abs

Die große Bedeutung und herausragenden Leistungen dieses Seniors und Mentors des Bankenstandes meiner Zeit, dieser genial begabten Persönlichkeit sind ausreichend bekannt. Selbst voreingenommene Berichterstatter konnten sein Bild in der Finanzgeschichte Deutschlands nicht nachhaltig trüben. Dass er nach seinem Tode von vielen Seiten, auch von denen, die zu seinen Lebzeiten still waren oder ihm gedient haben, mit negativen Kommentaren bedacht wurde, hat mich stark verärgert.

Seine wohl größte Leistung für Deutschland war das Zustandekommen der Londoner Schuldenkonferenz. Im Februar 2003 wurde dies zum Beispiel von der *Neuen Zürcher Zeitung* wieder als Ausgangsbasis für den Wiederaufbau Deutschlands anerkannt. Dabei hatte Abs – und ich erinnere mich an Bemerkungen von ihm selbst – gegen eine starke Opposition der von den Abkommen als Schuldner betroffenen großen deutschen Firmen und wohl auch von öffentlich-rechtlichen Schuldnern zu kämpfen.

Er setzte das Abkommen durch, und zwar noch stärker aus moralischen Gründen als aus der Überzeugung der wirtschaftlichen Vernunft heraus. Ich hatte in Frankfurt oft die Gelegenheit zu persönlichen Begegnungen. So war ich zuerst mit ihm und später unter seiner Leitung Mitglied im Verwaltungsausschuss des Freien Deutschen Hochstifts, aus dem ich 2003 ausgeschieden bin. Er hatte in einer Krise, die durch die Verantwortung für die wissenschaftliche Edition Hugo von Hofmannsthals entstanden war, die Leitung übernommen und die Probleme gelöst. An eine für mich peinliche Situation erinnere ich mich sehr gut. Eine ähnliche Situation schildert Dostojewski in seinem Roman *Der Idiot*, als eine der Hauptpersonen in einem Salon eine Vase sieht und der Angstvorstellung erliegt, sie zu zerstören. Natürlich kommt es dann so.

Es war im Hochstift die Rede von Eckermann. Ich glaubte, etwas dazu sagen zu sollen, und redete dann – ebenso einer Angstvorstellung unterliegend – von Neckermann. Der Kommentar von Abs war vernichtend, er konnte nur selten ein böses Bonmot (wenn diese Formulierung erlaubt ist, Abs würde sie sicher kritisieren) gegen Schwache oder Schwächere unterdrücken. Bei einer Mitgliederversammlung des Hochstifts zum Beispiel fragte er zu Beginn den im Saale hinten stehenden Mitarbeiter des Hochstifts: „Herr XY, können Sie mich verstehen? Aber das können Sie ja sowieso nie."

Einen Vortrag von mir als Stellvertretender Schatzmeister in der Mitgliederversammlung des Hochstifts, der eine halbe Stunde dauerte und den ich ablas, kommentierte er damit, dass er auswendig die wichtigsten Zahlen in fünf Minuten zusammenfasste und dokumentierte. Im nächsten Jahr bat ich ihn, dies möglichst zu unterlassen. Sein Kommentar: „So, habe ich das getan? Das ist aber kein Zeugnis von gutem Benehmen." Und er freute sich über meine Bemerkung (meinen Vorwurf), der ja die Anerkennung seines viel besseren Vortrages beinhaltete.

Als ich nach einer schweren Operation 1988 zu Hause lag, besuchte er mich zum Tee, und ich denke noch heute dankbar an diese damals sehr nötige Aufmunterung zurück. Auf dem Tisch lag das Buch *Grundzüge der Börsenmoral* von Oswald von Nell-Breuning aus dem Jahr 1928, das Abs sofort erkannte und mit den Worten kommentierte: „Es ist heute noch gültig. Ich habe mich immer daran orientiert."

Sein Gedächtnis war in der Tat bewundernswert und ein Teil seines Genies. So weit einige persönliche Randbemerkungen zu ihm.

Adel: Rothschild – Hirsch – Metzler

Die Rothschilds

Die Standardwerke über die Geschichte der Familie und der Bank stammen von Egon Caesar Conte Corti (*Die Rothschilds. Des Hauses Aufstieg, Blütezeit und Erbe,* 1962) und Niall Ferguson (*The World's Banker: The History of the House of Rothschild,* 1998). Ich kenne aber kein Buch mit den vielen Geschichten über die Rothschilds, den vielen lustigen und auch oft bösartigen. Fritz Stern hat in seinem Vortrag in der Frankfurter Universität 2008 darauf hingewiesen, dass das Entstehen einer so großen und starken europäischen Finanzdynastie Frankfurter Ursprungs natürlich auch ein gehässiges Echo ausgelöst hat. Das ging von Heinrich Heine über Ludwig Börne bis zu den Witzblättern. Ich möchte nur einige wenige Storys festhalten. Einige haben Frankfurter Charakter.

Rothschild und Grunelius

Grunelius, noch nicht geadelt, fragte irgendwann in der zweiten Hälfte des 19. Jahrhunderts an der Börse den frisch geadelten Baron von Rothschild, wie reich er denn nun geworden sei. Genau könne er es nicht sagen, war die Antwort, aber es schwanke. Einen Tag sei er einen Grunelius reicher und einen anderen Tag wieder ärmer.

Der Kanalschwimmer

Der Butler informiert beim Frühstück die Baronin, dass ein Schwimmer den Kanal bei Dover schwimmend überquert habe. „Wie überflüssig", war die Antwort im Frankfurter Akzent.

Rauchen
Diese Geschichte wird einer anderen „Grande Dame“ zugeschrieben. Bei einem Diner habe ein Gast die Baronin gefragt, ob es sie störe, wenn er rauche. „Das kann ich Ihnen nicht sagen, denn in meiner Gegenwart hat noch niemand geraucht“, war die Antwort.

Mainzer Landstraße
Guy de Rothschild (1909 bis 2007) heiratete Alix Schey de Koromla (1911 bis 1982). Sie gehörte – wie oft bei Rothschild-Ehen – selbst zur Rothschild-Familie. Die Familie hatte Ende 1800 an der Mainzer Landstraße/Ecke Guiolettstraße eine große Villa gebaut. Das Haus hieß in Frankfurt „das Sch…haus“, was ein Nachkomme mit „Maison de la Merde“ übersetzte.

Die Hirsche
Hirsch I: Anna Hirsch hatte drei Söhne: Paul, Karl und Robert. Es wurde jedoch nur Robert 1913 vom Großherzog von Hessen geadelt. Nach der Adelsverleihung an Robert wurde seine Mutter gefragt, warum dies so sei und die anderen Söhne keinen Titel bekommen hätten. Ihre Antwort: „Ich kann nur sagen, dass alle Söhne von Hirsch sind.“

Hirsch II: Frau Robert von Hirsch war in Basel auch bekannt wegen ihrer zahlreichen Möpse. In einem Fastnachtsumzug in Basel wurde daraufhin eine Frau von Möpsen mit sieben Hirschen gezeigt und jeder wusste, wer gemeint war.

Hirsch III: Paul Hirsch, der Bruder von Robert von Hirsch (von dem weiter unten noch ausführlicher die Rede sein wird), war ein in Fachkreisen sehr bekannter Sammler von allem, was Musik betraf, auch von Autographen. Er emigrierte nach England, wohnte in Cambridge und verkaufte seine Sammlung an das British Museum. Dazu sagte er seiner Familie: „Jetzt sind wir wieder de nouveau riche."

Metzler
Gustav von Metzler erzählte folgende Geschichte: Am ersten Tage nach den Ferien im Januar 1901 wurde er in der Schule aufgerufen und gefragt: „Metzler, wann wurde Goethe geboren?" Metzler blieb auch nach wiederholtem Fragen sitzen. Schließlich sei er aufgestanden und habe dem Lehrer gesagt: „Bitte ab 1. Januar von Metzler."

Hanna Bekker vom Rath

Eine wichtige Rolle im Frankfurter Kunstleben nach dem Krieg spielte Hanna Bekker vom Rath. Ihre Galerie zeigte viele wichtige Künstler, insbesondere aus der klassischen Moderne.

Hanna Bekker vom Rath wurde 1893 in Frankfurt am Main geboren. Als Kind der wohlhabenden Industriellenfamilie vom Rath führte sie ihren Geburtsnamen Hanna vom Rath bis zu ihrer Heirat mit Paul Bekker, hieß von da an korrekt nur Hanna Bekker und unterschrieb auch Briefe mit diesem Namen. Die Mitglieder ihrer Elternfamilien waren Gründer oder Leiter der Farbwerke Hoechst AG, vormals Meister Lucius & Brüning gewesen, die später unter der Mitwirkung von Georg Hauck & Sohn an die Börse gegangen waren.

Hannas Geburtsname vom Rath war aber unter ihren Künstlerfreunden bekannt und man fügte ihn gern dem bürgerlichen Namen hinzu. Mit der Firmierung des Frankfurter Kunstkabinetts 1947 übernahm auch sie selbst den Doppelnamen für ihr öffentliches Auftreten.

Früh entdeckte sie ihre Liebe zur Kunst, nahm privaten Mal- und Zeichenunterricht bei Marie Paquet-Steinhausen in Frankfurt, Ottilie Roederstein in Hofheim am Taunus und Ida Kerkovius in Stuttgart, die dem Kreis um Adolf Hölzel angehörte. (Mehr oder weniger aus Opposition zu dem zu konservativen Elternhaus war Hanna Bekker vom Rath nach Stuttgart zum frühexpressionistischen Maler Adolf Hölzel gegangen, um endlich selbst Malerin zu werden.) Mit Ida Kerkovius verband sie eine lebenslange Freundschaft.

Hanna Bekker vom Rath lebte in einem schönen Haus in Hofheim. Ich war leider nur wenige Male ihr Gast. Dort, in ihrem „Blauen Haus", zeigte sie ihre schöne, lebendige und persönliche Bildersammlung. Das Haus vermittelte eine völlig andere Atmosphäre als ein Museum. 1929 gründete sie die „Gesellschaft der Freunde der Kunst von Alexej von Jawlensky" in Wiesbaden. Hanna Bekker vom Rath hatte zu fast allen Künstlern persönliche Beziehungen, darunter vor allem Ernst Wilhelm Nay, Marta Hoepffner, Willi Baumeister und Ludwig Meidner. Viele hatten in ihrem „Blauen Haus" gewohnt und manche der Bilder zeigten das Haus oder die Taunuslandschaft, in der Hofheim liegt.

In ihrem recht erfolgreichen Frankfurter Kunstkabinett, das sie 1947 gegründet hatte, habe ich ein Bild von Rohlfs gekauft und in vielen anderen Frankfurter Häusern finden sich Bilder aus derselben Quelle. Nach ihrem Tode 1983 in Bad Nauheim wurde die Sammlung aufgelöst, der Mann meiner Schwester betätigte sich dabei als Testamentsvollstrecker.

Louisa von Bethmann

Zwei Freunde treffen sich, von denen der eine gerade aus Rom zurückgekehrt ist. „Wie war's?", fragt der andere. „Ach, hinter der Louisa zieht sich's."

Die Louisa ist der frühere große Besitz der Bethmanns zwischen Mörfelder Landstraße und der Bahnstrecke Sachsenhausen–Hauptbahnhof. Die dortige und heute noch in Betrieb befindliche S-Bahn-Station heißt danach „Louisa".

Und diese Louisa erinnert an Louisa von Bethmann, geborene Boock (1792 bis 1869), die gemäß *Frankfurter Biographie* eine Holländerin war, die aus dem historischen Guyana stammte. Sie hatte vier Söhne. Für sie wurden die „Bethmännchen" gebacken, ein Spezialgebäck aus Marzipan, das nach dem Tode eines Sohnes nur noch mit drei Mandeln verziert wurde.

Für meine Familie hat das „Hinter der Louisa zieht sich's" insofern eine besondere Bedeutung, als wir nur wenige hundert Meter vor ihr entfernt wohnen.

Marcus Bierich

Michael Hauck spricht mit der Publizistin Felizitas Gräfin Schönborn über Marcus Bierich (aus: *Marcus Bierich. Im Spiegel seiner Familie, Freunde und Weggefährten*, Eigenverlag, Frankfurt am Main 2010)

SCHÖNBORN: Wer präsent bleibt, muss tiefe Spuren hinterlassen haben, heißt es. Wenn Sie an Marcus Bierich denken, was zeichnet ihn in Ihrer Erinnerung vor allem aus?

Hauck: Diese Frage lässt sich nicht mit einem Satz beantworten, dazu war seine Persönlichkeit zu vielschichtig. An was erinnere ich mich am meisten? Meine Gedanken an Marcus Bierich sind wie Mosaiksteine. Ich denke da an interessante Gespräche, die ich mit ihm und seiner Frau Liselotte sowohl in Hamburg als auch in London führte. Dann kommen mir eine gemeinsame Reise durch England sowie verschiedene Zusammentreffen in Düsseldorf in den Sinn. Im Rückblick fallen mir allerdings weniger einzelne Begegnungen mit ihm ein, sondern in meiner Erinnerung hat sich besonders der Gesamteindruck dieses außergewöhnlichen Menschen eingeprägt. Zudem wechselten Phasen seines Lebens, in denen wir in ziemlich engem Kontakt zueinander standen, mit Lebensabschnitten, in denen wir uns eher selten sahen.

Schönborn: Marcus Bierich scheint seine Umgebung beeindruckt zu haben. Wie würden Sie seine Persönlichkeit charakterisieren? War er ein typischer deutscher Manager?

Hauck: Er war bestimmt kein uniformer Managertyp, sondern eher eine Ausnahmefigur. Es gibt noch einige Persönlichkeiten, die ihm in mancher Hinsicht gleichen. So sein großer Freund Berthold Leibinger in Stuttgart sowie sein anderer enger Freund Hermann Freudenberg in Weinheim. Die beiden haben ähnlich weit gefächerte Interessen und sind ebenfalls sozial sehr stark engagiert. Ich hätte mir Bierich auch als Professor in Cambridge vorstellen können. In seiner nachdenklichen Art betonte er immer wieder, wie wichtig es sei, den Dingen auf den Grund zu gehen. Daher fasste er kaum schnelle Entschlüsse, sondern nahm sich Zeit, Entscheidungen genau abzuwägen. Salopp gesprochen: Aus der Hüfte geschossen hat er sicher nie. Wann immer er sprach, spürte man, wie wohlüberlegt er seine Worte setzte. Bonmots oder Witze fanden sich in diesen sorgfältig formulierten Sätzen allerdings selten.

Schönborn: Unter welchen Umständen sind Sie Marcus Bierich erstmals begegnet?

Hauck: Das war in der Nachkriegszeit, als wir gemeinsam eine Berufsschule in Hamburg besuchten. Er als Doktor der Philosophie und Lehrling bei dem Privatbankhaus Delbrück Schickler & Co., ich als Lehrling bei Brinckmann, Wirtz & Co. (heute: M. M. Warburg). Zu den anderen Schülern bestand ein ziemlicher Altersabstand. Nach Kriegsdienst, Kriegsgefangenschaft und einem Kur-Aufenthalt in Davos (Schweiz) war ich für den Besuch einer Berufsschule eigentlich zu alt. Uns beide hatten damals vor allem die letzten Kriegsjahre geprägt. Auf welche Weise Marcus Bierich den Krieg verbracht hat, weiß ich heute allerdings nicht mehr. Wir haben wohl, wie damals üblich, über unsere konkreten Kriegserfahrungen kaum gesprochen. Ich selbst wurde 1943, erst fünfzehnjährig, Flakhelfer. Wahrscheinlich haben wir in der letzten Kriegsphase und den ersten Nachkriegsjahren Ähnliches erlebt.

Zur Berufsschule sind wir meist gemeinsam gegangen. Da fand sich Gelegenheit zu ausgiebigen Gesprächen. Auf diese Weise haben wir uns immer mehr angefreundet. Er war damals schon verheiratet, und seine Frau erwartete bereits ihr zweites Kind. Eines Tages erwähnte er, in der für ihn typischen Art nur so nebenbei, er habe sich verspätet, weil er gerade zum zweiten Mal Vater geworden sei. Es lag ihm nicht, andere mit Neuigkeiten zu überrollen, die nur ihn betrafen.

Schönborn: Trafen Sie sich außerhalb der Berufsschule auch im privaten Rahmen?

Hauck: Ja, denn Liselotte und Marcus Bierich standen mir in meinem damaligen Bekanntenkreis am nächsten. Ich war Junggeselle, kannte kaum jemanden in Hamburg und war häufig in ihrem Haus, in der Nähe der Rothenbaumchaussee gelegen, zu Gast. Auch die beiden kleinen Töchter sah ich heranwachsen. Auf unseren gemeinsamen Gängen fragte er mich eines Tages, ob ich nicht Lust hätte, ihn zu einer Veranstaltung von Marion Dönhoff zu begleiten. Gräfin Dönhoff, die damals an der Universität Vorlesungen halten sollte, fehlte es an Erfahrung im Umgang mit der Jugend. Daher lud sie, um für ihre Vorlesungen zu üben, etwa acht junge Menschen zu Diskussionskreisen zu sich nach Hause ein. Diese Gesprächsrunden waren außerordentlich anregend. Ich sehe noch ihre mit Bücherbergen und Schriften übersäte Wohnung vor mir.

Marion Dönhoff gab uns jedes Mal ein bestimmtes Thema, auf das wir uns vorbereiten sollten. Meist kam dieses Thema dann aber gar nicht zur Sprache, denn sie erzählte uns lieber von Erlebnissen ihrer häufigen Auslandsreisen. An folgenden Kommentar über eine Ägyptenreise entsinne ich mich noch genau: „Der König wird sich nicht mehr lange halten“, meinte sie. „Ein junger Offizier namens Nasser wird eine Revolte anzetteln und in Ägypten eine Militärdiktatur errichten.“ Auch später habe ich kaum jemanden getroffen, der wie sie in ein so großes, weltweites Netzwerk eingebunden war.

Schönborn: Wie verhielt sich Marcus Bierich bei diesen Zusammenkünften, bei denen es ja wohl meist um politische Themen ging? Ergriff er häufig das Wort?

Hauck: Auch da war er zurückhaltend und wenn er sprach, dann bedächtig. Wenn er hin und wieder in die Diskussion eingriff, hörten ihm allerdings alle aufmerksam zu. Es gelang ihm in diesen Diskussionsrunden meist, sich mit seinen ausgewogenen Argumenten durchzusetzen. In seiner selbstbewussten Art war er stets darauf bedacht, dass alles, was er sagte, auch Hand und Fuß hatte.

Schönborn: Könnte man ihn mit dem heute etwas altmodisch wirkenden Wort demütig charakterisieren, das sich ja eigentlich vom Mut zum Dienen herleitet?

Hauck: Ich zögere mit der Antwort, denn für mich ist Demut ein religiöser Begriff. Er hat sich sicher nicht nach oben gestuft, war aber von dem, was er dachte und sagte, recht überzeugt. Bei aller Bescheidenheit strahlte er eine ziemliche Selbstsicherheit aus.

Schönborn: Sind Ihnen noch bestimmte Themen dieser Abende in Erinnerung geblieben?

Hauck: Dazu sind zu viele Jahre vergangen. Woran ich mich aber noch genau erinnere, ist der große Eindruck, den Marion Dönhoff zeit seines Lebens auf Marcus Bierich gemacht hat. Er zählte seinerseits sicher auch zu den Menschen, die für Marion Dönhoff wichtig waren. Die Tatsache, dass Marcus Bierich in ihrem Buch *Menschen, die wissen, worum es geht* nicht erwähnt wird, führe ich darauf zurück, dass alle von Marion Dönhoff Porträtierten beim Erscheinen dieser Publikation nicht mehr am Leben waren.

Schönborn: Könnten Sie beschreiben, welches Lebensgefühl in jener Zeit herrschte? Fürchtete man sich vor einem erneuten Krieg? Dachte man, die Welt sei so brüchig und unzuverlässig, dass sich ein Neuanfang eigentlich kaum lohne, oder blickte man voller Hoffnung in die Zukunft?

Hauck: Eher Letzteres, allerdings ohne übertriebenen Optimismus. Die Tagesprobleme nahmen uns so in Anspruch, dass wir wenig Anlass zu übermäßigen Glücksgefühlen oder übertriebenen Hoffnungen hatten. Auch die restaurativen Züge der Adenauer-Zeit stimmten uns eher kritisch. Wir konnten uns nicht mit dieser politischen Entwicklung identifizieren. Bei Adenauer hatte vor allem der Wiederaufbau Priorität, daher kamen Menschen in leitende Positionen, mit deren politischer Vergangenheit wir überhaupt nicht einverstanden waren. Ich denke dabei besonders an den wegen seiner Rolle im Dritten Reich umstrittenen Staatssekretär Hans Globke.

Schönborn: Marcus Bierich und Sie besuchten Anfang der Fünfzigerjahre als Lehrlinge eine Berufsschule. Konnte man davon leben?

Hauck: Marcus Bierich hätte mit seinem Lehrlingsgehalt unmöglich Frau und zwei Kinder ernähren können. Seine Mutter Ada Bierich besaß einen Einrichtungsladen, der in Hamburg damals sehr bekannt war, dazu betrieb sie auch einen Kunsthandel. Ich könnte mir denken, dass sie die junge Familie finanziell unterstützt hat. Jedenfalls lebten die Bierichs außerordentlich sparsam. Zum Abendessen gab es meist nur mit Wurst belegte Brote. Allerdings änderte Marcus Bierich auch später, als er Vorstandsmitglied der Allianz war, kaum etwas an diesem sparsamen Habitus.

Schönborn: Das sogenannte Wirtschaftswunder der späteren Nachkriegsjahre hat ihn also in keiner Weise veranlasst, seine Lebensweise zu ändern?

Hauck: Seine spartanische Lebensweise behielt er auch bei, als diese in keiner Weise mehr seinen finanziellen Möglichkeiten entsprach. Er lebte eben in seiner eigenen Welt. Übrigens verdiente er sich als Student Geld als Hauslehrer bei Hermann Josef Abs. Dessen Name bleibt untrennbar mit dem Wiederaufbau der deutschen Wirtschaft verbunden, ob als Berater der Bundesregierung, ob als Vorsitzender des Vorstands oder des Aufsichtsrats der Deutschen Bank oder in seiner Rolle beim Londoner Schuldenabkommen 1953. Abs schätzte den jungen Bierich schon damals sehr, wogegen er sich seinem eigenen Sohn gegenüber, wie das ja häufig vorkommt, etwas kritisch verhielt. Dieser Sohn hat einmal gewitzelt, er sei nie „das Wirtschaftswunder“ geworden, als das ihn sein Vater gerne gesehen hätte. Diese „Wirtschaftswunderstelle“ hat Bierich wohl zeitweise eingenommen. Abs hat später dann noch andere junge, vielversprechende Leute in ähnlicher Weise gefördert. Man merkte, es fehlte ihm eben ein Sohn, auf den er sein ganzes Wissen und Können übertragen konnte. Marcus hätte das sein können.

Schönborn: Hat Ihnen Marcus Bierich mehr über seine Beziehung zu Abs erzählt?

Hauck: Ich bin ziemlich sicher, dass er auch später jeden seiner beruflichen Schritte mit Hermann Josef Abs abgesprochen hat. Abs hatte ihn ja auch zu Delbrück geholt. Er war selbst Partner bei dieser Bank vor dem Eintritt in die Deutsche Bank gewesen. Er sprach gerne darüber, dass Hermann Josef Abs bei seiner Mutter Ada Bierich in Hamburg gewohnt hatte. Der um elf Jahre ältere Abs war Bierich zeit seines Lebens ein wichtiger väterlicher Freund.

Schönborn: Aus welchem Umfeld stammte Liselotte Bierich?

Hauck: Die Familie seiner Frau Liselotte, geborene Barner, betrieb ein klinisches Sanatorium. Ihre Mutter stammte aus einer ursprünglich jüdischen Familie. Ihr Vater war Arzt. Das sparsame Leben entsprach der sehr asketischen Liselotte. Die Bierichs waren ursprünglich bürgerliche Balten, wie es sie damals in allen Hansestädten gab. Diese Balten waren meist sehr traditionsbewusst. Zu diesen Traditionen zählte wohl auch die Genügsamkeit. Jedenfalls wirkte materieller Luxus während seines ganzen Lebens niemals verlockend auf Marcus. Ich meine damit den äußeren Luxus. Es gibt aber sicher auch einen Luxus des Geistes und des Witzes, der ihn sehr wohl anzog. Wobei er den Witz lieber hörte, selbst witzig war er wohl kaum. Aber er liebte es, zu lachen, schlagfertige Menschen schätzte er außerordentlich.

Schönborn: Können Sie diesen Luxus des Geistes beschreiben?

Hauck: Er war hochgebildet, äußerst belesen und erwartete meist auch von anderen, dass sie seinen Gedanken folgen konnten. Der geistigen Welt galt wohl sein Hauptinteresse. Jemand, der dieses Interesse nicht teilte, zählte kaum zu seinem engeren Freundeskreis. Wohingegen er zu Menschen, die ihm auf seiner geistigen Ebene entsprachen, intensive Kontakte pflegte.

Die Menschen mussten eben ein gewisses Niveau besitzen, um für ihn wirklich attraktiv zu sein. Ich denke dabei unter anderem auch an den Literaturwissenschaftler Rudolf Hirsch, der in Bierichs späterem Leben eine wichtige Rolle spielte. Mit besagtem Rudolf Hirsch, einem Berliner, der die Nazizeit in Amsterdam nur knapp, in einem Haus verborgen, überlebt hatte, konnte ich Marcus zusammenbringen. Hirsch hat es sich später zur Lebensaufgabe gemacht, sich für das Werk von Hugo von Hofmannsthal einzusetzen. Er war für einige Zeit Leiter des Fischer Verlags und später Mitherausgeber der Hofmannsthal-Ausgabe. Er war jemand, für den Bierich sich sehr einsetzte.

Schönborn: Hat sich Marcus Bierich denn schon immer für Hugo von Hofmannsthal interessiert?

Hauck: Er erzählte mir, dass er während seines ersten Aufenthalts in England Hofmannsthals Witwe in Oxford besucht habe. Nach dem Anschluss Österreichs am 12. März 1938 sah sich die Familie gezwungen, nach England zu emigrieren. Das Vermögen der Hofmannsthals war von den Nazis beschlagnahmt worden. Gerty von Hofmannsthal, die seit 1939 in Oxford lebte und 1947 britische Staatsbürgerin wurde, sollte bis zu ihrem Tod 1959 in England bleiben. Sie muss einen großen Eindruck auf Marcus Bierich gemacht haben. Er hat sicher schon früh das Werk Hofmannsthals für sich entdeckt.

Eine weitere Facette Bierichs war sein Interesse an Menschen, die in der Nazizeit verfolgt oder vertrieben worden sind. Das galt auch für Erich Warburg, der ebenfalls zur Emigration gezwungen war, das galt auch für seinen großen Freund, den New Yorker Steve Kellen, aber auch für Menschen aus dem Kreis des 20. Juli und sicher auch für Marion Dönhoff. Er fragte sich immer, wie haben diese Menschen gelebt, wie sah ihre Kultur aus, die später untergegangen ist. Dieser gesamte Themenkreis hat ihn zeit seines Lebens beschäftigt.

Schönborn: Kann man sagen, dass Marcus Bierich an Menschen, denen vom deutschen Kollektiv großes Unrecht zugefügt worden war, wieder etwas gutmachen wollte?

Hauck: Ja, das würde ich so sehen. Das wäre sicher eine mögliche Interpretation. Er selbst hat sich jedoch zu diesen Dingen mir gegenüber nie geäußert. Sicher ist ihm auch das Schicksal seiner Schwiegerfamilie Barner in dieser Weise nahegegangen. Liselotte Bierich lebte als „Halbjüdin" (so von den Nationalsozialisten genannt) in dem kleinen Ort Braunlage, in der Nazizeit waren sie gezwungen, am Rande der Gesellschaft zu leben. Natürlich prägten diese Erlebnisse Liselotte zutiefst. Sie bewahrte sich ihr Leben lang eine gewisse Distanz zu den Dingen, besonders aber zu allen gesellschaftlichen Belangen. Als Ärztin setzte sie sich in erster Linie für Menschen am Rande der Gesellschaft ein, wie für behinderte Kinder. Sicher war die Ehe mit Liselotte Barner ein wichtiger Schlüssel für das lebenslange Mitgefühl, das Marcus Bierich allen entgegenbrachte, die unter den Gräueln im Dritten Reich gelitten hatten.

Schönborn: Warum ist Marcus Bierich nach seinem Studium der Mathematik und Philosophie in Hamburg und Münster und nachdem er 1951 seine Dissertation über Bertrand Russells Grundlagen der Mathematik verfasst hatte, nach England gegangen?

Hauck: Über seinen ersten Englandaufenthalt weiß ich nur wenig. Bei seinem zweiten Aufenthalt hingegen sind wir einander oft begegnet. Er hat seine Lehrlingsprüfung mit einem „sehr gut“ abgeschlossen, ich hingegen bekam „befriedigend“. Der Berufsschullehrer hatte ihm bereits am Tag der Prüfung angeboten, ebenfalls Berufsschullehrer zu werden; er meinte, dies ließe sich sofort arrangieren. Marcus Bierich hat dieses Angebot abgelehnt, ihm schwebte eine Bankkarriere vor.

Nachdem wir unsere Lehrzeit beendet hatten, trafen wir uns in London wieder. Marcus Bierich war bei der Hambros Bank in London, Georg Mallinckrodt, mit dem wir uns häufig trafen, bei Kleinwort Benson und ich bei S. G. Warburg. Nun begann eine zweite Phase unserer Freundschaft, die während einer vierzehntägigen Reise in den Lake District und nach Wales am intensivsten war. Wir besaßen damals wenig Geld. Ich aber besaß einen VW. In diesem Vehikel reisten wir zu viert: das Ehepaar Bierich, Georg Mallinckrodt und ich.

Von heute aus gesehen, waren die Verhältnisse 1953 in England sehr primitiv. Es gab kaum Hotels, abends hatten alle Wirtschaften in den kleinen Städten bereits um 19.15 Uhr geschlossen. Wenn man überhaupt irgendein Restaurant fand, das einen bewirtete, dann musste man sich mit Fish and Chips, einem englischen Nationalgericht, begnügen. Bei unseren knappen Budgets konnten wir ohnehin nur bei „Bed and Breakfast“ zu „ten and six“ (zehn Shilling und sechs Pence) logieren. Die meisten Zimmer waren fürchterlich dreckig. Aber all das konnte damals unsere gute Laune nicht verderben.

Schönborn: Gibt es über diese englische Expedition irgendwelche Aufzeichnungen?

Hauck: Ja, Marcus Bierich hat mir, als dem damaligen großen Autobesitzer, im Anschluss an unser gemeinsames Unternehmen ein Büchlein geschenkt. Er hatte es selbst in seiner winzigen, eigenartigen, aber gut lesbaren Handschrift verfasst. Man kann darin lesen, wie Bierichs von Liverpool nach Irland fahren und schließlich – von Flohbissen zerstochen – nach London zurückkehren. Diese Reiseimpressionen aus dem verarmten England, in einer Zeit, in der auch wir alle kaum Geld besaßen, sind auch heute noch amüsant zu lesen. In unseren verdreckten Privatquartieren ahnte damals natürlich niemand, welch große Karrieren sowohl Marcus Bierich als auch Georg Mallinckrodt einmal machen würden. Georg Mallinckrodt, der Leiter der sehr starken Banken-Gruppe „Schroders" wurde, hat später eine Tochter der Eigentümerfamilie Schröder geheiratet. Andererseits konnten wir damals auch erleben, wie ungeheuer England in den Kriegsjahren gelitten hatte.

Schönborn: Wie haben sich die Engländer damals den Deutschen gegenüber verhalten?

Hauck: Eine etwas überspitzte Gegenfrage: Waren Engländer je zu „Continental Europeans" freundlich? Sie verhielten sich uns gegenüber echt „british", freundlich. Damals standen wir vor allem in Kontakt mit Emigranten aus Deutschland. Viele zeigten sich zunächst völlig ablehnend, aber als wir sie dann besser kennenlernten, behandelten sie uns sehr herzlich. Es waren hauptsächlich jüdische Emigranten, mit den nicht jüdischen Auswanderern, meist Sozialdemokraten, hatte man kaum Kontakt. Ich war wie gesagt bei S. G. Warburg, wo man mir zunächst ebenfalls distanziert begegnete. Mit der Zeit aber konnte ich dort doch gute Kontakte knüpfen. Marcus Bierich erging es wohl ähnlich. Zu vielen dieser Emigranten, die er noch von seinem ersten Aufenthalt in England kannte, hatte er die Verbindung nicht abreißen lassen.

Schönborn: Was empfand man damals in der Nachkriegszeit, als man endlich wieder ins Ausland reisen durfte?

Hauck: Das war natürlich sehr aufregend. Auslandsreisen waren das große Ziel aller deutschen Studenten. Ich hatte 1950 das Glück, ein Stipendium in den USA zu bekommen. Zu meinem Unglück hatte ich mir jedoch dort neben meinem deutschen Akzent auch noch einen amerikanischen zugelegt, etwas, das die Engländer überhaupt nicht schätzten. Vor allem aber war es ein großes Erlebnis, in der City aufgenommen worden zu sein. Zudem konnten wir damals auch die Krönung von Elisabeth II. miterleben, ein Ereignis, bei dem ganz London kopfstand.

Schönborn: England scheint eines der Lieblingsländer von Marcus Bierich gewesen zu sein …

Hauck: Das stimmt. Das englische Understatement und die nicht sehr spontane Art, miteinander umzugehen, entsprachen sicher seinem überlegten und ruhigen Wesen. Ich selbst habe mich später in Frankreich wohler als in England gefühlt.

Schönborn: Würden Sie Marcus Bierich als Intellektuellen bezeichnen?

Hauck: Ja, natürlich. Das hat er überhaupt nicht verborgen. Er hatte ein Jahr in Cambridge studiert. Aber über seine

Studien sprachen wir nicht. Ich bedauere heute, dass wir damals kaum je über volkswirtschaftliche Fragen diskutiert haben, denn gerade für einen Mathematiker gibt es interessante Aspekte in der Volkswirtschaft. Ich hätte viel von ihm über die mathematische Seite der Volkswirtschaft lernen können. Seine betriebswirtschaftliche Ausbildung hat er, glaube ich, erst später im Berufsleben erworben.

Schönborn: Warum ist er eigentlich nicht Wissenschaftler geworden?

Hauck: Vielleicht spürte er, dass er es in der Welt der Wissenschaft nicht oder nicht so schnell bis an die Spitze schaffen würde, während er selbstbewusst genug war, um einzuschätzen, dass er mit seinem wissenschaftlich-analytisch geschulten Verstand in der Wirtschaft Spitzenfunktionen übernehmen könnte.

Schönborn: Wie hat Marcus Bierich als hochintelligenter, aber verschlossener Mensch auf andere gewirkt?

Hauck: Neben seiner verschlossenen Seite und seiner zurückhaltenden Art war er auch ein durchaus freundlicher Mensch. Auch auf Fotos kann man sein einnehmendes Lachen erkennen. Es kann aber sein, dass viele ihn nicht wirklich verstanden haben. Man hat ihn bisweilen zu schnell als reinen Theoretiker abgetan. Vielleicht haben deswegen manche seinen wirklichen Einfluss unterschätzt. Häufig unterstellt man Theoretikern in Deutschland ja, dass sie ihre Gedankengebäude nicht wirklich in praktische Entscheidungen übersetzen können. Vielleicht war es eine Schwäche von Marcus Bierich, dass er keine raschen Entscheidungen treffen konnte.

Schönborn: Wie sind Ihre beiden Lebenswege dann weiter verlaufen?

Hauck: Ich ging nach Paris, er blieb beim Privatbankhaus Delbrück und baute dessen Berliner Stammhaus wieder auf. Man hatte ihm schon bald die Mitleitung in Berlin übertragen. Delbrück stammte ursprünglich aus Berlin, war aber durch die Kriegsfolgen, die Berlin bekanntlich fast vollständig ausgelöscht hatten, nach Hamburg gezogen. Diese Arbeit war sicher ein schweres Brot. Ich konnte ihm 1956 ein wenig bei der Finanzierung seiner Wohnung helfen. Wie es ihm zwischen 1952 und 1956 erging, entzieht sich meiner Kenntnis bzw. Erinnerung.

Schönborn: Wie erinnern Sie die wirtschaftliche und politische Stimmung im damaligen Deutschland?

Hauck: Die Kriegsgeneration hatte immer noch ein gespaltenes Verhältnis zu den Siegermächten. Entweder man war contra oder man war regelrecht amerikasüchtig. Marcus Bierich hatte in dieser Zeit sicher schon viele Freundschaften in den USA geknüpft. Er suchte Freundschaften zu Ausländern, die ein gewisses Ansehen in wirtschaftlichen oder anderen Bereichen hatten.

Schönborn: Hatte er dabei vor allem seine wirtschaftliche Karriere im Sinn oder war er an Menschen aus anderen Kulturkreisen interessiert?

Hauck: Ich denke, dass beide Aspekte eine Rolle gespielt haben. Man macht nicht Karriere, nur weil man begabt ist, man muss sich auch aktiv dafür engagieren. So ging er eines Tages von Delbrück weg. Man hat dort den großen

Fehler gemacht, ihn nicht Partner werden zu lassen. Ich konnte ihn zu dieser Zeit an einen damaligen Bankier namens Richard von Weizsäcker in Düsseldorf vermitteln, der einen Nachfolger bei der Bank Waldhausen suchte.

Obwohl aus dieser Nachfolge nichts wurde, habe ich die beiden doch zusammengebracht. Auch ein Hauskauf kam zustande. Bierich kaufte nämlich das Haus der Weizsäckers in Düsseldorf. Günter Vogelsang holte Marcus Bierich von Delbrück zu Mannesmann. Dort übernahm er zunächst die Stelle eines Finanzdirektors und wurde 1968 Vogelsangs Nachfolger als Finanzvorstand. Bei den Umgruppierungen, Neustrukturierungen und Fusionen hat er noch aktiv mitgewirkt. Er sollte aufgrund dieser Erfahrungen bei Mannesmann sehr viel später eine große Rolle bei dem Dreier-Club der sogenannten „Stahlweisen“ spielen, obwohl er damals schon bei der Allianz war. Die beiden anderen „Weisen“ waren Alfred Herrhausen von der Deutschen Bank und der ehemalige Krupp-Chef Günter Vogelsang.

Schönborn: Welche Rolle spielten damals eigentlich die ehemaligen militärischen Verbindungen?

Hauck: Bei Bierich spielten sie meines Wissens überhaupt keine Rolle. Er passte überhaupt nicht in das Bild dieser „Bergbauassessoren“, er war kein Teil der alten Netzwerke aus den Bergbauschulen. In allen diesen Gruppen blieb er ein Einzelgänger.

Schönborn: Wie aber konnte er es als Einzelgänger so weit bringen?

Hauck: Das ist sein Geheimnis geblieben. Seine überlegene Art und sein ausgeprägtes analytisches Talent haben dabei sicher eine wichtige Rolle gespielt. In einer Mischung aus abstraktem Denken und konkretem Handeln liegt wohl der Schlüssel seines Erfolges verborgen.

Schönborn: Er hatte also auch eine sehr pragmatische Seite ...

Hauck: Diese Seite war bei ihm sehr ausgeprägt. Er war auf praktisches Handeln ausgerichtet, aber erst nach einer vorherigen systematischen Analyse. Das hat ihn sicher ausgezeichnet. Seinem Nachdenken folgten wohlüberlegte Taten. Ich vermute, dass er sein hervorstechendes wissenschaftliches Denken von seinem Vater übernommen hat, der als Professor für experimentelle Biologie das Institut für Krebsforschung am Universitätskrankenhaus Hamburg-Eppendorf leitete.

Schönborn: Und trotzdem scheint er sich in der Stahlindustrie nie richtig wohlgefühlt zu haben ...

Hauck: Das hatte sicher auch mit den vielen gesellschaftlichen Anlässen zu tun. Seine Kollegen trafen sich an vielen Wochenenden zu verschiedenen Jagden, die Bierich überhaupt nicht lagen. Dazu kam das Problem, dass er mit einer Frau verheiratet war, die zeitlebens eine Außenseiterin blieb. Sie wollte in Düsseldorf bei keiner der zahlreichen gesellschaftlichen Veranstaltungen mitmachen. Für ihn als Manager war es bestimmt schwierig, dass seine Frau sich weigerte, die gesellschaftliche Rolle wahrzunehmen, die andere von ihr erwarteten. Zwischen Liselotte Bierich und den Stahlmanagerdamen lagen oft unüberbrückbare Welten. Sie sorgte sich um benachteiligte Kinder, die anderen Damen beschäftigten sich meist mit ihren Frisuren und ihrer Garderobe. Das konnte nicht gut gehen. Liselotte Bierich starb 1978 in Düsseldorf an Krebs. Als Ärztin ist sie sich ihres Zustandes natürlich voll bewusst gewesen. Nicht lange nach ihrem Tod verließ Marcus Bierich dann Düsseldorf und ging nach München.

Schönborn: Hätte sich Liselotte Bierich in München wohler gefühlt als im etwas neureichen Düsseldorf?

Hauck: Davon bin ich überzeugt. Da fällt mir eine Anekdote ein: Wie gesagt frönten die Manager ihrer Jagdleidenschaft, wann immer sich die Gelegenheit bot. Auch ich wurde manchmal zu einer dieser Jagden ins Ruhrgebiet eingeladen. Nach einem solchen Jagd-Tag schenkte man mir eine soeben erlegte Fasanenhenne.

Ich war damals noch Junggeselle und wusste mit dem ungerupften Vogel nichts anzufangen. Da mich mein Weg ohnehin in die Nähe der Bierichs führte, sagte ich mich kurzerhand bei ihnen telefonisch an. Voller Stolz trat ich mit der erlegten Fasanenhenne in ihr Wohnzimmer. Als mich die dort versammelte Familie erblickte, verfiel sie in betretenes Schweigen. Man nahm mir den Fasan wortlos ab und legte ihn in den Garten. Der Besuch war gänzlich misslungen. Als ich einige Tage später Marcus telefonisch bat, mich über diesen merkwürdigen Empfang aufzuklären, erfuhr ich, wie entsetzt der tierliebende weibliche Teil der Familie über den toten Fasanenvogel gewesen war. Nach meiner Abreise hatten sie ihn gemeinsam unter einem Holzkreuz in ihrer Wiese beerdigt. Die Mutter und ihre beiden Töchter empfanden für alle jagdlichen Belange nur Verachtung. Als ich mit den Töchtern viele Jahre später diese merkwürdige Episode besprach, konnten wir jedoch alle herzlich darüber lachen.

Schönborn: Entsprach Marcus Bierich seine Tätigkeit bei der Allianz?

Hauck: Ein Versicherungsunternehmen ist gewissermaßen ein abstraktes Unternehmen, bei dem es in erster Linie um Versicherungsverträge, Risiken und Geldanlagen geht. Die Menschen sind intellektueller und gehen weniger hart miteinander um, als es bei Stahlunternehmen manchmal üblich ist. Da geht es um die Philosophie der Anlagen, um eine ausgereifte Anlagepolitik, vor allem spielt die Mathematik eine große Rolle. Mich hat jedoch gewundert, dass er nicht bei der Allianz geblieben, sondern nach Stuttgart zu Bosch gegangen ist. Vielleicht hatte er in München gehofft, der erste Mann zu werden.

Schönborn: Wie würde Marcus Bierich Ihrer Meinung nach die heutigen Zustände in der Wirtschaft beurteilen?

Hauck: Sicher hätte er die positiven wie negativen Aspekte der heutigen radikalen Globalisierung kritisch eingeschätzt. Allerdings hat er solche Gedanken nie schriftlich geäußert. Es gibt meines Wissens nur wenige Artikel oder Vorträge von ihm. Hingegen gelang es ihm in Gesprächen, viele seiner Verbesserungsvorschläge durchzusetzen. Er hatte jedenfalls ein ausgeprägtes soziales Empfinden, dem die Nachteile eines Kapitalismus, bei dem die menschliche Seite oft zu kurz kommt, nicht entgingen.

Schönborn: Geriet er durch diese Einstellung bisweilen in einen Konflikt?

Hauck: Ich weiß nicht, wie er bei einer Abwägung von wirtschaftlichen Notwendigkeiten und sozialen Anforderungen entschieden und welche der beiden Seiten letztlich den Ausschlag gegeben hätte. Ob nicht im Zweifelsfall doch die wirtschaftliche Notwendigkeit überwogen hätte? Wenn man einen Weltkonzern führt, kann man nicht mehr alle sozialen Dinge in den Vordergrund stellen.

SCHÖNBORN: Lebte Marcus Bierich dann nicht doch in einem gewissen Zwiespalt, zwischen den Forderungen des Marktes und seinen humanistischen Idealen?

HAUCK: Hauptsächlich in den ersten Jahren konnte ich diesen Zwiespalt beobachten. Auch während seiner Ehe. Diese Probleme hat er genau gesehen. Was darf ich? Was muss ich? Wofür habe ich Zeit? Das waren Fragen, die sein gesamtes Leben mitbestimmt haben und auf die er wohl nie endgültige Antworten gefunden hat. Im Grunde hat er abends wohl lieber ein philosophisches Buch als eine Bilanz gelesen.

SCHÖNBORN: Wie können Sie es sich erklären, dass er bei der von Ihnen geschilderten Zurückhaltung doch sehr viel Autorität ausgestrahlt zu haben scheint?

HAUCK: Vielleicht weil er sehr sicher war. Wenn er etwas entschieden hatte, zweifelte er nicht mehr an der Richtigkeit seiner Entscheidung. Kein Argument konnte ihn mehr von seinem Entschluss abbringen. Generalisierend kann man den Balten einen Hang zur Hartnäckigkeit zuschreiben. Sein Vater war ja, wie gesagt, Balte.

SCHÖNBORN: War Marcus Bierich auch ein Vertreter der sogenannten Deutschland AG?

Hauck: Bierich war Teil der Deutschland AG, zuerst bei Mannesmann, dann bei der Allianz. Bei Bosch weniger, aber besonders als gefragter Aufsichtsrat. Bei anstehenden Problemen konnte man sich schon damals sofort untereinander kurzschließen. Man rief einfach bei Abs oder später bei Wilfried Guth von der Deutschen Bank an. Es war schon ein sehr enger Kreis, der sich gut verstand und daher bei anstehenden Problemen schnelle Entscheidungen treffen konnte. Diese Persönlichkeiten haben langfristig gedacht und auch langfristig an die Deutschland AG geglaubt. Heute wirken sich die Entscheidungen mit kurzfristigen Zielen oft negativ aus. Dabei geht es um ein kurzfristiges Maximum, aber nicht um ein längerfristiges Optimum. Vielen dieser Entscheidungen hätte Bierich nicht zugestimmt.

Dass die Deutschland AG ihren Einfluss immer mehr verlor, merkte ich, als die Börse in Frankfurt plötzlich Deutsche Börse genannt wurde und sich die Mehrheit in amerikanischen und anderen ausländischen Händen befand. Man hatte da Spielregeln akzeptiert, die man keinesfalls hätte akzeptieren dürfen. Im Grunde hat man die Deutschland AG aufgelöst, ohne zu fragen, was danach kommt. Auch bei dieser Entwicklung hätte Bierich sicher nicht mitgewirkt. Mindestens hätte er ein ausführliches Konzept für die Konsequenzen dieser Auflösung entwickelt.

Schönborn: Wie hätte man die Weichen anders stellen können?

Hauck: Mein Großvater hat immer gesagt, es gibt nur Soll und Haben, aber „Hätte“ gibt es nicht. Aber trotzdem ist es richtig, diese Frage zu stellen. Es ist erschreckend, wie sehr die Grundsätze einer freien Wirtschaft im Moment durch staatliche Interventionen infrage gestellt werden. Kaum macht man in Amerika Fehler, schon kommt der Staat mit einem großen Reparaturprogramm zu Hilfe. Man verschiebt die Lösungen eigentlich immer nur in die Zukunft. Die Kurzfristigkeit ist eine der großen Fehlleistungen der jetzigen Managergeneration. Diese Haltung war der Generation von Marcus Bierich und besonders ihm selbst fremd.

Schönborn: Kann man sagen, dass die überzogenen Freiheiten, die sich manche Manager herausnehmen, in ein totalitäres System zu münden drohen?

Hauck: Die zu hohen Abfindungen für Manager, die nur kurzfristige Gewinne erzielt haben, sind natürlich Missbräuche. Aber man darf auch da nicht zu kurz blicken. Oft liegen die Fehler auch in der Vergangenheit verborgen. Auch die vorherige Generation von Aufsichtsräten trägt eine Mitverantwortung. Sie war zu wenig kritisch. Hierzulande sieht man Kritik oft nur als etwas Negatives. Oft wird auch bei Aufsichtsratssitzungen ein kritischer Dialog nur ungern gesehen. Vielleicht ist das auch eine Folge der Deutschland AG. Wenn man sich zu gut kennt, dann kritisiert man sich nicht. Marcus Bierich hat seine Kritik immer still im Hintergrund geäußert. Seine Stärke lag mehr in seiner ruhigen Art, zu überzeugen, als in Wortkämpfen.

Schönborn: Was wurde später aus Ihrem privaten Kontakt zu Marcus Bierich?

Hauck: Meine engen Beziehungen zu Marcus haben sich nach unserer Zeit in Düsseldorf ziemlich abgeschwächt.

Dass er seinen Kontakt zu mir nicht mehr aktiv betrieb, hat mich zeitweise verletzt. Meine Frau hat während unserer gesamten Ehe Marcus nur ein einziges Mal in unserem Haus gesehen. Sie meinte später: „Deinen Freund habe ich mir nach deinen Schilderungen völlig anders vorgestellt." Obwohl er auch bei unserer Bank im Aufsichtsrat war, hat er kaum an den Sitzungen teilgenommen. Warum, weiß ich nicht. Wir haben uns aber immer wieder bei anderen Gelegenheiten gesehen.

Merkwürdigerweise habe ich ihm auch sein Haus in München verschafft. In München wohnte John McCloy, dem die Allianz das Haus vermietet hatte. Ich wusste, er würde München verlassen. Die Allianz hatte es nicht fertiggebracht, Marcus Bierich dieses Haus zur Verfügung zu stellen. Als ich ihn darauf aufmerksam machte, dass das Haus frei würde, hat er es sofort genommen. Bereits damals merkte ich, dass ihm wegen seines großen beruflichen Einsatzes für private Dinge kaum mehr Zeit blieb. Auch andere haben das so empfunden. Mir tat es zwar leid, aber ich habe später eingesehen, dass es bei diesem Übermaß an Aufgaben nicht anders möglich war. Umso mehr freue ich mich darüber, dass ich jetzt durch dieses Gespräch gewissermaßen wieder mit ihm in Kontakt komme.

Schönborn: Haben Sie sich später bei seinen kulturellen Engagements getroffen?

Hauck: Ja, beim Stifterverband für die Deutsche Wissenschaft, der seinen Sitz in Essen hat. Dieser Verband sammelt Geld und Stiftungen; er unterstützt damit wissenschaftliche Unternehmungen. Da ging es damals um ein Vermögen von einer Milliarde Mark – heute ist über eine Milliarde Euro daraus geworden. Ich habe in einem Anlagebeirat seit seinem Beginn mitgearbeitet, in dem Marcus zeitweise den Vorsitz bekam.

Auch beim Freien Deutschen Hochstift haben wir uns immer wieder gesehen. Das Freie Deutsche Hochstift ist der Eigentümer des Goethe-Hauses und des Goethe-Museums im Großen Hirschgraben. Im Goethe-Museum finden sich hauptsächlich Bilder aus der Goethezeit. Das Freie Deutsche Hochstift gibt auch wissenschaftliche Werke heraus, so die Hofmannsthal-Edition, aber auch eine Edition der Werke von Brentano. Die Arbeit dort bereitete ihm sichtlich Freude, obwohl er sich in den Sitzungen immer sehr verschlossen gab. Ich glaube, er wirkte wie immer vor allem im Hintergrund. Auch war mir damals nicht wirklich bewusst, dass er sich für Editionen einsetzte und geldliche Quellen erschloss.

Schönborn: War Marcus Bierich auch an bildender Kunst, an Gemälden interessiert?

Hauck: Da fällt mir eine amüsante Anekdote aus der Frühzeit unserer Bekanntschaft in Hamburg ein. Seine Mutter Ada Bierich schenkte ihm ein schönes Nolde-Aquarell aus ihrer Kunstsammlung, das im Esszimmer hing. Als ihr drittes Kind geboren wurde und die Entbindungsstation Liselotte Bierich, die ja Ärztin war, keine Rechnung schickte, überlegten die beiden, was eine Entbindung kosten könnte. Sie kamen auf einen Betrag von ungefähr 500 DM, dem angenommenen damaligen Wert des Nolde-Aquarells. Also schickte sie dem Professor als Honorar ihren Nolde. Die Lücke an der Wand wurde mit Kinderzeichnungen gefüllt.

Im Rückblick fällt mir auf, dass ich Marcus Bierich wohl immer mehr von mir erzählt habe. So habe ich ihm immer wieder kleine Kataloge meiner privaten Kunstsammlung geschickt. Er aber hat zum Beispiel nie über sein Interesse an Kirchner gesprochen, von dem ich erst durch seinen Sohn Robert erfahren habe.

Schönborn: Können Sie sich an Ihr letztes Erlebnis mit Marcus Bierich erinnern?

Hauck: Ein Telefongespräch mit seiner Schwägerin Juliane, die mir sagte, dass er sich über einen solchen Katalog freue, den ich ihm gerade geschickt hatte. Das letzte Mal gesehen habe ich ihn wohl ein Jahr vor seinem Tod, bei einer der Sitzungen des Hochstifts. Erst nach seinem Tod habe ich den vollen Umfang seines Wirkens wirklich begriffen.

Die Bohnenrunde

Auf Bildern niederrheinischer und niederländischer Maler der Barockzeit werden üppige Festmähler abgebildet, bei denen eine Person, oft ein besonders wohlbeleibter älterer Mann, eine offensichtlich für diesen Zweck angefertigte Krone trägt. Diese Bilder wurden zum Beispiel als „Bohnenkönigsfest“ bezeichnet. Der Brauch ging dahin, dass in einem Kuchen eine Bohne eingebacken wurde. Derjenige, der in seinem Stück Kuchen die Bohne fand, war der Bohnenkönig. Hier eine Definition aus dem weltweiten Netz:

„Der Bohnenkönig (englisch: bean king, französisch: roi de la fève/le roi-boit […]) bezeichnet den seit dem Spätmittelalter quellenmäßig fassbaren Brauch, am Dreikönigstag oder dessen Vorabend einen König zu wählen

[…]. Der Name „Bohnenkönig" ist jünger als das Phänomen, das er bezeichnet; er reicht im Deutschen nur bis ins 16. Jahrhundert zurück und wird erst im 18. Jahrhundert allgemein. Die Erscheinungsformen der rituellen Königsfeier am Dreikönigstag sind regional und sozial unterschiedlich; in ihrem Zentrum steht aber immer der durch Wahl oder, häufiger, durch Los ermittelte König. Eines der verbreiteten Losverfahren besteht in der Verteilung eines Kuchens, in den eine Bohne eingebacken ist. Demjenigen, in dessen Kuchenstück sich die Bohne findet, fällt damit das Königsamt zu, daher der Name ‚Bohnenkönig'.

Früher gebrauchte man daneben eine Reihe anderer Losverfahren, wie etwa geschriebene oder gedruckte Loszettel, die es erlaubten, neben dem König noch weitere Hofämter zu erlosen. Es folgt ein gemeinsamer Umtrunk, wobei der Festgesellschaft regelmäßig die Aufgabe zukommt, mit der Wendung ‚Der König trinkt' zu akklamieren, sobald der König das Glas erhebt. Im Französischen ist der charakteristische Ruf namengebend geworden (‚le roi boit'). Neben familiären Ausprägungen des Brauches gab es städtische und höfische Großformen, die eine Reihe weiterer Ritualelemente integrierten, wie Prozessionen, Gottesdienste und Belustigungen aller Art."

Die seit 1898 bestehende Frankfurter Bohnenrunde ist eine Art Herrenclub für maximal zwölf Herren, deren einzige Tätigkeit ist, einmal im Jahr zu einem guten und formellen Diner zusammenzukommen. Es fing an mit Jagden, die Albert von Metzler, mein Urgroßvater, gab. Er war es dann leid, immer Gastgeber für das anschließende Essen sein zu müssen und versteckte eine goldene Bohne im Nachtisch. Der, der auf sie stieß (sie in seinem Dessert fand), musste dann das nächste Essen geben. So geschieht es seit über hundert Jahren, nur dass vor dem Essen keine Jagden mehr veranstaltet werden und das Datum vom 6. Januar auf Mitte Januar – sehr prosaisch wegen der Weihnachts-/Skiferien – verschoben wurde.

Derjenige, der die Bohne gefunden hat (Herunterschlucken ist verboten) wird für ein Jahr Bohnenkönig. Wichtig ist die dekorative Ausgestaltung der Menükarten, die heute meist von professionellen Grafikern übernommen wird und Anspielungen auf die jeweilige politische Lage enthalten sollte. Diese Sammlung von Einladungs- und Menükarten ist nun wirklich interessant. So findet sich nach 1939 auch der Hinweis: „Bitte Fleischmarken für 50 g und Fettmarken mitbringen“ auf der Einladungskarte.

Die Zusammensetzung der Runde vor 1914 zeigt, dass das Patriziat durch Adolph von Holzhausen, die Industrie durch Wilhelm von Meister und Walter vom Rath, die jüdische „Hocharistokratie“ durch Max von Goldschmidt-Rothschild und manche andere vertreten waren. Dies war aber kein Grund zur Aufnahme in den Kreis. Es waren nach Frankfurt orientierte Bürger und zu Beginn allesamt Jäger.

Zu den Mitgliedern gehörten unter anderen: Freiherr von Holzhausen, der Senior des Frankfurter Patriziats, Freiherr Maximilian von Goldschmidt-Rothschild, den man als Senior der jüdischen Gemeinde nennen kann, verschiedene Industrielle, meist Mitglieder der Gründerfamilien der Farbwerke Hoechst, vormals Meister Lucius & Brüning, und der Brown, Boveri & Cie., Schweiz, so Walther vom Rath, Herr Boveri und einige der Frankfurter Privatbankiers, genannt wurde schon deren damaliger Senior Albert von Metzler.

Die Ur-Enkel Albert von Metzlers, Friedrich von Metzler und ich, sind seit vielen Jahren Mitglieder der Bohnenrunde – und damit Bohnenritter. Mit Fritz von Metzler und mir sind wir in der vierten Generation in der Bohnenrunde vertreten. Übrigens hätte ich nicht darüber geschrieben, wenn nicht schon vor ein paar Jahren einmal in einem Artikel über diese lokalhistorisch interessante Institution berichtet worden wäre.

Ein wenig Frankfurter Wirtschafts- und Gesellschaftsgeschichte sowie kulinarisch interessante Menüs sind in den bisher drei dicken Bänden mit den Einladungen zum Bohnenessen von 1898 bis heute zu finden.

Und, um es noch einmal freimütig und demutsvoll zu bekennen: Es ist eine reine Herrenrunde. Die Hausfrau darf zum Empfang erscheinen, muss aber dann beim Essen verschwunden sein. Es hat schon Abende gegeben, bei denen die Damen ein „Anti-Essen“ veranstaltet haben.

Fritz Flersheim

In Frankfurt vor dem Ersten Weltkrieg galt das Goethe-Gymnasium wohl als die beste Schule. Professor Reinhardt hatte durch eine Reform das Gymnasium modernisiert und weit über die Stadtgrenze bekannt gemacht.

Im Westend wurde gesagt, es sei die Elite-Schule für die Isra-elite (das n am Ende wird im Frankfurter Deutsch, das damals noch allgemein gesprochen wurde, fortgelassen).

Fritz Flersheim war Klassenkamerad meines Vaters. Sie waren 1893 geboren, sind also ungefähr von 1903 bis 1912 im Goethe-Gymnasium zusammen gewesen. Die Freundschaft hielt bis zum Tode meines Vaters 1946, obwohl die erzwungene Emigration von Fritz Flersheim sie getrennt hat – ich denke, so ab etwa 1935. Sobald es nach dem Kriege möglich war, hatte Fritz Flersheim wieder schriftlichen Kontakt aufgenommen und auch an den kranken Schulfreund, meinen Vater, Care-Pakete geschickt.

An den ersten Brief erinnere ich mich noch gut. Ohne weitere Einleitung begann er etwa wie folgt:

„An allem Unglück sind die Preußen schuld. Hätten sie 1866 nicht den Krieg gewonnen, wäre die Weltgeschichte anders verlaufen. Hier in New York fühle ich mich ganz wohl. Leider fehlen in der Public Library die Jahrgänge 1895 und 1896 der Jahrbücher des Goethe-Gymnasiums. Manchmal spreche ich auch Englisch, meistens im Elevator."

So weit sein erster Brief nach der kriegsbedingten Pause.

Ich traf Flersheim, den ewigen Junggesellen, in New York in seinem Hotelzimmer. Ich hatte Angst, dass die Fußböden die aufgestapelten Büchertürme nicht aushalten würden. Geschichte und Volkswirtschaft waren seine Hauptgebiete, die er mit wissenschaftlicher Methodik und großen Kenntnissen bearbeitete. Die Frankfurter Geschichte spielte auch nach der Ausweisung aus der sehr geliebten Heimat noch eine große Rolle. Aus seinem Nachlass erhielt ich ein dickes Werk mit der Geschichte der Industrie- und Handelskammer. Bei ihm habe ich, wie bei vielen anderen Schicksalsgenossen, ein tiefes Heimweh empfunden.

Auf wirtschaftlichem Gebiet hatte ihn sein angeborener Pessimismus und die erlebte Weltwirtschaftskrise mit ihren politischen Folgen geprägt. Manchmal schien er fast enttäuscht, dass der erwartete Weltuntergang nicht eintrat. Walter Eberstadt schildert in seinem Buch *Whence we were, where we became* Fritz Flersheim, seinen Verwandten, ausführlich und auch seinen familiären Hintergrund. Er gibt damit auch ein Bild von vielen anderen in Frankfurt schon lange ansässigen, kultivierten und für Frankfurt sozial engagierten und spendenfreudigen jüdischen Familien.

Frankfurt und das preußische Militär

Die Frankfurter waren aus guten Gründen immer mehrheitlich pazifistisch eingestellt, auch schon im Hinblick auf die Messen und die Bankgeschäfte. Noch als ich 1944 zum Militär kam, heiß es regelmäßig: „Oh je, ein Frankfurter".

So ging es auch einem Frankfurter nach 1866 als preußischem Rekruten. Der putzte sich einmal seelenruhig die Nase und wurde sofort zusammengestaucht (man kann auch sagen „zur Sau gemacht"). Der Frankfurter antwortete darauf stoisch: „Ei, mer werd sich doch wohl die Nas putze dürfe."

Diejenigen, die es sich leisten konnten, meldeten sich als Einjährig-Freiwillige zu Regimentern in Hessen, Württemberg, Sachsen. Mein Vater zum Beispiel diente beim „Thüringischen Ulanen-Regiment Nr. 6" in Hanau. Ich glaube mich an Geschichten zu erinnern, dass er eine Dienstwohnung benutzte und sich von einem Burschen bedienen ließ. Ob er seine Pferde putzen musste, weiß ich nicht. Aber er erzählte auch von einer Übung mit einer Attacke mit Lanzen auf Pferden im Jahre 1912 und von einer Parade, bei der sein Pferd durchgegangen sei und allein vor der ganzen Front entlanggaloppierte.

Ernst Max von Grunelius

In der neueren Literatur taucht der *ultimus gentis,* einer der letzten der Frankfurter Zeugen sparsamer Bankiersfamilien, wieder auf, nämlich Ernst Max von Grunelius (1901 bis 1987), allerdings unter einem Pseudonym, nämlich im Roman *Ruppertshain* von Martin Mosebach.

Grunelius war in der Tat eine Art Romanfigur, ein schrulliger Junggeselle, er war geizig, kenntnisreich und mit einem sehr guten Gedächtnis für die Kunden der Bank ein guter, konservativer Berater. Er war 1939, erst achtunddreißigjährig, als Teilhaber in die Grunelius-Bank eingetreten und hatte die Privatbank seit 1963 als allein haftender Gesellschafter geführt. Später überwarf er sich mit seiner Familie und vermachte sein ganzes Vermögen einer Stiftung (Ernst Max von Grunelius-Stiftung), immerhin angeblich 17 Millionen Deutsche Mark.

Zu den vielen Geschichten über ihn und die Familie kann ich noch zwei hinzufügen. Die erste habe ich selber erlebt, als ich 1956, wie damals üblich, meine Antrittsbesuche als neuer aktiver Partner von Georg Hauck & Sohn bei allen Bankiers und vielen anderen Mitgliedern der Bankgemeinschaft, die es damals noch im positiven Sinne gab, machte. Ich wurde auf 17.15 Uhr bestellt und Ernst Max von Grunelius öffnete selbst die Türe. Er entschuldigte dies damit, dass er mir sagte, sein Portier gehe um 17 Uhr. Die Wahrheit aber war natürlich, dass er aus Sparsamkeit über gar keinen Portier verfügte. Er begrüßte mich dann damit, dass wir uns ja leider lange Zeit nicht gesehen hätten. Spontan antwortete ich ihm, dass es wohl tausend Jahre seien. Damit spielte ich darauf an, dass Ernst Max von Grunelius in der Nazizeit in der Tat aus Vorsicht nicht gerne gekämpft hatte. Er überhörte dies und in der Zukunft stellten wir ein ganz gutes Verhältnis her, jedenfalls durfte ich ihn dann jedes Jahr im Auto, da er selbst natürlich keines besaß, zum Bohnenessen fahren.

Die andere Geschichte wurde mir nur erzählt: Zwei Brüder, Kunden der Bank und Freunde von Ernst Max von Grunelius, saßen mit anderen zusammen und wollten sich einen Spaß machen. So riefen sie Grunelius an und erzählten ihm das Märchen, dass sie gerade Besuch von einem reichen Schweizer hätten, der in Deutschland zwanzig Millionen anlegen wolle. Ob Grunelius Interesse habe. Grunelius bejahte dies natürlich, Geld zu sparen und zu verdienen waren ja seine Leidenschaften. Man verabredete einen sofortigen Besuch in der Bank, die nach dem Kriege am Untermainkai im Privathaus der Familie untergebracht war, da das alte Bankhaus in der Neuen Mainzer Straße (neben Metzler) vernichtet worden war.

Eine Stunde später riefen die Brüder wieder bei Grunelius an. Leider sei aus dem Besuch des Schweizers nichts geworden. Sie hätten ihn zwar zum Untermainkai gebracht. Als dieser jedoch gesehen habe, dass am Haus noch immer die Fenster provisorisch mit Holz verschlossen waren, sei er umgekehrt.

Die Anrufer hatten ihren Spaß an der Enttäuschung von Grunelius.

Albert Hahn

Im März 1945, damals siebzehnjährig, kam ich nach kurzem Militärdienst und nach knapp zwei Jahren als Luftwaffenhelfer (ab fünfzehn Jahre) in amerikanische Kriegsgefangenschaft. In Rennes, Bretagne, wurden wir im Oktober, meines Wissens völkerrechtswidrig, an die Franzosen übergeben. Im November wurde Tuberkulose festgestellt, ich kam erst im Januar in eine Art Krankenbaracke. Im Juni 1946 wurde ich entlassen. Ich kam gerade noch vor dem Tode meines Vaters nach Hause.

Für meine Mutter war das eine verzweifelte Lage. Dann kam das Angebot über Valerie und Mario Uzielli, die nach der Schweiz emigriert waren, dass Albert Hahn, Julius Lehmann und Max Ladenburg ein Sanierungskonsortium mit Quoten 60 – 20 – 20 gebildet hätten, damit ich nach Davos käme. So verbrachte ich die Zeit von Winter 1946 bis Sommer 1948 in der Schweiz und wurde wieder gesund. Chemotherapie gab es damals nicht. Es gab aber viel und gutes Essen und eine Liegekur, was man damals in Deutschland nicht haben konnte.

Albert Hahn, Julius Lehmann und Max Ladenburg waren – wie mein Vater – alle Abiturienten des Goethe-Gymnasiums. Hahn, Lehmann und mein Vater haben Schülerinnen der Anna-Schmidt-Schule geheiratet. Darüber später mehr.

Seit dieser für meine Gesundung und für mein späteres Leben so wichtigem Einladung in die Schweiz bin ich meinen Gastgebern und besonders Albert Hahn verpflichtet, aber auch an der Persönlichkeit Albert Hahns und seinen volkswirtschaftlichen und geldpolitischen Werken und Publikationen interessiert.

Dazu kommt ein Weiteres: In einer Broschüre zur Trauerfeier für Albert Hahn 1968 wird festgehalten, dass Albert Hahn etwa 1949 vom Eisernen Steg auf das völlig zerstörte und verwüstete Frankfurt geschaut und zu seinem Begleiter gesagt habe: „Frankfurt ist doch die schönste Stadt der Welt."

Albert Hahn wurde nach 1933 unter den damaligen schlimmen Verhältnissen aus Frankfurt, der Stadt, wo seine Familie vierhundert Jahre gelebt hatte, und aus der Bank seiner Familie vertrieben, die Professur an der Frankfurter Uni war ihm 1933 entzogen worden.

Ich sammle nun Material, um ein Buch über Albert Hahn herauszugeben oder herausgeben zu lassen. Es soll sein Leben und sein wissenschaftliches Werk beschreiben, aber auch versuchen, die Frage zu beantworten, warum für jemanden wie ihn Frankfurt die schönste Stadt der Welt war. Man erinnert sich dabei an Fontanes Gedicht *Archibald Douglas:* „Wo immer die Welt am schönsten war, da war sie öd' und leer".

Beim Sammeln von Unterlagen stieß ich immer wieder auf das Frankfurter Westend als Ort einer besonderen Lebensweise, auf eine Urbanität, auf einen besonderen Lebensstil, auf eine große Liberalität oder – wie man heute sagen würde – auf eine große Lebensqualität. Ich möchte sagen, dass Hahn ein typisches Kind des Westends und ein typischer Vertreter dieses Lebensstils war.

Albert Hahn war 1886 in der Eschersheimer Landstraße geboren, wohnte bis 1933 in der Lindenstraße. Er war Schüler des Goethe-Gymnasiums, seine spätere Frau Nora von Girsewald war Schülerin der Anna-Schmidt-Schule. Albert Hahn wurde 1928 Honorarprofessor der Johann Wolfgang Goethe-Universität und er war bis 1935 Mitglied der Gesellschaft für Handel, Industrie und Wissenschaft. Er war zuerst im Vorstand, dann im Aufsichtsrat der Bank seiner Familie (der Deutsche Effecten- und Wechselbank, vorm. L. A. Hahn). Aus allen Funktionen wurde er zwischen 1933 und 1935 ausgeschlossen bzw. ausgestoßen. Sein wissenschaftliches Werk beschäftigte sich mit Geld- und Währungsfragen. Seine bekanntesten Bücher sind *Volkswirtschaftliche Theorie des Bankkredits* (1920) und *The Economics of Illusion* (1949). Sehr intensiv ist seine oft im Widerspruch zur offiziellen Politik stehende Diskussion mit der Bundesbank.

In einem Artikel über die Rückkehr Albert Hahns nach Frankfurt in der *Deutschen Zeitung und Wirtschafts-Zeitung* vom 25. Juni 1949 (Autor: Volkmar Muthesius) heißt es:

„Ein Gelehrter kehrt heim! Minutenlanges Füßetrampeln und Pulteklopfen des überfüllten Auditoriums – mit einem leichten Lächeln, in dem sich Erinnerung und Genugtuung, Stolz und ein liebenswürdiges Quentchen Spott mischen, steht auf dem Podium der Gelehrte, dem die Ovation gilt. Er steht dort zum ersten Mal wieder seit sechzehn Jahren. Bankier, Nationalökonom, ein Mann mit internationalen Namen, verließ er vor diesen sechzehn Jahren seine Heimat; jetzt ist er zu einer Gastlesung zurückgekommen. Er spricht leise und langsam; es ist zu fühlen mehr als zu hören, daß er sich mühsam beherrscht. Was er sagt, ist ganz einfach: Er freut sich, er dankt für den freundlichen Empfang, er kann und will nicht alles sagen, nicht alle Empfindungen bloßlegen, die ihn bewegen; aber er will erzählen, wie er vor ein paar Tagen im Auto sich dieser Stadt genähert hat, die seit vierhundert Jahren die Heimat seiner Familie ist, und wie er das fast unveränderte Stadtwappen auf der Autostraße erblickt hat, wie ihm angesichts dieses Sinnbildes klar geworden ist, daß, an solchen Zeiträumen gemessen, die letzten sechzehn Jahre unwichtig gewesen sind [...] Er kommt dann zum Thema, er zwingt die jungen Leute und die zahlreichen Professoren, die gekommen sind, sich gänzlich umzustellen: die amerikanische Nationalökonomie, der ‚Keynesianismus', die Frage nach der Rolle der Mathematik in der Wirtschaftswissenschaft – Albert Hahn spricht nun, als habe es nie die Sekunden tiefer Bewegung gegeben. Das Auditorium ist gleichsam befreit. Man ist bei der Sache; der Gelehrte ist heimgekehrt."

Nach dem Krieg lebte Albert Hahn in New York, Paris und Südfrankreich. 1968 starb er – kurz vor seinem achtzigsten Geburtstag – und ließ sich in Frankfurt begraben. Ich denke also zeigen zu können, wie stark Hahn und viele andere seiner Frankfurter Zeitgenossen vom „Westend" geformt waren.

(geschrieben am 14. März 2005)

Albert Hahn und Henry Oswalt

Ab Frühjahr 2008 verwickelten sich für mich meine persönliche gesundheitliche Krise und die Bankenkrise. Da ich aber ganz aus Hauck & Aufhäuser Privatbankiers ausgeschieden war, traf mich die persönliche Krise doch erheblich stärker. Zuerst kam in Silvaplana ein Sturz und infolgedessen ein Oberschenkelhalsbruch. Dann wurde im Krankenhaus die zu hohe Dünnflüssigkeit des Blutes festgestellt, sodass man nicht gleich operieren konnte.

Bei der Finanzkrise war es umgekehrt, erst eine zu große Liquidität mit Preis- und Marktblasen und dann der Zusammenbruch.

Mitten in die Sanierung meines gebrochenen Beins kam dann der Schlaganfall, sozusagen die Lehman-Brothers-Pleite.

Seit Mitte April 2008 laufen bei mir größere Stützungs- und Sanierungsprogramme mit andauernder Erholung. Aber ohne Krücken oder Rollator oder Stützung kann ich auch heute, Ende 2009, noch nicht laufen.

Die zeitlich gleichlaufende Finanz-, Banken- und Wirtschaftskrise habe ich also beim Zeitunglesen am Frühstückstisch aus der Ferne und im Schatten der eigenen physischen Probleme erlebt.

In dieser Zeit wurde mein Buch über Albert Hahn fertig – oder besser gesagt: Es wurde von Marguerite Hornung, einer Enkelin der Kusine von Albert Hahn, und meiner Sekretärin Annette Gerster und dem Lektor Dr. Hermann Stauffer fertiggestellt.

Darin fand ich aber erstaunlich viele Zitate von Albert Hahn, die auch zur Krise 2008/2009 passen. Die allgemeine Analyse bezieht die Motivierung vieler der unverantwortlichen Geschäfte der Banken auf die Gier und auf die Boni. Nach Albert Hahn kann man aber gut auch ein anderes Motiv feststellen, nämlich die Eitelkeit. „Größter Player“, „größter Bankier“, „höchste Rendite“, „bester Manager“, „größter Gastgeber“ – die Liste ließe sich leicht verlängern. Bei einer gewissen Höhe ist das Mehr an Boni und Gewinnen in der Tat eher mit Eitelkeit zu erklären als mit erhöhter Kaufkraft. Oft zitiere ich Albert Hahn mit seinem Ausspruch: „Manches Unheil in der Welt entsteht dadurch, dass gescheite Leut so dumm sind.“ Daher kann Eitelkeit auch oft mit Dummheit erklärt werden und dann passen beide Thesen zusammen.

Das Erscheinen des Buches im März 2009 wurde leider nur in der *Frankfurter Allgemeinen Zeitung* kommentiert. Nicht aber von den Fachzeitschriften und den anderen Fachzeitungen, für die ich früher öfters geschrieben hatte. Trotzdem war das Buch ein lokaler Erfolg, denn die erste – zugegebenermaßen nicht allzu hohe – Auflage war schnell vergriffen und wurde durch eine zweite ergänzt. Leider blieb bei zwei Adressaten die erhoffte Reaktion aus, nämlich zum einen von der Universität, die ihren Honorarprofessor Albert Hahn 1933 entlassen hatte und ihn heute praktisch vergessen hat – obgleich sie sonst wenig oder keine geldtheoretischen Wissenschaftler vorzeigen kann, die international einen Ruf hatten und heute zum Beispiel in den USA noch haben.

Der andere Adressat war das Denkmalamt der Stadt Frankfurt, die den von der Familie Hahn gestifteten Merkur-Brunnen gegenüber der Festhalle verwahrlosen lässt. Jetzt ist auch noch die Wasserverzweigung des Denkmals zusammengebrochen. Die Stadt und viele ihrer Institutionen bemühen sich so intensiv um Mäzene für neue Vorhaben. Gleichzeitig vernachlässigen sie das Gedenken an frühere Mäzene und Geldgeber.

Das schnelle Vergessen von vergangenen Verdiensten ist mit Sicherheit auch demotivierend für die Gegenwart und die Zukunft. Soll man zum Beispiel einem Museum Bilder stiften, wenn früher gestiftete Bilder seit vielen Jahrzehnten im Depot unsichtbar vor sich hin vegetieren? Dann sollte man sie doch bei Anfrage und Bedarf wieder an die Stifter zurückgeben. So würden auch die überfüllten Keller leerer. Auch diese Art des Vergessens ist, so meine ich, demotivierend.

Diese Überlegungen kamen mir im Jahr 2009 bei einer großen Stiftung an eines unserer Frankfurter Museen, die einen großen Anbau notwendig macht und eine entsprechende Geldsammelaktion. Ich bin aber nicht mehr so aktiv wie früher und behalte diese Gedanken für mich.

Bis Mitte 2009 hatte ich noch den Vorsitz in den Gesellschafterausschüssen der Immobiliengesellschaft, habe ihn aber jetzt – viel zu spät – niedergelegt. Auch hier will ich die Entwicklung aus der vom Alter notwendig gemachten Entfernung beobachten.

In einer Hinsicht ist es mir in vergangenen Jahren doch

gelungen, den Schleier des Vergessens zur Seite zu schieben. Ich hatte den Plan, ein Buch über die Geschichte der IHK Frankfurt zum zweihundertjährigen Bestehen herauszubringen. Ich konnte jedoch den Historiker Andreas Hansert gewinnen, über meinen Großvater Otto Hauck zu schreiben – siehe den übernächsten Abschnitt in diesem Kapitel.

Zu dem Zeitpunkt, da ich den hier vorliegenden Text schrieb (Herbst 2009), war noch nicht entschieden, ob mein anderer Großvater, Dr. Henry Oswalt, in ein Gedenkbuch zur 100-Jahr-Feier der Johann Wolfgang Goethe-Universität 2014 aufgenommen würde. Zu meiner Freude konnte ich die Verantwortlichen der Universität dazu bewegen, dass mit Hilfe meiner Stiftung zur Erinnerung an die Tätigkeit meines Großvaters bei der Gründung der Universität das von Birgit Wörner und Roman Köster verfasste Buch *Henry Oswalt – Bildungsbürger und Mäzen* in der Reihe „Gründer, Gönner und Gelehrte" herausgegeben wurde (Societäts-Verlag, Frankfurt am Main 2014).

Henry Oswalts Familie hat unter dem Namen Ochs seit ca. 1530 in Frankfurt gelebt. Er wurde nicht, wie es Tradition in der Familie war, Kaufmann, sondern Jurist und erfolgreicher Anwalt. Ihm wurde nicht nur der Titel Justizrat verliehen, sondern er war neben seinem Beruf als Mitglied der Nationalliberalen Partei auch Abgeordneter des Stadtparlaments und des preußischen Landtags. Er war aktiv an der Gründung des Instituts für Sozial- und Wirtschaftspolitik und als Förderer der Universität tätig, die ihn zum Ehrenbürger, Ehrensenator und Ehrendoktor ernannte.

Aber: Die Tatsache, dass er zum Ehrenbürger der Universität ernannt worden war und die Vereinigung von Freunden und Förderern der Universität mitgegründet hatte und ihr erster Vorsitzender war, war auch vergessen.

Die Erinnerung an ihn wurde mit Rücksicht auf die Zeit nach 1939 verdrängt, aber die damals bemerkenswerten Aktivitäten von Henry Oswalt (und vielen anderen) Schritt für Schritt wiederbelebt. Besondere Verdienste hatte dabei in meinen Augen Renate von Metzler.

Von meinem Großvater Henry Oswalt in Erinnerung geblieben ist mir ein von ihm öfters zitiertes Gedicht: „Seine Frau war eine geborene Lerche, ein frommes tugendsames Weib. Sonntags ging sie zweimal in die Kirche, teils aus Frömmig-, teils aus Zeitvertreib."

Mein Großvater liebte es von Zeit zu Zeit, ein wenig spöttisch zu sein – vielleicht hat er das von seinem Großonkel Heinrich Heine geerbt. Seine Ehefrau jedenfalls, eine geborene Hergenhahn, die Tochter des Frankfurter Polizeipräsidenten, war tatsächlich eine sehr fromme Frau und eine große Kirchgängerin (in der Deutsch-reformierten Kirche).

Alexander Hauck

(verfasst 1993)

Im August 1993 wäre Alexander Hauck (12.8.1893 bis 1.9.1946) hundert Jahre alt geworden. Wir, seine Kinder, haben dazu eingeladen, an ihn zu denken und uns sein Leben vor Augen zu führen. Dabei will ich versuchen, auch einiges über die Zeit bzw. die Zeiten, die er durchlebte, zu sagen. Sein Leben stand eigentlich immer im Schatten. Von seiner Geburt bis 1934 war es der des Vaters, Otto Hauck, von 1933 bis 1945 der der Nazis und des Zweiten Weltkriegs und von 1942 bis 1946 der Schatten der Krankheit und des Todes.

Die erste Periode seines Lebens prägte sein Vater, Otto

Hauck. Otto Hauck war sicher in den sechs Generationen der Haucks, die Georg Hauck & Sohn innehatten, der bedeutendste. Er war in den Aufsichtsräten großer und größter deutscher Aktiengesellschaften, so zum Beispiel der IG Farben, der Allianz, der Metallgesellschaft, der Deutschen Bank und der Frankfurter Hypothekenbank. Von 1921 bis 1933 war er Präsident der Industrie- und Handelskammer und lange Jahre Vizepräsident der Frankfurter Wertpapierbörse, ebenfalls bis 1933. Er war dies alles eher aufgrund seiner Persönlichkeit als wegen seines großen, aber doch nicht übermäßig großen Vermögens.

Er muss sehr bestimmend gewesen sein, wohl auch ungeduldig, oft zynisch, manchmal wenig menschenfreundlich. Seine Frau Mathilde, geborene Metzler, muss darunter gelitten haben, sie war lebensbejahend und musisch veranlagt, wie die von ihr hinterlassenen zahlreichen Gedichte bezeugen. An was sie zugrunde ging – wer weiß es?

Obwohl sicher der Schatten Otto Haucks auf Alex lastete, waren die äußeren Umstände glücklich. Man genoss, wenn auch wohl kritisch besonders der Person Kaiser Wilhelms II. gegenüber, den Wohlstand seiner Zeit. Man führte ein angenehmes, großbürgerliches Leben.

Das neu gebaute Haus am Schaumainkai 47, in das man von der Gutleutstraße umzog, war konventionell im Stil Ludwigs XVI. vom damaligen Modearchitekten Günther erbaut – die respektlosen Kinder nannten es „Stallazzo Prozzi".

Es war eher prächtig als gemütlich, ausgestattet mit guten Möbeln und unbedeutenden Bildern, eben im Stil der Zeit. Die Einladungen und Feste waren ebenfalls üppig, die Gesellschaft, die dort verkehrte, war die des damaligen Frankfurt, im Gästebuch werden immer dieselben Namen genannt: Hans Heinrich Hauck, Metzler, Meister, Beit, Grunelius, vom Rath, Bethmann – viele davon „Bohnenritter“, dazu kamen preußische Generäle, aber kaum Intellektuelle, vielleicht mit Ausnahme von Ratjens aus Berlin.

Interessante Namen dagegen tauchen bei Alex Haucks Schulkameraden aus dem Goethe-Gymnasium auf: Maurig und Roos – die späteren Schwäger –, Brinckmann – später ab 1950 Kommanditist der Bank –, viele jüdische Mitschüler wie Fritz Flersheim, ein langjähriger Freund, und auch Albert Hahn. Der Schulleiter, Professor Reinhardt, muss ein hervorragender Pädagoge gewesen sein. Für die Heutigen sind das Niveau, das die damaligen Schüler erreichten, und die allgemeine Bildung, die sie wie selbstverständlich ins Leben mitbekamen, schwer zu begreifen. Die Abiturreden waren von hohem intellektuellen Wert – ob sie allerdings in Alex' Abiturjahr 1912 noch auf Lateinisch gehalten wurden, ist nicht mehr feststellbar.

Es schloss sich für Alex ein kurzer Aufenthalt in England an, über den wenig bekannt ist. Dann kam die Militärzeit, die Abiturienten als „Einjährig-Freiwillige“ ableisteten. Ich glaube, man hatte dabei eine Wohnung mit Bedienung und ein eigenes Pferd, das man nicht einmal selber putzen musste. Als Frankfurter diente man natürlich nicht bei einer preußischen Einheit – schließlich lag die Niederlage von 1866 ja erst sechsundvierzig Jahre zurück, das heißt so lange wie für uns heute das Ende des Zweiten Weltkrieges. Alex diente bei den Thüringer Ulanen in Hanau, die damals noch Attacken mit Lanzen übten.

1914 endete die dreiundvierzigjährige Friedenszeit und mit dem Krieg begann der Untergang des Wilhelminischen Reiches, das eine seltsame Mischung aus Protz und Prahlerei und großem geistigen Umbruch darstellte.

Die großen Entwicklungen, besonders in der Kunst, hat aus der Familie Hauck wohl nur Lilly, später Winkelmayer, gespürt.

Der Krieg war für Alex Hauck wohl eine Mischung aus lebensgefährlichem nächtlichen Einsatz beim berittenen Nachschub für die Artillerie und tagsüber der Rebhuhn-Jagd. In seinen von seiner Mutter sorgfältig abgeschriebenen Briefen aus dem Feld ist aber mehr von der Jagd die Rede, die in der Champagne wohl sehr gut war.

Welches Gefühl muss es für die Eltern gewesen sein, den Sohn mit fünfzehn Jahren zur Flak eingezogen zu sehen, für einen Krieg, der verloren war und der in den Augen der Familie auch verloren gehen musste, wenn man die Naziherrschaft loswerden wollte. Und das wollten wir alle.

Zum Ende des Krieges wurden Alex und Annemie dann auch noch aus dem Haus in der Ditmarstraße 4, das nur mittlere Schäden durch die Bomben erlitten hatte, von den Amerikanern vertrieben. Auch der Schaumainkai war, von Bomben schwer beschädigt, nicht mehr reparierbar. Die Bank stand nicht mehr. Und in das Kapitel Kriegs- und Nazizeit gehörte im Frühjahr 1945 auch die Nachricht, dass der Sohn in französischer Kriegsgefangenschaft an Tuberkulose erkrankt war. Damals gab es noch keine Chemotherapie, Tuberkulose war eine der gefährlichsten Krankheiten, die in vielen Fällen tödlich endete.

Die dritte Periode im Leben von Alex Hauck stand unter dem allerschwersten Schatten. Die Belastungen durch die Nazizeit waren gegen Kriegsende immer unerträglicher geworden. Annemie hatte bereits ihren Koffer zur Flucht bereitgestellt, falls sie wie der Vetter Richard Ladenburg oder andere in ein Lager verschleppt werden sollte. Diese schweren Belastungen trafen keinen Gesunden. 1942 war Alex an Krebs erkrankt. Er wurde mehrfach, aber zu spät operiert. Eine Krebserkrankung allein ist schon eine schwere psychische Belastung. Aber die Darmverlagerung für einen erst Neunundvierzigjährigen, der noch vor kurzem ein Inbild sportlicher Gesundheit gewesen war – er hatte sogar das Goldene Sportabzeichen gemacht –, dieses Leiden auch noch unter den Kriegsumständen, das muss ein ganz schlimmer Schicksalsschlag neben oder vielleicht vor allen anderen gewesen sein.

Er versuchte tapfer mit der großen Behinderung zu leben. Anfangs war das auch noch möglich, er fuhr Rad und ging sogar noch 1943 in Dortelweil auf die Hasenjagd, um dann aber selbst von amerikanischen Tieffliegern in die Deckung gejagt zu werden. Vom Frühjahr 1946 an aber zeigte sich, dass der ganze Körper unheilbar befallen war. Vor der Familie hat er nie zugegeben, dass ihm der Ernst der Situation bewusst war. Aber er wollte doch auch noch weiterleben, zumindest bis zur Rückkehr seines Sohnes aus der Kriegsgefangenschaft. Er wusste ja von dessen Erkrankung, und so stand Alex' Lebensende eigentlich zusätzlich im Schatten dieser zweiten Krankheit.

Einmal sagte er: „Wer von uns beiden wird wohl zuerst sterben?" Dass sein Sohn alles so gut überstehen würde, das war damals ja nicht sicher.

Ende Juli 1946 kam der Sohn dann aus der Gefangenschaft nach Hause, vielmehr in das Haus von Addy Deckert am Leonhardsbrunn 11, in dem die Familie nach der Vertreibung durch die Amerikaner aus der Ditmarstraße ein halb zerstörtes Obdach gefunden hatte, das Addy ihnen großzügig überließ. Nun war es bereits relativ wohnlich dort, die schlimmste Zeit ohne Wasser und irgendwelchen Komfort, die besonders für einen Schwerstkranken furchtbar gewesen war, lag hinter der Familie. Alex radelte sogar noch ab und zu auf abenteuerlichen Wegen in das Notquartier der Bank. Alles schien sich etwas zu stabilisieren.

Eine weitere große Freude war es für die ganze Familie, dass sich alte Freunde, die von den Nazis vertrieben worden waren, ohne Vorbehalte wieder meldeten. Einige von ihnen, die als amerikanische Soldaten in Frankfurt stationiert waren, machten Alex das Vergnügen, sie jagdlich beraten zu können. So konnte er verhindern, dass sie die den Spessart verheerenden Wildschweine mit einer Maschinenpistole erlegten, zur Belohnung bekam er ein ganzes Wildschwein geschenkt. Davon konnte man wochenlang zehren. Die größte Freude aber war die Bereitschaft ins Ausland geflohener Freunde, dem Sohn einen Aufenthalt in der Schweiz zur Ausheilung der Tuberkulose zu finanzieren. Die Verwirklichung dieses Planes hat Alex nicht mehr erleben können.

Tragisch ist es auch zu nennen, dass er zu dem Zeitpunkt, zu dem er geschäftlich wieder eine wichtige Rolle hätte spielen können, nicht mehr arbeiten konnte. Er war ja unbelastet von Parteimitgliedschaft und Ähnlichem. Er war auch wieder in den Aufsichtsrat der Metallgesellschaft zurückgekehrt, sein letzter Gang außerhalb des Leonhardsbrunn hatte ihn zu einer Aufsichtsratssitzung in die Metallgesellschaft geführt. Sie schrieb in ihrem Kondolenzbrief: „Er war einer unserer klügsten Berater." Auch verschiedene andere Funktionen hatte er übernommen, aber er konnte keine davon lange ausüben. Seine immer schlimmer werdende Krankheit verhinderte, dass er in der Nachkriegszeit in Frankfurt die bedeutende Rolle übernehmen konnte, die er hätte ausfüllen können.

Das alles war mit dem 1. September 1946 zu Ende. Welches Gefühl der Hilflosigkeit muss es gewesen sein, die Familie zurückzulassen ohne Heim, ohne sicheren materiellen Hintergrund, seinen Sohn mit der lebensbedrohenden Krankheit? Auf seine Frau Annemie konnte er sich verlassen, sie hatte sich bei der schweren Krankenpflege ebenso bewährt wie beim Herrichten der anfangs kaum bewohnbaren Unterkunft, beim ungewohnten Kochen und Versorgen der Familie.

Aber er konnte nicht wissen und nicht mehr erleben, wie sie sich beim Wiederaufbau der Bank und der Beherrschung der schwierigen Nachkriegsumstände einsetzen würde. Sein Leben ging zu Ende in einer Zeit der Ungewissheit, wenig Gutes versprechender Ausblicke in die Zukunft, herrschender Not und Unsicherheit, das Leben, das 1893 so hoffnungsvoll begonnen hatte.

Aber wie war dieser Alexander Hauck, dessen Leben dreifach im Schatten stand? Die ihn nicht gekannt haben, müssten ihn sich als blass, gedrückt und traurig vorstellen. Er war bis zu seiner Krankheit alles andere als das. Er war sportlich und kräftig, noch als dreifacher Vater hatte er Boxunterricht genommen und Leichtathletik getrieben. Er war zwar zurückhaltend, aber überall beliebt. Er hatte viele echte Freunde, seinen Kindern war er ein großartiger Vater, mit dem man die schönsten Späße machen konnte. Einmal beispielsweise ging beim Abendessen das Licht aus, und als es wieder anging, war Vater ganz mit Spinat beschmiert. Er erklärte, er hätte im Dunkeln seinen Mund nicht finden können.

Ein besonderer Spaß war es auch, beim Essen eine alte Tante zu duzen und damit die Kinder zu erfreuen und die Hausfrau zu ärgern. Er liebte die Natur und kannte die Vogelstimmen und jede Fährte. Vielleicht hätte er einen naturnahen Beruf vorgezogen, aber als einzigem Hauck-Sohn blieb ihm keine Wahl, als die Bank weiterzuführen.

Bei seinen österreichischen Jägern war er so beliebt wie

bei seinen Bank- und Hausangestellten, er war sparsam im Kleinen und großzügig im Großen, dabei selbst bescheiden und bedürfnislos. Seine abgelegten Anzüge wollte nicht mal der Gärtner zur Gartenarbeit anziehen. Er fuhr lieber Rad als Auto und fühlte sich in der Jagdhütte am wohlsten. Er war klassisch gebildet und klug. Ein guter Freund war zum Beispiel der Historiker Ernst Kantorowicz, der sich ebenso gern mit ihm unterhielt wie er mit ihm mit der alten Uhrwerk-Eisenbahn spielte. Er war nie laut und selten unbeherrscht. Er hat gezeigt, wie man dieses schwierige Schicksal tragen konnte, mit einer stoischen Gelassenheit.

Bei Horaz heißt es: „Aequam memento rebus in arduis servare mentem“ (Gelassen gedenke in Lagen voll Härte zu bewahren den Sinn). Er war, was man am besten mit „ein Gentleman“ bezeichnen kann.

Otto Hauck

Für das nun folgende Porträt meines Großvaters, Otto Hauck (1863 bis 1934), konnte ich einen in Frankfurter Belangen erfahrenen Historiker, Dr. Andreas Hansert, gewinnen. Otto Hauck war von 1921 bis 1933 Präsident der IHK und wurde dann ins Vergessen gestoßen. Dr. Hansert fand in den alten Akten einen Briefentwurf vom Januar 1933, der meinem Großvater zum siebzigsten Geburtstag im April 1933 zusammen mit der Verleihungsurkunde der Goldenen Verdienstmedaille übersandt werden sollte. Dies basierte auf einem Beschluss der zuständigen Gremien der Kammer. Kurz vorher jedoch wurde das gesamte Präsidium der Kammer zum Rücktritt gezwungen. Zum Geburtstag wurden weder ein Brief oder sonst eine Gratulation verschickt. Nach 1945 hatte man die Institution der „Goldenen Verdienstmedaille" und ihre Träger Leo Gans und Otto Hauck praktisch vergessen. Der Brief wurde mit einer kurzen Biografie im Jubiläumsbuch aufgenommen.

Der Titel des Beitrags von Andreas Hansert lautet: „Otto Hauck – ein Frankfurter Privatbankier im Zeitalter der Industrialisierung und der modernen Bankenkonzentration". Hier nun sein Text:

„Als Mitglied einer alteingesessenen Bankiersfamilie am Finanzplatz Frankfurt am Main war Otto Hauck, dessen bedeutendste Wirkungsperiode in die Zeit der Weimarer Republik fällt, ein Privatbankier alter Schule und damit der Gegentypus zum modernen Bankmanager. Seine Tätigkeit reichte bis in die beginnende NS-Zeit hinein, in der er von den neuen Machthabern sofort aus einem der wichtigsten und öffentlichkeitswirksamsten Ämter, nämlich dem Präsidium der Frankfurter Industrie- und Handelskammer, vertrieben wurde. Dass ihm ein ehrenvoller Abgang aus der Öffentlichkeit somit versagt blieb, verhinderte die angemessene Würdigung seiner Verdienste noch zu Lebzeiten und mag auch ein wichtiger Grund dafür sein, dass er in der wirtschaftsgeschichtlichen Rezeption bislang nicht die Aufmerksamkeit gefunden hat, die ihm gebührt. Während die *Neue Deutsche Biographie* und andere einschlägige biografische Lexika ihm einen Eintrag widmeten[3], haben wichtige Fachpublikationen seine Tätigkeit und seine Per-

[3] Neue Deutsche Biographie, Bd. 8, Berlin 1969, S. 78; *Frankfurter Biographie.* Personengeschichtliches Lexikon, hrsg. von Wolfgang Klötzer, Frankfurt am Main 1994/96, Bd. 1, S. 306f.; Jens Ulrich Heine, Verstand & Schicksal. Die Männer der I.G. Farbenindustrie A.G. (1925–1945) in 161 Kurzbiographien, Weinheim, New York, Basel, Cambridge 1990, S. 204ff.; Deutscher Wirt-

son nicht erwähnt[4], wie überhaupt eine wissenschaftliche Rekonstruktion seiner Stellung und seiner Tätigkeit bislang weitgehend unterblieben ist.[5] Im Rahmen des vorliegenden Aufsatzes kann in dieser Hinsicht nicht mehr als ein Anfang gemacht werden. Durch das Heranziehen einiger neuer Quellen werden sich manche weiterführende Erkenntnisse gewinnen lassen, die über das hinausgehen, was in diversen Publikationen zur lokalen Banken- oder zur Familiengeschichte, die Otto Hauck in der Regel kaum mehr als ein paar wenige Absätze widmen, bislang bekannt ist.

Die Darstellung weiter Teile seines Wirkens in verschiedenen Gremien der Wirtschaft, insbesondere in diversen Aufsichtsräten der Großindustrie, und des öffentlichen Sektors muss hier mangels Kapazität an Platz und Recherche aber unterbleiben und wäre späteren ausführlicheren Arbeiten vorbehalten. Was schließlich die Tätigkeit in seinem eigenen Bankhaus betrifft – der von seinem Urgroßvater Friedrich Michael Hauck gegründeten Privatbank –, so wird deren wissenschaftlicher Rekonstruktion aufgrund der Zerstörung des Hausarchivs im Zweiten Weltkrieg auch künftig eine enge Grenze gesetzt sein.

---

schaftsführer. Lebensgänge deutscher Wirtschaftspersönlichkeiten. Ein Nachschlagebuch über 13000 Wirtschaftspersönlichkeiten unserer Zeit, bearbeitet von Georg Wenzel, Hamburg [et al.] 1929; Reichshandbuch der deutschen Gesellschaft: Das Handbuch der Persönlichkeiten in Wort und Bild, hrsg. v. Deutschen Wirtschaftsverlag, Berlin 1930–1931.

4 So taucht er etwa nicht auf in der großen Arbeit von Carl-Ludwig Holtfrerich, Finanzplatz Frankfurt. Von der mittelalterlichen Messestadt zum europäischen Bankenzentrum, München 1999. Allerdings ist diese Arbeit auch stark auf die Darstellung überpersonaler Strukturentwicklungen angelegt und vermittelt wenig vom lokalen Kolorit.

5 Eine Würdigung seiner Tätigkeit als Präsident der Frankfurter Handelskammer wird derzeit von Dieter Rebentisch im Rahmen seiner gemeinsam mit Gottfried Plumpe projektierten Arbeit über die Geschichte der Handelskammer angestrebt. Ich danke Prof. Rebentisch für wichtige sachliche Hinweise.

Otto Haucks[6] Tätigkeit als Bankier fällt zwar in eine Zeit, in der die Privatbankiers gegenüber anderen Banktypen, insbesondere dem der großen Aktienbanken, der Genossenschaftsbanken, der Sparkassen u. a., längst in die Defensive geraten waren und sich daher auf bestimmte Kernkompetenzen konzentrieren mussten. Wenn er in den 1920er-Jahren dennoch eine bedeutende Stellung erlangte, so nicht zuletzt deshalb, weil er familiär tief in jenem Milieu bürgerlicher Finanzleute des ausgehenden 18. und des frühen 19. Jahrhunderts verwurzelt war, in dem der Privatbankier noch unangefochten die Finanzmärkte bestimmte und als seine Vaterstadt, Frankfurt, wo Haucks Vorfahren teilweise seit Jahrhunderten schon lebten, noch mit Abstand der führende Finanzplatz im Deutschen Bund gewesen war. Alle vier Großeltern Otto Haucks – Georg Hauck und seine Frau Sophie Gogel sowie Enoch Reiß und seine Frau Amalie Flersheim – entstammten angesehenen und wohlhabenden Familien des Frankfurter Handels- und Finanzbürgertums; Hauck war daher nichts weniger als ein geborenes Mitglied der führenden wirtschaftsbürgerlichen Kreise dieses bedeutenden Finanzplatzes, sodass nach seinem Abgang nicht zu Unrecht von ihm gesagt werden konnte,

---

[6] Zum Nachfolgenden siehe: Des Landauer Stadtmüllers Johann Andreas Hauck Nachkommen. Ein Familienbuch, Frankfurt am Main 1899; Alexander Dietz, Frankfurter Handelsgeschichte, fünf Bände, Glashütten im Taunus 1970, Bd. IV., II. Teil, S. 691f.; Erich Achterberg, Frankfurter Bankherren, 2. Aufl., Frankfurt am Main 1971, darin das Kapitel: Haucks – Bankiers in Frankfurt, S. 73ff.; Verita Mohr, Georg Hauck & Sohn 1796–1996. Spurenlese. Von der Verflechtung einer Bank, ihrer Partner und einer Familie mit der Stadt Frankfurt am Main, Frankfurt am Main 1996; Joachim Kromer, Die Familie Reiss in Bad Soden. Eine Chronik. Nach Urkunden, zeitgenössischen Dokumenten, Briefen und Bildern sowie von Berichten von Frau Anna Roth, hrsg. v. Arbeitskreis für Bad Sodener Geschichte 1987; Börsen und Banken in Frankfurt am Main, hg. v. E. und Ludwig Maria Alexander Mushake, Mainz, Trautheim o. J., darin über Georg Hauck & Sohn S. 85f.

mit ihm sei die Epoche des 19. Jahrhunderts erst zu Ende gegangen.[7]

Die Vorfahren mütterlicherseits, die Familien Reiß und Flersheim, waren jüdischer Herkunft und reichten bis ins 16. und 17. Jahrhundert zurück, als sie noch in der Frankfurter Judengasse, jenem bis in die unmittelbar vornapoleonische Zeit bestehenden mittelalterlichen Getto zu leben hatten. Durch Handel und Tätigkeit als Hoffaktoren waren sie zu beträchtlichem Wohlstand gekommen. Volle bürgerliche Freiheit erlebten sie für eine kurze Periode in der von Napoleon initiierten Herrschaft des Fürstprimas' Dalberg in Frankfurt, doch wurden ihre Rechte als Juden in der darauf folgenden freistädtischen Zeit wieder eingeschränkt. Obwohl es von Haucks Großeltern Enoch und Amalie Reiß heißt, sie seien fromme Juden gewesen, konvertierten sie in den 1840er-Jahren daher zum evangelischen Glauben, wodurch sie die vollen bürgerlichen Rechte wieder erlangten und sich im Übrigen auch die Heiratschancen für ihre Tochter Anna erweiterten: 1861 kam sie so als Partnerin für Alexander Hauck infrage.

Die Großmutter väterlicherseits entstammte der sehr kunstsinnigen Frankfurter Weinhändlerfamilie Gogel. Ihr Vater, Johann Noë-Gogel, hatte von 1797 bis 1801 keinen Geringeren als Hegel, der auf Veranlassung seines Freundes Hölderlin in die Stadt gekommen war, der bei der benachbarten Familie Gontard in gleicher Funktion in Diensten stand, zum Hauslehrer und Erzieher gehabt.

Die Mannesstammlinie Hauck schließlich war 1796 mit dem Urgroßvater Ottos, dem aus der Pfalz stammenden Kaufmann Friedrich Michael Hauck (1769 bis 1839), in Frankfurt ansässig geworden. Es war dieser Vorfahre,

---

[7] Erich Achterberg, Frankfurter Bankherren, S. 87.

der mit der Hauck'schen Banktätigkeit in Frankfurt begann, als er 1796 mit Philipp Bernhard Gebhard unter der Firma Gebhard & Hauck ein Wechsel-, Commissions- und Speditionsgeschäft gründete und sich durch Heirat mit der einheimischen Buchhändlertochter Catharine Wilhelmine Fleischer, deren Vater Kontakte zu Goethe hatte, das Frankfurter Bürgerrecht sicherte. Mit diesen Geschäften vermochte Hauck bald zu reüssieren: Im Jahr 1800 übernahm das Bankhaus eine Anleihe des Oberrheinischen Kreises für 100.000 Gulden zu 4 ½ Prozent, hielt sich im Folgenden von dem für Frankfurt so wichtigen Emissionshandel dann aber fern.

Hauck gelangte nichtsdestotrotz zu gesellschaftlichem Ansehen, was in der Übernahme des Präsidiums der Frankfurter Handelskammer von 1821 bis 1829 – jener Funktion, in der ihm exakt hundert Jahre später dann sein Urenkel Otto nachfolgen sollte – und jenen vorteilhaften Heiraten seiner Nachkommen beredten Ausdruck fand. Die Söhne Friedrich Michael Haucks, Georg und Ferdinand, führten das Geschäft gemeinschaftlich bis 1861 weiter, trennten sich dann jedoch, als Georg mit seinem Sohn Alexander das Bankhaus „Georg Hauck & Sohn" begründete. Zwei Jahre später wurde dem Ehepaar Alexander und Anna (geborene Reiß) der Erbe – Otto Hauck – geboren.

Die starke wirtschaftsbürgerliche Stellung und die intensive verwandtschaftliche Verflechtung der Familie am Ort waren, wie der flüchtige Hinweis auf die Epoche der berühmten „Hofmeister" in Frankfurt andeuten mag – neben Hölderlin und Hegel auch Fröbel bei der alten Patrizierfamilie Holzhausen und Carl Ritter bei Bethmann-Hollweg –, reichhaltig auch mit kulturellen Elementen durchtränkt. Eines der bedeutendsten Dokumente für jene subtil definierte Zugehörigkeit zu führenden Kreisen, die sich in kulturellen Manifestationen besonders deutlich Ausdruck verschafft, ist das Porträt, das Otto Scholderer im Jahr 1887 vom jungen Otto Hauck angefertigt hat.[8] Hauck war zu diesem Zeitpunkt 24 Jahre alt, noch unverheiratet und nach Absolvierung von Lehr- und Wanderjahren in diversen Bankhäusern in Weltstädten wie Genf, London, Paris, New York und Berlin eben erst als Teilhaber in die väterliche Firma eingetreten.

Das Porträt besticht durch hohe künstlerische Qualität, die sich in großer Nüchternheit, dem Vermeiden allen Zierrats und somit der zwingenden Konzentration auf das Wesentliche Ausdruck verschafft. Im Angesicht dieses noch jungen Mannes scheint der Maler alle Hemmungen abgelegt zu haben, um künstlerisch unbefangen auszuholen, was umso markanter zutage tritt, wenn man die ein Vierteljahrhundert zuvor von gleicher Hand entstandenen Porträts der beiden mütterlichen Großeltern Haucks betrachtet, die durch eine gewisse Glätte gekennzeichnet sind und auf Repräsentationsbedürfnisse Rücksicht nehmen.[9] Im Übrigen ließ Hauck einige Jahre später auch seine eigenen Kinder von Scholderer darstellen, sodass die Familie über die Generationen hinweg im Besten, was die nicht unbedeutende Frankfurter Malerei des ausgehenden 19. Jahrhunderts zu bieten hatte, bis heute überdauert.[10]

---

[8] Abbildung in: Otto Scholderer 1834–1902. Die neue Wirklichkeit des Malerischen. Zum 100. Todestag, Haus Giersch – Museum Regionaler Kunst, Frankfurt 2002, S. 124. Auch Mohr, Spurenlese, S. 149. Das Bild befindet sich noch heute in Familienbesitz.

[9] Ebd., S. 90f.

[10] Die Kinder ebd., S. 161; S. 158f. auch die Porträts des Großonkels Jacques Reiß mit seiner Frau. Ein Porträt Otto Haucks, das ihn als zweijährigen Knaben mit seiner Mutter zeigt, hat der auf solche intimen Szenen hoch spezialisierte Philipp Rumpf – ebenfalls einer der führenden Frankfurter Maler seiner Zeit – gemalt. Siehe Mohr, Spurenlese, S. 148.

Dank dieser frühen kulturellen Prägung übernahm Otto Hauck später in seinem Leben wie selbstverständlich auch jene mäzenatischen Verpflichtungen, für die das Frankfurter Bürgertum seit jeher in herausragendem Maße bekannt ist.[11] Wir finden ihn in diversen Vereinen und Gesellschaften wieder, so im Förderverein des Städels, der zu seiner Zeit noch ganz den Angehörigen des Großbürgertums vorbehalten war, oder der sehr exklusiven Frankfurter Gesellschaft für Handel, Industrie und Wissenschaft. Vor allem aber trat er als Geldgeber der unter Anleitung von Oberbürgermeister Adickes von Bürgern errichteten Frankfurter Stiftungsuniversität hervor; ihr überließ Hauck 1913 gemeinsam mit seinem Vater die beträchtliche Summe von 100.000 Mark[12] und wurde Mitglied im Großen Rat des Kuratoriums dieser Institution.

Die herausgehobene familiäre Herkunft aus dem noch stark lokal verwurzelten Großbürgertum tradierte er auch mit der Wahl seiner Ehefrau, als er sich 1891 mit Mathilde Bertha Metzler (1870 bis 1921) verheiratete, Tochter der alteingesessenen hoch angesehenen Bankiersfamilie. Ihr Vater war Albert Metzler sen.[13], bedeutender Stadtrat in Frankfurt und später Mitglied im preußischen Herren-

---

[11] Vgl. Bruno Müller, Stiftungen in Frankfurt am Main. Geschichte und Wirkung, neu bearbeitet und fortgesetzt von Hans-Otto Schembs, Frankfurt am Main 2006; Gerhard Schiebler, Jüdische Stiftungen in Frankfurt am Main. Stiftungen, Schenkungen, Organisationen und Vereine mit Kurzbiographien jüdischer Bürger, hrsg. v. Arno Lustiger im Auftrag der M. J. Kirchheim'schen Stiftung in Frankfurt am Main, Frankfurt am Main 1988; Andreas Hansert, Bürgerkultur und Kulturpolitik in Frankfurt am Main. Ein historisch-soziologische Rekonstruktion, mit einer Einführung von Ulrich Oevermann, Frankfurt am Main 1992.

[12] Bruno Müller, Stiftungen in Frankfurt am Main, S. 153. Institut für Stadtgeschichte Frankfurt, Magistratsakte 1635.

[13] *Frankfurter Biographie*, Bd. 2, S. 48; Mohr, Spurenlese, S. 135f.

haus, dem die Familie Metzler 1901 schließlich auch ihre Nobilitierung durch Wilhelm II. verdankt.

Als Otto Hauck im Jahr 1863 geboren wurde, war Frankfurt der führende Finanz- und Börsenplatz in Deutschland.[14] Noch bevor er in jungen Jahren ins väterliche Bankhaus eintrat, war die Stadt jedoch bereits hinter Berlin zurückgefallen, das nicht zuletzt dank seiner Stellung als Hauptstadt des neuen deutschen Reiches in jeder Hinsicht prosperierte. Seine frühere Dominanz verdankte Frankfurt in der ersten Hälfte des 19. Jahrhunderts dem Engagement seiner Banken im Staatsanleihengeschäft und seit den 1830er-Jahren beim Eisenbahnbau. Vor allem die Bethmanns und die Rothschilds als führende Häuser am Ort erlebten mit diesen Segmenten ihren Höhenflug und machten damit auch Frankfurt im internationalen Geschäft bis in die Jahrhundertmitte einmal mehr zu einem bestimmenden Faktor.

Auch das Bankhaus Hauck legte in seinen Anfängen im Jahr 1800 eine Anleihe über 100.000 Gulden auf, hielt sich

[14] Zum Nachfolgenden siehe: Erich Achterberg, Der Bankplatz Frankfurt am Main. Eine Chronik, Frankfurt 1955; ders., Frankfurter Bankherren; Bernd Baehring, Börsen-Zeiten, Frankfurt in vier Jahrhunderten zwischen Antwerpen, Wien, New York und Berlin, hrsg. v. Vorstand der Frankfurter Wertpapierbörse aus Anlass des 400jährigen Jubiläums am 9. September 1985, Frankfurt 1985; Holtfrerich, Finanzplatz Frankfurt; Hans Pohl, Das deutsche Bankenwesen (1806–1848), in: Deutsche Bankengeschichte, hg. im Auftrag des Instituts für bankhistorische Forschung e. V., Frankfurt 1982, Bd. 2, S. 13–140; Manfred Pohl, Die Entwicklung des deutschen Bankwesens zwischen 1848 und 1870, in: Deutsche Bankengeschichte, hrsg. im Auftrag des Instituts für bankhistorische Forschung e. V., Frankfurt am Main 1982, Bd. 2, S. 141–220; ders., Festigung und Ausdehnung des deutschen Bankwesens zwischen 1870 und 1914, ebd., S. 223–351; ders., Vom Hoffaktor zum Staatsfinanzier – Der Aufstieg der Rothschilds, in: Die Rothschilds. Beiträge zur Geschichte einer europäischen Familie, hrsg. v. Georg Heuberger, Sigmaringen 1994, S. 51–70; Michael Jurk, Die anderen Rothschilds: Frankfurter Privatbanken im 18. und 19. Jahrhundert, in: ebd., S. 37–50.

seitdem von Emissionsgeschäften aber fern.[15] Von dieser Hochblüte der Frankfurter Häuser ausgehend blieb dem Finanzplatz noch bis tief ins 20. Jahrhundert hinein jenes Spezifikum erhalten, das in einem außergewöhnlich starken Anteil seiner Privatbankhäuser zu sehen ist, während Berlin vor allem als Standort der neu entstandenen Großbanken hochkam. Dieser lokale Kontext war gewiss eine Bedingung dafür, dass auch Otto Hauck als Angehöriger der eingesessenen Bankiersfamilien nach dem Ersten Weltkrieg hier noch zu reüssieren vermochte. Diese relative und tradierte Stärke der Privatbanken in Frankfurt kann jedoch nicht darüber hinwegtäuschen, dass sie bei Würdigung des gesamten Bereiches des Banken- und Börsenwesens in Deutschland und Europa längst von einer Vielzahl anderer, neuer Banktypen beträchtlich marginalisiert worden waren.

Das immense Kapital, das zur Finanzierung der industriellen Revolution in Deutschland erforderlich war, ließ sich nur auf Basis der Aktie akquirieren. Privatbankiers waren es, die in Deutschland daher seit Mitte des 19. Jahrhunderts ihrerseits begannen, Aktienbanken zu gründen, so vor allem im nahen Darmstadt die Bank für Handel und Industrie und seit den 1870er-Jahren dann in großem Stil in Berlin. Die Absicht, als private Gründer und Eigner Herr über die von ihnen geschaffenen Institute zu bleiben, wurde dank der Eigendynamik, die diese neue Form des Bankings entfachte, jedoch vereitelt – schon bald sahen sich die Privatbankiers von der Entwicklung überrollt und an den Rand gedrängt.[16] Der Anteil der Privaten an den Aktiva aller Kre-

[15] Alexander Dietz, Frankfurter Handelsgeschichte, Bd. IV., Teil II, S. 691f. und 768.

[16] Manfred Pohl, Deutsche Bankengeschichte, Bd. 2, S. 159 u. 258ff.

ditinstitute in Deutschland schrumpfte von 35,3 Prozent im Jahr 1860 folgerichtig auf nur 4,4 Prozent im Jahr 1913 (wobei diese Zahlenangabe allerdings die Bedeutung der für die Privatbankiers wichtigen Vermögensverwaltung unberücksichtigt lässt); auch Frankfurt sah sich ungeachtet seiner relativen Stärke des Privatbanksektors mit einem Rückgang seiner privaten Häuser von 148 im Jahr 1895 auf 108 im Jahr 1913 konfrontiert.[17]

Dem universalen Trend musste auch Frankfurt sich somit beugen. Doch war dieser alte und bedeutende Bank- und Börsenplatz alles andere als ein Motor der Entwicklung. In Frankfurt blieb man gegenüber der Aktie und gegenüber der Industrialisierung lange skeptisch und reserviert.[18] Notierte die Berliner Börse 1847 33 Aktien, waren es in Frankfurt nur 12.[19] Mochte Frankfurt als Finanzplatz insgesamt gesehen zu diesem Zeitpunkt noch absolut führend gewesen sein, so zeigte sich doch bereits hier, dass Berlin sehr viel unbefangener und beherzter auf jene Methoden setzte, denen die Zukunft gehörte. Seit 1870 geriet Frankfurt daher ins Hintertreffen. Und als in großem Stil schließlich die Industrieaktie aufkam, wurde der Abstand zwischen beiden Bankplätzen immer offenkundiger: Hatte in diesem speziellen Segment die Frankfurter Börse noch 1880 nur 13 Papiere auf dem Kurszettel, so zählte die Berliner zur gleichen Zeit bereits 341 Stück.[20]

---

[17] Zitiert nach Ernst Max von Grunelius, Die Wiederbelebung des Frankfurter Privatkundengeschäfts, Freiburg i. B. 1925; vgl. auch Holtfrerich, Finanzplatz Frankfurt, S. 205f.

[18] Wilhelm Kalveram, Bank- und Börsenwesen, in: Frankfurt. Das Buch der Stadt, hrsg. v. Otto Ruppersberg, Frankfurt am Main 1927, S. 306.

[19] Achterberg, Bankplatz Frankfurt, S. 33; Grunelius, Die Wiederbelebung, S. 20.

[20] Ebd. und ders., Bankherren, S. 79.

Doch seit den 1880er-Jahren, in denen Otto Hauck ins Bankgeschäft eintrat, begann auch Frankfurt seine hergebrachte Reserve gegenüber der Aktie und der Industrialisierung allmählich aufzugeben. Das väterliche Bankhaus Hauck hatte sich immerhin schon an der 1854 ebenfalls auf Aktienbasis errichteten Frankfurter Bank beteiligt; Vertreter der Familie Hauck waren seit 1857 bis in die jüngere Zeit fast kontinuierlich in ihrem Aufsichtsrat vertreten. Mit der Industrialisierung war die traditionelle Handels- und Bankenstadt vor allem in ihrem unmittelbaren Umland konfrontiert worden, dessen Eingemeindung sich über kurz oder lang nicht würde vermeiden lassen, sodass Frankfurt auf diesem Wege sich längerfristig, wenn auch etwas verspätet, doch noch zur Industriestadt entwickeln würde.[21]

Vor allem die chemische Industrie – die Cassella im Osten, die Farbwerke Hoechst im Westen – spielte hier eine entscheidende Rolle. Die Entwicklung der 1863 gegründeten Hoechster Farbwerke verlief so stürmisch, dass sie bereits 1880 zur Aktiengesellschaft umgestaltet wurde. Als der Kreis der Gründerfamilien und Direktoren des Unternehmens, in dessen Händen sich das Aktienkapital in Höhe von nominell 12 Millionen Mark befand, im Jahr 1888 einen Teil davon an die Börse bringen wollte, beauftragte er damit das Bankhaus Georg Hauck & Sohn zusammen mit dem Frankfurter Bankhaus J. J. Weiller Söhne.[22] Zu diesem Zeitpunkt saß der Vater von Otto Hauck, Alexander, bereits im Aufsichtsrat des Unternehmens. Das waren die ersten Industriekontakte des Bankhauses, die heute bekannt sind.

---

[21] Holtfrerich, Finanzplatz Frankfurt, S. 177ff.; Wilfried Forstmann, Frankfurt am Main in Wilhelminischer Zeit 1866–1918, in: Frankfurt am Main. Die Geschichte der Stadt in neun Beiträgen, Sigmaringen 1991, S. 348–422.

[22] Mohr, Spurenlese, S. 126f. u. 218ff.

Nur wenige Jahre später, 1891, erlebte Frankfurt mit der großen Elektrotechnischen Ausstellung einen Meilenstein in der technischen Entwicklung der Elektroindustrie. Die in der Schweiz tätigen Ingenieure Charles Brown und Walter Boveri erbrachten durch den Bau einer elektrischen Leitung zwischen Lauffen am Neckar und dem Frankfurter Ausstellungsgelände den Beweis, dass Wechselstrom sich für die Fernübertragung von elektrischer Energie besser eignet als Gleichstrom. Kurze Zeit danach gründeten sie die Firma Brown, Boveri & Cie (BBC) mit Sitz in Baden, Schweiz, und einer Zweigniederlassung in Frankfurt. Als Kommanditäre nahmen sie mehrere Partner auf, darunter mit P. H. v. Mumm, Julius Scharff, der Metallgesellschaft und schließlich dem Bankhaus Hauck auch solche aus Frankfurt. Georg Hauck & Sohn waren mit einer Einlage von 100.000 Schweizer Franken bei einem Gesamtkapital von 3,755 Millionen beteiligt.[23]

Mit der Hoechst AG und der Beteiligung an der BBC hatte das Bankhaus Hauck seit Ende der 1880er-Jahre die Wende zur Industriefinanzierung vollzogen. Otto Hauck war daher seit seinem Eintritt in die väterliche Bank 1888 und damit von Anfang an mit der Industriefinanzierung befasst und wurde so auch von früh an in entsprechende Kontaktnetze eingebunden. Da die Quellen zu seiner Vita und zu seiner Tätigkeit rar sind, lassen sich die Schwerpunkte seiner Aktivitäten ausgehend von diesen frühen Berührungen mit den großen Industriekonzernen vor allem durch die im Lauf seines Lebens immer länger werdende Liste seiner Mitgliedschaften und Mandate in zahlreichen Aufsichtsräten, Gremien und Institutionen der

[23] Ebd., S. 127ff. u. 228ff.

Wirtschaft erschließen.[24] Wertvolle Informationen gehen darüber hinaus aus einem privaten Gästebuch hervor, das in der Familie noch vorhanden ist.[25] Es zeigt auf, wer vor dem Hintergrund seiner geschäftlichen Beziehungen zu den großen Tafelrunden in dem am Schaumainkai gelegenen Haus von Otto Hauck geladen war (wobei sich die relevanten Einträge vor allem auf die Mitte der 1920er-Jahre konzentrieren, als Otto Hauck bereits Witwer war). Geben wir zunächst einen Überblick über seine Tätigkeiten außerhalb des Bankhauses:

1. Positionen in öffentlich-rechtlichen Institutionen und Tätigkeiten mit Ordnungsfunktionen:

- Frankfurter Börsenvorstand, 1900 bis 1933, zeitweilig stellvertretender Vorsitzender
- Ehrengericht der Frankfurter Börse, seit 1904, 1924 dessen Vorsitzender
- Frankfurter Industrie- und Handelskammer, seit 1904 Mitglied, 1915 deren Vizepräsident und 1921 bis 1933 deren Präsident
- Deutscher Industrie- und Handelstag, seit 1913 Mitglied in dessen Ausschuss für Banken-, Kredit- und Geldwesen

---

24 Vgl. hierzu die Angaben aus den in Anmerkung 1 angeführten Lexikaeinträgen zu Otto Hauck. Darüber hinaus: Mohr, Spurenlese, S. 134ff.; Achterberg, Bankherren, S. 83ff.; ders., 1908–1958. Weitere fünfzig Jahre Industrie- und Handelskammer Frankfurt/M, Frankfurt am Main 1960, S. 213ff. Der Nachruf in der *Frankfurter Zeitung* v. 27. November 1934, Nr. 603, Abendblatt und erstes Morgenblatt, S. 4 und Todesanzeigen für Otto Hauck von verschiedenen Firmen in der *Frankfurter Zeitung* von Ende November 1934; In Memoriam Otto Hauck. Zur 100. Wiederkehr des Geburtstages des langjährigen Kammerpräsidenten, in: Mitteilungen der IHK Frankfurt 1. 5. 1963, S. 237. Des Weiteren wurden herangezogen: mündliche Mitteilungen von Herrn Michael Hauck und familiengeschichtliche Aufzeichnungen von Addy (Adele) Decker, geborene Hauck: Zur Geschichte des Bankhauses Georg Hauck & Sohn, maschinengeschriebenes Manuskript, S. 2 (im Besitz von Michael Hauck).

25 Im Besitz des Enkels von Otto Hauck, Michael Hauck.

– Deutscher Handelskammertag in der Schweiz, Mitglied im Hauptvorstand
– Börsenausschuss beim Reichsamt des Inneren, seit 1913 beim Reichswirtschaftsministerium; auch Mitglied in Börsen-Ehrengerichtssachen beim Reichswirtschaftsministerium
– Frankfurter Bezirksausschuss der Reichsbank

2. Aufsichtsratsmandate in der Industrie und im Handel:
– Farbwerke Hoechst, seit 1912
– Metallgesellschaft, bis zum Tod 1934
– Adlerwerke, 1915 bis 1925
– I.G. Farbenindustrie AG, 1926 bis 1933
– Lebrecht AG, Ulm und Frankfurt, 1923 bis 1934
– Schwarzschild-Ochs AG (lokal bedeutende Seidenhandlung)

3. Aufsichtsratsmandate im Finanzsektor:
– Frankfurter Hypothekenbank, seit 1905 Mitglied, 1920 bis 1928 als Vorsitzender
– Frankfurter Bank, seit 1906, 1920 als stellvertretender, 1925 bis 1928 als Vorsitzender
– Deutsche Bank
– Deutsche Phönix
– Providentia Versicherungs AG
– Frankfurter Rückversicherungs-Gesellschaft
– Frankfurter Lebensversicherungsgesellschaft
– Südwestdeutsche Festwertbank
– Allianz & Stuttgarter Verein Versicherungs-AG, bis zum Tod 1934

Diese eindrucksvolle Liste manifestiert in ihrer Vielfalt die herausragende Stellung, die Otto Hauck während seiner

Laufbahn erlangt hat. Die bereits angesprochenen Berührungen des Bankhauses Hauck mit den Unternehmen der Industrie zeigte sich hier nun darin, dass er seinem Vater 1912 in der Übernahme eines Sitzes im Aufsichtsrat der Hoechst AG nachfolgte. Das Hauck'sche Gästebuch weist dementsprechend auch Personen aus der Führungsriege dieses Unternehmens auf: Adolf Haeuser, Walther vom Rath, Wilhelm von Meister. Auch zur Cassella AG vermochte Hauck offenbar gute Beziehungen aufzubauen. Einer der Gründer dieses Unternehmens, Leo Gans, war in der ersten Hälfte der 20er-Jahre mehrfach zu Gast bei Otto Hauck gewesen, und 1925 taucht auf der Gästeliste dann auch sein Neffe Carl von Weinberg einmal auf. Es war das Jahr der Gründung der IG-Farbenindustrie, die nicht von ungefähr gerade in Frankfurt, das zum zentralen Chemiestandort geworden war, ihr Hauptquartier errichtete. Die Beziehungen, die Otto Hauck über die Hoechst AG von Anfang an zur chemischen Industrie gepflegt hatte, gipfelten 1926 daher in der Übernahme eines Aufsichtsratsmandats in diesem neuen gigantischen Industriekonglomerat.[26] Einer der bedeutendsten Figuren dieses Gremiums, Arthur von Weinberg (Bruder des zuvor genannten Carl von Weinberg), Vorstand und Großaktionär der Cassella-AG und dank vielfacher Verdienste um die Stadt Frankfurt zu deren Ehrenbürger ernannt, findet sich noch 1931 ebenfalls im Hauck'schen Gästebuch. (Sein weiteres Schicksal ist von besonderer Dramatik, insofern er als Jude nach Theresienstadt deportiert wurde, wo er 1943 umkam.)[27] Auch zwei weitere Namen auf der Gästeliste, Alfred und Richard Merton, stehen für die Beziehungen zur Großindustrie, die

[26] Heine, Verstand & Schicksal, S. 204ff.
[27] Paul Arnsberg, Die Geschichte der Frankfurter Juden seit der Französischen Revolution, Darmstadt 1983, Bd 3, 519f.

Otto Hauck unterhielt. Gemeinsam mit der Metallgesellschaft, die ihr Vater, Wilhelm Merton gegründet hatte, war das Bankhaus Georg Hauck & Sohn wie erwähnt bereits 1891 Mitkommanditär bei Brown, Boveri & Cie. Als die Metallgesellschaft in einem Konsortium mit anderen Partnern aus Frankfurt und Berlin 1906 die Berg- und Metallbank gründete, beteiligte sich das Haucksche Bankhaus einmal mehr auch an dieser Unternehmung.[28] Es war daher nur folgerichtig, dass Otto Hauck somit auch im Aufsichtsrat der Metallgesellschaft vertreten war. Ebenso resultierte aus seiner Freundschaft zu Heinrich Kleyer, dem Pionier der Fahrrad-, Schreibmaschinen- und schließlich der Automobilproduktion, ein Sitz im Aufsichtsrat von dessen Unternehmen, den Adlerwerken.[29] All diese Mandate in der Großindustrie, vor allem in der chemischen, über die Hauck somit verfügte, weisen ihn als einen in diesem Segment hoch geschätzten Partner und Ratgeber aus.

Als Privatbankier war Hauck, wie die Liste seiner Mandate zeigt, auch bei den großen Banken und in der Versicherungsbranche gut platziert. Das Ansehen, das er genoss, zeigte sich darin, dass er bei der Frankfurter Bank, aber auch bei der Frankfurter Hypothekenbank zeitweise den Vorsitz im Aufsichtsrat führte, und mit der Deutschen Bank dann auch in einer der Berliner Großbanken vertreten war. Schließlich reichten seine Verbindungen auch in die Versicherungsbranche, wo er ebenfalls Mandate einnahm. Von dieser Sparte ausgehend wurde der Finanzplatz Frankfurt 1929 durch einen großen Skandal erschüttert, als die Frankfurter Versicherungs-AG, die Favag – eines der führenden Unternehmen der Branche in Deutschland – wegen

[28] Achterberg, Bankplatz, S. 108ff.; Mohr, S. 81f.
[29] Ebd., S. 158f.

unlauterer Geschäftsmethoden des Vorstandes ihren Zusammenbruch erlebte. Es war dies eines der seltenen Exempel, an dem auch das Versagen des Aufsichtsrates offen zutage trat, was dramatische Folgen wie staatsanwaltschaftliche Ermittlungen auch gegen Aufsichtsräte, Veränderungen im Aktiengesetz und die Einführung der Funktion des Wirtschaftsprüfers nach sich zog.[30]

Die Allianz, in deren Aufsichtsrat Otto Hauck saß, übernahm seinerzeit das Versicherungsgeschäft der Favag. Man darf davon ausgehen, dass er diesen Vorgang, der in glänzenden Recherchen von der Frankfurter Zeitung aufgedeckt wurde und der dem Finanzplatz großen Schaden zufügte[31], aufmerksam verfolgt hat. Verschiedene Frankfurter Bankhäuser verloren aufgrund ihrer Kreditgeschäfte mit der Favag viel Geld; das Bankhaus Hauck (auch das Bankhaus Metzler) waren davon nicht betroffen.[32]

Die bedeutendste seiner Funktionen aber war gewiss die des Präsidiums der Frankfurter Industrie- und Handelskammer, die er von 1921 bis Anfang 1933 einnahm. Abgesehen davon, dass er, wie erwähnt, nicht der erste seiner Familie war, der dieses Amt bekleidete, war die Übernahme dieser Position sicher Resultat des Ansehens, das seine Familie und er selbst in der Stadt genossen. Auch diese herausgehobene Funktion findet im privaten Gästebuch deutlich ihren Niederschlag. Zu den ständigen Teilnehmern der Tafelrunde im Hause Hauck gehörten sein Stellvertreter Wilhelm Hof-

---

[30] Barbara Eggenkämper, Gerd Modert, Stefan Pretzlik, Die Frankfurter Versicherungs-AG 1865-2004, München 2004; Herbert Alsheimer, Die Krise der Frankfurter Versicherungs-Aktiengesellschaft – Anlaß zur aktienrechtlichen Prüfung im Deutschen Reich, in: ders., Wirtschaftsstandort Frankfurt am Main. Streiflichter aus der Geschichte, Obertshausen 1990, S. 93–103.

[31] Erich Achterberg, Fünf Jahrzehnte Frankfurter Wertpapierbörse, 2. Aufl. (Frankfurt) 1962, S. 21.

[32] Mitteilung von Michael Hauck.

mann-Bang und der Syndikus der Handelskammer, Professor Hans Trumpler; mit Konsul Karl Kotzenburg und dem Unternehmer Professor Bernhard Salomon saßen wiederholt auch weitere führende Köpfe der Kammer mit am Tisch. Auch Ludwig Landmann, zunächst als Wirtschaftsdezernent, seit 1924 als Oberbürgermeister verkehrte im gastfreien Haus des Handelskammerpräsidenten.

Der Bankier Oskar Oppenheimer (auch er dank der NS-Zeit heute weitgehend vergessen) kam in seiner Eigenschaft als Vorstandsvorsitzender der Frankfurter Börse, dessen Stellvertreter in dieser Position Hauck war, häufig mit dazu, wie überhaupt verschiedene Persönlichkeiten aus dem Kreis der Frankfurter Privatbankiers im Hause Hauck präsent waren – so aus den Familien Metzler, Bethmann, Grunelius und Speyer (vor allem Eduard Beit v. Speyer) sowie der Anwalt Oswalt, dessen Tochter sich mit dem Sohn Otto Haucks verheiratete. Vertreter verschiedener Behörden, vom Landrat über Vertreter der Ministerialbürokratie bis hin zum preußischen Finanzminister Höpker-Aschoff (am 14. Juli 1926) tauchen auf; am 27. Juni 1925 gab sich schließlich sogar Reichsbankpräsident Hjalmar Schacht die Ehre und blieb im Haus Hauck offenbar auch über Nacht. Dass sich zu Beginn des Jahrhunderts, also noch zu monarchischer Zeit, auch Damen des hessischen Landgrafenhauses – darunter mit Margarethe, der Ehefrau von Friedrich Karl von Hessen aus der Rumpenheimer Linie, eine Schwester Kaiser Wilhelms II. – eingefunden hatten, unterstreicht nur den gesellschaftlichen Rang, den die Familie Hauck genoss.[33]

[33] Zu Otto Hauck als Mitglied der sehr noblen „Bohnenrunde“ siehe mit einer aufschlussreichen Abbildung Andreas Hansert, Geschichte des Städelschen Museums-Vereins, Frankfurt 1994, S. 87.

Nimmt man die früher erwähnten Personen, die auf der Gästeliste auftauchen, sowie die geschäftlichen Beziehungen, für die sie stehen, hinzu, so wird angesichts dieser Aufzählung deutlich, wie prominent Otto Hauck im gesellschaftlichen, politischen und wirtschaftlichen Leben der Stadt und darüber hinaus präsent war.[34] Dass daraus die Berufung in die Position des Handelskammerpräsidenten erwuchs, war nur folgerichtig. In dieser herausgehobenen Stellung konnte und musste Hauck Fragestellungen und Probleme des Wirtschaftslebens, die von allgemeiner Bedeutung waren, gegenüber der Öffentlichkeit und gegenüber der Politik ex officio zum Thema machen. Eine der wichtigsten Initiativen, die in seiner Amtszeit in gemeinsamer Aktion mit dem Magistrat der Stadt Frankfurt vom Präsidium der Kammer ausgingen, war eine Denkschrift an die preußische Staatsregierung im Jahr 1925, die zum Ziel hatte, die strukturell ungünstige Stellung Frankfurts in Preußen und im Reich zu verbessern.[35]

Der Verlust der städtischen Selbständigkeit 1866 klingt in dieser Schrift immer noch als Trauma der jüngeren Stadtgeschichte an; Kammersyndikus Trumpler sprach noch 60 Jahre danach von „einem schweren politischen Unrecht"[36]. Dass Frankfurt 1866 politisch und verwaltungstechnisch zur Provinzstadt degradiert worden sei, mache sich, so wurde nun argumentiert, noch in den 20er-Jahren höchst

---

[34] Vgl. ergänzend auch das Geflecht von Familienverbindungen innerhalb der IG Farbenindustrie, die Heine, Verstand & Schicksal, S. 302 darstellt.

[35] Diese Denkschrift im Institut für Stadtgeschichte Frankfurt, Magistratsakte R 134. – Analoge Gedanken veröffentlichte der Syndikus der Handelskammer, Hans Trumpler in seinem Aufsatz: Die Stellung Frankfurts in Reich und Staat, in: Jahrbuch der Frankfurter Bürgerschaft 1926, hg. v. Oberbürgermeister Dr. Landmann und Prof. Dr. Trumpler, Frankfurt 1926, S. 5-8.

[36] Ebd., S. 6f.

nachteilig bemerkbar. In der Tat hatten Kammer- und Gerichtsbezirke, Strukturen bei der Post- und Eisenbahnverwaltung u. a. nicht mit dem Wachstum der Region mitgehalten; die aufstrebenden Industriestandorte Höchst und Griesheim gehörten damals z. B. noch dem Handelskammerbezirk Wiesbaden an.

Hier wurden von der Regierung Änderungen angemahnt und insofern auch erreicht, als diese Orte schon kurze Zeit später nach Frankfurt eingemeindet werden konnten. Ein von Kammer und Magistrat immer wieder beklagtes Problem war darüber hinaus der 1866 eingetretene Verlust der Steuerhoheit, wodurch die Stadt im Verhältnis zu anderen Kommunen überproportional große Steuerbeträge nach Berlin abführen müsse. Noch in einem Schreiben aus dem Jahr 1931 monierte Hauck, Reich und Staat würden Frankfurt immer bloß als „melkende Kuh" behandeln, und beklagt insbesondere die Hauszinssteuer, die den Wohnraum so verteuere, dass es trotz Wohnraumnot zu Leerständen käme und dem ortsansässigen Handwerk Beschäftigungsmöglichkeiten verloren gingen.[37]

In der Denkschrift von 1925 finden sich schließlich auch Abschnitte, in denen im engeren Sinne auf die Situation des Bank- und Finanzplatzes Bezug genommen wird. Es ist anzunehmen, dass Hauck, da fachlich zuständig, auf deren Formulierungen selbst stärkeren Einfluss genommen hat, während das Dokument ansonsten zu großen Teilen sicher von Oberbürgermeister und Magistrat der Stadt verfasst worden ist. Als am 25. November 1925 eine Frankfurter Delegation – an ihrer Spitze, neben Oberbür-

[37] Schreiben an den Chefredakteur der Frankfurter Nachrichten vom 12.03.1931, in: Hessisches Wirtschaftsarchiv Darmstadt 3/4550.

germeister Landmann, in seiner Eigenschaft als Kammerpräsident auch Hauck – in dieser Angelegenheit nach Berlin reiste, um ihr Anliegen der preußischen Regierung unter Otto Braun auch persönlich vorzutragen, war es Hauck, der dem Ministerpräsidenten und seinen Fachministern diesen Punkt vortrug.[38]

Infolge von Kriegsfinanzierung und Inflation seien die Substanzverluste des Bankierstandes in keiner anderen Stadt so gewaltig wie in Frankfurt, beklagte er. Frankfurt und seine Bürger hätten sich, so wurde auch in der Denkschrift argumentiert, an der Kriegsfinanzierung übermäßig beteiligt und vor allem ihren wertvollen Besitz an Auslandspapieren, die zu Devisen gemacht wurden, eingebracht.[39] Dazu ist anzumerken, dass das Devisengeschäft, in dem die Privatbanken stark engagiert waren, während des Krieges auf die Großbanken eingeschränkt wurde, was die Privatbanken in Deutschland generell in einen Wettbewerbsnachteil brachte.[40]

Die Frankfurter Denkschrift führte zu diesem Thema gesondert aus, dass das für diese Zeit typische Devisengeschäft sich in Frankfurt erst in der Entwicklung befunden und es unermüdlicher Bemühungen der hiesigen Privatfirmen bedurft habe, um Frankfurt diesen Geschäftszweig zu erschließen. Die Reichsregierung habe es jedoch auch hier unterlassen, Frankfurt in dem Maße zu unterstützen, wie es seine Bedeutung als Finanzmittelpunkt Süd- und

---

[38] Protokoll dieses Treffens im Institut für Stadtgeschichte Frankfurt, Magistratsakte R 134.

[39] Dazu auch Holtfrerich, Finanzplatz Frankfurt, S. 216f.

[40] Klaus A. Donaubauer, Privatbankiers und Bankenkonzentration in Deutschland von der Mitte des 19. Jahrhunderts bis 1932 unter besonderer Berücksichtigung der Übernahme und Kommanditierungen der Bayerischen Hypotheken- und Wechsel-Bank und der Bayerischen Disconto- und Wechsel-Bank, Frankfurt 1988, S. 184.

Südwestdeutschlands erfordert hätte. Bei der ersten Einführung des Einheitskurses für ausländische Zahlungsmittel sei es trotz der Bemühungen der Handelskammer und des Börsenvorstandes nicht möglich gewesen zu erreichen, dass die Reichsbank bei der Abwicklung des Devisengeschäfts auch in Frankfurt intervenierte.

So sei es gekommen, dass Frankfurt in der Devisennotierung ganz ähnlich wie kleinere unbedeutende Provinzplätze auf die Berliner Notiz und den Berliner Markt angewiesen gewesen sei. Erst bei der zweiten Einführung der Einheitskursnotiz sei es unter Ausnutzung privater Beziehungen gelungen, Frankfurt in diesem Punkt besser zu stellen als beispielsweise Stuttgart oder München. Neben dem für die Frankfurter Banken nachteiligen Geschäft mit den Devisen hatte Frankfurt weitere ungünstige Entwicklungen hinzunehmen: der Handel mit festverzinslichen Wertpapieren, der eine Spezialität seiner Börse gewesen war, war durch die Nachkriegsinflation zur Bedeutungslosigkeit geschrumpft.[41]

Der Geld- und Kapitalverlust in Folge von Krieg und Inflation war in Frankfurt jedenfalls dramatisch, was insbesondere auch die in wilhelminischer Epoche hier besonders ausgeprägt entstandene Schicht wohlhabender Privatiers und Rentiers denkbar hart traf.[42] Für die Pro-

---

[41] Holtfrerich, Finanzplatz Frankfurt, S. 216f.

[42] Der Frankfurter Bankier und Finanzwissenschaftler Albert Hahn (1889–1968) bemerkte zu diesen Vorgängen aus eigener Anschauung: „Ich bin ein Kind des neunzehnten Jahrhunderts und einer bürgerlichen Welt, die den Sinn für den Gelderwerb weitgehend verloren hatte und (…) der Vermögensvernichtung durch die Inflation nach dem ersten Weltkrieg nicht nur kenntnis-, sondern auch tatenlos gegenüberstand. Die Vermögen der Kreise, aus denen ich stamme, waren weit größer, als sie zur Aufrechterhaltung des im übrigen relativ bescheidenen bürgerlichen Lebensstandards erforderlich waren. Man interessierte sich deshalb jahrelang nicht für die Kaufkraft der Währung und wurde von der Panik erst in einem späteren Zeitpunkt ergriffen." (Zitiert nach Achterberg, Frankfurter Bankherren, S. 69.)

vinzbanken sei, wie es in der Denkschrift weiter heißt, die Rentabilitätsfrage fast unlösbar geworden. Die oben vorgetragene Einschätzung Haucks, auch der Stand der Bankiers habe hier stärkere Verluste erlitten als andernorts, ist sowohl von Zeitgenossen[43] als auch in der historischen Forschung allerdings nicht unwidersprochen geblieben.[44]

In der Tat hatte nach einem jahrzehntelangem Rückgang die absolute Zahl der Privatbanken sowohl Frankfurt als auch in Deutschland gerade während des Krieges und der Inflation wieder zugenommen; Anfang der 20er-Jahre entstanden allein in Frankfurt jedes Jahr fast zehn neue Privatbankinstitute, sodass die Zahl von 108 im Jahr 1913 auf 125 im Jahr 1923 expandierte und einzelne Bankhäuser wie etwa Gebrüder Bethmann die Zahl ihrer Angestellten mehr als verzehnfachten, während für Georg Hauck & Sohn immerhin eine Verdoppelung von 15 auf 30 genannt wird.[45]

Doch sah man in diesem Trend teilweise eine Scheinblüte, die sich nicht zuletzt dem Aufkommen so genannter „Winkelbanken", die für unseriöses Geschäftsgebaren standen, verdankte.[46] Gegenüber dem universalen Trend, dass die Privatbanken im Vergleich zu den Großbanken, den Genossenschaftsbanken, den Sparkassen und anderen neuen Banktypen auch in den 20er-Jahren weiter zurück-

---

[43] Wilhelm Kalveram, Bank- und Börsenwesen, in: Frankfurt. Das Buch der Stadt, hg. v. Otto Ruppersberg, Frankfurt 1927, S. 306-311.

[44] Holtfrerich, Finanzplatz Frankfurt, S. 197, vermutet in etwas vage gehaltenen Formulierungen, der Frankfurter Bankiersstand sei von der Inflation weniger hart betroffen gewesen; Keith Ulrich, Aufstieg und Fall der Privatbankiers. Die wirtschaftliche Bedeutung von 1918 bis 1938, Frankfurt 1998, S. 2f.

[45] Sämtliche Zahlen in: Ernst Max von Grunelius, Die Wiederbelebung des Frankfurter Privatkundengeschäfts, Freiburg i. B. 1925, S. 30f. und im Anhang; analoge Zahlen für ganz Deutschland nennt Johannes C. D. Zahl, Der Privatbankier, Frankfurt 1963, S. 40: 1121 Privatbanken im Jahr 1913, 1406 im Jahr 1925.

[46] Donaubauer, Privatbankiers, S. 181 u. 190.

fielen und sich allenfalls in bestimmten Nischen zu behaupten vermochten, konnte man sich gewiss nicht verschließen.[47] Denn schon zwischen 1925 und 1929 wurde die Zahl der Privatbanken im Deutschen Reich von 1.406 auf etwa 1.100 verringert, und die schwere Bankenkrise von Anfang der 30er-Jahre, in der die vom Zusammenbruch bedrohten Großbanken, nicht aber die Privatbanken Stützungsaktionen durch die Reichsregierung erfuhren, tat ein Übriges, um die Privatbanken kräftig weiter zu dezimieren, sodass 1933 nur noch 709 gezählt wurden.[48] Ungebrochen setzte sich dieser Trend in der NS-Zeit fort, da wegen des hohen Anteils der Juden unter den Privatbankiers und der generellen Abneigung der Nazis gegen das Finanzkapital dieser Stand besonders gefährdet war.

Wie stark Otto Haucks Bankhaus selbst von dieser Entwicklung betroffen war, lässt sich mangels Quellen und einschlägiger Literatur nicht feststellen, wie überhaupt über seine individuelle Geschäftspolitik nicht viel bekannt ist. Als alteingesessenes und anerkanntes Institut hatte es gewiss einen großen Vorteil. So gehörte es z. B. zum exklusiven Kreis jener Häuser in Frankfurt, die am Abrechnungsverkehr mit der Reichsbank beteiligt wurden (was nur für ca. 10 Prozent der Privatbanken am Ort zutraf).[49]

Zudem profitierte es von seinen seit Jahrzehnten aufge-

---

[47] Vgl. eine in der Literatur vielfach zitierte, von der Deutschen Bundesbank erstellte Liste der verschiedenen Banktypen in Deutschland im Jahr 1924. Den 1406 Privatbanken standen demnach z. B. 1170 Volksbanken, 2622 Sparkassen oder 18445 ländliche Kreditgenossenschaften gegenüber. Hier zitiert nach: Karl Erich Born, Vom Beginn des Ersten Weltkrieges bis zum Ende der Weimarer Republik (1914–1933), in: Deutsche Bankengeschichte, hg. im Auftrag des Instituts für bankhistorische Forschung e. V., Frankfurt 1982, Bd. 3, S. 73. Zu den vielfältigen Ursachen für den Bedeutungsrückgang der Privatbankhäuser siehe Kapitel 5 bei Donaubauer, Privatbankiers, S. 181ff.

[48] Born, Vom Beginn des Ersten Weltkriegs …, S. 75; Zahl, Der Privatbankier, S. 40f.

[49] Grunelius, Die Wiederbelebung, S. 81f.

bauten und gepflegten Kontakten zur Industrie, zumal zur IG-Farbenindustrie, die den Wirtschaftsstandort Frankfurt auch in Relation zum überdominanten Berlin sehr stärkte.[50] Bei diesem mächtigen Konzern war das Bankhaus Hauck mit einer Quote von 5 Prozent am Emissionskonsortium beteiligt, was ein sehr lukratives Geschäft war. Unter den Auspizien des NS-Regimes sank diese Quote 1933 freilich auf null, die Geschäfte wurden von anderen Häusern übernommen, die mit den neuen Machthabern kompatibel waren.[51] Kreditgeschäfte mit der Industrie hat das Bankhaus Hauck in der Weimarer Zeit nicht abgeschlossen; man blieb auf das Investment- und Wertpapiergeschäft konzentriert.[52]

Der Nazismus wurde Otto Hauck auch persönlich gefährlich. Wegen seiner Großeltern mütterlicherseits, die allerdings schon fast 100 Jahre zuvor zum evangelischen Glauben konvertiert waren, galt er den Nazis als „Halbjude". Schon 1930 war er von den sich abzeichnenden Entwicklungen beunruhigt und zeigte sich daher bereit, einen von dem Zentrumspolitiker und Redakteur Heinrich Scharp initiierten Aufruf zur Abwehr des Antisemitismus, der auch von Persönlichkeiten wie Friedrich Dessauer mitgetragen wurde, zu unterzeichnen.[53]

Das hohe Ansehen, das Hauck sich erworben hatte, wollte die Handelskammer würdigen, indem ihre Mitgliederversammlung auf Veranlassung eines stellvertretenden Präsidiumsmitglieds den Beschluss fasste, ihren Präsidenten zum 70. Geburtstag, der am 10. April 1933 anstand, die Goldene Medaille, die nur für besondere Verdienste

---

[50] Keith, Aufstieg und Fall, S. 2f.
[51] Mitteilung von Michael Hauck.
[52] Mitteilung von Michael Hauck.
[53] Hessisches Wirtschaftsarchiv Darmstadt: 3/4550.

vergeben wurde, zu verleihen.[54] Als man diesen Beschluss am 3. Februar des Jahres fällte, war Hitler bereits an der Macht, sodass die Pressionen der neuen Machthaber noch ihre Wirkung tun sollten, bevor man die geplante Ehrung vollziehen konnte. Haucks Stellvertreter im Präsidentenamt, Hofmann-Bang, traf sich am 30. März des Jahres an einem neutralen Ort mit jüdischen Geschäftsleuten, um zu beraten, wie auf die geplanten Boykottaktionen zu reagieren sei. Diese Versammlung wurde von einer SS-Einheit gestürmt. Die SS-Leute bedrohten Hofmann-Bang mit dem Revolver, verhafteten alle Beteiligten und trieben sie bei hellem Tag im Laufschritt durch die Straßen der Stadt zum Polizeipräsidium, wo sie verhört und verwarnt wurden; Gauleiter Sprenger verkündete wenige Stunden später auf einer Kundgebung der NSDAP auf dem Römer, er selbst habe die Aktion veranlasst.[55]

Zwei Tage später legten alle Mitglieder des Präsidiums, an ihrer Spitze Otto Hauck, ihr Amt nieder. Das Regime ließ verbreiten, dies sei „freiwillig" geschehen, und die Einsetzung des Nationalsozialisten Dr. Lüer zunächst als kommissarischem (und später bestätigtem) Leiter sei mit dem Einvernehmen der Zurückgetretenen erfolgt.[56] Ange-

---

[54] Hessisches Wirtschaftsarchiv Darmstadt: 3/4555.

[55] Bericht über diese Vorfälle von Hofmann-Bang in: Hessisches Wirtschaftsarchiv Darmstadt, 3/4555. Siehe auch die Artikel „Vor dem Boykott" in den Frankfurter Nachrichten v. 31.03.1933. und „Versammlung jüdischer Geschäftsleute gesprengt" in Frankfurter Zeitung v. 31.3.1933, Abendblatt und erstes Morgenblatt. Der Frankfurter jüdische Rechtsanwalt Ludwig Heilbrunn wurde Augenzeuge der Vorgänge, vgl. Ludwig Heilbrunn, Eine Lebens-Skizze 1870–1936, Institut für Stadtgeschichte Frankfurt: S5/249, Bl. 333. Vgl. auch Dieter Rebentisch, Frankfurt am Main in der Weimarer Republik und im Dritten Reich 1918–1945, in: Frankfurt am Main. Die Geschichte der Stadt in neun Beiträgen, Sigmaringen 1991, S. 489.

[56] Frankfurter Zeitung v. 2. April 1933, Abendblatt, erstes Morgenblatt; am 5. April 1933 dann auch die Handelskammer in ihrem offiziellen Mitteilungsblatt, siehe Reproduktion in: Mohr, Spurenlese, S. 136f.

sichts der unmittelbar zuvor auf offener Straße stattgehabten Vorfälle wird diese Meldung selbst damals in der Öffentlichkeit auf wenig Glaubwürdigkeit gestoßen sein.

Was nun an dem wenige Tage später erfolgten 70. Geburtstag Otto Haucks geschah, lässt sich nicht sicher feststellen. Die Frankfurter Tageszeitungen würdigten seine Verdienste[57], wobei die Frankfurter Zeitung bemerkte, die Kammer habe beschlossen, ihm die Goldene Medaille zu verleihen. Ob der Artikel damit aber nur nüchtern die Tatsache des „Früher", am 3. Februar bereits gefassten Beschlusses referierte, oder ob die von Richard Scheibe im März des Jahres tatsächlich angefertigte Medaille auch ausgehändigt wurde, bleibt offen. Der Familienüberlieferung zufolge hätte die Kammer die bereits Jahre zuvor ebenfalls von Richard Scheibe angefertigte Büste Otto Haucks, die in der Handelskammer aufgestellt gewesen war, zurückgeschickt (sie steht heute im Bankhaus Hauck & Aufhäuser).

Alle diese Hinweise sprechen für einen unwürdigen und erzwungenen Abschied aus dem Amt. In einem Brief an einen wegen jüdischer Herkunft entlassenen ehemaligen Mitarbeiter sprach Hauck diesem in jenen Tagen Mut und persönliche Unterstützung zu und verlieh der Hoffnung Ausdruck, es möge in den Anschauungen der regierenden Kreise recht bald eine Änderung Platz greifen, damit es ohne Ansehung des Glaubensbekenntnisses wieder heiße, freie Bahn dem Tüchtigen.[58]

Wie sehr er damit, wie so viele, die reale Dynamik des neuen Systems unterschätzte, musste er in seinen letzten Konsequenzen nicht mehr erleben. Ein jahrelanges schwe-

---

[57] Frankfurter Generalanzeiger vom 11.4.1933; Frankfurter Zeitung vom 12.4.1933 sowohl im Handelsblatt als auch (mit Bild) im Stadtblatt.

[58] Brief an Kurt Battsek aus dem Nachlass desselben. Eine Fotokopie wurde mir dankenswerterweise von Prof. Rebentisch zur Verfügung gestellt.

res Krebsleiden brachte ihm eineinhalb Jahre später am 25. November 1934 den Tod. Während einmal mehr die Frankfurter Zeitung ihm zwei Nachrufe widmete, einige der Firmen, in deren Aufsichtsräten er gesessen war, sich in eben diesem Blatt durch Traueranzeigen zu ihm bekannten und eine große Trauergemeinde sich um seinen Sarg versammelte (160 Kränze), vermied die Handelskammer eine öffentliche Würdigung und beschränkte sich auf ein Kondolenzschreiben an die Familie.[59]

Die vorläufige Darstellung der vielfachen Positionen und Verflechtungen, in die Otto Hauck eingebunden war, lässt somit eine bedeutende Persönlichkeit hervortreten; in der wirtschaftshistorischen Forschung hat sie noch kaum die ihr gebührende Würdigung erfahren."

Käthe Heisterbergk

Die Anna-Schmidt-Schule, zunächst eine reine Mädchenschule, spielte in meiner Familie eine große Rolle, aber auch für ganz Frankfurt. Die Schwestern meines Vaters und meiner Mutter waren dort Schülerinnen und auch untereinander befreundet. Erst viel später kam die verwandtschaftliche Beziehung dazu. Auch meine beiden Schwestern kamen in die Anna-Schmidt-Schule. Leiterin war damals Frau Dr. Heisterbergk. Sie wurde am 1. September 1928 Direktorin der Anna-Schmidt-Schule, nachdem sie aus Buenos Aires, wo sie die deutsche Schule gegründet und geleitet hatte, nach Hamburg zurückge-

---

59 Nachrufe Frankfurter Zeitung v. 27. 11.1934, Nr. 603, Abendblatt und erstes Morgenblatt, S. 3 und S. 4. Im gleichen Blatt über die Trauerfeier am 1.12.1934. Kondolenzschreiben in: Hessisches Wirtschaftsarchiv Darmstadt 3/4555.

kehrt war. In Hamburg geboren, hatte Frau Heisterbergk in Paris und in Oxford studiert und promoviert und später zusätzlich in Deutschland die Examina in alten Sprachen abgelegt.

Während des Nazi-Terrors war sie eine überzeugte Gegnerin des Regimes und in ihrer Schule, der Anna-Schmidt-Schule, versammelten sich alle Kinder der dem Regime nicht genehmen Personen. Frau Heisterbergk verweigerte sich auch in Einzelfällen, Kinder dem Gesetz entsprechend zu entlassen. Es gibt die Geschichte von ihr, dass sie zu Anfang des Regimes ihren linken Arm gebrochen hatte und dass sie dann bis zum Ende den rechten Arm in einer Schlinge getragen habe, um den deutschen Gruß nicht durchführen (leisten) zu können. Jedenfalls leistete sie auf ihrem Gebiet so viel sie konnte Widerstand.

Robert von Hirsch in Frankfurt

Vortrag im Rotary Club am 15. Juni 2009

Ich freue mich, dass ich nach eineinhalb Jahren Pause wieder im Rotary Club sein kann und bitte um Verständnis, dass ich nicht schon am Essen teilgenommen habe.

Vor etwa 45 Jahren hielt ich einen meiner ersten Vorträge hier und wählte das Thema „Die Mafia in Süditalien“. Ich hatte als Quelle einen sehr seriösen und gut recherchierten Aufsatz aus dem New Yorker benutzt. So wurde über den Mord an einem von der Polizei inhaftierten Mafioso durch den Gefängnisarzt berichtet. Die Mafia befürchtete seine Zeugenaussage.

An der anschließenden Diskussion nahm Herr von Schwartzkoppen teil, Mitinhaber der Berliner Handelsgesellschaft. Er sagte fast wörtlich: „Junger Mann, Sie sind noch nicht lange im Rotary Club und vielleicht hat man Ihnen nicht gesagt, dass im Rotary Club Vorträge gehalten werden und wir keine Märchenstunde abhalten."

Und jetzt – nach bald 50 Jahren Mitgliedschaft – erzähle ich wieder eine Art Märchen aus uralten Zeiten, das mir nicht aus dem Sinn geht. Aber auch heute versuche ich, mich an Fakten zu halten, auch wenn Eindrücke und Erinnerungen natürlich subjektiv beeinflusst sind.

Und warum berichte ich entsprechend meiner Klassifikation nicht über die Finanzkrise und die Schuld der Banken? Ich war in einer persönlichen, gesundheitlichen Krise und dazu passt eher etwas Schönes und nicht die Schilderung von Stützungsaktionen, obwohl ich mit dem Rollator als Stütze ja gute Erfahrungen mache.

So habe ich also in der Reha-Klinik etwas vom früheren Frankfurt aufgeschrieben, was ja auch eine Ergänzung ist zu dem Buch, das ich jetzt herausgegeben habe.

Über Robert von Hirsch (im Folgenden RvH abgekürzt) finden sich in der *Frankfurter Biographie*[60] von Wolfgang Klötzer keine Angaben, nur über seinen Bruder Paul Hirsch (Musikbibliothek).

Hermann Fillitz schreibt im Historischen Lexikon der Schweiz[61]:

„Geboren am 13. Juli 1883 in Frankfurt am Main, gestorben am 1. November 1977 in Basel; israelitisch. Sohn des Ferdinand und der Anna geb. Mayer. Heiratete 1945 Marta Dreyfus Koch, Tochter des Louis Koch, Juwelier. 1899 Eintritt in die Lederfabrik seines Onkels Julius Mayer in Offen-

60 *Frankfurter Biographie*, hrsg. von Wolfgang Klötzer, Verlag Waldemar Kramer, Frankfurt am Main 1994.

61 Hermann Fillitz, Stichwort: Robert von Hirsch, in: http://www.hls-dhs-dss.ch/index.php.

bach, ab 1906 deren Teilhaber. 1913 vom Großherzog von Hessen geadelt. Im 1. Weltkrieg deutscher Kavallerieoffizier. 1933 nach der nationalsozialistischen Machtergreifung Auswanderung nach Basel, wo seine Firma eine Filiale betrieb und wohin er auch seine Sammlung transferieren konnte. Diese Sammlung, die er ab 1907 und vor allem in den Jahren 1920 – 33 aufgebaut hatte, enthielt Kunstwerke aus allen großen Epochen der abendländischen Kunst vom Hochmittelalter bis ins 20. Jahrhundert und gehörte zu den berühmtesten ihrer Zeit. Nach Hirschs Tod ging eine größere Zahl von Objekten geschenkweise an Basler Museen, der größte Teil wurde der Testamentsbestimmung entsprechend versteigert (bei Sotheby's 1978). 1955 wurde Hirsch Ehrendoktor der Universität Basel."

Ergänzend dazu sei noch angemerkt, dass RvH nicht wie sein Bruder Paul Abitur im Goethe-Gymnasium gemacht hat. RvH musste schon für das Geschäft seines Onkels lernen und dann dort – sehr erfolgreich – arbeiten.

Im Sotheby's-Katalog zu der großen Versteigerung seiner Sammlungen 1978 sind viele Angaben über ihn und die zur Versteigerung kommenden Kunstwerke zu finden. Sie werden darin ausführlich beschrieben. In meiner kurzen Skizze über Besuche im Haus von RvH in Basel will ich diese Daten nicht wiederholen und ich beziehe mich weitgehend auf diesen Katalog.

Warum überhaupt dieser Bericht? Für mich waren die Einladungen in die Engelgasse in Basel Reisen in die Vergangenheit, die Vergangenheit Frankfurts und der 1933 untergegangenen Kultur, die man auch als die Kultur des Frankfurter Westends bezeichnen könnte und auf die Frankfurt stolz sein kann und muss.

Meine Eltern erzählten mir oft von Besuchen bei RvH

in der Bockenheimer Landstraße vor 1934. RvH emigrierte dann nach Basel und führte dort ein ebenso kunsterfülltes wie gastliches Haus, wo ich zuerst 1947 und dann noch öfters in späteren Jahren sein Gast sein durfte. In meinem Buch „Albert Hahn – Bankier und Wissenschaftler, Ein verstoßener Sohn Frankfurts“ habe ich versucht, die Atmosphäre des Westends vor 1933 darzustellen und habe im Anhang die Besuche bei Robert von Hirsch kurz geschildert. Es war für mich reizvoll, diese nun ausführlicher zu beschreiben. Das Resultat trage ich jetzt vor.

RvH residierte bis 1933 in der Bockenheimer Landstraße (104) zwischen der heutigen Siesmayerstraße und der kleinen Stichstraße, die zum Palmengarten führt. Ein Foto der Straßenseite des Hauses war weder im Sotheby's Katalog noch im Institut für Stadtgeschichte zu finden. Nach meiner Erinnerung war es ein weißer Bau aus der Zeit des für das Westend typischen „Neoklassizismus“, also etwa 1840 gebaut. Es hatte aber eine geschwungene Fassade im Gegensatz zu den meisten anderen Häusern dieser Zeit. Zwischen Haus und Straße war Platz für einen gepflegten Vorgarten. In dem Haus soll Bismarck während seiner Zeit als preußischer Gesandter am Deutschen Bundestag gewohnt haben, also 1851–1859 (Klötzer sagt jedoch: Bockenheimer Landstraße 40).

Ich war, da 1927 geboren, zu jung, um dort noch eingeladen zu werden. Meine Eltern, zwar mit Robert von Hirsch nicht eng befreundet, waren häufiger Gast bei ihm, und ich hatte über das Haus aus den Berichten meiner Eltern manches gewusst. Umso mehr freute ich mich, als ich im Sommer 1947 mit Mario und Valérie Uzielli zum Mittagessen bei Robert von Hirsch in die Engelgasse in Basel eingeladen wurde.

Ich wohnte damals in Liestal bei Uziellis, die circa 1935 in die Schweiz emigrieren konnten, da Marios Mutter, eine Sängerin und gute Bekannte von Brahms und Clara Schumann, Schweizerin war. Mario Uzielli war Kunsthändler. So hatte er 1922 in Frankfurt eine Ausstellung des damals noch ganz unbekannten Paul Klee veranstaltet.

Wir waren also zusammen bei RvH zum Mittagessen eingeladen. Das große Haus in der Engelgasse in Basel war von einem weitläufigen Garten umgeben. Martha von Hirsch, geb. Koch, entstammte der Frankfurter Juweliersfamilie. Die Produkte der Firma hatten internationalen Ruf genossen. In erster Ehe war Martha Koch mit dem Frankfurter Bankier W. Dreyfus verheiratet gewesen. Mit Richard Dreyfus, dem Sohn aus dieser Ehe, verband mich später eine von mir sehr geschätzte Freundschaft, die bis zu seinem Tod 2004 andauerte. Auch Richard war ins Goethe-Gymnasium in Frankfurt gegangen und hatte dann in Berlin gelebt. Richard, seine erste Frau und deren ältestes Kind waren 1947 mit uns zusammen Gäste bei Robert von Hirsch. Die Gastgeberin in der Engelgasse, seine Mutter, hatte eine bedeutende Sammlung mit antikem Schmuck geerbt, über die Richard Jahrzehnte später, nach 1990, einen Katalog herausbrachte.

Im Testament von RvH waren er und seine Schwester Haupterben. Einige der Kunstwerke waren ihnen ausdrücklich vermacht worden, der Hauptteil der Sammlung sollte versteigert werden.

RvH hatte – mit Recht, wie ich meine – die Überzeugung, dass man Erben nicht eine nach eigenem Geschmack ausgesuchte Sammlung aufzwängen sollte, um jedem die Freiheit zu lassen, eigene Ideen zu verwirklichen. So kam es dann im Juni 1978 zur schon eingangs erwähnten Versteigerung der Sammlung Robert von Hirsch bei Sotheby's und vorher zu einer sogenannten Preview Party unter anderem in Frankfurt.

Aber zurück in den Sommer 1947. Vom Gartentor aus ging man durch den Garten zum Haus. Dieser Garten war von Martha von Hirsch, einer passionierten Biologin, persönlich angelegt und gepflegt und wurde von Kennern wegen seiner seltenen Pflanzen bewundert. Das Haus war groß, aber schlicht und keineswegs auffallend oder gar protzig.

Der Hausherr empfing in einem Salon, der mit Bildern französischer Impressionisten geschmückt war. Ich wiederhole, dass ich nur wenige Bilder näher beschreiben will (und aus der Erinnerung es auch nicht kann). Fast alle Bilder finden sich im Katalog von Sotheby's.

Ich habe auch von den später folgenden Besuchen immer noch ein Bild von Degas im Kopf, ein relativ kleines Bild, 36 cm x 23 cm, auf dem eine Dame im Kostüm der Zeit durch ein Fernglas das Geschehen bei einem Pferderennen betrachtet. Man sah daher keine Augen, sondern die dunklen Gläser des Fernglases.

Ein noch kleineres Gemälde ist mir ebenfalls in Erinnerung geblieben, allerdings durch einen späteren Besuch in Basel. Robert von Hirsch kaufte 1951 ein Ölgemälde von Toulouse-Lautrec, 23,5 cm x 14,5 cm. Es handelt sich um das Porträt eines Hundes, en face gemalt. Während die meisten Bilder Toulouse-Lautrecs von Menschen kritisch, manchmal fast böse und zynisch sind, ist dieses Porträt des Hundes ernst, traurig und freundlich, fast tiefsinnig und zeigt ganz erstaunlich den Hundecharakter, wie ich ihn von unseren 5 Retrievern kenne, die wir seit 1971 gehalten haben. „Je mehr ich die Menschen porträtiere, um so lieber kenne ich und male ich die Hunde", dieses Zitat könnte man beim Betrachten des genannten Bildes von Toulouse-Lautrec etwas abgeändert zitieren.

Auch bei späteren Besuchen ging ich immer in einen kleinen Nebenraum des Salons, in dem sich nur zwei Kunstwerke befanden. Ein kleiner Guardi, eine Ansicht auf das Meer bei Venedig in den für Guardi und Venedig typischen Grau-Blau-Tönen, hing über einer Kommode von David Roentgen. Ich konnte natürlich nicht wissen, dass dies „das" Roentgen-Möbel war, das nach dem Tode von RvH von Hermann Josef Abs in der Sotheby's Versteigerung für das Museum für angewandte Kunst in Frankfurt erworben werden würde. Es steht jetzt im weißen Altbau der Villa Metzler am Schaumainkai oder im weißen Neubau von R. Meyer und wurde vor wenigen Jahren in einer Spezialausstellung im Detail vorgestellt. Kustoden des Museums öffneten und zeigten mit weißen Seidenhandschuhen bekleidet die fast unzählbaren kleinen Schubladen und Vorrichtungen des schönen Möbels. Bei RvH war es geschlossen und man ahnte kaum seine große Variabilität und Kunstfertigkeit.

Nach der Begrüßung im Salon und nach einem Sherry ging man durch mehrere Räume, u.a. durch sein Arbeitszimmer. Alle waren mit kostbaren antiken Möbeln ausgestattet, überall sah man wertvolle Gegenstände des gesammelten Kunstgewerbes.

Der runde Tisch im Esszimmer bot Platz für 8 – 10 Personen. Ein großes weibliches Porträt von Modigliani beherrschte das Zimmer. Von Picasso stammte eine Sammlung von Keramiktellern. Was sonst noch an Kunst zu finden war, daran erinnere ich mich nicht mehr.

Es waren immer interessante Gäste eingeladen, mit denen man sich bestens unterhalten konnte, auf Schwyzer-, und zwar meist Basel-Dytsch, Englisch oder Französisch, Frankfurterisch und seltener Hochdeutsch. Das interessanteste Gespräch fand viel später als 1947 zwischen dem Gastgeber und Baron Heinrich von Thyssen statt, der ebenfalls durch seine große, vom Vater begonnene Kunstsammlung bekannt war und noch bekannter wurde, als er sie aus der Villa Favorita in Lugano nach Madrid, der Heimat seiner letzten Frau, verlegte. Damals war er mit einer Brasilianerin verheiratet.

Nach dem Essen konnte ich an diesem Tag im Gefolge von Heinrich v. Thyssen im ersten Stock den großen abgedunkelten Raum mit einer Vielzahl von Papierarbeiten, Aquarellen etc. ansehen, was bei keiner anderen Gelegenheit mehr der Fall war. Vertreten waren vor allem französische Impressionisten.

Wer waren die anderen Gäste?

Meist waren es Menschen mit Interesse an der Sammlung und an Kunst im Allgemeinen. Ich erinnere mich, dass ich bei späteren Besuchen Frau von der Mühl traf, die Schwester des damaligen Schweizer Botschafters in Paris, Carl Jacob Burckhardt, dem vormaligen Völkerbundkommissar in Danzig.

Im Laufe der Zeit konnte ich dazu beitragen, dass RvH seine alten engen Kontakte zum Frankfurter Städelmuseum und auch neu mit H.J. Abs, dem Vorsitzenden der Städel-Administration, aufnahm, womit er nach 1945 erst gezögert hatte. Zu tief waren bei ihm die Wunden, die durch die Nazis und die Ermordung seines Bruders im KZ entstanden waren. Durch die Kontakte zu H.J. Abs und zu dem damaligen Leiter des Städel, Prof. Holzinger, und zu Frau Dr. Stuffmann waren dann die Verbindungen zum Städel wieder so freundschaftlich geworden, dass RvH testamentarisch eine Grafik, und zwar *Fleurs et Céramique* von Henri Matisse[62], dem Städel vermachte, in Erinnerung an Georg Swarzenski, dem Direktor des Städel von 1906 – 1937 (1938 emigrierte er in die USA)[63]. RvH war, als er Swzarzenski kennenlernte, 22 Jahre alt. Angeregt und begleitet von Swarzenski fing er 1907 mit dem Ankauf eines Gemäldes von Toulouse-Lautrec an, seine Sammlung aufzubauen. Mit ihm zusammen (Swarzenski war seit 1930 Administrator des Städel) hatte RvH lange Jahre für sich und für das Städel Bilder erworben, so z.B. 1926 aus dem Besitz der Fürsten von Hohenzollern-Sigmaringen. Swarzenski war für Robert von Hirsch ein enger Freund geworden.

Darf ich hier abweichen von meinem Besuch in Basel und kurz zur Frankfurter Gegenwart kommen? Wenn Robert von Hirsch oder Georg Swarzenski Professor Holzinger als einen Nazi angesehen hätten, hätten sie den Kontakt, den sie ohne jeden Vorbehalt pflegten, nicht wiederaufgenommen. Gleiches gilt für Benno Reifenberg, den ersten Vorsitzenden der Städel-Administration nach dem Krieg. Es ist mir völlig unverständlich, warum zur Zeit eine Attacke gegen Holzinger läuft. Will man einen Gärtner zum Bock machen?

Zurück zu meinem ersten Mittagessen in der Engelgasse. Es war, wie auch später immer, eingeleitet durch eine Vorspeise: frittierte Petersilie. Mir gefiel das so gut, dass wir es bei einem Essen zu Hause als Vorspeise vorsahen. Auf den Tisch kam eine verkohlte Masse nicht erkennbaren Ursprungs. Das Geheimnis der frittierten Petersilie bei Robert von Hirsch konnte ich nie nachahmen. Von dem übrigen Teil des Mittagessens ist mir nur die einfache und hohe Qualität noch in Erinnerung. Qualität, das fand man bei den Speisen und

---

[62] „1917 […] schenkte der Sammler Robert von Hirsch *Fleurs et Céramique* [von Henri Matisse] dem Frankfurter Städel. Auch dieses Bild wurde als ‚entartet' beschlagnahmt und in Luzern versteigert. 1962 konnte es nach langwierigen Verhandlungen und einer kontrovers – auch politisch – geführten öffentlichen Debatte über Verantwortung und Wiedergutmachung zurück erworben werden." http://www.frankfurter-hefte.de/ausschnitt/kultur_05_12.html.

[63] Georg Swarzenski, s. Lebenslauf in der „*Frankfurter Biographie*".

auch bei der Unterhaltung mit den Gästen. Qualität und guter Geschmack und viel Kenntnisse, das waren wohl die Leitmotive des Hauses und des Hausherrn.

Bei RvH war eine intensive „Unterhaltung" mit einzelnen Objekten und über einzelne Objekte möglich. Das ganze Haus mit seiner Sammlung war im Größenverhältnis überschaubar und ein Betrachter wurde nicht überfordert. In einem Museum wie dem Louvre dagegen ist eine persönliche Begegnung mit einzelnen Objekten fast unmöglich.

Das war wohl das Besondere am Haus von RvH. Viele andere Sammlungen waren größer, wissenschaftlich geordneter und sicherlich musealer als das Haus in der Engelgasse. Hier war alles auf den Hausherrn, auf seine Interessen und Kenntnisse und seinen Geschmack abgestimmt und von ihm geprägt. Das Haus war wohnlich und es war bewohnt, es war nicht kahl oder protzig und nicht langweilig akademisch. Überall spürte man die Hand des Eigentümers sowie seine Persönlichkeit.

Im Verlauf meiner 82 Jahre konnte ich einige andere, von Privatpersonen zusammengetragene Sammlungen sehen, so Frick in New York, Thyssen in Lugano bzw. Madrid, Reinhardt in Winterthur.

Rückblickend und vergleichend meine ich, das Haus in der Engelgasse (und früher das Haus in der Bockenheimer Landstraße in Frankfurt) war keine „Sammlung" im engeren Sinne. Es war ein schönes kultiviertes und interessantes Wohnhaus, nach dem Geschmack des Hausherrn eingerichtet und nicht im Blick auf wissenschaftlichen Ruhm und Nutzen. Es strahlte den persönlichen Geschmack und die Interessen und Kenntnisse des Hausherrn aus, der Freunde und Interessenten daran teilnehmen ließ, aber keineswegs eine breite Anerkennung und breites Interesse suchte. Für mich sind diese Eindrücke über die Jahre hinweg lebendig geblieben und ich schreibe sie auf, um zu versuchen, sie lebendig zu halten.

Nach dem Essen wurde der Kaffee von der Haushälterin in einem Salon serviert, in dem meiner Erinnerung nach frühe italienische Werke und ein Dürer-Aquarell hingen.

Beim Gang vom Esszimmer zurück zum Hauseingang waren, wieder unauffällig, Möbel, Kunstgewerbeobjekte und antike Plastiken verwahrt. RvH bemerkte einmal, dass im Grunde dieser Teil seiner gesammelten Kunst die seltensten und interessantesten Stücke enthielt. Ein Kunsthändler bezeichnete das Kunstgewerbe als das „Herzstück". Die Zeit berichtete 1978 wie folgt:

„... Das Grubenschmelzmedaillon mit der Personifikation der „operatio" (von Hirsch) und das mit der Personifikation des „Fides" (Museum für Kunsthandwerk) sind Gegenstücke, die beiden einzigen erhaltenen Teile des Retabels des Hl. Remaklus in Stavelot, bedeutende Arbeiten der maasländischen Goldschmiede- und Emailkunst um 1150. Bei der Versteigerung der Sigmaringer Sammlung 1926 hat das Museum das eine Objekt gekauft, der Sammler das andere und eine Armilla, den Armschmuck, vielleicht vom Krönungsgewand Kaiser Friedrich Barbarossas, noch dazu. Auch diese Armilla ist eine Zimelie der Kunst der Stauferzeit – das Gegenstück hierzu, den Schmuck des anderen Armes, besitzt der Louvre ..."[64]

Durch die Sotheby's-Versteigerung wurden insbesondere die Emailschilder aus frühmittelalterlichen Werkstätten bekannt. Ich erinnere mich auch an eine Schachbrettfigur, einen König, datiert 12. oder frühes 13. Jahrhundert, die Kaiser Friedrich II darstellen soll.

---

[64] Helmut Schneider: Letzte Chance. Ausstellung „Sammlung von Hirsch in Frankfurt", Die Zeit, Nr. 15, 07.04.1978.

Beim Abschied nach dem Mittagessen hat RvH mich beim ersten Besuch 1947 und vielen weiteren in der Folgezeit aufgefordert, wieder zu kommen, was ich mit echtem und großem Vergnügen auch oft getan habe.

Ich möchte hier nicht eine Beschreibung der Persönlichkeit von RvH versuchen. Das, was ich über die Atmosphäre des Hauses in Erinnerung habe und festzuhalten versuchte, zeigt aber indirekt vieles von der Persönlichkeit des Hausherrn. Was mich besonders interessiert hätte, nämlich seine Einstellung zur Heimatstadt Frankfurt, das habe ich natürlich nie gefragt. Ich war 20 und er 60 Jahre alt, er war aus Deutschland vertrieben und für mich als einem – wenn auch unfreiwilligen – Angehörigen des untergegangenen deutschen Heeres wäre es 1947! ganz und gar falsch gewesen, dieses Thema aufzugreifen.

Hatte er wie viele andere Emigranten eine Art Heimweh nach dem Frankfurt, das er verlassen musste, das aber nach 1933 gar nicht mehr bestand und untergegangen war? Robert von Hirsch ist nie wieder nach Frankfurt gekommen. Aber die Legate seines Testaments für das Städel beweisen doch einen Rest der Verbundenheit.

Eine weitere Erinnerung an das alte Frankfurt fand man in der Engelgasse in Basel vor, das war die Sprache Robert von Hirschs. Je nach Zusammensetzung der Leute wurde reines Französisch oder Englisch oder das Schwyzerdeutsch in der Spezialform des D'Albanesisch, der Sprache des St. Alban-Viertels, gesprochen. Wenn der Hausherr aber nicht D'Albanesisch, das er bei einem Speziallehrer gelernt haben soll, sprach, sondern Hochdeutsch, so hörte man sehr stark das Frankfurterische darin, sodass z.B. das „r" fast unterdrückt war. Ich möchte diesen Frankfurter Akzent in Anlehnung an das D'Albanesisch das „Frankfurter Westend-Deutsch" nennen. Es ist mit dem alten Westend und dem alten Frankfurt fast völlig untergegangen. Für RvH war es noch die Muttersprache geblieben wie auch für viele andere Frankfurter Emigranten, die nach 1933 aus Frankfurt verstoßen worden waren und sich immer gerne in Basel bei ihm trafen.

Oft bin ich nach einem Besuch in der Engelgasse in die wenige Minuten entfernte Wohnung von Edgar Salin gegangen. Auch er war in Frankfurt geboren und in Basel ansässig und ein nicht unbedeutender Faktor des Basler Kulturlebens geworden. Bei seinen wissenschaftlichen Auseinandersetzungen mit Albert Hahn (1889–1968) – sein Freund aus Frankfurt und aus dem Goethe-Gymnasium – allerdings stand ich auf Seiten Albert Hahns und wandte mich oft gegen die Tendenz von Edgar Salin, große Unternehmen und Konzerne als besonders wichtig und förderungswürdig darzustellen.

Wenn mir in Basel Zeit blieb, so ging ich vor oder nach den Besuchen bei RvH auch noch zu Herbert Cahn, auch er ein Basler, der aus Frankfurt vertrieben war und auch er ein Goethe-Gymnasiast. Bei seinem Vater in der Münzhandelsfirma der Familie hatte er Münzhandel und hauptsächlich antike Münzen kennen gelernt und war ein international bekannter Kenner geworden.

Bei Herbert Cahn und bei seinem Sohn und Nachfolger David Cahn fanden bzw. finden sich großartige antike Großplastiken wie schönste antike Kleinkunst.

Auch die Malzgasse, in der der Kunsthandel domiliziert, war von der Engelgasse in nur fünf Minuten zu erreichen.

So fand ich 1947 und später in Basel wenige Gehminuten voneinander entfernt lebendige Spuren der 1933 untergegangenen Kultur des Frankfurter Westends wieder.

Ich fand sie auch im Roman von Silvia Tennenbaum *Straßen von gestern.*[65] Die dort lebendig geschilderte Familie Wertheimber ist in Wirklichkeit die Familie Hirsch und „… Wertheimber" ist Robert von Hirsch. Meine Erinnerungen können den Roman vielleicht ein wenig ergänzen. Durch ihre Mutter gehörte die Autorin übrigens zur Familie Hirsch.

Meine Erinnerungen wie auch der Roman von Silvia Tennenbaum zeigen, dass Frankfurt auf diese Vergangenheit und diese Kultur stolz sein kann und auch stolz und dankbar sein sollte. Das wiederhole ich mit Vorsatz.

Kurz nach der Machtergreifung Hitlers 1933 stellt RvH den Ausreiseantrag für sich und seine Sammlung und erhielt dafür die Genehmigung unter der Bedingung, dass er einen Lucas Cranach hergab. Er wurde nach 1945 an Robert von Hirsch zurückgegeben, der ihn dem Basler Museum schenkte.

Nun noch einige Zitate. Im Sotheby's Katalog steht dazu Folgendes:
„Häufige Mittagessen waren berühmt. Gäste aus allen Nationen und besonders junge Menschen wurden in seinen Kreis eingeführt. Sein klares Gefühl für Qualität, seine Freundlichkeit und sein lebendiger sense of humour erstaunten seine Gäste."

So waren Adolf Busch und Rudolf Serkin häufige Gäste. Weiterhin heißt es in der Einführung des Kataloges – nach B. Berenson, dem großen Kunsthistoriker:

---

[65] Silvia Tennenbaum, *Straßen von gestern*, Fischer TB 1997.

„Ich ... habe nur drei Sammler kennen gelernt, die wirklich wussten, was sie sammeln, und RvH ist einer davon gewesen."

Frankfurt hat ihn verstoßen und sich damit einen großen Verlust bereitet.

Nun ist das alles ja ein Teil der Geschichte Frankfurts und Deutschlands. Manchmal wundere ich mich doch und staune darüber, dass ich das alles selbst erlebt habe. Manches, so auch die Besuche in der Engelgasse, kommt mir doch, und ich komme zur Einleitung zurück, wie ein Märchen vor. Aber historische Rückblicke können die gegenwärtigen Probleme, seien es Finanz- und Wirtschaftskrise oder seien es persönlich gesundheitliche, relativieren.

Besuch bei Robert von Hirsch in Basel

(geschrieben im Frühjahr 2015)

Robert von Hirsch wurde 1883 in Frankfurt geboren, nach 1933 zur Emigration gezwungen und lebte dann bis zu seinem Tode 1977 in Basel. Er wurde größeren Kreisen erst nach seinem Tode bekannt, als bei Sotheby's 1978 seine große Sammlung von Kunstwerken, Gemälden, Zeitungen, Kunstgewerbe versteigert wurde. Natürlich war er bei echten Kunstkennern zeitlebens schon als Sammler bekannt. Auf mehr (Anerkennung, Berühmtheit) legte er keinen Wert, das hätte seinem Lebensstil nicht entsprochen.

Durch das weite Echo in den Medien, das die Versteigerung hervorrief, wurden seine Sammlung, seine Persönlichkeit und sein Lebenslauf weiten Kreisen bekannt und dies besonders auch in Deutschland, seiner Heimat, die ihn verstoßen hatte und in der ein Bruder Hirsch umgebracht worden war.

Für Deutschland hatte Hermann Josef Abs einen Zusammenschluss der kaufinteressierten Museen und die Finanzierung von Käufen organisiert und so kam auf diesem Wege ein kleiner Teil der bis 1933 in Frankfurt zusammengetragenen Kunstwerke wieder nach Deutschland zurück. Es wird gesagt, dass er, der keine eigenen Kinder hatte, vieles dem Frankfurter Städel, mit dem und mit dessen Leiter Prof. Swarzenski er sich eng verbunden fühlte, vermacht hätte, wenn sein Leben nicht den brutalen Bruch durch die erzwungene Emigration und die Verfolgung seiner Familie durch das NS-Regime erlitten hätte. Er ist nach 1945 nie wieder nach Deutschland zurückgekehrt, obgleich Basel ja nur wenige Kilometer von der Grenze entfernt liegt. An der Entwicklung des Städel hatte er dennoch weiterhin Interesse und pflegte Kontakte mit dessen leitenden Damen und Herren.

Frau Dr. Stuffmann berichtete in ihrer Abschiedsrede, dass ich Verdienste erworben hätte bei der Herstellung von Kontakten insbesondere zwischen Robert von Hirsch und H.J. Abs. Die beiden Persönlichkeiten, die durch Kenntnisse, Qualitätssinn, Freude an sprachlichen Formulierungen und Skepsis gegen Modeerscheinungen viele Ähnlichkeiten hatten, passten in der Tat gut zusammen.

Die Lebensdaten, zusammengefasst und daher unvollständig, stellen sich wie folgt dar:

Robert Hirsch wurde 1883 geboren, er starb 1977. Seine Familie war schon lange in Frankfurt ansässig. Er ging wie sein Bruder Paul ins Goethe-Gymnasium, machte dort aber kein Abitur. 1899 trat er in die Lederfabrik seines Onkels in Offenbach ein, ab 1906 war er Teilhaber. Durch kluge Dispositionen rettete er sein Vermögen über die Inflation.

Schon 1907 begann er Kunst zu sammeln (sein erstes Gemälde war ein Toulouse-Lautrec) und es entstand die erwähnte enge Beziehung zu Professor Swarzenski, der ihn beriet oder mit dem zusammen er sich für Käufe von Kunst auf den verschiedensten Gebieten für das Städel oder für seine eigene Sammlung entschied. Oft ermöglichte er durch Spenden, die aber selten publik wurden, Ankäufe für die Frankfurter Museen. 1913 wurde Robert Hirsch vom Großherzog von Hessen geadelt, nachdem sein Onkel dies zuvor abgelehnt hatte. Sein Bruder Paul blieb bürgerlich. Paul heiratete eine Tochter der Mannheimer Linie der Ladenburgs, die in Mannheim und später auch in Frankfurt ein angesehenes Bankhaus betrieb und an vielen Industriegründungen beteiligt war. Paul Hirsch emigrierte mit seiner damals schon berühmten Sammlung von Musikalienhandschriften nach Cambridge/England.

Zurück zu Robert von Hirsch: In ihrem Schlüsselroman *Yesterday's Streets* aus dem Jahr 1981 (deutsch: *Straßen von gestern*, 1983) schildert die amerikanische Autorin Silvia Tennenbaum die Familie Hirsch. Die Mutter der Autorin gehörte zur Familie Hirsch, ihr Vater war der in Frankfurt bekannte Schriftsteller Erich Pfeiffer-Belli. Die Familie Hirsch hat in dem Schlüsselroman den Namen Wertheimber. Mögen Einzelheiten nicht ganz der historischen Wahrheit entsprechen – die Autorin wuchs im Ausland (USA) auf – so ist doch die Frankfurter Atmosphäre bzw. die des Lebens einer jüdischen Frankfurter Familie im Westend sehr gut geschildert.

Meine Eltern waren vor 1933 mit Robert von Hirsch und auch mit seiner späteren Frau Martha, damals Frau

Dreyfus, geb. Koch (Tochter des Juweliers R. Koch), gut bekannt. Als ich zwischen 1946 und 1948 eine Tuberkulose-Erkrankung, die ich aus der Kriegsgefangenschaft nach Hause gebracht hatte, in der Schweiz auskurierte und den Sommer 1947 in Basel verbringen konnte, nahmen mich Uziellis einige Male mit zum Mittagessen bei Robert von Hirsch. Mario Uzielli, ein Kunsthändler aus Frankfurt, war von Robert von Hirsch beauftragt, einen Katalog der Sammlung zu bearbeiten. Dort lernte ich auch Richard Dreyfus kennen, den Sohn von Martha von Hirsch aus 1. Ehe, der mich nach 1956 anlässlich vieler beruflicher Besuche in Basel oft zu Mittag bei Robert von Hirsch mitnahm. Richard Dreyfus war Partner der Basler Privatbank Dreyfus & Söhne. Auch er war, in Frankfurt geboren, nach 1933 zur Emigration gezwungen. Übrigens war er – wie so viele Personen in diesem Buch – Goethe-Gymnasiast. Und nun komme ich endlich zu einem Besuch bei Robert von Hirsch in der Engelgasse in Basel.

Ich habe Robert von Hirsch 1947 und dann nach 1958 fast jedes Jahr besuchen dürfen. Das Haus und die Sammlung waren demjenigen in Frankfurt ähnlich, wobei die „modernen" Stücke wie Modigliani und Picasso erst in Basel und erst nach der dort geschlossenen Ehe mit Martha Dreyfus gekauft worden sind. Das Haus lag in einem von Martha von Hirsch botanisch angelegten Garten mit vielen seltenen Pflanzen. Es war wohl Ende des 19. Jahrhunderts gebaut. Man wurde von Robert von Hirsch in einem Raum begrüßt, in dem fast alle großen französischen Impressionisten zu sehen waren. In Erinnerung sind mir, ich weiß nicht warum, zwei Bilder geblieben: Ein Degas, der im Sotheby's-Katalog von 1978 mit *Lyda, Femme à la Harguette* bezeichnet wurde und relativ klein (36,2 x 23 cm) ist. Das Gesicht der schwarz gekleideten

Dame mit einem schwarzen Hut ist wohl durch ein schwarzes Fernrohr verdeckt, der Hintergrund ist rötlichdunkelbraun. Das andere Bild ist ein Toulouse-Lautrec, 23,5 x 14,5 cm groß, bezeichnet als Norface. Es zeigt einen dunklen Spaniel. In einem kleinen Nebenzimmer stand eine Röntgen-Poudreuse, die Hermann Josef Abs 1978 für das Frankfurter Kunstmuseum kaufen konnte. Daneben hing ein *Blick auf Venedig* von Guardi, auch nicht sehr groß, ca. 60 x 80 cm.

Nach dem Cocktail ging man ins Esszimmer, ich erinnere mich an ein Aktgemälde von Modigliani und an eine Skulptur aus Steingut oder Porzellan, von Picasso gestaltet und bemalt. Das Essen war immer außerordentlich gepflegt, nie zu viel. Auch hier erinnere ich mich noch an ein Detail, an frittierte Petersilie. Ich traf immer sehr interessante Menschen, so einmal den anderen großen Sammler Hans Heinrich Thyssen-Bornemisza und dessen damalige Frau. Nach dem Essen gab es Kaffee in einem Raum mit Werken von Dürer und frühitalienischen Meistern. Auf dem Weg zurück zur Garderobe oder zur Treppe in den oberen Stock sah man im Vorbeigehen Kunstgewerbe, das sehr interessant und schön war. Robert von Hirsch hat mir einmal gesagt, dass hier wohl die seltensten Stücke seiner Sammlung zu finden seien. Im Sotheby's-Katalog fand ich wieder die Schachfigur aus Elfenbein, die wohl Friedrich II. darstellt und aus dem späten 13. Jahrhundert und aus Neapel stammen soll. Sie ist nur 7,3 cm hoch.

Einmal – eben mit Hans Heinrich von Thyssen-Bornemisza – konnte ich im oberen Stock die sonst hinter Rollos lichtschonend gehängten Werke auf Papier sehen. Auch hier waren alle großen Franzosen vertreten.

Hatte Robert von Hirsch wie viele anderer Emigranten

eine Art Heimweh nach dem Frankfurt, das er verlassen musste, das aber nach 1933 gar nicht mehr bestand und untergegangen war? Robert von Hirsch ist nie weder nach Frankfurt gekommen. Aber die Legate seines Testaments für das Städel beweisen doch einen Rest der Verbundenheit.

Eine weitere Erinnerung an das alte Frankfurt fand man in der Engelgasse in Basel vor, das war die Sprache Robert von Hirschs. Je nach Zusammensetzung der Leute wurde reines Französisch oder Englisch oder das Schwyzerdeutsch in der Spezialform des D'Albanesisch, der Sprache des St. Alban-Viertels, gesprochen. Wenn der Hausherr aber nicht D'Albanesisch, das er bei einem Speziallehrer gelernt haben soll, sprach, sondern Hochdeutsch, so hörte man sehr stark das Frankfurterische darin, sodass z.B. das „r" fast unterdrückt war. Ich möchte diesen Frankfurter Akzent in Anlehnung an das D'Albanesisch das „Frankfurter Westend-Deutsch" nennen. Es ist mit dem alten Westend und dem alten Frankfurt fast völlig untergegangen. Für Robert von Hirsch war es noch die Muttersprache geblieben wie auch für viel andere Frankfurter Emigranten, die nach 1933 aus Frankfurt verstoßen worden waren und sich immer gerne in Basel bei ihm trafen.

Oft bin ich nach einem Besuch in der Engelgasse in die wenige Minuten entfernte Wohnung von Edgar Salin gegangen. Auch er war in Frankfurt geboren und in Basel ansässig und ein nicht unbedeutender Faktor des Basler Kulturlebens geworden. Bei seinen wissenschaftlichen Auseinandersetzungen mit Albert Hahn (1889–1968) – sein Freund aus Frankfurt und aus dem Goethe-Gymnasium – allerdings stand ich auf Seiten Albert Hahns und wandte mich oft gegen die Tendenz von Edgar Salin, große Unternehmen und Konzerne als besonders wichtig und förderungswürdig darzustellen.

Wenn mir in Basel Zeit blieb, so ging ich vor oder nach den Besuchen bei Robert von Hirsch auch noch zu Herbert Cahn, auch er ein Basler, der aus Frankfurt vertrieben war und auch er ein Goethe-Gymnasiast. Bei seinem Vater in der Münzhandelsfirma der Familie hatte er hauptsächlich antike Münzen kennen gelernt und war ein international bekannter Experte geworden.

Bei Herbert Cahn und bei seinem Sohn und Nachfolger David Cahn fanden oder finden sich großartige antike Großplastiken wie schönste antike Kleinkunst. Auch die Malzgasse, in der der Kunsthandel domiziliert, war von der Engelgasse in nur fünf Minuten zu erreichen.

So fand ich 1947 und später in Basel wenige Gehminuten voneinander entfernt lebendige Spuren der 1933 untergegangenen Kultur des Frankfurter Westends wieder.

Hollein und Holbein

Pressemitteilung der Stadtregierung vom 1. April 2016. Ein am 1. April 2015 gefasster Beschluss wird aus gegebenem Anlass zurückgenommen. Es handelt sich um die Umbenennung des Holbein-Stegs in „Hollein-Steg“, demgemäß wird auch in Zukunft der Name Holbein-Steg beibehalten. Kostengründe spielten keine Rolle, da die Kosten sich auf die unwesentliche Änderung eines einzelnen Buchstabens beschränkt hätten.

(Im April 2016 wurde bekannt, dass Max Hollein, Städel-Direktor, nach San Francisco wechselt.)

Hochzeitswünsche

Dr. jur Gustav Humser (1836–1918) war ein bekannter Anwalt, trug den Titel „Geheimer Justizrat“ und war langjähriger Vorsitzender der Frankfurter Stadtverordnetenversammlung. Er hatte zwei sehr hübsche und zwei recht hässliche Töchter. Dementsprechend heiratete Else (Elisabeth) Herrn Herbert Meister, später „von Meister“, den Sohn Carl Friedrich Wilhelm Meisters, Mitgründers der Meister Lucius & Brüning, später Hoechster Farben AG, dann Hoechst AG und jetzt nicht mehr existent. Die andere, Mia, heiratete Moritz Metzler, später von Metzler, Sohn von Albert Metzler und Mitinhaber der alten Bank. Die beiden anderen Töchter heirateten gar nicht.

Sie, besonders Tante Thesie, kümmerten sich aber umso intensiver um Neffen und Nichten der engeren und weiteren Verwandtschaft, so auch um die Töchter von Otto Hauck und Mathilde, geb. Metzler. Diese gegenseitige Liebe veranlasste die jungen Mädchen, jeden Abend zu beten: „Vater Humser, der Du bist im Himmel“. Als eine der Hauck-Töchter heiratete, sagte Tante Thesie, die eine der beiden unverheirateten Schwestern, zur Braut: „Wenn ich Deine scheene Aage gehabt hätt, dann hätt ich sie awwer uf en anneren geworfe!“

Thesie war nach dem Krieg 1945, als von der Familie Metzler Albert in russischer Gefangenschaft und Gustav nicht verfügbar waren, als Personalchefin sehr erfolgreich in der Bank tätig, bis in ihr hohes Alter, das sie gemeinsam mit ihrer ebenfalls unverheirateten Schwester verbrachte.

Else von Meister wohnte in einer sehr großen Villa in einem ebenfalls großen Park mit Pferde-Remisen nur einige Kilometer westlich von den Farben-Fabriken entfernt. Das Haus hat den Krieg unbeschädigt überstanden.

Eines Tages sprach sie ein Gast an, ob sie der starke Geruch von den Fabriken nicht störe. Ihre Antwort: „Solange es stinkt, gibt es Dividende." Man kann darüber gut heute noch nachdenken, insbesondere seit es in Höchst keine Hoechst AG mehr gibt. Außer an die Dividenden sollte man dabei auch an die Generationssteuer denken.

Ihre Schwester Maria (Mia) heiratete Moritz Metzler, geadelt 1900. Sie wohnten in der von Rudolf Burnitz (1788–1849) [oder dem Sohn Rudolf Heinrich Burnitz (1827–1880)] nach französischem Muster erbauten Villa am Schaumainkai. Ich habe eine für sie typische Geschichte erlebt und in Erinnerung behalten. Als sie einmal zu uns nach Hause kam, setzte sie sich in einen unbequemen Stuhl ohne Rückenlehne. Ich frage, ob sie sich nicht anlehnen wolle, dann könne sie sich einen anderen Stuhl nehmen. Ihre Antwort: „Ich lehne mich nie an."

Dies war die Haltung der Grande Dame, zu der Fräulein Humser geworden war. So erhielt sie auch bei der großen Kostümparade (kurz vor 1900) die Rolle der Kaiserin, Kaiser war Max von Grunelius. Diese Haltung behielt sie auch, als Bank und Wohngebäude Schaumainkai beim Luftangriff verbrannten und ihr älterer Sohn Albert in russischer Kriegsgefangenschaft war und sie erleben musste, dass ihre beiden Töchter vor ihr, unverheiratet, starben. Ihre Schwägerin Mathilde Hauck, geb. Metzler, war weniger widerstandsfähig und überlebte den Zusammenbruch der alten Welt 1918 nur um wenige Jahre. Sie hatte schon in den doch äußerlich sorgenfreien Jahren vor 1914 ein erstaunliches Gedicht geschrieben, das ihre Ängste und ihr Vorgefühl des Unheils eher in lustiger Weise zeigt:

„Die Welt, die ist ein Pulverfass, der Mensch sitzt mittendrauf und wenn Du es am ...glaubst, dann fliegt der Deckel auf."

Auch sonst sind schöne und gefühlvolle Gedichte erhalten. Ihr Mann Otto Hauck war eher verschlossen und zeigte selten seine Gefühle. Es gibt wenig schriftliche Zeugnisse von ihm.

Eine kurze Geschichte, die mir so gefällt, dass ich sie mehrfach in diesem Buch erzähle, stammt von Otto Hauck überliefert. Bei einer Börsenbaisse – auch das gab es schon früher – habe ihm ein Kunde gesagt: „Ach, hätte ich nur verkauft“, worauf er antwortete: „Leider gibt es nur Soll und Haben, aber kein Hätte.“ Über ihn dichtete man für seinen 70. Geburtstag, der 1933 im großen Ballsaal des Hauses Schaumainkai 47 gefeiert wurde, aber ausschließlich im Kreis der Familie folgende, für Otto Hauck so typische Strophen:

„Ja, wenn unser Otto nicht hätt gesparet wohl von früh bis spät, so wären wir schon heute wie viele Leute pleite.“

Kähne und Gänse

Es gab vor 1933 viele Familien mit dem Namen Cahn oder Kahn. Um sie etwas auseinander zu halten, erfand man die Spitznahmen De-Kahn für David Cahn, Peli-Kahn, für den mit der großen Klappe, „Vul-Kahn“ für den, der schnell aufbrauste, Or-Kahn für den mit den abstehenden Ohren und schließlich Vati-Kahn für Max L. Cahn wegen seiner sechs Kinder.

Max L. Cahn war ein guter Freund meines Vaters. 1946 entwarf er in schwierigsten Zeiten das Testament, das nur wenige, aber sehr klare Sätze enthielt und keine Probleme verursachte. Seine beiden jüngsten Söhne, Peter und Ernst, waren in der Volksschule und später im Lessing-Gymnasium in meiner Klasse. 1942 mussten sie das Lessing-Gymnasium verlassen, wobei einige Lehrer ihnen ostentativ sagten: „Auf Wiedersehen, das wird ja bald sein."

Drei der Kinder emigrierten nach England und Australien. Mit Peter Cahn verband mich eine gute Freundschaft.

Die Familie Gans hatte drei Töchter. Um sie zu unterscheiden, wurden sie – auch wieder leicht spöttisch – genannt: die Schnee-Gans, weil sie weiße Haare hatte; die Ele-Gans, wegen ihres guten Geschmacks zum Beispiel beim Hausbau; und die Arro-Gans, wohl ihres Charakters und auch des Witzes wegen.

Lela und Fritz von Maurig

Am 9. März 2010 kamen neun Vettern und Kusinen, alle Nichten und Neffen von Lela von Maurig und die Witwe ihres Bruders in Frankfurt zusammen und haben nach einem gemeinsamen Abendessen aus Erinnerungen an ihre Tante und ihre Schwägerin und deren Ehemann im Gespräch einen kurzen biografischen Überblick über das Leben von Lela und Fritz von Maurig zusammengestellt.

Ich war sozusagen als Moderator (da sehr schwerhörig, eben entsprechend nur ein moderater) tätig und will nun eine kurze Zusammenfassung versuchen. Ich ergänze sie durch einige von mir vorbereitete, aber damals nicht vorgetragene Fakten.

Am Ende des Abends wurde ein Nachruf verlesen, den der Herausgeber der Wiener Zeitung „Die Presse", Herr Dr. Otto Schulmeister, kurz nach dem Tod von Lela von Maurig veröffentlicht hat und den Ruth Almeida, die fünf Jahre in Wien bei Maurigs lebte, aufgehoben hat. Otto Schulmeister gehörte zu dem großen Kreis der Freunde von Maurigs. Der Artikel zeigt seine enge Freundschaft, ja Bewunderung und ist eine hervorragende Darstellung und Würdigung der Persönlichkeit von Lela von Maurig. Der Artikel soll hier deswegen vollständig wiedergegeben und an den Anfang gestellt werden.

Eine Dame ist gestorben. Zum Tode Lela von Maurigs
Fritz von Maurig und seine Frau Lela waren 1945/47 massgebend an Gesprächen beteiligt, die zum Wiedererscheinen der „Presse" geführt haben, Tatort: Die Wohnung der Maurigs.

Letzten Dienstag starb Lela Maurig von Sarnfeld, für ihre Freunde, Verehrer, für alle, denen sie Gutes getan hat, nur die „Frau von Maurig". Obwohl hochbetagt, kam der Tod doch unerwartet, er traf sie am Mondsee. Anteilnahme, Freude, Güte gingen von ihrem Gesicht aus, auch als Greisin blieb sie eine schöne Frau, ihr lebhafter, herzgewinnender Blick leuchtet noch jetzt nach – wer dachte da an einen so plötzlichen Abschied?

Eine Dame der Gesellschaft ist gestorben, doch sterben müssen wir alle, wozu das Memento? Noch dazu bei einem solchen Alter? Nun, Dame zu sein, versteht sich nicht von selbst, es ist so rar geworden, wie dass man von jemandem sagt, er sei ein Herr. Und auch die Gesellschaft hat sich auf die sogenannte Prominenz, oder das, was die Skandalchronik am Boulevard als solche vorgibt, reduziert. Doch Dame zu sein, hat weniger mit sozialer Stellung oder gar Geld zu tun, es ist eine leichte unprätentiöse, selbstverständliche Weise, etwas zu leben, von dem man weiss, dass es mehr ist als alle individuelle Existenz, das Glück, das man hat usw. Diese Überzeugung macht das Gesicht, das Verhalten, gibt die Noblesse des Herzens und des Geistes. Lela von Maurig war eine solche Frau.

Das Haus der Maurigs – ihr Gatte Fritz ging ihr um Jahrzehnte in den Tod voraus – war ein Treffpunkt des kulturellen Lebens. Was in den zwanziger Jahren vielleicht noch einen leisen Anhauch von Exklusivität, ja Snobismus zu haben schien, wich im Gang der Ereignisse immer mehr geistiger wie tätiger Menschlichkeit. Wie soll man mit Worten verdeutlichen, welcher Mensch da leise aus der Tür gegangen ist, welche Tür sich für immer auch für einen Wiener Salon schloss? Ein paar Namen können es vielleicht andeuten: Durch die Tätigkeit ihres Mannes lebenslang dem Haus Schoeller verbunden, fanden sich da die Hofmannsthals, Rudolf Kassner, Max Mell, C.J. Burckhardt, der Maler Faistauer, die Tänzerin Grete Wiesenthal, Ernst Molden und Paula von Preradovic, Emil Praetorius, Otto Mauer, ein Edzard Schaper. Lela Oswalt war selbst eine der ersten Studentinnen in Heidelberg gewesen, sie hörte bei Alfred Weber; ein junges Mädchen im Hörsaal stiftete damals noch Unruhe. 1914 hatte sie Fritz von Maurig, den sie aus Frankfurter Schulzeiten schon kannte, geheiratet. Sie waren zeitlebens ein glückliches Paar.

Wer sich zurückerinnert, der würdigt vor allem ihre Kunst, die richtigen Leute zusammengebracht, eine Konversation ermöglicht zu haben, die Inhalt hatte, leeres Gerede vermied. Geistige Neugierde blieb ihr bis ins hohe Alter treu, ihre persönliche Kultur bedeutete ihr immer auch zugleich, für andere da zu sein. So war sie die treibende Kraft in der Kassner-Gesellschaft, wie sie Geld zusammenbettelte, um Kindergärten und Horte zu erhalten, der Katholikentag sah sie ebenso tätig wie Dorrs Oratorium. Gerade auf junge Menschen hatte sie immer großen Einfluss, weil ihr Herz wach und jung blieb, im Zugriff der Zeit und der Jahre wuchs sie als Christin.

Nach einem so reichen Leben kann man nicht sagen,

die Erde werde ihr leicht, nein, vielmehr der Himmel, den sie erhofft hat, sei zu ihr so freundlich, wie sie es zu den Menschen war."

Otto Schulmeister in „Die Presse"

Aus heutiger Sicht ist er noch zu ergänzen; manche der genannten Personen sind für unsere heutigen Zeitgenossen wohl auch vorzustellen.

Tante Lela, wie ich sie von mir aus nennen kann und möchte, wurde am 4. Januar 1889 in Frankfurt geboren. Sie war das älteste von fünf Kindern Oswalt: Helene (Tante Lelas richtiger Name), Emmy, August, Else und Anne Marie. Die Oswalt-Kinder verbrachten ihre Jugend in der Leerbachstraße Nr. 23, eine Jugend, an die sie sich alle sehr gerne zurückerinnert haben.

Der Vater, Geheimrat Henry Oswalt, lebte zwar hinter gepolsterten Doppeltüren, war aber sehr präsent und geachtet. Als Wirtschaftsanwalt war er mit der Wirtschaft verbunden, insbesondere aber mit Wilhelm Merton, und als Kommunalpolitiker mit der Stadtverwaltung, besonders mit Oberbürgermeister Adickes. Die gepolsterte Doppeltür sollte ihn vor der Unruhe bewahren, die von den 5 Kindern (mit einer aufgenommenen Cousine Irmgard Andreae waren es 6) ausging, aber auch von seiner Frau Marie, geb. Hergenhahn, der Tochter des Frankfurter Polizeipräsidenten August von Hergenhahn. Sie war in vielen sozialen und kirchlichen Funktionen tätig und liebte es, Menschen im Hause zu haben, so wie später ihre Tochter, Tante Lela.

Edgar Salin schreibt über seine Schulzeit:
„Ebenso stark wie zum Gymnasium war vom Hause Oswalt die Verbindung zur Stadtverwaltung und zur Industrie und

zum Bankwesen; dadurch erweiterte sich früh unsere Gruppe um die Kinder dieser Honoratioren und lernten wir uns im Kreis der Eltern bewegen. Oberbürgermeister Adickes hat unter diesen einen besonders starken Eindruck hinterlassen, und im Gedächtnis blieb, wie er einmal mit einem kleinen rothaarigen, äußerst unsympathischen Herren zur Seite eintrat – das war sein Schwiegersohn, der „Rotfuchs", der Geheime Finanzrat Hugenberg. Viele Namen wären hier zu nennen – die Ladenburg und die Merton, die Ziegler und die Hirsch. Viele Namen auch von Schülern höherer Klassen, die in der Schule mit uns Jüngeren sich nicht viel abgaben, aber außerhalb uns als Con-Gymnasiasten freundlich begrüßten – die Namen von Peter Bartmann und Albert Hahn und Willi Vogelsang seien stellvertretend auch für die hier Ungenannten". [66]

Damit wird schon vorgegriffen auf das Goethe-Gymnasium, das im Lebenslauf Onkel Fritz' eine große Rolle spielte. Tante Lela ging, zusammen mit ihrer Schwester Emmy (geb. 1890) von 1898 bis 1906 in eine Klasse in die Anna-Schmidt-Schule, das damalige „Lyceum Schmidt". In ihrer Klasse – ich besitze das Schülerinnenverzeichnis – finden sich Namen wie Adickes, Ladenburg, Andreae.

Später kam auch ihre Schwester Anne Marie in diese Schule. Else wollte studieren und musste dafür Abitur machen und ging daher in die Schiller-Schule.

Etwa 1913 studierte Lela in Heidelberg als eine der ersten Studentinnen und hörte u.a. bei Alfred Weber, dem großen Volkswirt und Soziologen, und sie lernte auch

---

[66] *Unser Goethe-Gymnasium*. Erinnerungen zum Tag der Einweihung des neuen Gebäudes, hg. vom Verein Ehemaliger Goethe-Gymnasiasten, Verlag Moritz Diesterweg, Frankfurt am Main 1959, S. 58.

einige Mitglieder des Stefan-George-Kreises kennen, mit denen sie in Kontakt blieb.

1914 heiratete sie Fritz von Maurig, dessen voller Name lautete: Friedrich Maurig Ritter von Sarnfeld.

Sie kannten sich, seitdem Fritz Maurig ins Goethe-Gymnasium kam, d.h. sie lernten sich durch den gemeinsamen Mittagstisch von August Oswalt und Fritz Maurig kennen. Es gab viele Querverbindungen zwischen dem Goethe-Gymnasium und dem Lyceum Schmidt. Fritz von Maurig wurde 1889 in Karlsbad/Böhmen geboren als Sohn von Ferdinand (Friedrich)[67] von Maurig und seiner Frau Bertha, geborene von Schoeller und Schwester des Großindustriellen und Bankiers Richard von Schoeller. Friedrich von Maurig muss vor der Übersiedlung seiner Kinder Fritz und Margarethe (Gretel bzw. Nene, wie sie von der Familie genannt wurde) nach Frankfurt gestorben sein. In den Büchern des Lyceums Schmidt fand ich die Eintragung „Ferdinand von Maurig, Statthaltereirat" und dass die Geschwister in der Westendstraße wohnten. Nene war Schülerin des Lyceums Schmidt.

Ein Blick in die weite Zukunft sei hier erlaubt: Nene von Maurig, später verheiratete von Linhardt, war die Großmutter eines der bekanntesten heutigen Zeitgenossen, nämlich Niki Lauda, dem vielfachen österreichischen Weltmeister der Formel I-Autorennen.

Im Jubiläumsbuch *Unser Goethe-Gymnasium* zum 60-jährigen Jubiläum sind lediglich die Abitur-Klassen zu finden. Über Goethe-Gymnasium und Anna-Schmidt-Schule berichte ich noch an anderer Stelle in diesem Buch.

Für Fritz von Maurig waren die kurzen Jahre in Frankfurt eine Weichenstellung für sein Leben. Durch seine Ehe

---

[67] Steht mit Ferdinand in den Schülerlisten des Lyceum Schmidt.

mit Lela Oswalt trat er in die Familie Oswalt ein, der er zeitlebens eng verbunden blieb. Ebenso wie Freunde aus dem Goethe-Gymnasium wie z.B. Rudolf Brinckmann, Edgar Salin und vor allem seine Schwäger Heinz Roos und Alexander Hauck.

1914, nach Abschluss seines juristischen Studiums, konnte er endlich heiraten und das junge Ehepaar zog nach Wien, wo Fritz eine Stellung im Innenministerium antrat. Sie erlebten in Wien das Ende der k.u.k. Monarchie, den 1. Weltkrieg und sein Ende, die erste Republik mit ihren vielen wirtschaftlichen und politischen Krisen und den fast bürgerkriegsähnlichen Entwicklungen, den Einmarsch der deutschen Wehrmacht und den „Anschluss" Österreichs an das Deutsche Reich, den 2. Weltkrieg, die „Befreiung" Wiens durch die russische Armee und die Entstehung der 2. Republik, den Abzug der Besatzungsarmeen, den Beginn des wirtschaftlichen Aufschwungs und den Beginn eines neuen Europa. Wien war in dieser Zeit von einer Weltmetropole zu einer Hauptstadt eines kleinen und lange Zeit armen Landes geworden.

Beruflich verlor Fritz in den 20er-Jahren seine Stellung als Beamter. Er arbeitete dann einige Jahre in der Bank des Wiener (staatlichen) Dorotheums, bis er bei der Bank Schoeller & Co., d.h. bei seinen Verwandten, eine bessere, wenn auch im „Dritten Reich" aufgrund der „Nürnberger Gesetze" nur untergeordnete Stellung erhielt, da Lela damals als persona non grata galt.

Mit Beginn der 2. Republik mussten Fritz von Maurig und Dr. Karl Giesriegel zuerst allein die Schoeller-Bank und die Reste des einstmals großen Industriekonzerns wieder aufbauen und leiten. Die große Schoeller-Bleckmann Stahlwerke AG wurde verstaatlicht und die wichtigen Beteiligungen in der Tschechei und in Ungarn waren verloren. Trotzdem gelang es Giesriegel und Fritz von Maurig und später auch den früheren Partnern Philipp von Schoeller sen., Philipp von Schoeller jun., Fritz von Schoeller und dem jüngeren und entsprechend später erst eingetretenen Herbert von Schoeller relativ schnell, die Bank wieder aufzubauen und zur wichtigsten Privatbank in Österreich zu entwickeln.

Um die spätere Entwicklung schon hier festzuhalten, sei ausgeführt, dass – nicht zuletzt durch Vermittlung von Fritz von Maurig – in den 60er-Jahren J.G. Graf Hoyos als Partner eintrat. Ihm gelang eine starke Ausweitung des Privatkundengeschäfts. Allerdings entrierte er auch einige Geschäfte mit Risiko, und zwar das, was man heute als „Klumpenrisiko" bezeichnet, die dann für Kunden und Bank zu größeren Verlusten führten.

Fritz von Maurig hat dies glücklicherweise nicht mehr erlebt. Lela von Maurig jedoch erlebte diese verhängnisvolle Entwicklung mit, da sie mit der Familie Hoyos eng befreundet war und sie nur wenige 100 m voneinander entfernt wohnten. J.G. Hoyos musste die Bank verlassen, die in der Folgezeit allerdings völlig unabhängig von den Geschäften, die Hoyos zu vertreten hatte, noch erheblich größere Verluste erlitt. Die Partner waren schließlich gezwungen, die Bank an die Bayerische Vereinsbank zu verkaufen, die allerdings in der Bankenkrise von 2001 auch ihre Selbständigkeit verlor, sodass die Schoellerbank heute, 2010, unter italienischer Flagge (Uni Credit) läuft, aber ihre relative Bedeutung nicht wieder erlangt hat.

Zurück zum Ehepaar Maurig. Leider blieb die Ehe kinderlos und so konnte Tante Lela sich auf die Zusammenknüpfung eines großen menschlichen Netzes konzentrieren. Von den im eingangs zitierten Nachruf genannten Menschen aus wissenschaftlichen und kulturellen Kreisen stammen viele Beziehungen aus der Zeit vor dem 2. Weltkrieg.

Den 1927 verstorbenen Hugo von Hofmannsthal haben Maurigs wohl nicht kennengelernt, dagegen entstanden zur Witwe Gertrud (Gerty) von Hofmannsthal und zur Tochter Christiane, später verheiratet mit dem Indologen Prof. Heinrich Zimmer, enge Beziehungen, die deren Emigration überstanden. In den 60er-Jahren zum Beispiel wurde ich von Tante Lela bei beiden eingeführt und konnte sie in Prilau in der Nähe von Zell am See besuchen. In einem Schlüsselroman von Christiane Zimmer kommen zwei Personen namens „Peterchen“ und „Lela“ vor, die mit Sicherheit nach Tante Lela und Onkel Fritz geformt worden sind.

Kommentar zu Persönlichkeiten, die Maurigs kannten: Mir scheint, dieses Netz von Persönlichkeiten, die meist den Kreisen der Kunst-, Wissenschafts- und Literaturwelt zuzurechnen sind, entstand in der Zwischenkriegszeit, vielleicht auch im Krieg. Nach dem Krieg erweiterte sich Lela und Fritz von Maurigs Bekanntenkreis durch die Leitungsfunktion im Hause Schoeller auf die Wirtschaft. Zu nennen wären dann noch die wichtigen katholisch-kirchlichen Kreise.

Lela von Maurig war, wie der Nachruf von Otto Schulmeister zeigt, auch sehr aktiv für den katholischen Kirchentag. Und sie bereitete Menschen durch Unterricht auf den Eintritt in die katholische Kirche vor, einen Eintritt, den sie selbst auch vollzogen hatte, denn sie war ja evangelisch aufgewachsen und dann konvertiert. Für ihre Arbeit, zu der auch die Betreuung sozialer Problemfälle gehörte, hatte sie vom Vatikan einen Orden erhalten.

Nach dem Zweiten Weltkrieg öffnete sich die früher

sehr abgeschlossene Welt des Hochadels für Kontakte. So kam Fürst Joseph Schwarzenberg häufig zu Besuch.

Telefonisch entschuldigte sich der Erzbischof von Wien, Kardinal Innitzer, dass er an der Beisetzung von Tante Lela nicht teilnehmen konnte. Ich nahm zufällig seinen Anruf entgegen und war in Kenntnis der Stellung des Anrufers so verwirrt, sodass ich mit „Ja Hochwürden" antwortete. Das war ihm sicherlich seit vielen Jahrzehnten nicht mehr passiert.

Aus allen diesen Kreisen Menschen zusammenzuführen, das war Tante Lelas Leidenschaft. Ich selbst habe die Treffen in der Wohnung von Maurigs nach 1950 ab und zu erlebt, aber Ruth Almeida, die – wie gesagt – von 1940 bis 1945 bei Maurigs gelebt hat, kann sehr viel authentischer berichten.

Der Ausdruck „Salon" ist altmodisch, aber er entspricht dem, was Lela von Maurig mit Hilfe ihres Mannes kreierte. Anfang des 19. Jahrhunderts gab es in Wien mehrere solcher Treffpunkte. Einer dieser Salons wurde auch von einer Nicht-Österreicherin geführt. Ich denke an Fanny von Arnstein-Pereira, die aus Berlin stammte.[68] Damals allerdings war Wien während des Kongresses Mittelpunkt Europas und so ist der Vergleich zu relativieren.

Bei weiteren Persönlichkeiten, die Schulmeister nennt, sind kurze Kommentare vielleicht angebracht.

Carl J. Burckhardt aus Basel war ein Freund von Hofmannsthal. Er war als Diplomat in Danzig bis zum Kriegsausbruch 1939 als Hochkommissar des Völkerbundes tätig und später u.a. als Schweizer Botschafter in Paris.

---

68 Über sie findet man in Wikipedia: Franziska „Fanny" Freifrau von Arnstein (* 29. November 1758 in Berlin; † 8. Juni 1818 bei Wien) war eine Wiener Salonière und Gesellschaftsdame.

Zu Tante Lelas Kreis gehörte auch Ernst Molden, er war 1945 der Gründer der Zeitung „Die Presse“ (die heute noch existiert) und seine Frau Paula von Preradovic war eine der wichtigen Dichterinnen Österreichs in der Nachkriegszeit. In ihrem erst 1995 veröffentlichten Tagebuch beschrieb sie die letzten Kriegstage des Zweiten Weltkriegs in Wien. 1947 verfasste Paula von Preradovic-Molden die sich auf Österreich beziehenden Verse „Land der Berge, Land am Strome“. Durch Beschluss des Ministerrats wurde dieses Gedicht zum Text der Bundeshymne der 1945 gegründeten Zweiten Republik Österreich erhoben.

Otto Mauer war katholischer Priester und ein großer Förderer und Kenner der damaligen modernen Kunst.

Zu einem anderen Bekannten, dem Maler Anton Faistauer (1887 bis 1930) habe ich eine persönliche Beziehung durch Tante Lela bekommen. Sie schenkte mir testamentarisch ein Bild von ihm, das den Blick auf die Dolomiten etwa von Meran aus darstellt und das in unserem Wohnzimmer hängt. Ein etwa ebenso großes Bild erhielt Bettina Fehr und es stellt Taormina mit Blick auf den Ätna dar. Faistauer galt im Dritten Reich als entartet und seine Ausmalung des Foyers des kleinen Festspielhauses in Salzburg wurde übermalt. Erst 1945 wurde es wiederhergestellt. Seine Bilder sind in Deutschland wenig bekannt, in Österreich finden sie auf den Auktionen steigendes Interesse.

Bei unserem Familientreffen 2010 erinnerte Ruth Almeida, die viele von diesen Menschen bei Maurigs kennenlernen konnte, noch an den Philosophen Rudolf Kassner, der durch den Schweizer Mäzen Martin Bodmer emigrieren konnte.

(geschrieben am 28. Juni 2010)

Merton und die NSDAP

Das 1834 aus London nach Frankfurt gezogene Mitglied der Familie hieß Raphael Lyon Moses. 1856 nahm er den Namen Ralph Merton an. Daraufhin erzählte man sich in Frankfurt die Geschichte von wieder zwei Freunden, von denen einer aus Florenz zurückkam und der andere ihn fragte: „Hast Du dort auch den Merton von Michelangelo angesehen?"

Richard Merton, der Sohn des Gründers der MG (Metallgesellschaft) Wilhelm Merton (der wiederum ein Sohn von Ralph (Raphael) Merton war), war von 1932 bis 1933 Abgeordneter für die liberale Deutsche Volkspartei (DVP). Obwohl im Parlament schon eine starke Zahl der Braunhemden tragenden NSDAP vertreten war, gab es noch eine heftige Auseinandersetzung zwischen Richard Merton und dem Oberbürgermeister Dr. Landmann. Danach sprach ein Nazi-Abgeordneter Richard Merton an – von dem er offensichtlich wenig wusste –, ob er nicht Mitglied der NSDAP werden wolle, wo er doch so gute Argumente bringe und ein guter Rechner sei. Richard Merton habe geantwortet: Die Partei werde ihn wohl nicht nehmen, da er doch mit einer Löwenstein verheiratet sei (seine Frau war eine geborene Prinzessin Löwenstein, Wertheim und Freudenberg).

August Oswalt

Nach dem Tod von Alexander Hauck übernahm sein Schwager August Oswalt im September 1946 die Verantwortung für das Bankhaus Georg Hauck & Sohn und dessen damals 25 Mitarbeiter. Alexander Hauck hatte ihn elf

Jahre zuvor in die Firma aufgenommen – es war der Beginn von August Oswalts dritter Laufbahn.

Denn zunächst hatte er ganz andere Pläne. Seine erste „Karriere", die des Dienstes in der Kaiserlichen Armee als aktiver Kavallerieoffizier, endete 1918: Er schied als Rittmeister, ausgezeichnet mit dem Eisernen Kreuz I. Klasse, aus der Armee aus. Die zweite begann mit dem Studium der Nationalökonomie in Freiburg und der Promotion bei Adolf Weber in München. Kurz nach der Heirat mit seiner ersten, 1946 verstorbenen Frau zog er in ein Arbeiter-Viertel im Berliner Osten. Er schloss sich der SAG, der Sozialen Arbeitsgemeinschaft Berlin Ost, an, ab 1923 hauptberuflich. Von 1924 bis 1931 war er Geschäftsführer der Berliner Zentrale für Private Fürsorge. Er legte 1927 sein Examen als Jugendwohlfahrtspfleger ab und leitete von 1931 bis 1935 das Berliner Seminar für Sozialarbeiter im Pestalozzi-Fröbel-Haus – ein Ausbildungsinstitut für Sozialarbeiter. Die Arbeit als Pädagoge lag ihm. In diese Zeit fällt sein Eintritt in die Gilde Soziale Arbeit, die 1925 gegründet wurde und noch heute besteht.

Als er im Berliner Seminar für Sozialarbeiter aus politischen Gründen entlassen wurde, stand er mit seiner ersten Frau und seinen drei Kindern vor einem großen Problem. Seine Existenz war bedroht. So kam das Angebot, ins Bankhaus Georg Hauck & Sohn einzutreten, als Chance und er begann im Juli 1935 seine dritte Karriere – als Bankier in seiner Heimatstadt Frankfurt. Als er 1946 die Leitung übernahm, war das Bank-Domizil, die Neue Mainzer Straße, genauso zerstört wie die ganze Frankfurter Innenstadt. Auch die Kapitalbasis der Bank stand infrage. Viele wichtige Mitarbeiter waren im Krieg gefallen, einer im KZ umgekommen. Mit Kurt Heide traf er 1948 einen Partner, der ihn mit seiner langjährigen Tätigkeit in Banken und Industrie und seiner großen Expertise unterstütze. Es gelang viele Kunden aus dem alten Stamm zu aktivieren und neue hinzuzugewinnen. Am 31. Dezember 1961 beendete August Oswalt seine aktive Tätigkeit für Georg Hauck & Sohn – mit 69 Jahren.

Neben seinen zahlreichen Mandaten in Aufsichtsräten und Ehrenmitgliedschaften in Instituten und an Hochschulen war er auch Mitglied der hessischen verfassunggebenden Versammlung, Kreistagsabgeordneter des Obertaunuskreises und Mitglied des Gross-Hessischen Landtags (in der ersten Wahlperiode 1946 bis 1950). In seinen politischen Ämtern strebte er vor allem den sozialen Ausgleich an. Zudem war er Vorsitzender der Centrale für Private Fürsorge und auch Mitgründer und später Ehrenmitglied des Vorstandes der Gesellschaft für christlich-jüdische Zusammenarbeit.

1960 erhielt er das Große Verdienstkreuz des Verdienstordens der Bundesrepublik Deutschland von Oberbürgermeister Bockelmann. Die Stadt Frankfurt hat ihn „in Anerkennung seiner vorbildlichen Leistungen" anlässlich seines 70. Geburtstages am 17. April 1962 mit der Verleihung der Ehrenplakette geehrt.

Die Preußen kommen

1861 wurde die Freie Stadt Frankfurt, obgleich neutral, von Preußen besetzt und annektiert. Das Publikum in den Straße begrüßte begeistert die einmarschierenden Truppen und kommentierte: „Vorne hawe mer gelächelt und hinne hawe mer mit die Zähn geknirscht."

Eine Reihe, man spricht von sechs Familienvätern, soll einen Zug bestiegen haben und im Schweizer Kanton

Schaffhausen Grundbesitz gekauft haben. Dadurch wurde man damals Schweizer Bürger und blieb es bis heute, so meine Schwester durch Einheirat in die Familie Ladenburg.

In den Jahren direkt nach der Annexion herrschte noch eine starke anti-preußische Haltung vor. So erzählt man, dass auf Einladungen für Diners etc. neben RSVP (Réponse s'il vous plait) noch gestanden habe SP, was bedeutete: sans Prussiens. Allerdings habe ich so eine Einladung bei meinen alten Unterlagen der Familie nie gefunden, si non est vero est bien trovato! Und einige Jahre später entwickelte sich Frankfurt trotz oder wegen der Eingliederung in Preußen und dann ins Reich zu einer wirtschaftlich prosperierenden Stadt und gute Geschäfte waren in Frankfurt immer die besten Argumente.

Um das Jahr 1900 herum wurde (sogar) die Verleihung des preußischen Adelstitels sehr begehrt und beliebt.

Darunter fiel auch Albert Hahn, über den ich eine Dokumentation zusammengestellt habe (*Michael Hauck, Albert Hahn. Ein verstoßener Sohn Frankfurts. Bankier und Wissenschaftler.* Frankfurt 2009). 1949 sagte er: „Frankfurt ist doch die schönste Stadt der Welt". Dies Zitat zeigt richtig das ausgesprochene Heimweh von Albert Hahn und vielen anderen Emigranten der Neuzeit.

Dementsprechend entstand in der Emigration nach 1933 auch die Geschichte von den beiden Freunden, die sich in der Wohnung des einen trafen. „Bist Du verrückt, bei Dir ein Bild von Hitler aufzustellen?" „Nein", war die Antwort, „das ist zum Abgewöhnen".

Edgar Salin

Teil der bewussten Assimilierung jüdischer Familien war die Namensänderung. Von Salinger zu Salin (in Frankfurt französisch und auf der ersten Silbe betont, in Basel deutsch und auf der letzten Silbe betont ausgesprochen) ist ein solches Beispiel. Edgar Salin war, wie Fritz Flersheim, mein Vater und mein Onkel August Oswalt Goethe-Gymnasiast. Seine Schulkameraden erzählten ein wenig neidisch, dass er in allen Fächern einschließlich Sport der Primus war. Er war Volkswirt, aber gleichzeitig eine Art Universalgelehrter. Ich lernte ihn kennen, als er Professor in Basel war und dort, als nicht gebürtiger Schweizer, sogar Rektor der Universität war. Über die von ihm wiedergegründete List-Gesellschaft hatte er Einfluss auf die wirtschaftswissenschaftliche Diskussion in Deutschland nach dem Kriege gewonnen.

Mich machte Salin ein paar Jahre vor seinem Tode zum Schatzmeister der List-Gesellschaft. Er war, damals 80 Jahre alt, erstaunlich jung und aktiv. Eine seiner Doktorandinnen in Basel kurz vor Kriegsausbruch war Marion Gräfin Dönhoff. Auch Edgar Salin blieb seiner Vaterstadt Frankfurt innerlich immer verbunden.

Lilly von Schnitzler

Zu Anfang des 19. Jahrhunderts spielten einige Damen in Berlin und in Wien eine für das kulturelle Leben wichtige Rolle, und zwar über die von ihnen veranstalteten Salons – so wie Franziska „Fanny“ Freifrau von Arnstein. Vor und nach dem Krieg hatte Lilly von Schnitzler eine ähnliche Rolle in Frankfurt inne gehabt. In ihrem Hause trafen sich

Industrielle (ihr Mann war ja Mitglied des Vorstands der mächtigen IG Farben AG), Intellektuelle, Künstler.

Von besonderen Beziehungen zu Beckmann hat sie oft gesprochen und es gibt ja auch eine Reihe von Porträts von ihr. In ihrem Haus befanden sich Bilder von Beckmann.

Als Beckmann zu einem „entarteten“ Künstler erklärt wurde, war ihre Reaktion, dass sie einen Vorhang vor dem Bild anbringen ließ, der bei regimetreuen Besuchern vor das Bild gezogen wurde.

Die schöne Sammlung wurde in den 50er-Jahren an das Museum Ludwig in Köln gegeben, wo heute ein Saal nach Lilly von Schnitzler heißt. Zu Hanna Bekker vom Rath bestanden über Georg von Schnitzler verwandtschaftliche Beziehungen, aber sonst weiß ich von keiner engen Beziehung und die beiden Sammlerinnen waren auch von sehr unterschiedlichem Charakter. Meine Frau Doraline Hauck und ich durften ab und zu Gast in der kleinen Nachkriegswohnung in Frankfurt und in dem schönen Haus Lilamor in Murnau am Staffelsee sein. Meine Frau wurde von ihr „La femme au joli nom“ getauft. Eine Unterhaltung mit Lilly von Schnitzler war immer interessant. Manchmal kamen Äußerungen wie „Wenn ich von meinem Alter spreche, lüge ich immer“. Bekannt in Frankfurt und sehr begehrt waren Einladungen zu ihren Mittagessen, zu denen aber in der Regel nur die Ehemänner und nicht die Ehefrauen geladen wurden. Lilly von Schnitzler war damals 80 Jahre alt, allerdings nach ihrer eigenen Aussage, siehe oben, wohl erst 70.

Ein Frankfurter in Paris

Geheimrat Spieß heiratete eine geborene Andreae und war damit mit den Familien Metzler und Hauck verwandt. Er wohnte am Schaumainkai neben der Familie Hauck (Nr. 47) und Metzler. Er war Nachbar von Schmidt-Metzler, der am Schaumainkai 15 wohnte.

In seiner Jugend war er in Paris und verbrachte einen Abend fröhlich in den Pariser Restaurants und Bars. Auf dem Nachhauseweg verrichtete er, wie es so vornehm zu lesen ist, seine Notdurft statt in einem der typischen Pariser Pissoirs (die es nicht mehr gibt, die ich aber 1953 noch selbst kennenlernte – und benutzte) an einem Baum. Ein Polizist wollte ihn deswegen festnehmen, und es entspann sich folgendes Gespräch:

„Quel est votre nom, Monsieur?“

„Spieß, Monsieur!“

„Je ne vous demande pas ce que vous faites, mais je vous demande votre nom!“

Otto Vossler

Professor Otto Vossler lernte ich als Student an der JWG-Universität kennen, als ich seine Vorlesungen besuchte. Er war Professor für Geschichte und seine Vorlesungen zeigten eine immense Kenntnis ebenso wie einen glänzenden Vortragsstil. Dabei vermittelte er den Eindruck, und er hätte dem wohl auch widersprochen, dass er auf die Anwesenheit und die Aufmerksamkeit seiner Studenten weniger Wert legte als auf den Inhalt und die Form seines Vortrages.

Er war der Sohn des wohl noch bekannteren Romanisten Karl Vossler, der in München lehrte. Seine Frau war eine geborene Prinzessin Solms-Lich, aber auch eine geborene Schauspielerin. Ich erinnere mich an eine Hochzeit in Laubach, als sie sehr witzig und professionell einige Sketche zur Aufführung brachte. Ihre Hauptrolle spielte sie jedoch in der Fastnachtszeit als Gastgeberin und als Gastwirtin des Wirtshauses Zur Grünen Burg in ihrer schönen Wohnung im Gärtnerweg vor einem sehr exklusiven Kreis. Ich wurde – leider – nie aufgenommen, entsprach aber auch nicht den Anforderungen, die auf eine kontinuierliche Darstellung einer Charakterperson über viele Jahre hinweg abstellte. So war Prof. Dolf Sternberger der Vorsitzende der Metzgerinnung. Als er nach vielen Jahren die Rolle als erschöpft ansah und neue Pläne hatte, sandte er an alle Mitspieler der Grünen Burg eine schön formulierte Anzeige des Ablebens des Metzgers.

Ihre Durchlaucht, Frau Professor Vossler, muss ihre Rolle als Gastwirtin so gut gespielt haben, dass sie – und sie liebte es, diese Geschichte zu erzählen – eines Tages von einem Mitglied der von außen engagierten Kapelle verwarnt worden sei, sich doch bitte etwas besser zu benehmen, es seien doch einige bessere Leute unter den Gästen.

Ich selbst wollte Atemunterricht bei ihr nehmen, ein Gebiet, auf dem sie sehr erfolgreich arbeitete. Nach zwei Besuchen aber kam ich zu ihrem Ärger nicht wieder. Ich musste nämlich zur Atem-Gymnastik singen. Und das hatte ich seit meinem ersten Volksschultag nicht mehr gemusst, damals war ich als „Brummer" entdeckt und aus dem Unterricht – für immer – verwiesen worden. Beim Weihnachtslieder-Singen hat später meine Familie ähnlich reagiert.

Einmal konnte ich Vosslers helfen. Sie hatten Ärger mit den Behörden und waren viel zu entfernt von diesem

Problem, um eine Lösung zu finden. Mein Schulfreund Günter Dörr, ein sehr anerkannter Strafverteidiger, der unter anderem im Contergan-Prozess die angeklagte Firma verteidigte, war von Vosslers so positiv beeindruckt, dass er sich als Verteidiger zur Verfügung stellte und Vosslers sehr erfolgreich aus dem Problem eines „Autofahrerdeliktes" herausholte.

Otto Vossler starb 1987 in Frankfurt am Main.

Die Professoren Sternberger und Vossler – oder Das Wirtshaus Zur Grünen Burg in Frankfurt

Weder im Branchenverzeichnis noch im Guide Michelin ist ein Hinweis auf dieses heute leider wegen Todes der Wirtsleute nicht mehr existierende Wirtshaus verzeichnet. Vielleicht war es das auch niemals, da das Gasthaus nur an einem Tag im Jahr – nämlich in der Faschingszeit – geöffnet war. Die Gäste waren sehr exklusiv, ich habe nie eine Einladung bekommen, obwohl ich die Wirtsleute kannte. Aber sie wussten, dass Schauspielerei nicht meine Stärke ist und das war Voraussetzung für die Zulassung.

Die Gäste an den Abenden im Gasthaus *Zur Grünen Bur*g (Zur Grüneburg) kamen aus den Spitzen der Universität, der Journalistik und des Adels. Jeder musste eine Rolle spielen und tat dies oft über viele Jahre hinweg. Professor Dolf Sternberger zum Beispiel war als Herr Wambach Metzgermeister. Nach ein paar Jahren wollte er aber den Beruf wechseln und so sandte er eine Todesanzeige für den Metzger Wambach an alle Gäste der Grüneburg und später eine Werbung für seine neue Tätigkeit.

Gastgeber und Gastwirt war Otto Vossler, Professor für Geschichte an der Universität Frankfurt, und Ort der

Einladung war immer das Haus von Vosslers im Grüneburgweg.

Gastwirtin und nach meiner Meinung auch Herz und Motor des Gasthauses war Vosslers Frau Elisabeth, eine – wie ich bei anderen Gelegenheiten lernte – begabte Laienschauspielerin. Sie erzählte mir, dass der Chef der Kapelle, die den Abend musikalisch umrahmte, ihr einmal vor dem neuen Festabend sagte, er sei ja gerne hierhergekommen, aber er möchte doch bitten, dass sie als Gastwirtin sich doch etwas besser benähme, es seien doch auch ein paar bessere Leute unter den Gästen ihres Gasthauses. Frau Professor Vossler sagte, sie habe noch nie so viel Lob für ihre schauspielerische Leistung bekommen. Frau Prof. Vossler war eine geborene Prinzessin Solms-Hohensolms-Lich.

Alles, was ich hier berichte, weiß ich nur vom Hörensagen, aber es soll ja sogar einen schriftlichen Bericht darüber geben, den ich aber nicht kenne und der wohl auch nicht veröffentlicht werden darf/worden ist. Nur ein Gespräch mit Frau Vossler, in dem sie ein Gespräch mit dem Kapellmeister schildert, habe ich wirklich erlebt.

5. BILDUNG – FRANKFURTER SCHULEN

Goethe-Gymnasium

Im Jahr 2020 werden die Frankfurter Gymnasien auf eine 500 Jahre alte Tradition hinweisen. 1897 wurde das bis dahin einzige Frankfurter Gymnasium (1520 als Lateinschule gegründet) aufgeteilt, in das klassisch altsprachliche Lessing-Gymnasium und das reformierte Goethe-Gymnasium.

Das Goethe-Gymnasium, in dem mein Vater 1912 Abitur gemacht hat, war für die Reform in Deutschland bahnbrechend. Es setzte eine Fremdsprache zeitlich vor das Griechische, nämlich Latein. Der Rektor war Karl Reinhardt, den später Kurt Hahn als Berater für die Gründung des Salemer Internats hinzuzog. Sein Sohn war Goethe-Gymnasiast und später Professor für alte Sprachen, das heißt Gräzist, zuerst in Frankfurt, dann in Leipzig, dann nach dem Krieg wieder in Frankfurt. Ich kannte ihn durch meine Eltern und bekam etwa 1941 bei seinem Umzug nach Leipzig seinen gesamten großen Altpapierbestand – für mich sehr wichtig, da man als Schüler Altpapier sammeln musste. In diesem Haufen lagen fünf kleine Notizbücher, die sein Vater als Direktor des Goethe-Gymnasiums angelegt hatte. Darin fand ich die Namen der Schüler der Oberstufe, darunter viele Freunde meiner Eltern.

Darin befanden sich auch handschriftliche Bemerkungen von Professor Reinhardt. Er hatte sie offensichtlich beim Besuch von Klassen während des Unterrichts notiert, zum Beispiel. „Eigentlich hat der Schüler N.N. Recht.“ Über das Goethe-Gymnasium fand ich in dem Buch von Selmar

Spier (Vor 1914. *Erinnerungen an Frankfurt geschrieben in Israel*, Verlag Waldemar Kramer, Frankfurt am Main 1961, 2. Auflage 1968, S. 83) folgenden Absatz:

„Die Kameraden, unter denen ich mich [...] zu entwickeln hatte, stammten aus allen Schichten der Frankfurter bürgerlichen Bevölkerung, ein kleiner Prozentsatz bestand aus Söhnen von zugezogenen Offizieren und Beamten. In der Klasse gab es eine Art von sozialer und regionaler Gruppierung. Es ist bemerkenswert, daß diese Gruppierung nichts mit der Religion zu tun hatte. Die zwei Katholiken der Klasse hatten miteinander keinen Verkehr (obwohl sie beide später Geistliche wurden), die Juden, wie früher erwähnt, schieden sich deutlich in Westend und Ostend. Das Elternhaus, seine Lage im bevorzugten Viertel oder in einem der gewöhnlichen Stadtteile, bestimmte die Gruppierung. Es gab Häuser im Westen oder in der Gegend des Stadtwalds mit Dienerschaft und Wagen, und es gab kleine Wohnungen in der Innenstadt, wo die Mutter so gut wie alles machte. Gäste aus einer anderen Welt, die mit niemandem persönlichen Kontakt hatten, obwohl sie wie andere Buben mit der Trambahn oder dem Fahrrad ankamen und gingen und z.B. gleich mir, am Schreibunterricht zur Verbesserung der Handschrift teilnehmen mußten, waren zwei Neffen des Kaisers, Prinzen von Hessen. Innerhalb der auf diese Weise ausgesparten Gruppen entschieden die persönlichen Interessen und Neigungen. Die zwei besten Schüler der Klasse waren Juden aus dem Ost- bzw. Nordend, die zwei schlechtesten (und unerzogensten) waren folgerichtig Antisemiten, als solche – und als Rüpel – aber auch ausschließlich aufeinander angewiesen. Sonst war an Spannungen nicht viel zu merken. Auch Schüler ohne persönliche Beziehung zueinander benahmen sich meist mit einer den Erwachsenen nachgeahmten Höflichkeit."

Selmar Spier ist insofern ein besonders interessanter Zeitzeuge, als er nicht dem im Goethe-Gymnasium stark vertretenen „führenden" Gesellschaftsschichten entstammte und auch nicht im Westend aufwuchs. Die Familie, die eine Kette von Schuh-Einzelhandelsläden betrieb, lebte im Nordosten der Stadt. Einzelhändler waren aus der damaligen Sicht nicht voll „gesellschaftsfähig" und Spier hat das wohl auch in der Schule gespürt. Trotzdem lobt er die liberale Grundeinstellung der Schule und der Schüler.

Ein anderes Zitat von einem anderen Abiturienten über das Goethe-Gymnasium: „Die Schule war eine Quelle gemeinsamer Kulturüberlieferung."

Der Satz über die Liberalität Frankfurts ist auch für mein Buch über Albert Hahn (*Ein verstoßener Sohn Frankfurts*, Societäts-Verlag, Frankfurt 2009) wichtig gewesen und darüber hinaus überhaupt für die Stadt bezeichnend und positiv.

Im Buch über Albert Hahn zitierte ich noch aus einem anderen Buch, *Unser Goethe-Gymnasium,* einem Jubiläumsbuch (Verein Ehemaliger Goethe-Gymnasiasten, *Unser Goethe-Gymnasium. Erinnerungen zum Tag der Einweihung des neuen Gebäudes.* Verlag Moritz Diesterweg, Frankfurt am Main 1959, Seite 5), und zwar einen der Autoren, Edgar Salin, über das Goethe-Gymnasium:

„Vermutlich war bestimmend die Tatsache, daß das Goethe-Gymnasium „Reform"-Gymnasium, daß es in seiner Art einzig und daß es nicht wie das dritte, das Kaiser-Friedrich-Gymnasium, schon im äußeren Zuschnitt preußisch (Schülermützen!), sondern frankfurterisch war. Das

„Reform"-Gymnasium empfahl sich den Eltern wohl auch darum, weil das Französisch als erste Fremdsprache vielleicht den Sohn eher für den praktischen Beruf schulen konnte, den man ihm zugedacht hatte. Aber falls dies die Absicht gewesen ist, dann hat sie gründlich Schiffbruch erlitten, obwohl wir sehr gern und sehr gut bei Banner Französisch gelernt haben."

Das Goethe-Gymnasium in der Zeit vor dem 1. Weltkrieg erscheint mir überhaupt ein Symbol für das Frankfurt dieser Zeit, zumindest für das Frankfurter Westend, zu sein. Leider wurde diese liberale Grundhaltung 1933 sehr gründlich abgebrochen und sie wird von der Schule auch jetzt nicht gepflegt. Neben dem Goethe-Gymnasium spielte vor dem 1. Weltkrieg die entsprechende Schicht eine große Rolle in der „gehobenen" Bürgerschaft. Mein Vater und zwei seiner Schwestern waren Goethe-Gymnasiasten."

In Stichworten seien einige weitere Schüler des Goethe-Gymnasiums genannt:

Abitur 1886

Adolf Reiss hat sein Vermögen der Centrale für private Fürsorge, heute Institut für Sozialarbeit, hinterlassen.

Abitur 1897

Walter Merton war einer der vier Söhne des großen Industriellen und Philanthropen Wilhelm Merton, dem Gründer der Metall-Gesellschaft und mit Adickes Gründer der Universität. Von der Familie Merton gibt es nur noch einen Nachkommen in Frankfurt, Juan von Haselberg. Er und seine Frau kümmern sich um krebskranke Kinder.

Abitur 1898

Leopold Baer, Literatur- und Kunstgeschichte. Es gab eine große und international angesehene Buchhandlung Baer, die 1934 liquidiert wurde, aber in Paris noch weiter besteht.

Richard Gans, Chemie. Ob er zur Gans-Familie, also Cassella-Gründer und Eigentümer, gehört, habe ich nicht festgestellt.

Abitur 1901

Peter Bartmann wuchs auf im Bartmann-Hof, war also immer noch „Ökonom", wie seine Vorfahren. Wir haben als Kinder im Lessing-Gymnasium, das an den Bartmann-Hof anschloss, in der Pause Äpfel bei ihm gestohlen. Er heiratete eine Kusine von Albert Hahn namens Magdalene Hahn, eine Schülerin der Anna-Schmidt-Schule. Er war Mitglied des Vorstands der Deutsche Effecten- und Wechselbank, der Bank der Familie Hahn, und war von 1950–1964 Präsident der Industrie- und Handelskammer, die ihn anschließend zum Ehrenpräsidenten ernannte. Im Aufbau Frankfurts nach 1945 hat er eine große Rolle gespielt und hat sich auch sehr eingesetzt für den Wiederaufbau des Opernhauses.

Abitur 1904

Julius Lehmann war Jurist und Professor an der Johann Wolfgang Goethe-Universität bis 1933. Er rettete sich und seine Familie durch die Emigration nach USA. Julius Lehmann war Autor von wichtigen juristischen Werken.

Abitur 1905

Johannes Silomon nannte Alte Philologie und Geschichte als Berufsziel. Er wurde Direktor des Lessing-Gymnasiums nach 1933. Er war Autor von systemtreuen Geschichtsbüchern. In seinem Lehrerkollegium waren aber liberal denkende Mitglieder, die immer – aber insbesondere bei der häufigen Abwesenheit von Silomon im Kriegsdienst – die Schule vor dem Einfluss des damaligen Gedankenguts so gut es ging und unter Inkaufnahme von erheblichen Risiken bewahrten. Genannt seien Bornemann (Goethe-Gymnasium, Abitur 1913), Pülm (Goethe-Gymnasium, Abitur 1912) und insbesondere Otto Schumann.

Max Ladenburg wurde Gesellschafter der Bank E. Ladenburg, die er 1929 an die Deutsche Bank verkauft hat. Er emigrierte 1929 sofort nach der Lektüre von Hitlers „Mein Kampf" zuerst in die Schweiz und dann in die USA. Seine Brüder Kurt, Abitur 1911, und Hans, Abitur 1908, fielen im 1. Weltkrieg. Der jüngste der fünf Ladenburg-Brüder Richard (Abitur 1922) war zuletzt als Direktor für die Deutsche Bank tätig und heiratete 1968 (in zweiter Ehe) Maria, geb. Hauck, die Tochter von Alexander Hauck (Abitur 1912), also meine Schwester, eine Anna-Schmidt-Schülerin.

Adolf Merton wollte Kunstgeschichte studieren. Er war der Sohn von Wilhelm Merton und damit Vetter von Max Ladenburg, er fiel im 1. Weltkrieg.

Karl Reinhardt war der Sohn des Gründers des Goethe-Gymnasiums und an der Johann Wolfgang Goethe-Universität Professor für klassische Sprachen. Ich studierte in der Zeit, als er noch Vorlesungen hielt. Man wusste genau, wann er Homer las, und anstelle eines Speers schmiss er sein Buch quer durch die Vorlesungsräume. Karl Reinhardt war ein großer Philologe und ein sehr guter Lehrer und wir haben ihn sehr geschätzt.

Abitur 1906

Georg Eberstadt war der Großvater von Klaus Schäfer, dem ich manche Angaben über das Westend verdanke. Als Studienziel hat er Ökonomie angegeben. Er wurde Bankier, erst in Hamburg und später in London. Dort habe ich ihn kennengelernt. Sein Sohn Walter – und das ist für die wichtig, die über Frankfurt lesen wollen – hat ein gutes Buch geschrieben, in dem zum Teil auch das Westend behandelt wird: *Von wo wir kommen und wohin wir gehen*. Dort behandelt er eingehend die Familie Flersheim, die im Westend eine Rolle spielte und auch sehr zahlreich dort vertreten war. Ich spreche noch über Fritz Flersheim.

Abitur 1907

Paul Ladenburg gehörte zu den erwähnten 5 Ladenburg-Brüdern. Die Mutter geb. Hergenhahn, war die Tochter des Frankfurter Polizeipräsidenten Hergenhahn. Daher waren sie Vettern meiner Mutter.

Walter Sulzbach wurde Partner der Bankiersfirma Sulzbach, einer wichtigen Frankfurter Privatbank. Er war neben der Tätigkeit in der Bank Honorarprofessor an der Universität wie Albert Hahn auch und wurde 1933 entlassen und emigrierte in die Schweiz. Er zog nie wieder zurück, kam aber viel nach Frankfurt. Seine Schwester war natürlich Anna-Schmidt-Schülerin.

Abitur 1908

Max Flesch, Mediziner, geb. 1889 in Frankfurt, gest. 1983 in Kronberg, nach seiner Eheschließung Flesch-Thebesius. Er war bis 1933 Chefarzt der Chirurgischen Abteilung des Privatkrankenhauses Sachsenhausen. Nach 1945 wurde er wieder in seinem Beruf tätig als Direktor der Chirurgischen Klinik des Städtischen Krankenhauses

Höchst. Seit 1949 war er Professor an der Universität. Er war von 1946 – 1964 Stadtverordneter der CDU in Frankfurt. Er war auch einer der Initiatoren des Wiederaufbaus der Alten Oper. Über ihn ist im Buch seiner Tochter Marlies Flesch-Thebesius „Vor allem Schweigen“ zu lesen.
Albert Hahn, 1886 in der Eschersheimer Landstraße geboren, wohnte bis 1933 in der Lindenstraße. Er war Schüler des Goethe-Gymnasiums, seine spätere Frau Nora von Girsewald war Schülerin der Anna-Schmidt-Schule. Hahn wurde 1928 Honorarprofessor der Johann Wolfgang Goethe-Universität und er war bis 1935 Mitglied der Gesellschaft für Handel, Industrie und Wissenschaft. Er war zuerst im Vorstand, dann im Aufsichtsrat der Bank seiner Familie (der Deutsche Effecten- und Wechselbank vorm. L.A. Hahn). Aus allen Funktionen wurde er zwischen 1933 und 1935 ausgeschlossen bzw. ausgestoßen. Sein wissenschaftliches Werk beschäftigte sich mit Geld- und Währungsfragen. Seine bekanntesten Bücher sind *Theorie des Bankkredits* (1920) und *Economics of Illusion* (1949). Sehr intensiv ist seine oft im Widerspruch zur offiziellen Politik stehende Diskussion mit der Bundesbank.

Nach dem Krieg lebte Albert Hahn in New York, Paris und Südfrankreich. 1968 starb er – kurz vor seinem 80. Geburtstag – und ließ sich in Frankfurt begraben. Ich denke also zeigen zu können, wie stark er und viele andere seiner Frankfurter Zeitgenossen vom „Westend“ geformt waren.

Abitur 1909

Rudolf Brinckmann ist in Smyrna aufgewachsen als Sohn eines Frankfurter Kaufmanns, seine Mutter war Griechin. Seine Eltern schickten ihn nach Frankfurt mit seinen beiden Schwestern, die in die Anna-Schmidt-Schule gingen.

Rudolf Brinckmann wurde Bankier als Partner bei Warburg in Hamburg, später zwangen ihn die Nazis gegen seinen Willen, die Firma in Brinckmann, Wirtz & Co. umzufirmieren, heute heißt sie wieder M.M. Warburg. Ich war dort 1951–1952 Lehrling. Rudolf Brinckmann war mit der Familie meiner Mutter befreundet und beteiligte sich nach dem Krieg an der Bank meiner Familie.
Friedrich Ritter Maurig von Saarfeld kam aus der k.u.k.-Monarchie. Auch hier war der gute Ruf des Goethe-Gymnasiums ausschlaggebend und er kam mit seiner Schwester, Grete, natürlich ging auch sie in die Anna-Schmidt-Schule. Er heiratete dann Lela Oswalt, die Schwester meiner Mutter, auch – natürlich – Anna-Schmidt-Schülerin. Nach 1945 wurde er Partner der Wiener Privatbank Schoeller & Co.
Hans Schmidt-Polex spielte nach dem 2. Weltkrieg eine Rolle beim Wiederaufbau der Universität. Er wurde Ehrenbürger und Ehrensenator.

Abitur 1910

Edgar Salin, geb. 1892 in Frankfurt, gest. 1974 in Montreux, wurde ein lebenslanger Weggefährte von Albert Hahn und sein Name taucht in dessen Büchern öfters auf. Er wurde Professor für Volkswirtschaft und Soziologie und war 1961 Rektor der Universität Basel. Seine Schulfreundschaften zu Albert Hahn, Rudolf Brinckmann, Friedrich Maurig, August Oswalt, Alexander Hauck und deren Familien überstand den 2. Weltkrieg. In wissenschaftlichen und wirtschaftspolitischen Dingen war er nicht einer Meinung mit Hahn. Albert Hahn war Liberaler und Edgar Salin war – für Hahn etwas negativ – „Merkantilist“. Er war ein hochinteressanter Mann und er war – mein Onkel hat es uns erzählt – im Goethe-Gymnasium in allen Fächern der Beste, einschließlich Sport. Mit 80 fuhr er noch im offenen Cabrio durch Basel, er war dort Professor für Volkswirtschaft und Soziologie und wurde Rektor der Universität. Er gehörte dem George-Kreis an. In die List-Gesellschaft, die er 1925 gegründet hatte, hat er mich als Schatzmeister hineingenommen.

August Oswalt wurde aktiver Offizier, eine seltene Laufbahn in Frankfurt für einen Goethe-Gymnasiasten. Nach dem 1. Weltkrieg wurde er Leiter einer Ausbildungsstätte für Sozialarbeiter, auch wieder eine seltene Tätigkeit für einen ehemaligen aktiven Offizier, die er 1933 verlor. Danach nahm ihn sein Schwager Alexander Hauck, Abitur 1912, in die Firma Georg Hauck & Sohn, wo August Oswalt nach dem Tode Haucks Partner wurde, ein seltener Fall für einen Sozialarbeiter.

In der Zeit nach 1945 war er politisch und sozialpolitisch sehr aktiv. Er war Mitgründer der hessischen CDU und eine Wahlperiode Landtagsabgeordneter im 1. Hessischen Landtag. Er reaktivierte die „Centrale für Private Fürsorge", auch mit Hilfe des von A. Reiss (Abitur 1896) hinterlassenen recht erheblichen Vermögens. Er war wie sein Vater Henry Oswalt Ehrensenator der Johann Wolfgang Goethe-Universität.

Hellmut Reinert wurde Assistent bei OB Ludwig Landmann. Er blieb nach 1933 in der Verwaltung, konnte sich dann ins Militär retten. Nach dem Krieg trat er in die SPD ein und wurde hauptamtlicher Stadtrat. Er erhielt die Goethe-Plakette und die Ehrenplakette der Stadt.

Abitur 1911

Friedrich Flersheim wurde Partner beim Frankfurter Bankhaus Dreyfus und emigrierte in die USA. Er blieb aber Schulfreunden aus dem Goethe-Gymnasium verbunden. So schrieb er aus der Emigration, sobald es wieder möglich war, an seinen Schulfreund Alexander Hauck. Ich zitiere aus der Erinnerung: „An allem sind die Preussen schuld, denn wenn sie 1866 nicht den Krieg gewonnen hätten, so wäre die Geschichte anders und besser verlaufen." Außerdem schrieb er, er sei in New York ganz zufrieden, aber leider wären einige Jahrbücher des Goethe-Gymnasiums dort nicht auffindbar. Das heißt, er hat die übrigen dort gefunden. Er war ein passionierter Kenner der Frankfurter Geschichte und hatte wohl auch Heimweh.

Hermann Schmidt-Fellner, Kaufmann, war Nachkomme von Carl Fellner, des letzten Bürgermeisters der Freien Stadt. Er war Vorstandsmitglied der Metallgesellschaft, als Schwager des emigrierten Walter Merton (Abitur 1897) und Kollege von dessen Bruder Richard, der 1938 gerade noch fliehen konnte. Schmidt-Fellner wurde 1939 von der Gestapo verhaftet und nach Haft in der Lindenstraße ohne Verhandlung in das KZ Mauthausen eingewiesen, wo er bereits 1940 umkam. Seine Witwe Carola, geb. Liebmann, Anna-Schmidt-Schüleirn, wurde im Jahre 1944 in das KZ Theresienstadt verschleppt, konnte aber überleben. Auch der Sohn kam in ein Lager. Die Tochter Hertha, Anna-Schmidt-Schülerin, wurde von August Oswalt aufgenommen. Eine GG-Freundschaft, die in schweren Zeiten sich bewährte.

Selmar Spier, Rechtswissenschaftler, geboren 1893 in Frankfurt, starb 1962 in Ramot / Israel. Ebenso wie Albert Hahn studierte er Jura und schrieb für NZZ und die FZ, allerdings für das Feuilleton. Er emigrierte nach Palästina. Nach dem Krieg arbeitete er für die URO (United Restitution Organization) in Frankfurt.

Abitur 1912

Erwin Beit von Speyer. Die Bank der Familie in Frankfurt,

Lazard Speyer Ellissen, hatte auch deswegen eine große Bedeutung, da die Familie verbunden war mit der Bank Speyer & Co. in New York und Speyer Brothers in London. Um den Namen Speyer in Frankfurt, wo die Familie seit 1644 ansässig war, zu erhalten, wurden die Schwester von Georg Speyer, dem großen Stifter, und ihr Mann geadelt und Beit von Speyer genannt. Erwin fiel im 1. Weltkrieg; der Bruder emigrierte nach 1933 mit Familie nach den USA. Die Bank wurde nach 1933 liquidiert.

Für Frankfurt war Georg Speyer, der Onkel von Erwin Beit von Speyer, auch deswegen bedeutend, weil er die heute noch sehr vermögende und aktive Georg und Franziska-Speyer-Stiftung gründete. Das Ehepaar war mit einer Stiftung von 1 Mio. Goldmark maßgeblich an der Gründung der Universität beteiligt. Das Beit von Speyer'sche Wohnhaus Forsthausstraße / Ecke Stresemannallee wird zur Zeit in ein Luxushotel umgebaut.

Hermann Pülm, Klassische Philologie, begegnete mir als Lehrer am Lessing-Gymnasium.

Alexander Hauck, mein Vater, war Sohn des Bankiers Otto Hauck, der von 1921 bis 1933 Handelskammer-Präsident war. Alexander Hauck wurde 1920 Partner der Bank Georg Hauck & Sohn bis zu seinem frühen Tode 1946. Er heiratete 1921 Anne Marie Oswalt, Anna-Schmidt-Schülerin, die Schwester von August Oswalt (Abitur 1910).

Heinz Roos, geboren am 16. Juli 1893, wurde Verwaltungsjurist (Oberregierungsrat in Düsseldorf) und starb am 21. März 1942 mit nur 49 Jahren an den Folgen eines schweren Verkehrsunfalls. Er heiratete Else Oswalt, meine Tante, und wurde dadurch Schwager seines Klassenkameraden Alexander Hauck. Beide waren gute Freunde. Die Familie seiner Mutter, Anna Elisabeth Roos, geborene Lindheimer, hatte verwandtschaftliche Beziehungen zu

Goethes Mutter. In der Ehe von Heinz Roos und Else Oswalt (mit drei Kindern, vier Enkelkindern und acht Urenkelkindern) trafen sich also Verwandte von Goethe und Heine – eine wohl einmalige Mischung.

Abitur 1913

Eduard Bornemann war als Altphilologe und sehr geliebter Lehrer im Lessing-Gymnasium Autor der vielen bekannten lateinischen Grammatik und Lehrbücher. Weniger bekannt ist seine Übersetzung von Max und Moritz ins Lateinische. Er hat nach 1933 den alten Geist des Goethe-Gymnasiums nicht verraten und war ein absoluter Feind des Regimes.

Abitur 1914

(nicht mehr im Verzeichnis der Abiturklassen in der Festschrift enthalten wegen des Krieges)
Albert Metzler, geb. 1898, gest. 1989, war lange Jahre in russischer Gefangenschaft. Seit 1923 Partner von B. Metzler seel. Sohn & Co., gegründet 1674, war er ehrenamtlich in der Leitung vieler Frankfurter Institutionen wie z.B. dem Städel, dem Freien Deutschen Hochstift und der Börse. Sein Sohn Friedrich wurde 2004 Ehrenbürger von Frankfurt. Er ist der Vater des 2002 ermordeten Jakob.

Carl Adolf Schleussner studierte wie geplant Chemie und promovierte 1919. 1926 übernahm er die dann als Adox Fotowerke Dr. C. Schleussner GmbH firmierende Fabrik für Filme. 1946 gründete er das damals unter Biotest Serum Institut, heute unter Biotest AG firmierende Pharmaunternehmen.

Von 1924–1932 gründete und leitete er den privatwirtschaftlich geführten Rundfunk unter dem Namen

Süwrag. Seine Mitarbeiter als Programmleiter und Intendant waren Hans Flesch und Wilhelm Schüller, kaufmännischer Leiter, dann Intendant Radio Frankfurt. Beide waren Abiturienten des Goethe-Gymnasiums.

C.A. Schleussner heiratete die Schwester von W. Schüller, eine Anna-Schmidt-Schülerin.

Während Ostern 1914 noch normale Abiturabgänge zu verzeichnen sind, wird in der Festschrift von 1960 vermerkt: „Notreifeprüfung 7.8.1914, Kriegsfreiwillige. (13 Mal)".

Notreifeprüfung 1915 für Krankenpfleger

Hans Flesch (bereits oben erwähnt) war Schwager von Paul Hindemith und Schwiegersohn von Rottenberg, dem Generalmusikdirektor.

Als Abiturienten nicht aufgezählt, aber bei Selmar Spier als Goethe-Schüler genannt, sind die beiden Prinzen von Hessen. Ich habe mich erkundigt. In der Tat waren Philipp von Hessen und sein Zwillingsbruder im Goethe-Gymnasium. Zu den vielen verschiedenen Lebensläufen der Goethe-Schüler mit so vielen verschiedenen Schicksalen addiert sich der von Prinz Philipp von Hessen mit einer besonderen Variante. Er war hoher Beamter, das Dritte Reich kam und er blieb es. Dadurch wurde er in einige sehr tragische und grauenhafte Dinge hineingezogen, die damals passierten. Als Italien 1944 aus der „Achse" ausschied, hat Hitler den Prinzen in ein KZ eingewiesen. Seine Frau Mafalda, Tochter des Königs von Italien, ist dort umgekommen.

Anna-Schmidt-Schule

Sie wurde 1886 als Höhere Private Mädchenschule gegründet in der Mainzer Landstraße im Westend, und hatte nur zwei Schülerinnen. 1889 waren es bereits 43. 1895 zog sie an den Blittersdorfplatz, 1910 waren es schon 135 Schülerinnen, 1920 wurde der Schülerverein Eigentümer, 1928 erfolgte der Übergang auf Frau Dr. Heisterbergk. Frau Dr. Heisterbergk spielt für alle ihre Schülerinnen eine große Rolle, sie war eine große Persönlichkeit. Es gibt leider wenig Literatur über sie. Aber ebenso wie Lehrer am Lessing – Otto Schumann ist an erster Stelle zu nennen – hat sie die Schule soweit es irgendwie ging ferngehalten von den Problemen der Nazizeit. Frau Heisterbergk hatte persönlich große Risiken auf sich genommen, sie hat z.B. Schülerinnen in der Schule belassen, die sie nach den Vorschriften hätte entlassen müssen.

Ich habe von der Schule Listen bekommen. Sie sind jahrgangsmäßig, ab Geburtsjahrgang 1874 geordnet. Die Nummerierung erfolgt nicht nach Abitur oder Klassen, sondern nach Eintritt in die Schule.

Es ist nun interessant zu sehen, wie die Schulklassen soziologisch zusammengestellt sind und es findet sich ein Spiegelbild des Westends in den Namen, der Herkunft, den Berufen der Väter und der Religion. Auf einem Blatt sind 20 Namen und es nennt als Berufe der Väter: zwölf Kaufleute, drei Bankiers, ein Ingenieur, ein Justizrat, ein Ökonom, ein Rentmeister.

Es finden sich in anderen Listen Juristen, wenig Offiziere, ein Kapellmeister (das ist Rottenberg), ein Oberbürgermeister (das ist Adickes), Rentiers und Rittergutsbesitzer.

Dann findet man auch die Leitenden der Industrie, der Degussa, der Metallgesellschaft, Meister Lucius Brüning, die auch im Westend wohnten. Es finden sich daneben viele Bankiers-Familien: Speyer, Ellissen, Georg Hauck & Sohn, Metzler, von Grunelius, Sulzbach, Mumm.

Ein Überblick über die Spalte Religion zeigt im Durchschnitt bei 20 Namen 1 – 2 „katholisch", 1 – 5 „israelitisch", 1 – 3 „reformiert", der Rest „evangelisch-lutherisch".

Die Auflistung der Straßennamen als Wohnorte der Familien zeigt z.B.: Leerbachstraße, Schumannstraße, Niedenau, Jordanstraße, Beethovenstraße, Rathenauplatz, Westendstraße, Bockenheimer Landstraße, Savignystraße, Mainkur und außerhalb der Stadt Bonames – das ist eine Metzleradresse, den Mühlberg, die Schöne Aussicht.

Und nun bringe ich wieder einige Kurz-Biografien:
Elise Horstmann, 1882 geboren; der Familie Horstmann gehörte der General-Anzeiger, die Frankfurter Nachrichten.
Elisabeth Reinhardt war die Tochter des Gründers des Goethe-Gymnasiums.
Gertrude Adickes, geb. 1879. Franz Adickes – 1846–1915, der große Oberbürgermeister – hatte drei Töchter. Gertrude heiratete Alfred Hugenberg. Alfred Hugenberg war im Vorstand und Aufsichtsrat der Metallgesellschaft tätig, später baute er seinen Medienkonzern auf, kaufte u.a. die Ufa und war in der Nazizeit in wichtigen Positionen. Er war Leiter oder Mitleiter der deutsch-nationalen Partei. In der Harzburger Front hatte er Hitler sehr gefördert, und glaubte, ihn kontrollieren zu können. Er war im ersten Kabinett Hitler, trat dann aus, blieb aber im Reichstag bis 1945.

Die älteste Tochter von F. Adickes, Theodore, ist in der Liste der Anna-Schmidt-Schule nicht zu finden. Sie heiratete Ludwig Rottenberg. Er war Generalmusikdirektor, kam aus Czernowicz, wurde durch Hindemith und Brahms hierher empfohlen und spielte dann eine große Rolle in Frankfurt.

Gabriele Riesser: Ihr Vater Jacob war zuerst Bankkaufmann und dann Politiker. Von 1918 bis 1928 war er Mitglied des Reichstags. Er benannte seine Religion „israelisch".

Emma Hallgarten, geb. 1878. Ihr Vater Charles Hallgarten war einer der ganz großen Philanthropen in Frankfurt. Ein Buch, von Arno Lustiger ediert, schildert Charles Hallgarten, der in Amerika geboren wurde und Partner einer dortigen Bank war. Er baute ein schönes Haus gegenüber vom heutigen Club für Handel, Industrie und Wissenschaft in der heutigen Siesmayerstraße. Sie musste nach 1933 erleben, wie die Hallgarten-Straße und die Hallgarten-Schule umbenannt wurden, bevor sie dann emigrierte.

Marie Eberstadt – geb. 1890. Der Vater wird als „Fabrikant" in den Listen geführt. Sie heiratete Hans Schäfer. Ihr Neffe Walter Eberstadt hat viel über die Familie in seiner Autobiografie „Von wo wir kommen und wohin wir gehen" geschrieben.

Anna May, geb. 1890, ist interessanterweise Schwester von Ernst May, dem großen Frankfurter Architekten. Ihre Tochter heiratete den Sohn von Hans Schäfer und Marie Eberstadt.

Hedwig Beit von Speyer, geb. 1894. Sie war die Schwester von Erwin und Herbert, beide Goethe-Schüler. Sie entstammten der alten Bankiersfamilie Speyer und konnte rechtzeitig in die Schweiz emigrieren. Von dort aus half sie vielen Flüchtlingen. In einem Falle hatte sie das Affidavit gestellt, d.h. dass sie für alle Kosten in der Schweiz aufgekommen wäre. Die Schweizer Behörden verweigerten aber die Einreise, da keine Lebensgefahr nachgewiesen wurde. Einige Zeit später kam für Ludwig Oswalt der Befehl, sich zum Transport nach Osten einzufinden. Ein Abschiedsbrief ist das letzte, was von ihm noch existiert. Seine Spur ging verloren.

Gabriele Rottenberg, geb. 1895, heiratete den Goethe-Schüler Hans Flesch.

Gertrud Rottenberg, geb. 1900, heiratete den Komponisten Paul Hindemith. Beide waren Töchter von Ludwig Rottenberg, dem Generalmusikdirektor, und Enkelinnen von Franz Adickes.

Drei *Schwestern Oswalt* gingen in dieser Zeit in die Anna-Schmidt-Schule. Helene (Lela), geb. 1889, heiratete, Friedrich Maurig, Goethe-Schüler, den Bruder von Gretel Maurig. Nach 1945 wurde er Partner der Privatbank Schoeller & Co in Wien. Das Ehepaar führte dort nach Frankfurter Muster einen „Salon".

Emmy, geb. 1890, zog von Frankfurt fort. Von den Schwestern Oswalt war sie als einzige nicht mit einem Goethe-Schüler verheiratet.

Anne Marie, geb. 1897, heiratete dagegen einen Goethe-Schüler, Alexander Hauck. Sie war meine Mutter.

Die vierte der Oswalt-Töchter, Else, wollte Abitur machen und studieren und ging deswegen in die Schiller-Schule. Sie heiratete aber auch einen Goethe-Schüler, nämlich Heinz Roos (Abitur 1912).

Auch drei *Hauck-Schwestern,* Töchter von Otto Hauck und Mathilde Metzler, waren Anna-Schmidt-Schülerinnen. Ihr Bruder Alexander (mein Vater) ist – wie oben gezeigt – unter den Goethe-Schülern zu finden. Adele Hauck, geb. 1892, heiratete in 2. Ehe W. Deckert, wiederum Goethe-Schüler. Elisabeth Hauck, geb. 1896, heiratete, ganz ungewöhnlich für eine Frankfurterin ihrer Zeit, einen Künstler vom Weimarer Bauhaus, wo sie selbst gelernt hatte. Martha

Hauck, die jüngste, geb. 1900, heiratete einen Chemiker der Farbwerke Hoechst.

Gretel von Maurig war 1896 in Karlsbad als Tochter eines „k.u.k. Statthalter-Rats“ geboren. Wie oben bereits erwähnt, ging ihr Bruder Friedrich ins Goethe-Gymnasium. Viele der Kinder und Enkel von Anna-Schmidt-Schülerinnen wurden in Frankfurt oder in Deutschland durch ihre Fähigkeiten bekannt. Weltberühmt wurde aber nur ein Enkel von Gretel Maurig, nämlich Niki Lauda, der vielfache Formel-1-Weltmeister.

Martha Katzenellenbogen, geb. 1897, war eine Freundin meiner Mutter. Sie sollte nach 1933 deportiert werden. Ein befreundeter Arzt hat sie in Freiburg in seiner Klinik in die geschlossen Abteilung aufgenommen und sie so gerettet. Es gab auch sehr mutige Menschen in der Zeit. Ihr Vater dagegen kam im KZ um.

Emma Hugenberg, geb. 1897, war die Tochter von Alfred Hugenberg, dem Schwiegersohn von F. Adickes und zeitweiligem Mitglied im Kabinett Hitlers.

Elisabeth de Neufville, geb. 1902, auch eine Freundin meiner Mutter, war in 1. Ehe mit Herbert Beit von Speyer, Goethe-Gymnasiast, verheiratet, in 2. Ehe mit Julius Lehmann, auch Schüler des Goethe-Gymnasiums. Mitglieder der Familien de Neufville und von Neufville sind häufig als Schüler des Goethe-Gymnasiums und Schülerinnen in der ASS zu finden. Der Vater von Elisabeth de Neufville war Stadtrat, verheiratet mit der Schwester von W. Merton. Hier verbinden sich also Mitglieder der jüdischen und der reformierten Bevölkerungsgruppen. Sie hat uns nach dem Krieg viel geholfen und gehörte durch ihren Mann zu dem „Hilfs-Konsortium“, das mich in die Schweiz einlud.

Gabriele Goldschmidt-Hergenhahn heiratete Waldemar

von Oppenheim, Bankier in Köln. Sie überlebte in Köln bei einem Schneidermeister im oberen Stockwerk eines Hauses, wo die Familie sich verbergen konnte. Während der Bombenangriffe auf Köln mussten sie zu dritt in einem Zimmer im Dachgeschoss bleiben.

Anita Seligmann, geb. 1904, entstammte einer der international tätigen Bankiersfamilien. Die Villa Hainerberg in Königstein war Sommersitz der Familie Seligmann. Nach der Ermordung von Präsident Lincoln wurde die Witwe von Seligmanns und anderen Frankfurter Familien nach Frankfurt eingeladen. Ein entfernter Vetter ist Prof. Alfred Grosser, Paris. Alfred Grosser berichtet oft, dass er aus dem Frankfurter Westend stammt.

Vera Spiess, geb. 1906, war die Tochter des Geheimrats Spiess, der Wilhelm II. operierte. In seinem Haus verkehrten Strauss und Bruno Walter.

Christa von Meister, geb. 1907, und *Elisabeth von Meister,* geb. 1909, beide als Töchter des Chemikers Herbert von Meister, waren Enkelinnen des Gründers von Meister Lucius & Brüning, den späteren Farbwerken Hoechst AG, die heute – leider – nicht mehr unter diesem Namen und nicht mehr in Frankfurt bestehen. Als Religion wird, ein Ausnahmefall, „uniert" angegeben.

Nora von Girsewald, geb. 1906, heiratete Albert Hahn (Goethe-Schüler) und emigrierte mit ihm nach 1933. Ihr Vater war in der Metallgesellschaft tätig.

Die *Schwestern Liebmann:* Carola, geb. 1902, heiratete Hermann Schmidt-Fellner, Goethe-Schüler. Über die Tragödie der Familie wurde oben berichtet. Die beiden anderen Schwestern – Ilse, geb. 1898, und Olga, geb.1896 – retteten sich durch Emigration.

Gerda Merton war die Tochter von Wilhelm Merton. Ihr Mann Moritz Bissing war natürlich Goethe-Schüler.

Moritz Bissing findet man als Clubmeister in einigen Jahren auf den Ehrentafeln des Frankfurter Golfclubs.
Ehen zwischen Goethe-Gymnasiasten und Anna-Schmidt-Schülerinnen waren also recht häufig, ich habe über zehn Fälle festgestellt, wobei allerdings vier Ehen alleine auf meine Familie entfallen.

Dann gibt es viele Fälle, in denen die Töchter von Anna-Schmidt-Schülerinnen auch wieder in die Anna-Schmidt-Schule gingen, zum Beispiel Adickes, Rottenberg, Oswalt, Hauck, Liebmann, Schmidt-Fellner, Wolff. Dann gibt es einen Fall, der einzige, den ich gefunden habe, in dem drei Generationen vertreten sind: Marga Hahn, ihre Tochter Ruth Bartmann und deren Tochter Marguerite Henrich.

Goethe-Universität und Frankfurter Gesellschaft

Die Johann Wolfgang Goethe-Universität war ein weiterer Brennpunkt im Westend. Gegründet 1914 durch OB Adickes und W. Merton, die beide im Westend wohnten. Sie baute auf der Akademie für Sozial- und Wirtschaftswissenschaften auf, die bereits 1902 im Westend entstanden war, mit einer liberalen Grundeinstellung und einer sehr weiten geistigen Öffnung. Als Beispiel seien genannt: Prof. Ernst Kantorowicz, ein konservativer Historiker, und Professor Horckheimer, ein Soziologe mit zum Teil marxistischem Hintergrund.

Etwa 30 Prozent des Lehrkörpers wurden 1933 aufgrund des „Gesetzes zur Wiederherstellung des Berufsbeamtentums“ entlassen. Darunter war auch Albert Hahn, der 1928 zum Honorarprofessor ernannt worden war. Schon 1949 hielt er wieder eine Vorlesung.

Bei seiner Trauerfeier sprach u.a. Professor Veit für die Universität. Auf Prof. Hammersteins Buch über die Geschichte der Universität sei hingewiesen.

Ein weiteres „Brennglas“ des Westends war die Frankfurter Gesellschaft für Handel, Industrie und Wissenschaft. Sie wurde 1920 gegründet und fusionierte mit der 1802 gegründeten Casino-Gesellschaft. 1924 wurde die Villa Bonn gekauft, eines der bis heute erhaltenen Baudenkmäler eines typisch großbürgerlichen Wohnhauses des Westends, und zwar mit finanzieller Hilfe eines Konsortiums, bestehend aus Dreyfus, Bass & Herz, Deutsche Bank, Dresdner Bank, Deutsche Effecten- und Wechselbank und A. von Weinberg.

Schon elf Jahre später, nämlich 1935, wurden die nach NS-Gesetz „jüdischen“ Mitglieder, unter ihnen auch Albert Hahn, aus der Gesellschaft ausgeschlossen.

Ich zitiere das sehr empfehlenswerten Buch von Lothar Gall: *Frankfurter Gesellschaft für Handel, Industrie und Wissenschaft – Casino-Gesellschaft von 1802* (Frankfurt 1995). Dieser Hinweis soll eine ausführliche Darstellung der Gesellschaft für Handel, Industrie und Wissenschaft ersetzen:

„Sie (die jüdischen Mitglieder) wurden in unwürdiger Weise durch ein Rundschreiben des damaligen Präsidenten zum Austritt aufgefordert.

Die Gesellschaft hatte im Einvernehmen mit dem Oberbürgermeister, dem Handelskammerpräsidenten und dem Kurator der Universität, die Zusammenfassung der infrage kommenden Berufsgruppen zur Aufgabe, und muss diese Ziele alle den Mitgliederbestand betreffenden Belange unterordnen. Die nichtarischen Gesellschaftsmitglieder müssen daher gebeten werden, ihre Mitgliedschaft niederzulegen. „Wir dürfen wohl annehmen, dass Sie für die vorstehenden Ausführungen Verständnis haben und merken Ihre Zustimmung voraussetzend, den 8. Oktober 1935 für die Niederlegung Ihrer Mitgliedschaft vor".

Das Rundschreiben enthielt keine persönliche Anrede.

Trotzdem hielt A. Hahn 1949 und 1963 wieder Vorträge, wurde aber nicht wieder Mitglied. Die kluge Erklärung von Präsident Schroeder-Hohenwarth, dass der erzwungene Austritt gegen Recht und Satzung verstoßen habe und damit ungültig sei, war erst nach Albert Hahns Tod zum Beschluss gekommen.

Neben den Institutionen Universität, Gesellschaft für Handel, Industrie und Wissenschaft, den beiden Schulen fand ich im Westend für die Zeit zwischen 1880 und 1933 menschliche Knotenpunkte, früher hätte man sie „Salons" genannt. Vor dem 1. Weltkrieg ist besonders das Haus von Wilhelm Merton zu nennen. Sein Haus war in der Westendstraße 24, in dem heute Trinkaus & Burkhardt domizilieren.

Wilhelm Merton war nach meiner Ansicht einer der großen und typischen Bewohner des Westends. Er gründete die damals bis 1914 weltumspannende Metallgesellschaft, mit OB Adickes zusammen auch die Universität. Daneben ist eine große Anzahl von sozialen Institutionen wie z.B. das heute noch im Westend ansässige Institut für Sozialarbeit, früher Centrale für private Fürsorge, seiner Initiative zu verdanken.

Die Universität war hervorgegangen aus der Akademie für Sozial- und Wirtschaftstheorie, die in Wilhelm Mertons Haus bei einem Treffen von ihm, Adickes und Henry Oswalt (meinem Großvater) konzipiert und 1902 gegründet worden war.

Drei der vier Söhne Mertons gingen übrigens ins Goethe-Gymnasium, die Tochter Gerda in die Anna-Schmidt-Schule.

Einen anderen Treffpunkt – das *Haus Oswalt* – nennt Edgar Salin, Goethe-Gymnasiast:

„Ebenso stark wie zum Gymnasium war vom Hause Oswalt die Verbindung zur Stadtverwaltung und zur Industrie und zum Bankwesen; ... Oberbürgermeister Adickes hat unter diesen einen besonders starken Eindruck hinterlassen, und im Gedächtnis blieb, wie er einmal mit einem kleinen rothaarigen, äußerst unsympathischen Herren zur Seite eintrat – das war sein Schwiegersohn, der „Rotfuchs", der Geheime Finanzrat Hugenberg. Viele Namen wären hier zu nennen – die Ladenburg und die Merton, die Ziegler und die Hirsch. Viele Namen auch von Schülern höherer Klassen, die in der Schule mit uns Jüngeren sich nicht viel abgaben, aber außerhalb uns als Con-Gymnasiasten freundlich begrüßten – die Namen von Peter Bartmann und Albert Hahn und Willi Vogelsang seien stellvertretend auch für die hier Ungenannten."

Nach dem 1. Weltkrieg änderte sich die Struktur des Westends. Von den über 350 Millionären, eine Zahl, die in der Literatur für die Zeit vor 1914 zu finden ist, waren nur wenige übrig geblieben. Die „Salons" waren auch durch die Universität viel intellektueller geworden. So möchte ich das Haus von *Kurt Riezler* nennen, dem Kurator der Universität. Er war mit der Tochter von Max Liebermann verheiratet und emigrierte, nachdem er 1933 zuerst in der Lindenstraße inhaftiert wurde. Bei ihm verkehrten unter vielen anderen Albert Hahn und E. Kantorowicz, den Riezler als Historiker nach Frankfurt geholt hatte. Kantorowicz verließ wie Riezler Frankfurt nach 1933 und beendete seine Karriere als Wissenschaftler im „Institute for Advanced Studies“, wo auch Albert Einstein tätig war.

Zu nennen ist das Haus von *Heinrich Simon,* dem Enkel von Leopold Sonnemann und selbst Herausgeber der FZ. Er hatte einen festen Mittagstisch eingerichtet. Nach 1933 musste er emigrieren und starb, verarmt, durch Mord in Amerika.

Zu nennen ist auch das Haus von *Robert von Hirsch.* Ich habe ihn in Basel oft besuchen dürfen und könnte darüber einen besonderen Vortrag halten. 3 Bände über seine Kunstsammlung veröffentlichte Sotheby's vor der Auktion seiner Sammlung. Darin ist sowohl der große Kunstbesitz enthalten wie aber auch die Atmosphäre des Hauses kurz geschildert. Sein Bruder *Paul Hirsch* (Goethe-Gymnasiast) hatte ein schönes Haus in der Neuen Mainzer Straße und eine berühmte Sammlung von Musikautographen. Er emigrierte nach Cambridge/England. Paul Hirsch und Albert Hahn sind auf einem Bild von Beckmann aus dem Jahre 1951 zu finden. Es war 1925 in Paris begonnen worden und hängt heute in New York im Guggenheim-Museum.

Eine interessante, damals zeitgenössische Kunstsammlung war im Hause von *Georg und Lilly von Schnitzler* am Westendplatz zu finden. Sie waren u.a. mit Beckmann befreundet und unterstützten ihn auch nach 1933. Die Beckmann-Bilder blieben auch nach 1933 hängen. Wenn Lilly von Schnitzler Besuch bekam, von dem sie annahm, dass ihm Beckmann nicht passte, so wurde ein Vorhang vor dem Bild zugezogen. Georg von Schnitzler war Vorstand der IG Farben Industrie und ihm ist wohl zu verdanken, dass Poelzig den Auftrag bekam, das Verwaltungsgebäude der IG zu bauen. Auch dieses Gebäude und seine Geschichte gehören zum Westend. Die IG war zuerst politisch wenig aktiv gewesen und hatte vor 1933 die Nazis kaum gefördert. Im Gegenteil, einzelne Vorstandsmitglieder halfen der FZ aus einer finanziellen Notlage, die ihr das Ende schon damals bereitet hätte. Im Verlauf der zwölf Jahre des Nationalsozialismus und besonders im Krieg verwickelte sich die IG zwangsläufig mehr und mehr in Untaten des Regimes.

Die Bildersammlung verkaufte Lilly von Schnitzler nach dem 2. Weltkrieg nach Köln an das Wallraff-Richartz-Museum. Beide Töchter von Schnitzler gingen in die Anna-Schmidt-Schule. Georg von Schnitzler, auch ein deutsches Schicksal, wurde nach 1945 im IG-Prozess zu vier Jahren Gefängnis verurteilt.

Über das Westend gibt es viel Literatur. Das meiste sind historische oder soziologische Untersuchungen, also Fakten. Vieles ist in der *Frankfurter Biographie*, herausgegeben von Prof. Wolfgang Klötzer im Kramer-Verlag, zu finden.

Atmosphärisches findet sich bei Erich Pfeiffer-Belli in seiner Autobiografie *Junge Jahre im alten Frankfurt*. Besonders zu nennen ist der Roman seiner Tochter Silvia Tennenbaum *Straßen von gestern*, bzw. auf Englisch, wie er geschrieben wurde, *Yesterday's Streets*. Es ist ein Schlüsselroman über die Geschichte der Frankfurter Familie Hirsch. Die Großmutter von Silvia Tennenbaum gehörte zu den Hirschs.

Dieser Roman *Straßen von gestern*, aber vielleicht auch meine Anmerkungen zum Thema „Das Westend", geben Antwort oder eine Teilantwort oder wenigstens einen Versuch einer Antwort darauf, warum Albert Hahn 1949 gesagt hat: *„Frankfurt ist doch die schönste Stadt der Welt"*.

Das alte Frankfurter Westend

Auszug aus einem Vortrag am 18. Mai 2005 an der Anna-Schmidt-Schule

Ich bin ein Amateurhistoriker und muss erklären, warum ich überhaupt zu dem Thema komme. Zuerst darf ich stellvertretend für alle Herrn Prof. Klötzer begrüßen. Ich komme mir vor, wie wenn ich im Vatikan vor dem Papst etwas über die katholische Kirche erzähle, denn Prof. Klötzer weiß eigentlich alles über Frankfurt. Ich danke auch sehr, dass ich die *Frankfurter Biographie* (mit „ph" geschrieben) benutzen konnte, eine Sammlung von Frankfurter Kurzbiografien. Es ist ein hoch interessantes Buch, das ich jedem empfehlen kann. In ein paar Jahren kommt eine Neuauflage. Ich nenne nun weitere Literatur, die ich benutzt habe und zur Lektüre empfehlen kann.

Professor Klötzer hat ein Buch über „Beckmann in Frankfurt" herausgegeben. Hier wird die ganze Atmosphäre des Westends beschrieben. Es gibt eine Gedenkschrift der Anna-Schmidt-Schule und eine Gedenkschrift des Goethe-Gymnasiums zum 60-jährigen Jubiläum (1960 erschienen).

Wichtig als Beschreibung des Westends ist der Roman *Straßen von gestern* von Silvia Tennenbaum. Es ist eine der wenigen guten Schilderungen der Atmosphäre des Westends. Silvia Tennenbaum kommt ab und zu nach Frankfurt und hält Vorträge. Sie ist die Tochter des Frankfurter Schriftstellers Pfeiffer-Belli. Ihre Mutter kam aus einer Familie Stern, die wiederum zur Familie Hirsch gehörte. Soweit ein paar Literaturangaben.

Auf was es mir eigentlich ankommt, ist zu zeigen, warum Menschen, die hier vertrieben wurden, so sehr an der Stadt hängen. Dieses Phänomen habe ich oft erlebt.

Dazu muss ich noch kurz aus meinem Leben berichten

– alte Leute sprechen immer gern über sich selbst. Ich war in Frankreich in Gefangenschaft und kam mit einer schweren TB nach Hause. Mein Vater starb kurz danach. Meine Mutter stand alleine mit dem Problem. Da haben amerikanische Freunde, besser gesagt, Freunde, die nach Amerika emigriert waren – Albert Hahn, Julius Lehmann und Max Ladenburg – mich zwei Jahre in die Schweiz eingeladen. Arrangiert haben es Mario und Valerie Uzielli, enge Freunde meiner Eltern, die sich in die Schweiz retten konnten, da seine Mutter Schweizerin war. Als Albert Hahn starb, gab es eine große Trauerfeier. Die Stadt war vertreten, die Bank, die Universität, die Bundesbank. Alle haben gesagt, dass sie Albert Hahn in ihrem Gedächtnis bewahren werden.

Nun sind alle, die damals sprachen, gestorben. Wenn Sie von außerhalb in die Stadt kommend an der Festhalle vorbeifahren, ist links der Merkur-Brunnen. Vorne steht „Kein Trinkwasser“ und völlig unleserlich hinten, wo die Straßenbahn vorbeifährt, steht etwas wie „Zur Erinnerung an die Familie Hahn“. Erinnerung wachzuhalten versprach auch der Bürgermeister bei der Einweihung des Brunnens 1914. Es ist wohl eine wichtige Aufgabe und alle sollten daran mitarbeiten.

Ich sammle also Unterlagen über Albert Hahn und seine Zeit. Die Familie Hahn lebte 400 Jahre in Frankfurt (ab ca. 1530). Albert Hahn war geboren noch in der Eschersheimer Landstraße, also am Rande des Westends, und lebte dann in der Lindenstraße. Er war Goethe-Gymnasiast und seine spätere Frau Nora von Girsewald war Anna-Schmidt-Schülerin. Dabei habe ich gesehen, wie viele Verbindungen es zwischen Goethe-Gymnasium und Anna-Schmidt-Schule gibt. Den Namen „Anna-Schmidt-Schule“ darf ich hier auch für die Zeit benutzen, in der sie noch gar nicht so hieß. 1928 wurde Albert Hahn Honorarprofessor an der Universität, er war Mitglied der Gesellschaft für Handel und Industrie.

Goethe-Gymnasium, Anna-Schmidt-Schule, die Universität ab 1914 und die Gesellschaft für Handel, Industrie und Wissenschaft ab 1921 waren neben einigen gastlichen Häusern, „Salons“ nannte man so etwas um 1800 herum, und noch wichtiger zusammen mit den Menschen, die im Westend lebten, das, was dessen Wesen, dessen Stil, dessen Atmosphäre ausmachte.

Ich habe gesehen, wie die menschlichen Beziehungen sehr eng sind und wie sich ein sehr bunter Teppich von Lebensläufen ergibt. Zeitgeschichtlich ist auch sehr interessant, wie weit auseinander die Schicksale hauptsächlich nach 1933 gelaufen sind. Mein Hauptthema sollten daher die Kurzbiografien der beiden Schulen sein.

Das Westend ist für mich der genius loci, es ist eine geschichtliche Epoche, es ist ein Lebensstil, eine Urbanität, die nicht oft woanders so zu finden ist. Es ist ein wichtiger Teil der Frankfurter Geschichte, aber es ist auch ein Teil der deutschen Geschichte.

Das Westend war damals bis ca. 1820 noch weitgehend agrarisch genutzt und der Kettenhof wurde erst 1894 abgerissen. Ich habe im Adressbuch 1877 gesehen, dass damals der Kettenhof noch stand, dort wohnte die Familie Günderrode. Ein Bartmann, der Urgroßvater von Marguerite Hornung, wohnte ebenfalls dort und war als Agronom im Adressbuch verzeichnet.

1886 **Gründung des späteren Anna-Schmidt-Schule-Instituts**

1897 **Eröffnung des Goethe-Gymasiums**

1902 **Eröffnung der Akademie für Sozial- und Handelswissenschaften, die Vorgängerin der Universität**

1910 Bau der Westend-Synagoge in der Freiherr-vom-Stein-Straße. Sie wurde 1938 abgebrannt, ich habe sie damals brennen sehen.

1914 Eröffnung der Universität

1921 Gründung der Frankfurter Gesellschaft für Handel, Industrie und Wissenschaft

1928 Bau des IG-Hochhauses durch Hans Poelzig.

Soweit einige Daten. Das Westend wird geografisch in etwa begrenzt von der Eschersheimer Landstraße, der Miquelallee im Norden, der Senckenberganlage – wobei ich die Universität, die ja in Bockenheim liegt, ins Westend einbeziehe –, dem Platz der Republik, der damals Hohenzollernplatz hieß, der Taunusstraße, der Kaiserstraße und der Neuen Mainzer Straße und der Hochstraße bis zum Eschenheimer Turm.

Das Westend wurde erst nach der Auflassung der Stadtanlagen bebaut. Dies war die Zeit des Großherzogs Dalberg, der in Frankfurt sehr viel Gutes getan hat. Seine Leistungen sind nicht in der richtigen Gewichtung im Gedächtnis. So hat er u.a. eben die Wallanlagen aufgehoben, den Reformierten und den Juden mehr oder weniger volle Gleichberechtigung gegeben. Er hat die Entwicklung der Stadt sehr gefördert.

Das Westend also entstand, als die Wallanlagen fielen. Gleichzeitig fiel auch die Wohnbeschränkung für die jüdische Bevölkerung, die bis dahin gezwungen war unter sehr engen, unschönen Bedingungen in der Judengasse zu leben. Viele dieser Familien hatten Vermögen und zogen dann in der Zeit, als das Westend bebaubar wurde, dorthin, sodass im Verhältnis der Anteil der jüdischen Bevölkerung höher lag als im übrigen Frankfurt, etwa bei 30 Prozent.

Der Stil der Häuser ist eigentlich heute noch zu sehen. Bis ca. 1880 herrschte der Klassizismus vor, streng, weiss, sparsam, zurückhaltend. Abgelöst wurde er durch den Historismus. Ich zitiere Pfeiffer-Belli, *Junge Jahre im alten Frankfurt*: „Alles im Westend blieb überschaubar, man hatte eine gewisse Scheu, für protzig angesehen zu werden.“

Die größten und wichtigsten Gebäude nenne ich: Das schönste war sicherlich das Gontard’sche Gartenhaus, Bockenheimer Landstraße/Ecke Freiherr-vom-Stein-Straße. Man hätte es – meine ich – durchaus retten können, es war nur innen ausgebrannt. Gebaut hat es Salin de Montfort, der für Frankfurt sehr viel Gutes gebaut hat.

Zu nennen ist dann noch das größte Gebäude, das Rothschild-Palais im alten Rothschild-Park. Heute steht dort nichts mehr, nachdem das Zürich-Haus abgerissen wurde. Das alte Rothschild-Palais hätte man retten können. Es stand noch die Fassade, aber die wurde in der wilden Zeit, in der das Westend schnell und nicht sehr gut wiederaufgebaut wurde, abgerissen.

Wir konnten in der FAZ den Artikel von Frau Crüwell über das Rothschild-Schlösschen im Grüneburg-Park lesen. Ich meine, man müsste jetzt auch etwas über das Rothschild-Palais in der Bockenheimer Landstraße schreiben. Ich selber erinnere mich daran, es ist eine makabre Erinnerung. Man ließ den alten Baron Maximilian von Goldschmidt-Rothschild im 3. Stock wohnen, er starb dort 1940. Unten wurde das Haus als Kunsthistorisches Museum eröffnet. Ich erinnere mich, als Junge bin ich dort gewesen und man hatte so ein seltsames Gefühl. Es war ja alles gestohlen, und oben lag der alte Eigentümer und starb, glücklicherweise rechtzeitig, bevor ihm etwas Schlimmeres passierte.

Zu erwähnen ist die Bonn'sche Villa, in der die Gesellschaft für Handel, Industrie und Wissenschaft domiziliert. Sie ist typisch für den Historismus, und zwar hat der Architekt sich vom Stil Louis XVI. beeinflussen lassen. Ich würde allen empfehlen, die Interesse an dieser Westend-Geschichte haben, dort einmal hinzugehen. Es war für eine einzelne Familie sehr groß, hat aber Stil und ist eben eines der wenigen großen Häuser, die noch erhalten sind.

Jetzt versuche ich in wenigen Sätzen darzustellen, welche Sammelpunkte es für Menschen gab, Salons oder Gesellschaftliche Zentren kann man sie nennen.

Eines der gesellschaftlich wichtigsten Zentren in der Zeit vor dem 1. Weltkrieg war das von Wilhelm Merton in der Guiolettstraße, wo heute Trinkaus domiliziert. Das Haus ist erhalten. Ich denke, dass Wilhelm Merton für das Westend wie für Frankfurt in dieser Zeit vor dem 1. Weltkrieg die wichtigste Persönlichkeit war. Er wurde 1848 geboren, starb 1916 und war der Gründer der Metallgesellschaft. Sie wurde vor 1914 ein Weltkonzern für den Handel in NE-Metallen. Mit Adickes zusammen hat er die Universität gegründet. Der Oberbürgermeister Adickes, Merton und Henry Oswalt (mein Großvater) haben bei einer Zusammenkunft im Hause Merton beschlossen, die Akademie für Sozial- und Handelswissenschaften zu gründen. Das geschah 1902 mit privatem Geld. Aus der Akademie ist 1914 die Universität entstanden. Merton gründete außerdem ein Institut für Gemeinwohl. Das wiederum hat sich beteiligt an der Gründung der „Centrale für private Fürsorge". Die Centrale heißt heute Institut für Sozialarbeit und domiziliert – noch – im Rothschild-Park, mitten im Westend. Als er starb, wurde eine Schrift über ihn veröffentlicht, aus der ich zitiere:

„Er forderte für den Juristen mehr wirtschaftliche und technische Schulung, für den Techniker mehr soziale und wirtschaftliche Einsichten und hat in seiner Gesellschaft für wirtschaftliche Ausbildung die Grundlage für ein solches Zusammenleben der sich beeinflussenden Lebensgebiete schaffen wollen. Neben sozialem Opfersinn war ihm nüchterner Einblick in die Wirklichkeit eigen. Bei allem Reichtum und allem Sinn für eine behagliche und ästhetische Lebensführung ging er doch niemals über ein gewisses Maß hinaus, er verachtete alles Protzentum, er versagte sich manchen Luxus, den andere sich gönnten. Der Kapitalismus, dessen Technik er – Merton – kennt wie wenige, schafft kein Paradies. Seine dämonische Gewalt bedroht uns alle, auch wenn wir ihn nicht entbehren können. Erträglich gemacht kann er nur werden, wenn Männer ihn handhaben von der Opferbereitschaft und dem Verantwortungsbewusstsein eines Wilhelm Merton."

(Dr. Ernst Cahn, Professor für Soziologie)

Ich möchte noch ein anderes Zentrum aus der Zeit vor dem 1. Weltkrieg erwähnen, und zwar das Haus meines Großvaters Henry Oswalt. Ich zitiere Edgar Salin aus der Festschrift des Goethe-Gymnasiums:

„Vom Hause Oswalt muss gesprochen werden, wenn das Goethe-Gymnasium dieser Jahre und seine Verwurzelung in Frankfurt, in der Gesellschaft und im Leben von Frankfurt verstanden werden soll. Der Vater Oswalt wurde schon erwähnt, der Geheime Justizrat aus einer alten Frankfurter, mit Heine verwandten Familie stammend, war nationalliberaler Abgeordneter von Frankfurt gewesen und genoss hohes Ansehen als Jurist und Nationalökonom..."

Salin schreibt weiter:

„Viele Namen wären hier zu nennen, Ladenburg, Merton, Ziegler und die Hirsch. Viele Namen auch von Schülern der höheren Klassen, die in der Schule mit uns Jüngeren sich nicht viel abgaben, aber außerhalb uns als Goethe-Congymnasiasten freundlich begrüßten; Namen von Peter Bartmann, Albert Hahn und Willi Vogelsang seien stellvertretend auch für die Ungenannten."

Viele andere Häuser, die vor 1914 Zentren bildeten, könnten noch genannt werden.

Aus der Zeit nach dem 1. Weltkrieg ist hinsichtlich der Zentren ein großer Unterschied festzustellen. Nach dem 1. Weltkrieg wurde es intellektueller, sehr viel weniger kompakt, in viele Richtungen auseinanderlaufend. Davon möchte ich ein paar Häuser nennen:

Das inhaltlich schönste Haus war sicherlich das von Robert von Hirsch. Aus der Erinnerung glaube ich, dass es neben dem Literatur-Haus lag. Robert von Hirsch ist 1933 schon emigriert, aber ich war nach dem Krieg oft in Basel bei ihm. Das war im Grunde ein Nachholen der Frankfurter Geschichte. Das Haus in Basel war nämlich sehr ähnlich wie das Frankfurter. Für die Versteigerung der Möbel, der Sammlung von Bildern und Kunstgewerbe gab Sotheby's drei Kataloge heraus. Ein solcher Besuch und eine Darstellung der Atmosphäre würden einen separaten Vortrag geben.

Besonders für Künstler waren Georg und Lilly von Schnitzler wichtig. Er war einer der Obersten im Vorstand der IG und war sicherlich mitverantwortlich, dass IG sich in Frankfurt dann ansiedelte, und dass Poelzig den Auftrag zum Bau der Verwaltung bekam. Die IG hat in der ersten Zeit bis 1934/35/36 sich aus der Politik eher herausgehalten, was heute nicht mehr so gesehen wird, denn sie wird heute nur noch angegriffen wegen der späteren Verquickungen in die Kriegsproduktion und des Einsatzes von Zwangsarbeitern und der Produktion von Giftgas. Georg von Schnitzler wurde dann auch in Konsequenz dieser Dinge in dem IG-Prozess in Nürnberg zu vier Jahren Haft verurteilt.

Eine große Rolle spielte die Freundschaft zu Beckmann. Beckmann verkehrte dort, er hat Lilly von Schnitzler auch gemalt. Es gibt viele Schilderungen von diesem Schnitzler'schen Zentrum in Frankfurt am Westendplatz, genannt wurde bereits ein Buch von Prof. Klötzer.

Lilly von Schnitzler war – wie gesagt – mit Max Beckmann befreundet und hatte natürlich auch viele Bilder von ihm. Sie ließ die Bilder in der Wohnung hängen. Wenn Nazigrößen ins Haus kamen, hat sie einen Vorhang vor die Beckmanns gezogen, wenn die Nazis wieder weggingen, hat sie ihn zurückgetan. So konnte man sich durchmogeln. Immerhin hatte sie den Mut, Beckmann 1940 und 1942 in der Emigration in Holland zu besuchen und hat ihm auch wohl materiell geholfen und ihm Bilder abgekauft.

Ein anderes Zentrum war das Haus von Kurt Riezler. Er war Kurator der Universität. Die Universität war eine Stiftungsuniversität und er spielte eine große Rolle. Kurt Riezler war auch verantwortlich, dass der Historiker Ernst Kantorowicz nach Frankfurt kam. Riezlers Frau war die Tochter des Malers Liebermann. Riezlers hatten auch einen Kreis.

Ein anderes Haus, das eine Rolle spielte, war das von Heinrich und Lore Simon. Er war ein Enkel des Gründers der Frankfurter Zeitung, Sonnemann (1831–1909). Bei Heinrich Simon, der nicht ganz „Westendler" war, sie wohnten am Untermainkai, verkehrte Max Beckmann viel. Als die

Nazis kamen, sind Simons aus Deutschland emigriert. Irma Simon wohnte davor einige Zeit bei uns. Sie sind ohne Geld ins Ausland gegangen und Heinrich Simon – ein völlig absurdes Schicksal – wurde in New York ermordet.

Zur Frankfurter Zeitung noch ein kurzer historischer Kommentar: Es ging ihr wirtschaftlich in der Krise 1929 schlecht und Direktoren der IG – nicht mit IG-Geld, sondern mit privatem Geld – haben sie gestützt. Das war vor allem Prof. Bosch aus Ludwigshafen, der von der BASF kam und mit Prof. Haber befreundet war.

Diese Atmosphäre des Westends eben in dieser Zeit nach dem ersten Weltkrieg bis 1933 muss in Frankfurt sehr anregend gewesen sein. Ich nenne diese Häuser – also Robert von Hirsch, Riezlers, Schnitzlers, Simons nur als eine willkürliche Auswahl. E gab sicher viel andere Salons und gesellschaftlich aktive Familien. So sollten z.B. Martin und Florence Flersheim noch erwähnt werden, die eine schöne Kunstsammlung hatten.

Ich habe ein bisschen davon – ich sagte es schon – in Basel wiedererlebt, wo u.a. Robert Hirsch sein Haus wieder für eine große Zahl von interessanten Menschen geöffnet hatte.

Ich nannte schon als einen Brennpunkt des Westends das „Goethe-Gymnasium". Es wurde 1897 aus einer Spaltung des alten Frankfurter Gymnasiums gegründet und war ein sogenanntes Reform-Gymnasium. Die Persönlichkeit, die am Anfang dieser Schule stand, Karl Reinhardt, war ein großer Pädagoge. Es war das erste Mal, dass man ein Gymnasium so organisierte, dass die neuen Sprachen auch eine Rolle spielten. Wir Lessing-Gymnasiasten natürlich würden es verachten, wir hatten erst Latein, dann Griechisch und dann irgendeine moderne Sprache. Das Reform-Gymnasium, das Goethe-Gymnasium, hatte eben nach seiner Gründung eine große Anziehungskraft. Obwohl man erst Latein und dann eine moderne Sprache und dann erst Griechisch lernte, waren die Schüler so gebildet, dass Edgar Salin im Jahr 1912 seine Abiturrede auf Griechisch hielt. Das Goethe-Gymnasium war eine Elite-Schule und in Frankfurt gab es das Bonmot, es war die Elite-Schule für die Isra-elite. Es waren relativ – entsprechend eben auch dem Bevölkerungsanteil im Westend – viele Schüler, die nach 1933 als Juden gerechnet wurden. Dabei waren sie religiös z.T. glaubensmäßig gar nicht mehr israelitisch, wie man damals sagte, aber sie wurden 1933 so klassifiziert.

Ich fand ein interessantes Zitat über das Goethe-Gymnasium, seine Schule, von Selmar Spier in seiner Autobiografie. Er war Abiturient 1911. Er schreibt:

„Die Kameraden, unter denen ich mich zu entwickeln hatte, stammten aus allen Schichten der Frankfurter bürgerlichen Bevölkerung, ein kleiner Prozentsatz bestand aus Söhnen von zugezogenen Offizieren und Beamten. In der Klasse gab es eine Art von sozialer und regionaler Gruppierung. Es ist bemerkenswert, daß diese Gruppierung nichts mit der Religion zu tun hatte. Die zwei Katholiken der Klasse hatten miteinander keinen Verkehr (obwohl sie beide später Geistliche wurden), die Juden, ..., schieden sich deutlich in Westend und Ostend. Das Elternhaus, seine Lage im bevorzugten Viertel oder in einem der gewöhnlichen Stadtteile, bestimmte die Gruppierung. Es gab Häuser im Westen oder in der Gegend des Stadtwalds mit Dienerschaft und Wagen, und es gab kleine Wohnungen der Innenstadt, wo die Mutter so gut wie alles machte. Gäste aus einer anderen Welt, die mit niemandem persönlichen Kontakt hatten, obwohl sie wie andere Buben mit der Trambahn oder dem Fahrrad ankamen ..., waren zwei Neffen des Kaisers, Prinzen von Hessen. Innerhalb der auf diese Weise ausgesparten Gruppen entschieden die persönlichen Interessen und Neigungen. Die zwei besten Schüler der Klasse waren Juden aus dem Ost- bzw. Nordend, die zwei schlechtesten (und unerzogensten) waren folgerichtig Antisemiten, als solche – und als Rüpel – aber auch ausschließlich aufeinander angewiesen. Sonst war an Spannungen nicht viel zu merken. Auch Schüler ohne persönliche Beziehung zueinander benahmen sich meist mit einer den Erwachsenen nachgeahmten Höflichkeit."

Ich finde, dies ist eine treffende Schilderung des Zusammenlebens im Goethe-Gymnasium und es ist typisch für das Westend dieser Zeit.

Selmar Spier kam aus dem Osten oder aus dem Nordend von Frankfurt und gehörte nicht zur feinen Gesellschaft oder zur „Oberschicht". Sein Vater hatte eine Schuhhandelskette und gesellschaftlich hatte man große Schwierigkeiten akzeptiert zu werden, wenn man „hinter dem Ladentisch" stand. Die Klassenunterschiede waren damals sehr groß. Er hat – wie gesagt –eine gute Erinnerung an diese Schulzeit. 1933 musste er emigrieren. 1945 kam er nach Frankfurt zurück und hat auch zeitweise hier gearbeitet.

Jemand anderes sagt über das Goethe-Gymnasium: „Die Schule war eine Quelle gemeinsamer Kulturüberlieferung." Ich finde interessant, dass bewusst diese Bildung akzeptiert und gepflegt wurde.

Im Jubiläumsbuch des Goethe-Gymnasiums sind die Abiturklassen 1896 – 1959 aufgeführt. Ich habe nur die Klassen bis etwa Ostern 1915, das sind etwa 550 Schüler, kurz analysiert und dies nicht wissenschaftlich exakt, sondern nach meiner Erinnerung.

Man findet als Berufe der Väter Kaufleute, meistens in Großhandelsfirmen, Bankiers, einige Industrielle, einige wenige Ladenbesitzer. Anwälte, wenige Wissenschaftler (die Universität war damals vor 1914 noch nicht gegründet), wenige Beamte. Erstaunlich ist, wie viele Kinder aus Bankiersfamilien oder von Bankvorständen genannt werden und wie viele auch wieder Bankiers geworden sind. Für Albert Hahn, für den ich diese Arbeit ja gemacht habe, ist ganz wichtig zu sehen, dass eine Reihe von den Menschen, die für ihn wichtig waren, schon im Goethe-Gymnasium seine Mitschüler waren: Peter Bartmann, Julius Lehmann, Edgar Salin, Walter Sulzbach (Großvater von Dieter Kirchholtes), August Oswalt, Alexander Hauck (mein Vater), Fritz Flersheim, Max Ladenburg. Die Beziehungen bestanden dann ein ganzes Leben lang und überdauerten die Zeit von 1933 – 1945.

Lessing-Gymnasium

Von 1937 bis 1942 war ich Schüler des Lessing-Gymnasiums. Das Abitur machte ich kriegsbedingt erst in einem Kriegsteilnehmerkurs 1949. Bis zu dem Zeitpunkt, als unser Kreis durch Todesfälle zu klein wurde, das war 2015, traf sich meine Klasse noch jedes Jahr. Dabei fragten wir einmal den einzigen Nazi unter den Mitschülern, wieso er uns mit den vielerlei damals strafbaren Ansichten nie verpetzt hat. Seine Antwort ist interessant. Die Gemeinschaft in der Klasse sei ihm wichtiger gewesen als seine politische Überzeugung. Damals kannten wir uns besser als sonstige Klassenmannschaften. 1943 wurden wir zum Luftwaffenhilfsdienst als Flakhelfer eingezogen und verbrachten zusammen in den Baracken der Batterie eineinhalb Jahre. Dieser Einsatz nachts oder tagsüber bei Luftangriffen wurde tagsüber durch Schulunterricht unterbrochen. Unsere Lehrer vom Lessing-Gymnasium kamen in die Batterie und unterrichteten nach Lehrplan, waren aber doch recht nachsichtig, wenn wir manchmal sehr verschlafen waren.

Die Lektüre von Homer, Horaz und Catull machte uns dabei mehr Freude als der Militärdienst. Überhaupt waren wir bei unseren späteren Klassentreffen immer einer Meinung, dass wir die Ziele des humanistischen Gymnasiums und auch das Lernen der „toten" Sprachen Latein und Griechisch als sehr positiv empfunden haben. Vielleicht kam noch hinzu, dass das Lessing-Gymnasium von uns als eine Insel im braunen Meer angesehen wurde. Es gab wenige Lehrer, die das Parteiabzeichen trugen und selbst die Mitglieder der Partei haben sich sehr zurückgehalten, uns politisch zu beeinflussen.

Eine Geschichte aus meiner Schulzeit sei als Beispiel für die im Lessing-Gymnasium anzutreffende Haltung von vielen Lehrern erzählt. Unser Deutschlehrer sagte eines Tages zu Beginn der Klasse: Diese Stunde will ich Euch zeigen, wie negativ und zersetzend die Juden in der deutschen Dichtkunst waren. Ich lese Euch diese Woche Gedichte von Heinrich Heine vor. Und das tat er mit Zustimmung der Klasse, die die „Rückversicherung" des Lehrers völlig richtig verstand und in dieser Woche voll Interesse mitarbeitete. Keinem der Lehrer geschah etwas vonseiten der Schulaufsicht oder der Partei, da keiner der Schüler Anzeige erstattete. Besonders ist unser Klassenlehrer Professor Otto Schumann zu erwähnen. Über ihn hat nach dem Krieg eine Arbeitsgemeinschaft zu seinem Gedächtnis eine Broschüre über seine Zeit im Lessing-Gymnasium geschrieben, zu der ich einige Erfahrungen und ein Foto beitragen konnte. Über ein Buch mit Briefen von Otto Schumann aus der Zeit vor 1945 schreibe ich an anderer Stelle.

Ich habe Otto Schumann zu verdanken, dass ich im Lessing-Gymnasium bleiben konnte, als einer der wenigen Lehrer mit Parteiabzeichen mich hinauswerfen wollte. Otto Schumann schreibt darüber 1942 in einem Brief an einen Freund, dass er darüber stolz sei, dass die Klasse in dieser Angelegenheit voll und ganz hinter ihm stand. Das sei auch ein Erfolg seiner Erziehung. Otto Schumann vertrat während des Krieges den Direktor Dr. Simon, der im Gegensatz zum Lehrerkollegium sich im Sinne des Nationalsozialismus auch als Autor unseres Geschichtsbuchs betätigt hatte mit dem Titel „Volk und Führer". Er hatte 1933 den damals sofort entlassenen Direktor Ernst Majer-Leonhard ersetzt. Dieser hatte die Schule im liberalen Sinne geleitet und zum Beispiel eine von dem in Frankfurt lebenden Komponisten Paul Hindemith für das Lessing-Gymnasium geschriebene Kinder-Oper aufführen lassen.

Einige unserer Lehrer waren Schüler im Goethe-Gymnasium gewesen, in das auch mein Vater gegangen war. 1897 wurde das Städtische Gymnasium (von 1520) geteilt in das altsprachliche Lessing-Gymnasium und das Reformgymnasium „Goethe-Gymnasium", in dem Griechisch erst nach Französisch und Englisch gelehrt wurde.

Das Goethe-Gymnasium war bis 1933 auch eine betont liberale Schule und wurde dementsprechend nach 1933 stark von der neuen Machthabern umgestaltet. Meine Kinder machten Abitur im Heinrich-von-Gagern-Gymnasium.

Heute kümmert sich meine Tochter Alix Puhl als Vorsitzende des Stadtelternbeirats um die Frankfurter Schulen und ihre Schüler.

6. ARCHITEKTUR

Frankfurter Häuser

Die Häuser, die meine Verwandten und wir und unsere Vorfahren bauten oder kauften und bewohnten, lassen sich in etwa in die Baugeschichte Frankfurts einreihen und sind deswegen vielleicht auch von Interesse.

Der klassizistische Baustil war lange Zeit und gerade während Frankfurts Expansion über die Stadtvilla hinaus prägend. Er beginnt Ende des 18. Jahrhunderts und wird noch nach Mitte des 19. Jahrhunderts angewandt. Einer der bedeutendsten Architekten dieser Zeit war Nicolas Alexandre Salins de Montfort, 1753–1838, ein gebürtiger Franzose. 1809 wurde der Klassizismus als verbindlicher Baustil für alle Frankfurter Neu- und Umbauten in einer Bauordnung festgeschrieben.

Erhalten sind von Montforts Bauwerken heute lediglich das *Nebbiensche Gartenhaus* in den Frankfurter Wallanlagen und das Portal der *Villa Leonhardi.* Der ursprüngliche Bau wurde 1905 abgebrochen, die Front 1912 als Eingangsportal für das Clubhaus des TC Palmengarten genutzt. 1987 bei der Umgestaltung des Palmengartens wurde das Gebäude erneut abgerissen, anschließend die Villa Leonhardi originalgetreu an der Zeppelinallee wiedererrichtet. Seit der Eröffnung 1989 wird das Gebäude als Restaurant genutzt.

Es ist nicht nachzuweisen, dass er zum Beispiel auch Gogels Gut baute, aber ein Vergleich mit von ihm nachweislich gebauten Häuser, zum Beispiel die Villa Leonhardi, macht seine Urheberschaft für die Villa Gogel (an der Gutleutstraße) wahrscheinlich (gefunden auf der

Homepage der Stadt Frankfurt: „1804: Johann Noe Gogel lässt sich von dem klassizistischen Baumeister Salins de Montfort auf seinem Gut eine prächtige Villa bauen (1944 zerstört)“). Der Park ist zum Teil unversehrt, das Gebäude ist bei einem Luftangriff 1944 zerstört worden. Schon bald nachdem die Familie sie 1883 verkaufte, wurde auch der neue Eigentümername für Park und Villa „Sommerhoff“ anstelle von Gogel benutzt. Seit Anfang des 20. Jahrhunderts gibt es auch keine Namensträger mehr, die Familie ist praktisch vergessen.

Dabei spielten die Gogels als erfolgreiche Weinhändler im 18. Jahrhundert eine gewisse Rolle, so zum Beispiel taucht der Name in der Biografie Hegels auf. Der Eigentümer des Gogel-Guts, Senator Johann Noe (Jean Noe) Gogel, nahm den jungen Hegel, der bis dahin in Tübingen gleichzeitig mit Hölderlin studiert hatte, auf dessen Empfehlung hin als Hauslehrer für seine Neffen in sein Haus auf. Die Tochter des einen Hegel-Schülers heiratete Georg Hauck.

Otto Hauck (mein Großvater) erwarb etwa 1921 die z.T. von Ziesenis (1716–1776) gemalten Familienbilder, die heute in meinem Besitz sind. Die Villa erinnerte ein wenig an Villen von Andrea Palladio (1508–1580), der sicherlich die Architektur des Klassizismus angeregt hat.

Leerbachstraße 23

Dieses Haus, ein einfaches, schlichtes Bauwerk, eingefügt in ähnliche Häuser, war typisch für das Frankfurter Westend.

Das Haus in der Leerbachstraße 23 wurde Ende des 19. Jahrhunderts von meinem Großvater Henry Oswalt, Geheimer Justizrat, gekauft. Besonders reizvoll war der Garten mit einem schönen Baumbestand. Die Metallgesellschaft benötigte es 1947 für ihren Neubau und so verkauften es mein Onkel und seine Schwestern einschließlich meiner Mutter noch gegen Reichsmark. Es war teilweise durch Bomben zerstört und wurde dann vollends abgerissen. Ähnliche Häuser finden sich zum Glück noch im Westend.

Gegen Ende des 19. Jahrhunderts fingen die Architekten und ihre Bauherren langsam an, sich mit dem einfachen, schlichten Stil zu langweilen und es begann die Periode des Historismus. Sie erlaubte, ja forderte einen etwas üppigeren und teilweise sogar protzigeren Stil.

Schaumainkai, Villa Metzler

Albert von Metzler (1839–1918) lebte von 1868 bis 1870 in Paris, 1870 kam Metzler nach Frankfurt zurück und beauftragte den bekannten Frankfurter Architekten Burnitz am Schaumainkai ein Wohnhaus im Stil der französischen Villen dieser Zeit zu bauen. Es wird erzählt, er habe ihn dafür sogar extra nach Paris reisen lassen. Das Haus hatte manche Ähnlichkeit mit französischen Bauten des 17. Jahrhunderts. Leider ist das Haus 1944 völlig zerstört worden. Heute steht dort das Bürohaus der LVA, ein eher eintöniger Bau der Nachkriegszeit.

Schaumainkai 47, Villa Otto Hauck

Ein paar Jahre später konnten auch Otto Hauck und seine Familie ein neues Haus fast neben dem der Schwiegereltern Metzler beziehen. Die Zeit war auch im Historismus fortgeschritten und jetzt bauten der Architekt Günther (der über Spiess/Andreae mit Haucks und Metzlers verwandt war) wunschgemäß im Stile Ludwig XVI., Louis Seize.

Auch dieses Haus wurde 1944 zerstört. Der Bau war so solide, dass 3 Bomben ihn nicht völlig zerstören konnten.

Ich besitze aber ein kleines Modell, das Lilo Pohlmann, meine Kusine, mir 2007 geschenkt hat. Im Erdgeschoss der Villa befand sich ein Ballsaal. Für das Orchester und die Kapelle war ein Balkon vorgesehen und ein Künstlerzimmer.

Heute ist das Grundstück mit einem modernen Bürohaus bebaut und Eigentum der Nassauischen Heimstätte.

Die Kinder von Otto Hauck, insbesondere die beiden älteren Mädchen, fühlten sich nie recht wohl in diesem Haus. Sie mokierten sich ein wenig über den üppigen Stil und nannten das Haus „Stallazzo Prozzi".

Dabei gab es noch erheblich größere Häuser, z.B. die der Familien von Rothschild, von Mumm, Beit von Speyer, von Weinberg und von Gans. Den Krieg überstanden haben einige davon, so die Villa Mumm in der Kennedy-Allee und die Villa Beit von Speyer, das heutige Nobelhotel Villa Kennedy.

Vergleichbar mit dem Schaumainkai 47 ist die Villa Bonn, heute Sitz der Frankfurter Gesellschaft für Handel, Industrie & Wissenschaft.

Otto Hauck war wohl sehr enttäuscht, als seine Schwiegertochter Anne Marie, geb. Oswalt, und dann auch ihr Mann Alexander, meine Eltern, nach ihrer Eheschließung 1921 nicht an den Schaumainkai ziehen wollten. Das Haus war ihnen wohl zu altmodisch, obgleich es erst 25 Jahre alt war. So schnell wechseln Geschmack und Mode.

Schon vor dem 1. Weltkrieg war neben dem Historismus und dann dem Jugendstil die Neue Sachlichkeit bei den guten Architekten vorherrschend geworden. Alfred Messel, Peter Behrens, Hans Poelzig sind Namen, die mir dazu einfallen, oder auch Hermann Muthesius. Er hatte 1924 für einen Kaufmann Frank ein Wohnhaus in der

Ditmarstraße 4 in einem schönen großen Garten auf der sogenannten Ginnheimer Höhe, die damals sehr beliebt wurde, gebaut, und zwar neben einer großen Villa von Richard Merton. Meine Eltern kauften das Haus 1929 und wir wohnten dort bis 1945, als die amerikanische Armee es beschlagnahmte und einige Kriegsschäden reparierte.

Wir haben es etwa 1960 an den Bund verkauft, da es immer noch von den Amerikanern bewohnt wurde und für uns zu groß und schwer bewirtschaftbar geworden war. Später übernahm es die Universität als Gästehaus. Das Haus steht heute unter Denkmalschutz, was ebenfalls eine Verwendung erschwert hätte. Im Stil steht es nach meinem Gefühl zwischen Klassizismus und Moderne. Der Balkon zum Garten und der Hauseingang sind durch Säulen verziert, sodass in dieser Beziehung Erinnerungen an Gogels geweckt werden. Schon vor dem Abzug der US-Armee wurde uns ein Teil des Gartens, der dem Vorbesitzer vor 1929 als Tennisplatz gedient hatte, und ein Teil des Obstgartens (in dem insgesamt etwa 100 Obstbäume standen) wieder zurückgegeben und von Architekt Hermann Mäckler (dessen Sohn heute der Stararchitekt Frankfurts ist) mit einem damals modernen Wohnhaus bebaut.

Die Architekten gehörten dem sogenannten Werkbund an, der auch die Tradition des Bauhauses pflegte. Das Haus war zur Sonne durch große Fenster geöffnet, was sich aber leider als zu heiß und nach Verlegung des gesamten Umgehungsverkehrs auf die Miquelallee als viel zu laut erwies. Trotzdem zog meine Schwester mit Mann und vier Kindern dorthin und blieb solange, bis sie das Haus und Grundstück an die Universität verkaufte, die das Haus abreißen ließ und nur den Garten für ihre anliegenden Gästehäuser nutzt.

Ich selbst fand mit meiner Frau Doraline, geb. Gräfin Grote, ein uns von Größe, Lage und Umgebung passendes Haus im Mumm'schen Park, wenige Meter von der alten großen Villa Mumm aus der Jahrhundertwendezeit.

Der Architekt Darius war wieder etwas vom Klassizismus, aber auch vom Barock beeinflusst. Der Balkon wird von zwei Säulen beherrscht, es gibt altmodische Holzläden und viel roten Sandstein. In manchem ähnelt es der Ditmarstraße 4, nur ist es erheblich kleiner und bis auf den Fluglärm auch ruhiger. Zum Wald sind es nur wenige Meter.

So bewegte sich die Familie über die Jahrzehnte hinweg zwischen Klassizismus, Historismus und neuer Sachlichkeit bis zu Nachfolgern des Bauhauses.

Beim Notieren dieser Daten fällt mir auf, wie fehlerhaft man beim Planen, Bauen oder Kaufen vorgeht. Man plant für lange Perioden. Der Bau Schaumainkai stand gerade einmal für 50 Jahre, ebenso alt wurde die Miquelallee 13.

Und in der Ditmarstraße 4, die die Jugend von meinen Schwestern und mir und mein Elternhaus so stark prägte, wohnten wir gerade einmal 14 Jahre. In der Max-Reger-Straße sind wir auch schon seit 1980.

Villa Metzler (erbaut 1803)

In diesem jetzt so benannten Haus wohnte in meiner frühen Jugend Tante Mathilde Schmidt-Metzler und so wurde damals auch das Haus bezeichnet. Jetzt ist es Teil des Museums für angewandte Kunst und wurde dafür vor wenigen Jahren sorgfältig renoviert.

Unter vielen anderen schönen Möbeln ist ein Stück von besonderer Qualität: der Toilettentisch (Poudreuse) von Roentgen aus dem Besitz von Robert von Hirsch, dem aus

Frankfurt nach Basel emigrierten großen Kunstsammler. Nach seinem Tode ersteigerte Hermann Josef Abs das Möbel in der Sotheby-Versteigerung im Jahre 1978. Bei Robert von Hirsch in Basel konnte ich es bei vielen Besuchen sehen. Es stand in einem kleinen Raum und darüber hing ein Bild von Guardi von Venedig.

Tante Mathilde war eine Respekt verlangende Persönlichkeit. Am 1. Januar hatte, so erinnert sich meine Schwester, die Familie dort zum Empfang zu erscheinen. Tante Mathilde konnte bis zu ihrem Tode 1932 in ihrem Hause leben, obwohl es schon 1928 an die Marburger Diakonissen verkauft worden war. Die Inflation hatte das Schmidt-Metzler'sche Vermögen stark vermindert oder sogar vernichtet. Die Villa wurde nach Tante Mathildes Tod zu einem Altenheim umgenutzt und trug den Namen „Haus Daheim." Das Haus ist eine der wenigen noch erhaltenen Villen aus der Zeit des Klassizismus.

Schaumainkai

Wie gezeigt reihte sich hier am Schaumainkai eine größere Anzahl von großbürgerlichen Villen aneinander. Und die dort gegebenen Einladungen ebenfalls. Dementsprechend nannte der immer zu leicht spöttischen Formulierungen neigende Frankfurter Volksmund die Straße den „Schaumweinkai".

Frankfurter Familien im Taunus

Etwa in der Mitte des 19. Jahrhunderts erwarben und bauten immer mehr Frankfurter Familien Grundstücke und Häuser für ihren Sommeraufenthalt im Taunus, und zwar besonders gerne in Bad Soden, Königstein, Falkenstein, Kronberg und Bad Homburg. Nachdem Kaiser Wilhelm II. im Schloss in Bad Homburg öfters den Sommer verbrachte, verstärkte sich der Anreiz, dort auch ein Ferienhaus zu haben. Das Gleiche gilt für Kronberg, nachdem die Mutter von Wilhelm II., die Kaiserin Friedrich, dort wohnte. Kaiser Wilhelm besuchte von Bad Homburg aus regelmäßig die Baronin Mathilde von Rothschild in Königstein. Ob er öfter seine eigene Mutter in Kronberg besuchte, zu der er eine recht problematische Mutter-Sohn-Beziehung hatte, kann ich nicht mehr feststellen.

Der ehemalige Trend zur „Zweitwohnung" oder besser zum Sommersitz am Taunusrand wurde verstärkt durch den Bau der Eisenbahnstrecken von Königstein und von Kronberg nach Frankfurt, die im 19. Jahrhundert fertiggestellt wurden. Bei der Planung, der Durchführung und der Finanzierung der Kronberger Strecke hat sich Jacques Reiss (1807 bis 1887) große Verdienste erworben. Er war ein Vetter meiner Urgroßmutter Anna Hauck, geborene Reiss. Jacques Reiss hatte ein Eigeninteresse, da er sich eine „Villa Schönbusch" in einem großen Park gebaut hatte. Er verkaufte Haus und Park später an Kaiserin Friedrich (Victoria), die Witwe von Kaiser Friedrich III.

Die Villa Schönbusch wurde zum größten Teil abgerissen und an ihrer Stelle dann Schloss Friedrichsruh gebaut, und zwar in einer Mischung aus wilhelminisch-kaiserlichem und viktorianisch-imperialem Stil. Heute gehört Schloss Friedrichsruh der Hessischen Hausstiftung, nachdem es einer Tochter von Kaiserin Friedrich, Prinzessin Margarethe Feodora Beatrice (Mossy), Großmutter des heutigen Landgrafen Moritz von Hessen, gehört hatte, die Prinz Friedrich Karl von Hessen-Kassel heiratete. Es wird als Schlosshotel Kronberg erfolgreich geführt. Ich habe 1945 in Kriegsgefangenschaft in der US-Armee-Zeitung Stars and

Stripes die Story über den Diebstahl der „crown jewels" gelesen. Der Dieb, ein Offizier der US-Armee, wurde gefasst und streng bestraft, das Diebesgut der Familie Hessen zurückgegeben. Im Hotel habe ich viele schöne und interessante Veranstaltungen erlebt und einige wenige Einladungen selbst dort gegeben, so den Empfang nach der kirchlichen Trauung meiner Tochter.

An die Familie Reiss erinnert in Kronberg nur noch die Jacques-Reiss-Straße.

Ein anderes Sommerhaus der Familie Reiss in Bad Soden wurde nach dem Tod des unverheirateten Erben Adolf Reiss der Stadt Bad Soden testamentarisch mit dem Park vermacht und von der Stadt abgerissen. Das übrige, nicht unerhebliche Vermögen ging an die Centrale für Private Fürsorge, einer Gründung von Wilhelm Merton, die nach dem 2. Weltkrieg von meinem Onkel August Oswalt wieder aktiviert wurde, nachdem sie von den Nazis verboten worden war.

Zurück in den Taunus. Die meisten früheren „Frankfurter" Villen, die die beiden Weltkriege überstanden haben, dienen heute kommerziellen Zwecken: Die Mumm'sche Villa in Kronberg gehört Fidelity Trust, einem großen Bostoner Investmentfonds, und dient als Tagungsort und für die Ausbildung. Die mit der Restaurierung beauftragte Architektin Annette Hamer, Bad Soden, zeigte mir das Haus und auch die von ihr gesammelten Dokumente zu seiner Geschichte. Dabei befand sich eine Fotografie, die die Hochzeitsgesellschaft bei der Hochzeit der Tochter Mumm zeigt.

Ich fand meinen Vater und Großvater, eine Schwester meines Vaters und viele Mitglieder der Familie von Metzler auf diesem Foto. Die Ehe blieb kinderlos, auch die zweite Schwester Mumm hatte keine Nachkommen. Heute gibt es in Frankfurt weder vom „Bank-Zweig" noch vom

„Champagner-Zweig" der Mumms noch einen Namensträger. Ein Adoptivsohn heißt Mumm von Mallinckrodt. Die Familie Mumm war vor dem 1. Weltkrieg noch eine der wohlhabendsten und international bekannten Familien der Stadt. Wir leben in der Max-Reger-Straße in Frankfurt nahe der dortigen Villa Mumm, in dem jetzt parzellierten früheren großen Mumm'schen Park.

Die sehr große *Gans-Seligmann'sche Villa* in Königstein dient heute der Deutschen Rentenversicherung als Verwaltungssitz. Die Rothschild'sche Villa in Königstein (1888 – 1894 erbaut für den Bankier Wilhelm Carl von Rothschild, seit 1949 die „Wiege der Bundesrepublik" genannt) ist Hotel und Restaurant geworden. In der Nazizeit war sie den letzten Eigentümern der Familie von Goldschmidt-Rothschild für einen lächerlichen Preis abgenommen worden. Mir lag das Gästebuch aus der Zeit vor und nach dem ersten Weltkrieg vor. Ab und zu, so etwa jedes Jahr, findet sich eine Seite, auf der nur WII eingetragen war, es waren die Besuche des Kaisers Wilhelm II bei der Baronin Mathilde. Daneben finden sich viele Namen aus dem Abteilungen I und II des Gotha und wenige oder gar keine aus Frankfurt. Berichtet wird, dass bei Abfahrt der Familie aus dem Park die Fahne dort eingeholt wurde, was man mit dem Fernrohr von Königstein aus sehen konnte und so konnte man sich auf die Ankunft vorbereiten.

Die große *Villa Mumm* in Kronberg ist vor wenigen Jahren sorgfältig renoviert worden und ist ein Beispiel für den Historismus der Zeit. Es gibt Zimmer im gotischen Stil, im Stil der Renaissance und des Barock. Eigentümer ist die Fondsgesellschaft Fidelity aus Boston.

Der auffälligste Bau aus dieser Zeit vor dem 1. Weltkrieg ist die *Villa Andreae* in Königstein. 1891 von dem Frankfurter Bankier Albert Andreae de Neufville (ein entfernter Verwandter der Mutter meines Urgroßvaters Albert von Metzler) erbaut. Sie ist als mittelalterliche Burg gebaut, auch ein typisches Produkt des Klassizismus. Der Volksmund nannte die Villa „Die Protzburg" und sie hat auch eine interessante Geschichte. 1987 kaufte sie der Immobilienkaufmann Jürgen Schneider, der wie ein König in einem Märchenschloss dort repräsentierte. Aber bald stellte sich heraus, dass das Vermögen ein Märchen und der Immobilienkönig ein Raubritter und das Schloss eine Raubritterburg waren. Auch die Bilanzen und alle vorgelegten Zahlen erwiesen sich als Märchen. Schneider verbrachte einige Jahre im Gefängnis und veröffentlichte 1999 ein Buch, in dem er offen über seine Betrügereien gegenüber den Banken erzählt (Jürgen Schneider, Bekenntnisse eines Baulöwen). Für die, die nicht betroffen sind, ist es ein amüsantes, interessantes Buch. Leider haben die Banken wenig über die Tücken der Immobilienfinanzierung gelernt und sind, mit viel größeren Beträgen, auf die nächsten Tricks hereingefallen.

Eine der wenigen „Frankfurter Villen", die noch von derselben Familie wie vor dem 1. Weltkrieg bewohnt wird und in die ich immer wieder eingeladen werde, ist die *Villa Mettenheimer* in der Frankfurter Straße in Königstein. Auch sie ist sehr schön restauriert worden. Nur der Park ist viel kleiner als früher, als noch kleine Teiche, ein Friedhof und ein beliebter Tennisplatz dazu gehörten. Als ich 2009 dort eingeladen war, erinnerte ich mich und die Hausherren daran, dass vor 100 Jahren meine Mutter mit der Tante des Hausherrn, ihrer engsten Schulfreundin Toni Mettenheimer, später verheiratete Schomburgk, sehr häufig in diesem Hause als Gast war. Als meine Mutter etwa 12 Jahre alt war, lernten sie und die Tochter des Hauses etwas für das Leben Wichtiges: Sie lernten Poker gegen

Geld spielen. Die Schulden meiner Mutter beglich ihre Kinderfrau Lina, die über 50 Jahre der Familie diente und sie am Schluss beherrschte, durch Verkauf ihres Schmuckes.

Frau Justizrat Mettenheimer hatte wohl eigene Vorstellungen über die Erziehung von Töchtern, die allerdings ihrem Mann und noch weniger den Eltern Oswalt bekannt waren. Der Diener des Hauses wurde als Wache aufgestellt und wenn der Justizrat aus der Stadt zurückkam, wurde schnell „Schwarzer Peter“ gespielt. Das Leben in der Villa ist in die Literatur eingegangen, und zwar in den Schlüsselroman von Martin Mosebach „Ruppertshain“. Ein wenig findet sich auch die Atmosphäre bei der Frau Justizrat wieder.

Ein anderes Haus, in dem ich öfters zu Gast sein kann, ist das letzte, das ich erwähnen will. Es ist die *Villa Gans* in Falkenstein, aber noch im Bereich der Gemeinde Kronberg liegend. Für mich ist dieses Haus immer noch das schönste moderne Wohnhaus, das ich kenne, obgleich 1929 gebaut. Der Architekt ist Peter Behrens, der in Höchst einen Verwaltungsbau für die Farbwerke gebaut hatte, der ebenfalls noch sehr eindrucksvoll ist. Neben der architektonischen Qualität und der schönen terrassenförmigen Gartenanlage (von Karl Foerster entworfen) fällt die Qualität der verwandten Baustoffe auf, meist sind außen Platten aus Travertin verwandt. Dabei wurden die die Räume verkleidenden Edelhölzer am 9. November 1938 verbrannt. Damals soll die Kronberger Feuerwehr gekommen sein und löschte die von der SA gelegten Brände gegen deren heftigen Einspruch. Der Feuerwehrhauptmann soll den SA-Führern entgegnet haben, „mir sin Feuerwehr und wenn es brennt, dann lösche mir.“

So viel Mut wurde nur selten gezeigt. Besitzerin der

Villa war Lala (Clara) Gans, die zur Familie von Arthur und Carlo von Weinberg gehörte. Die Familien Gans und Weinberg hatten ein großes Vermögen erworben durch die Gründung und Entwicklung der Cassella-Werke in Frankfurt-Fechenheim, die dann in die IG Farben hineinfusioniert wurde. Ich meine, mich an einen Besuch bei Lala Gans in der schönen Villa etwa im Juli 1955 erinnern zu können. Ich habe Lala Gans 1947 in Dornach in der Schweiz gesehen. Sie wohnte dort in der Emigration in sehr viel bescheideneren Verhältnissen als in Frankfurt. Aufgewachsen war sie im Hause Hainerberg in Königstein, in der bereits erwähnten *Gans-Seligmann'schen Villa*, eine der größten Frankfurter Villen am Taunusrand.

7. AUS DEM LEBEN DES AUTORS

Michael Hauck im Gespräch mit Johannes Ernst

(Die gekürzte, bearbeitete und von Michael Hauck autorisierte Fassung des Interviews wurde von Konstanze Crüwell erstellt)

Kindheit und frühe Jugend

J. E.: Du kamst 1927 in Frankfurt zur Welt. Was sind Deine frühesten Erinnerungen?

HAUCK: Geboren wurde ich in einem Haus an der jetzigen Wilhelm-Leuschner-Straße, genau dort, wo sich nun das große Gewerkschaftsgebäude befindet. Und im Jahr 1929 sind wir in die Ditmarstraße 4 umgezogen, in ein schönes Haus, das Hermann Muthesius in klassizistischen klaren Formen und einem Rundbau in der Mitte mit Säulen erbaut hatte. Es wurde aber 1945 von den Amerikanern beschlagnahmt und diente als Wohnsitz des Oberkommandierenden. Heute ist es das Gästehaus der Universität. An meine ersten drei Lebensjahre kann ich mich natürlich kaum erinnern. Aber später habe ich erfahren oder gelesen, dass Frankfurt in den zwanziger Jahren einen Aufschwung erlebte. Denn in dieser Zeit entstanden ja die bekannten May-Siedlungen und die ebenfalls von ihm, dem damaligen Stadtbaurat Ernst May, geplanten neuen Stadtteile Römerstadt, Niederrad, das den Beinamen Zickzackhausen hatte. Und 1928 wurde die Großmarkthalle von dem Stuttgarter Architekten Martin Elsaesser erbaut.

J. E.: Wie hast Du das Jahr 1933 in Erinnerung?

Hauck: In diesem Jahr kam ich in die Volksschule, wie es damals hieß, und ich kann mich daran erinnern, dass die Nazi-Herrschaft schon damals dunkle Wolken auf unsere Familie und auf Frankfurt überhaupt warf. Im Gedächtnis ist mir auch geblieben, wie von 1935 an viele gute Freunde der Familie in die Schweiz übersiedelten und von dort weiter nach Amerika. Ein Vetter meiner Mutter emigrierte schon 1930 oder 1931. Er war Schweizer, hatte einen Schweizer Pass und konnte das ohne Probleme tun. Er sagte damals, unter einem Mann, der „Mein Kampf" geschrieben habe, und mit dessen Politik wolle er nicht leben. Er hat mir später sehr geholfen. Und andere Freunde gingen auch schon bald weg. Wir haben als Kinder schon begriffen, warum sie weggingen und was da vor sich ging, wir haben nicht alles verstanden, aber natürlich doch vieles.

J. E.: Wurde im Elternhaus darüber gesprochen?

Hauck: Ja, immer wieder. Wir wussten ziemlich gut Bescheid, auch darüber, was sich in der Schule damals abspielte. In meiner Klasse gab es einige, allerdings nur wenige, wie den Sohn eines Zahnarztes und den Sohn eines Autohändlers, die schon sehr aktiv als Fähnlein-Führer bei den Pimpfen, so hieß man bis zu zehn Jahren in der Hitlerjugend, in Erscheinung traten. Einer davon hat mich gemobbt und gesagt, er wolle nicht neben mir sitzen. Die Mitschüler kamen meist aus sozialdemokratischen oder kommunistischen Arbeiterfamilien, dementsprechend waren sie beeinflusst. Und ich damals war schon so etwas wie ein Außenseiter.

J. E.: Ihr wart in der Ditmarstraße ja Nachbarn von Mertons. Hattet ihr mit deren Kindern oder denen von den anderen Nachbarn Kontakt?

Hauck: Die vier Stiefsöhne von Richard Merton waren alle älter als meine beiden Schwestern und ich, aber sie riefen uns immer über den Zaun zu, wenn wir ihr Schwimmbad benutzen durften und dann kletterten wir über die Mauer. Mein Vater war zu sparsam für den Bau eines Schwimmbads. Heute ist dort der Union Club ansässig. Wir hatten andere Nachbarn und deren Kinder, die um die Jahre 1935 und 1936, als die Nazi-Herrschaft immer spürbarer wurde, nichts mehr von uns wissen wollten – oder emigrierten. Auch die Eltern verloren Freunde, darunter Ernst Kantorowicz, ein sehr amüsanter und dem Leben zugewandter Gelehrter, der oft zu uns kam, und wir Kinder hatten zu den Freunden der Eltern ja auch oft Kontakt. Er war Historiker aus dem George-Kreis und hatte ein damals berühmtes Buch über den Stauferkaiser Friedrich II. geschrieben, das aber heute wohl wenig gelesen und diskutiert wird.

Im Dezember erschien er als Nikolaus bei uns, mit einem großen weißen Bart und einer Klorolle, auf der er die ganzen Untaten von meinen beiden Schwestern und mir festgehalten hatte. Und kurz vor Weihnachten kam er zum Eisenbahnspielen. Mein Vater hatte eine schöne Märklin-Eisenbahn, Spur eins, zum Aufziehen. Und ich sehe sie noch vor mir: die – in meinen Augen – alten Herren, damals vielleicht 40 Jahre alt, meinen Vater, Albert von Metzler und Ernst Kantorowicz, wie sie auf dem Boden lagen und mit der Eisenbahn spielten. Und ich durfte nicht rein – leider erst an Weihnachten.

J. E.: Wie ging Deine Schulzeit weiter?

Hauck: Ich war im Lessing-Gymnasium, einem Hort der Reaktion in den Augen der Nazis. Es war eine liberal-konservative Schule, im Geist des Humanismus. Wir hatten einen sehr guten Latein-Lehrer, Otto Schumann, der auch unser Klassenlehrer war. Er war ein aufrichtiger Mann. Um 1942 wurde der Vater eines Schülers ermordet. Damals hat Schumann ihm oder der Mutter geschrieben: „Es ist furchtbar, aber es muss ein Ende nehmen. Sobald wie möglich, und egal, wie.“ In seinen Briefen an einen Kollegen prangerte er die schlimme Zeit an, schrieb auch, dass er sich freue, wenn seine jungen Schüler einen Nazilehrer ablehnten. Später haben wir diese Korrespondenz ihm zuliebe im Insel Verlag veröffentlicht. Das von Notker Hammerstein edierte Buch ist jetzt leider vergriffen. Es war ein Denkmal für Otto Schumann, denn er war eigentlich eine Art Widerstandskämpfer.

Das Ende der Jugend / Kriegsjahre. Gefangenschaft und Erkrankung / Der Tod des Vaters

J. E.: Warst Du bis zum Ende Deiner Schulzeit im Lessing-Gymnasium?

Hauck: Im Jahr 1943 kam unsere Schulklasse zur Flak als Luftwaffenhelfer in Sossenheim. Dort haben wir nachts Kanonen mit dem ziemlich großen Kaliber 10,5 auf angreifende Bomberverbände geschossen. Und in dieser Zeit führte die Freundschaft unserer Familie mit Ernst Kantorowicz zu einem besonderen Erlebnis für mich. Wir Flakhelfer saßen in diesen Jahren 1943/1944 abends in der Baracke (heute befindet sich dort das Bürozentrum Eschborn), als der Batteriechef, ein sympathischer Lehrer im Privatleben, zu uns hereinkam, weil er unsere Lektüre kontrollieren wollte. Ich las gerade das Buch „Friedrich II" von Ernst Kantorowicz. Der Batteriechef sah mich erstaunt an und fragte, ob ich denn wisse, wer und was der Autor sei.

Ich verneinte – aber wohl nicht ganz glaubhaft, was man mir offenbar ansah. Der Batteriechef merkte sofort, dass ich gelogen hatte, ließ aber nicht erkennen, dass er mir das nicht glaubte. Ich wies noch darauf hin, dass der Führer dieses Buch gerne gelesen habe, was damals zu Recht bekannt gewesen sei. Daraufhin sagte der Batteriechef, ich solle doch das Buch lieber mit nach Hause nehmen und etwas anderes lesen. Sonst passierte mir nichts. Nach dem Krieg haben meine Klassenkameraden und ich Oberleutnant Moll, diesen Batteriechef, zu einem Gespräch nach Frankfurt eingeladen und erfuhren, dass er vieles von und über uns damals erfahren – und entgegen seiner Pflicht – gleich wieder vergessen hatte.

Mit Kantorowicz habe ich 1950 in den Vereinigten Staaten während meines Aufenthalts als Austauschstudent in Iowa korrespondiert. Er war damals gerade aus der University of California in Berkeley ausgeschlossen worden, weil er sich geweigert hatte, den antikommunistischen Loyalitätseid zu unterschreiben, obwohl er gegen den Kommunismus in Deutschland gekämpft hatte.

J. E.: Die Schulzeit war damals beendet?

Hauck: Nicht ganz, denn tagsüber kam unser Lateinlehrer mit dem Fahrrad nach Sossenheim und machte uns mit den Oden von Horaz vertraut. Ich kann sie heute noch auswendig. Und wenn wir ehemaligen Schüler, die noch übrig geblieben sind, uns heute treffen, können die meisten ebenso wie ich noch die Horaz-Oden oder die Gedichte von Catull auswendig.

J. E.: Toll!

Hauck: Ja, aber weniger toll als bei meinem Vater. Denn bei ihm hatte der spätere Baseler Professor Salin die Abiturrede noch auf Altgriechisch gehalten. Das war im Goethe-Gymnasium, über das wir noch sprechen werden.

J. E.: Hast Du den ganzen Zweiten Weltkrieg als Flakhelfer in Frankfurt erlebt?

Hauck: Nein, das war anders. Wir wurden im Februar 1943 zur Flak eingezogen und im Oktober 1944 aus der Flak und gleichzeitig aus der Schule entlassen. Nach dem Kriegsdienst sollten wir dann das Abitur gleichsam geschenkt kriegen.

J. E.: War Deine Familie in den Kriegsjahren zu Hause in Frankfurt?

Hauck: Meine ältere Schwester hat damals in Freiburg studiert und den großen Angriff auf Freiburg ein paar Kilometer außerhalb im Zug miterlebt. Sie hatte eigentlich in Frankfurt studieren wollen, was ihr aber vom Rektor verwehrt wurde. Das war sehr unschön, denn gerade ihn hatte mein Großvater, der ein Förderer der Frankfurter Universität gewesen war, sehr darin unterstützt, sich dort zu etablieren. Jener Rektor legte meiner Schwester damals nahe, ihren Antrag an einer anderen Universität einzureichen. Das tat sie dann auch mit Erfolg in Freiburg.

Aber ich musste nach der Flak noch in den Arbeitsdienst und dann im November 1944 zum Militär, wurde in Hannoversch-Münden ausgebildet und kam dort in Gefangenschaft, wo ich von Juli 1945 bis Juli 1946 in

Frankreich war. Die Amerikaner hatten das Lager, es war in Rennes, mit mehr als 80.000 Gefangenen an die Franzosen übergeben, die uns aber nicht ernähren konnten. Sie hatten ja selber nichts. Und ich kam nach Hause, weil ich eine schwere Lungentuberkulose hatte. Na ja, es war schon auf der Kippe. Wenn man in einem Gefangenenlager Tuberkulose hat, kommt man eigentlich nicht wieder raus. Es war schon eine Randzeit.

J. E.: Doch bei Dir ging es gut aus?

Hauck: Am 24. Dezember 1945 sind wir TB-Kranken im Lager großzügig zu einer Weihnachtsfeier zugelassen worden, in einem Zelt ohne festen Boden. Es war feucht und nass, und man hat uns Tuberkulose-Patienten in eine Ecke gestellt und abgegrenzt von den anderen Gefangenen, damit wir ihnen nichts Böses tun konnten. Geholfen hat mir Günther Schild, ein Berliner Jude, vom YMCA, der sich um deutsche Kriegsgefangene kümmerte. Er sorgte dafür, dass wir nach Hause kamen, fand aber rechtzeitig heraus, dass zuvor einige Deutsche die Entlassungs-Listen der Kranken verändert und ihre eigenen Namen darauf gesetzt hatten. Somit wären beinahe die Gesunden nach Hause gekommen, und die TB-Patienten, also auch ich, wären in Rennes zurückgeblieben. Aber Herr Schild brachte uns in den Transport. Er war ein beachtenswerter Mann. Später hat er in einem seiner Bücher ein Kapitel über „die Rettung des Michael vor dem Tode“ geschrieben. *(Fritz Pawelzik, Günther Schild: „Spätlese – Rückblick auf ein Leben“, R. Brockhaus 1994 /* siehe auch in diesem Buch das Kapitel: „Die Rettung aus der Todesbaracke“). Und von Rennes kam ich nach Weingarten, wo das Kriegsgefangenen-Lazarett in einem Kloster war.

J. E.: Das heißt, Du bist geheilt von Deiner TB entlassen worden?

Hauck: Geheilt oder nicht geheilt: Es ist immer ein Übergang. Man hat noch Schatten und wird kontrolliert, und erst mit der Zeit wird man aus der Kontrolle entlassen. Es gab aber Leute, die immer noch etwas zurückgeschreckt sind, jedenfalls hab ich das auch gefürchtet. Man ist Außenseiter, ein bisschen wie bei HIV, denke ich. Man hat Angst, dass der andere Angst hat.

J. E.: Und aus Weingarten kamst Du wieder nach Frankfurt zurück?

Hauck: Als ich wieder zu Hause war, ist bald darauf mein Vater gestorben. Er hatte noch durchhalten wollen, bis ich komme. Ich habe ihn gerade noch gesehen, einen oder zwei Monate lang. Aber wir sprachen nicht darüber, dass wir uns nicht mehr lange unterhalten konnten. Mein Vater hatte Krebs. Dass er starb, war im Jahr 1946 natürlich für die Familie eine Katastrophe, aber auch für die Firma.

Zurück ins Leben / Zwei Jahre in der Schweiz, Ausbildung in Frankfurt, Iowa, London und Paris

Hauck: In Frankfurt konnte ich damals das Abitur noch nicht machen, weil es gerade an dem Tag stattfand, als ich wieder nach Hause kam.

J. E.: Du bist im November 1946 in die Schweiz gegangen, um wieder Kräfte zu sammeln?

Hauck: Ich konnte dann eine Kur in einem Sanatorium in Davos machen. Das verdanke ich vor allem Albert Hahn, dessen Biografie ich 2009 veröffentlich habe, aber auch Elisabeth Lehmann (so hieß sie später), geborene de Neufville, geschiedene Beit von Speyer, und Max Ladenburg. Diese Freunde und Verwandte der Eltern haben mir die Genesung von der Tuberkulose ermöglicht. Sie waren emigriert, hatten noch etwas Geld behalten oder wieder verdient und haben meinen Aufenthalt in der Schweiz zwei Jahre lang finanziert.

J. E.: Sehr schön!

Hauck: Das war sehr großzügig, denn ich war ja auch als deutscher Soldat in der Armee gewesen. Und als ich das erste Mal in die Schweiz fuhr, übernachtete ich zunächst bei dem Ehepaar Uzielli in der Nähe von Basel. In ihrem Haus hing ein großes Schild „Welcome", und ich dachte: „Wie nett, für mich." Aber dann sah ich das Foto eines jungen Mannes in englischer Uniform: das war der Sohn des Hauses. Und da fiel mir ein: „Um Gottes Willen, wenn wir aneinander gekommen wären zwei Jahre vorher, hätten wir uns tot geschossen." Doch diese Menschen waren ausgesprochen nett zu mir, und gerade in Basel habe ich sehr viele Freundschaften geschlossen, mit alten Freunden der Familie.

J. E.: Es waren doch mehrere Frankfurter in die Schweiz und dort vor allem nach Basel gegangen, nicht wahr?

Hauck: Basel war damals eine große Frankfurter Kolonie.

J. E.: Und dort hat damals ja auch Robert von Hirsch gelebt?

Hauck: Bei ihm war ich öfters, schon 1947, als mich die Uziellis dorthin mitnahmen, obwohl ich noch tuberkulosekrank war und manche Leute deshalb Angst vor mir hatten.

J. E.: Du bist zwei Jahre in der Schweiz gewesen?

Hauck: Ja, Zuerst war ich im Sanatorium und dann in der Schule.

J. E.: Du warst dort noch in der Schule?

Hauck: Es war die alpine Mittelschule, wo ich aber nicht die Matura machte, das hätte ich nicht geschafft. Abitur habe ich als Kriegsteilnehmer in Frankfurt gemacht, als ich wieder zu Hause war.

J. E.: War es immer geplant, dass Du nach diesen zwei Jahren in der Schweiz wieder in Frankfurt sein würdest?

Hauck: Ich musste ja dort mein Abitur nachmachen und dann habe ich an der Frankfurter Universität drei Semester Volkswirtschaft studiert. Mein Studienziel war eigentlich ein Stipendium. Ich hatte mehrere Angebote für Stipendien, eines in Amerika und eins in Frankreich. Ich habe mich für Amerika und dort für Iowa entschieden. Manchmal tut es mir leid, denn das andere war irgendwo in den Alpen und da hätte ich Ski laufen können, aber, na gut. Alles kann man nicht haben. 1950 kam ich nach Amerika und das war ja eine unzerstörte, völlig andere Welt. Wir sind mit dem Schiff in New York angekommen, es war ein umwerfender Eindruck, diese Silhouette und der ganze Betrieb. Dort haben mich wieder Freunde aus Frankfurt und eine Freundin meiner Mutter empfangen und sie haben mich auch später immer wieder unterstützt.

J. E.: Wo in den USA warst Du dann?

Hauck: Ich kam durch das Stipendium nach Iowa City, Iowa. Das ist im Mittelwesten, im besten landwirtschaftlichen Gebiet in Amerika, die Bauern sind reich und haben Flugzeuge. Naja, es war vielleicht weniger interessant als im Süden oder im Osten. Es war aber typischer für Amerika als viele andere Regionen. Der Mittelwesten kennt gar kein Ausland. Im Norden ist Kanada, da sprechen sie Englisch, weit weg im Süden ist Mexiko und was jenseits des Atlantik liegt, interessierte kaum noch. Diesen Isolationismus, der in Amerika immer wieder eine Rolle spielt, habe ich dort kennengelernt. Es gab aber in Iowa auch einen Bezug auf Frankfurt. Denn im Museum in Iowa City hatten sie fünf Gemälde von Max Beckmann. Er war ja in Chicago und vor allem in St. Louis gewesen und Iowa liegt dazwischen. Und dort hatte ihn damals ein Direktor des Museums entdeckt.

J. E.: Wie lange warst Du insgesamt in Amerika?

Hauck: Ein Jahr lang, von 1950 bis 1951, davon neun Monate im College in Iowa und anschließend drei Monate in New York. Ich lernte und arbeitete dort in einer Bank, habe New York kennengelernt – und es geliebt! Ich wohnte in einer Wohnung von Verwandten der Mertons, die in Downtown in der Nähe vom Washington Square, in Greenwich Village lag, was damals sehr schön war, und ich glaube, auch heute wieder ist. Nach drei Monaten New York ging es wieder zurück nach Frankfurt und ich musste, das wurde verlangt, nun eine Banklehre in Hamburg machen. Ich hatte einige Probleme damit, nach dem Krieg, der Kriegsgefangenschaft und der Zeit in Amerika in Hamburg wieder als Lehrling anzufangen. Denn zum Beispiel wurde ich in der Berufsschule wie ein vierzehn- oder fünfzehnjähriger Lehrling behandelt, als ich bei Brinckmann, Wirtz & Co. meine Lehre begann. Brinckmann und Wirtz hatten 1938 die Bank von Warburg übernommen. Der Namensgeber (Rudolf) Brinckmann war wie mein Vater ins Goethe-Gymnasium in Frankfurt gegangen, aber mit ein paar Jahren Unterschied. Das Leben in Hamburg fand ich schwieriger als in New York.

J. E.: Hast Du dort eine eigene Wohnung gehabt?

Hauck: Nein, damals war das Geld in Frankfurt knapp und ich wollte meiner Mutter nichts wegnehmen, also habe ich ein möbliertes Zimmer gehabt.

J. E.: Du hast nicht so gute Erinnerungen an diese Hamburger Zeit?

Hauck: Ich habe Hamburg, von 1951 bis 1952, als luxuriös und großspurig in Erinnerung, denn damals wurde sehr viel Geld mit Importen und Exporten verdient. Hamburg hat mir imponiert, aber ich fühlte mich als Süddeutscher nicht zu Hause. Und dann ging ich nach London zu Siegmund Warburg, dazu haben mir Eric Warburg in New York und Brinckmann in Hamburg verholfen. Siegmund Warburg war damals ein kommender Star, aber noch in den Anfängen. Später hat er ja die ganze City of London in Schwung gebracht und reformiert. Die Bank, die er damals gegründet hatte, ist heute weg-fusioniert.

J. E.: Wie lange warst du in England?

Hauck: Sechs Monate. Anschließend hat man mir dabei geholfen, vermutlich war es Brinckmann, dass ich zu Rothschild nach Paris kam und in dieser Stadt verbrachte ich auch sechs Monate. Der Name Rothschild war fabelhaft, die gleichnamige Bank aber weniger, die ja verstaatlicht wurde. Heute ist sie hochinteressant, denn David Rothschild, der später wieder neu anfangen musste, hat sie sehr erfolgreich gemacht. Ich hatte zuerst Vorurteile gegen Frankreich wegen meiner Kriegsgefangenschaft und meiner Krankheit. Aber bald habe ich Paris geliebt. Ich hatte schon im Jahr 1951 in New York einen französischen Kaufmann kennengelernt, der noch heute, also mehr als fünfzig Jahre später, einer meiner engsten Freunde ist, mit dem ich oft zusammen gearbeitet habe.

Bankier in Frankfurt

J. E.: Nach Deiner Zeit in Paris warst Du wieder in Frankfurt?

Hauck: Zurück in Frankfurt, habe ich bei einer Wirtschaftsprüfungsfirma als Assistent gearbeitet. Es war hochinteressant, man ist in kleine Firmen gekommen. Bei einem Firmeninhaber haben wir zum Beispiel drei Wochen lang geprüft und Berichte geschrieben. Beim Abschied fragte er mich: „Sie wollen doch was lernen?", und als ich „Ja, gerne!" antwortete, sagte er: „Wissen Sie, ich habe Ihnen da Zahlen genannt, und Sie haben einen wunderschönen Bericht gemacht, aber die wirklichen Zahlen sind in meiner anderen Schublade." Das war für mich in dieser ganzen Zeit das Beste, was ich gelernt habe. Später war ich noch bei einem Steuerberater, beides ist die beste Ausbildung für die Tätigkeit in einer Bank.

J. E.: Wann begann Deine Tätigkeit in der Bank Deiner Familie?

Hauck: Das war im Jahr 1956. Persönlich haftender Partner war ich damals schon durch die Erbschaft. Jetzt wurde ich geschäftsführender persönlich haftender Gesellschafter. Damals gab es zwei Senioren, meinen Onkel August Oswalt und Kurt Heide. Und als Generalbevollmächtigter war da Reinhard C. Schroeder, den ich in Hamburg kennengelernt hatte, mit dem ich lange und sehr gerne zusammen gearbeitet habe.

J. E.: Wie lang warst Du im Bankhaus Hauck tätig?

Hauck: Bis 1993. In der Bank habe ich die Börse betreut, auch das Vorgeschäft und die Großkunden, also das, was man institutionelle Kunden nennt. Wir haben sehr partnerschaftlich zusammengearbeitet und hatten keine so ganz strengen Organisationsrichtlinien. Mein Onkel und sein Partner saßen sich sogar im selben Zimmer am Schreibtisch gegenüber: Ein Nichtraucher und ein Kettenraucher, und trotzdem haben sie sich verstanden.

J. E.: Keine ganz so strengen Richtlinien?

Hauck: Wenn einer von uns einen Privatkunden betreut hatte und der wollte nicht woanders hin, dann hat man ihn gelassen. Das ist heute alles viel strenger und organisierter und ich weiß nicht, ob es besser ist.

J. E.: Und der Onkel, der mit im Bankhaus saß, war ein Bruder Deines Vaters?

Hauck: Nein, er war der Bruder meiner Mutter. Mein Vater hatte keine Brüder und nach seinem Tod war eigentlich niemand mehr in der Familie da. Ich war in Gefangenschaft und auch zu jung. Mein Vater hatte seinen Schwager in die Firma genommen. Der war aber kein gelernter Bankkaufmann, sondern hatte ein seltsames Leben gehabt. Er ist aktiver Offizier geworden, was für Frankfurter nicht häufig vorkam. Dann war er in Berlin Sozialarbeiter, später Leiter einer Schule für Sozialarbeiter, bis die Nazis kamen und ihn hinauswarfen. Und nun saß er vor dem Nichts, bis mein Vater sagte „Ich brauche jemanden, mit dem ich mich unterhalten kann". So kam er hierher. Allerdings durften sie in der Nazi-Zeit beide nicht als Geschäftsführer in der Bank fungieren. Daraufhin mussten sie noch einen dritten holen, das war Adolf Melber, der aus der Familie von Goethes Mutter kam.

J. E.: Auf welchem Gebiet warst Du als Bankier vor allem tätig?

Hauck: Die Wertpapieranalyse war in der Bank sozusagen mein Hobby. Ich habe sie im Haus aufgebaut und in Deutschland zusammen mit anderen eine Vereinigung aller Analysten gegründet (die DVFA, wie sie heute heißt). Und später wurden alle Analysten-Vereinigungen in Europa zusammengefasst. Bei unseren Sitzungen in England pflegte regelmäßig ein Herr in einer alten historischen Uniform mit einem Stock zu erscheinen. Diesen Stock stieß er auf den Boden und sprach die Worte „Gentlemen, the Queen". Alle standen auf, sagten auch

„The Queen". Und daraufhin verkündete der Herr: „You may smoke now".

J. E.: Mit der Wertpapieranalyse hat die Bank also gewonnen?

Hauck: Vom Ertrag her nicht unbedingt, aber in Bezug auf die Reputation hat es sehr viel genützt. Und ich meine, dass ich mich für ganz gute Anlagen eingesetzt habe. Ich war auch in einigen Aufsichtsräten, bei Michelin Deutschland, nicht in Frankreich, bei Ciba Geigy Deutschland, VDM und der Frankfurter Hypothekenbank. Und für die deutsche Tochtergesellschaft von Ciba Geigy kam ich sehr häufig nach Basel. Finanzminister Wolfgang Schäuble, damals noch Rechtsanwalt in Freiburg, war in dieser Zeit mit mir zusammen bei Ciba Geigy im Aufsichtsrat. Es war für meine Bank also eine interessante Zeit, aber wenn ich zurückblicke, habe ich es versäumt, für meine Bank Nachfolger aufzubauen. Es ist mir nicht gelungen, die Firma als Familienbetrieb fortzuführen. Das hat Fritz Metzler, mein Vetter, sehr gut gemacht, aber mir ist es nicht gelungen.

J. E.: Aber das Haus führt Deinen Namen weiter.

Hauck: Das Haus führt den Namen weiter, aber der Stil ist ein anderer geworden.

J. E.: Sechs Generationen Hauck waren Partner der Bank. Welchen Deiner Vorfahren hältst Du für den bedeutendsten?

Hauck: Ich denke, meinen Großvater Otto Hauck, der von 1863 bis 1934 gelebt hat. Er war in den Aufsichtsräten der

IG Farben, Allianz, Deutschen Bank, auch der Metallgesellschaft, der Frankfurter Bank und Frankfurter Hypothekenbank tätig. In dieser Zeit war er in seinem Haus Schaumainkai 47 Gastgeber für den damaligen Reichsbank-Präsidenten Hjalmar Schacht und gab 1925 ein Diner für ihn und die damals wichtigsten Frankfurter Wirtschaftsführer. Schacht übernachtete laut Eintragung ins Gästebuch meiner Großeltern auch im Haus am Schaumainkai.

Doch nur wenige Jahre später, es war 1933 kurz nach der Machtergreifung der NSDAP, wurde Otto Hauck zum Rücktritt als Präsident der Industrie- und Handelskammer (IHK) und Vizepräsident der Frankfurter Wertpapierbörse gezwungen. Zu seinem 70. Geburtstag im April 1933, also desselben Jahres, wurde ihm von der IHK nicht mehr offiziell gratuliert und die Überreichung der Goldenen Medaille für seine Verdienste, die im Januar beschlossen worden war, fand nicht mehr statt. Dies wurde dann auch nach 1945 weiterhin vergessen.

J. E.: Und jetzt noch eine private Frage: Du hast irgendwann geheiratet? Eher spät?

Hauck: Ich war 43 Jahre und meine Frau war 32 Jahre alt. Und wir hatten uns – das heißt, sie hat mich – kennen gelernt bei meinem Vortrag in der Kölner Universität. Allerdings saß sie in der Menge der Zuhörer und ich habe sie nicht bemerkt. Später habe ich sie getroffen und sie gefragt: „Über was habe ich denn gesprochen?" Da hat sie nachgedacht und gesagt: „Leider habe ich nicht zugehört." Das war der Beginn unserer Ehe. Dass ich jemanden aus Norddeutschland heiratete, das hat es in unserer Familie noch kaum gegeben. Doraline, geborene Gräfin

Grote, war hier in Frankfurt als Diplom-Kaufmann in der Tourismusberatung beruflich tätig. Wir haben zwei Kinder: Alix, geboren 1971, hat Jura studiert. Ihr Mann berät u. a. große Immobilienfirmen. Sie haben vier Kinder (drei Jungen, ein Mädchen – Otto, Emil, Gustav und Gretha) zwischen sechs und 14 Jahren. Sie wohnen in Frankfurt, in der Nähe vom Städel-Museum.

Gregor, geboren 1973, ist Diplom-Kaufmann und als Immobilienberater tätig. Er lebt mit seiner Familie in München. Daniela (ebenso zugelassene Anwältin wie Alix) und er haben zwei Söhne und eine Tochter, Kilian, Carlotta und Eduard, sie sind zwischen 9 und 12 Jahre alt.

Wie man sieht, bin ich der einzige in der Familie, der keinen akademischen Titel vorweisen kann.

Familiengeschichten

J. E.: Die Haucks sind schon lang eine Frankfurter Familie. Seit wann eigentlich?

Hauck: Der Begriff „lang" ist natürlich relativ. Einige Vorfahren von mir lebten schon im Jahr 1530 hier. Die Haucks stammten ursprünglich aus Essingen, einem kleinen Ort bei Landau in der Pfalz. Sie standen in Dalberg'schen Diensten und daher hatten sie später wohl gute Beziehungen zu Karl Theodor von Dalberg, dem Fürstprimas des Rheinbunds, der von 1800 bis 1813 Großherzog von Frankfurt war. Dort ließ sich Friedrich Michael Hauck, Sohn eines kurpfälzischen Rates, gegen Ende des 18. Jahrhunderts nieder, trat 1796 in ein schon bestehendes Unternehmen ein, aus dem später das Bankhaus Georg Hauck & Sohn hervorging. Ein Jahr später heiratete er Catharina Fleischer, Tochter einer angesehenen Frankfurter Buchhändler- und Verlegerfamilie.

J. E.: Und wie entstand die Verbindung mit Goethe?

Hauck: Die Eltern von Goethe waren mit dem Ehepaar Fleischer befreundet, den Schwiegereltern von Friedrich Michael Hauck, und gemeinsam mit ihnen machte sich Goethe zum ersten Mal auf den Weg nach Leipzig, um dort sein Studium aufzunehmen. Es war eine mühsame Fahrt, die Kalesche kippte um und bei der ganzen Aufregung muss Catharinas Mutter besonders gelassen und souverän reagiert haben. Jedenfalls war Goethe so beeindruckt von „Madame Fleischer, der es weder an Geist und Witz, noch an Zunge fehlte", dass er jene lobenden Worte in „Dichtung und Wahrheit" veröffentlichte. Darauf war ich immer sehr stolz, bis ich eines Tages das Buch „Goethe und seine Verleger" von Siegfried Unseld las. Und da erfuhr ich nun, dass Goethe seine erste Komödie, „Die Mitschuldigen", ein kleines, offenbar nicht besonders gutes Stück, dem Verlag von Johann Fleischer angeboten hatte, dort jedoch abgewiesen wurde.

Meine Vorfahren haben also leider überhaupt nicht erkannt, dass es sich bei dem jungen Goethe um einen Dichter mit großer Zukunft handelte. Aber Goethe nahm es Fleischer offensichtlich nicht lange übel. Johann Fleischer verlegte später noch einige Werke des Dichters. Wie aus Goethes Tagebuch ersichtlich, besuchte er am 19. Oktober 1814 bei seinem Besuch in Frankfurt unter anderem auch die Haucks.

J. E.: Jetzt sehe ich dieses von mir sehr geliebte prächtige Rokoko-Bild der Familie Gogel, die in einem aristokratischen Outfit in ihrer Parklandschaft steht, mit Kindern,

Pferden, Reitern und Hunden. Also, ein zauberhaftes Sittengemälde des 18. Jahrhunderts. Diese Familie war, wie Du mir mal gesagt hast, als Weinhändler tätig.

Hauck: Georg Hauck war der Sohn von Friedrich Michael Hauck und Namensgeber des Bankhauses Georg Hauck. Er war mit Sophie Gogel verheiratet. Aus Spaß sage ich manchmal, auf diesem erwähnten Bild sind König Ludwig XVI. und Marie Antoinette zu sehen. Es wirkt ja ein bisschen neureich und ist nicht gerade ein Beispiel für die Frankfurter Sparsamkeit. Hier hängt nur eine Kopie. Die Gogels waren angesehene und vermögende Kaufleute. Sie besaßen auch eine Galerie, angeblich mit Werken von Rubens und Rembrandt, ob es echte waren, kann man heute nicht mehr nachvollziehen. Wie viele Weinhändler zu jener Zeit waren auch die Gogels zu einem großen Vermögen gekommen. Und ein Gogel, auf dem Bild hoch zu Pferde, baute 1802 im Park des Gogelschen Gutes die klassizistische „Villa Gogel" am Main. Entworfen hatte sie der berühmte Architekt Nicolas Alexandre Salins de Montfort, der 1792 vor der Französischen Revolution nach Frankfurt geflohen war. Und als Hauslehrer engagierten die Gogels den jungen Philosophen Friedrich Hegel, der die Kinder von 1797 bis 1801 unterrichtete. Empfohlen hatte ihn sein Freund Friedrich Hölderlin, der eine Zeitlang die gleiche Position bei der Familie Gontard innehatte, was bekanntlich kein gutes Ende nahm.

J. E.: Und was ist aus der Villa Gogel geworden?

Hauck: Im 1944 wurde das schöne Haus zum großen Teil zerstört. Die Gogels hatten es aber schon im 19. Jahrhundert mitsamt dem schönen alten Park an eine Familie Sommerhoff verkaufen müssen.

J. E.: Wie schade. Daher der Name Sommerhoff-Park.

Hauck: Der Sohn des Ehepaars Georg und Sophie Hauck, Alexander Hauck, wurde 1884 Alleininhaber der Bank. Unter seiner Führung beteiligte sich die Bank an der Gründung, beziehungsweise an der Börseneinführung zum Beispiel bedeutender Industrieunternehmen wie der Farbwerke Hoechst (vormals Meister Lucius & Brüning), Brown, Boveri & Cie, der Metallbank, der Metallurgischen Gesellschaft und anderen. Er war mit Anna Emilie Reiss verheiratet.

J. E.: Und die Familie Reiss?

Hauck: Das war eine alte Frankfurter Familie, die ein großes Vermögen erworben hatte. Sie waren Händler, haben aber vor allem in Grundstücke investiert. Es gab einen Reiss in Liverpool, der Beziehungen zu Ostasien und China hatte und, ich glaube, mit Stoffen handelte. Die Reiss waren mit Cassella, also auch mit Weinberg, verbunden. Bei der Öffnung der Stadt zwischen Wall, Neue Mainzer Straße und Bahnhof, als das ganze dortige Areal parzelliert und von der Stadt verkauft wurde, hat die Familie Reiss stark in diese Grundstücke investiert und damit ein Vermögen gemacht. Den Reiss gehörte auch das Grundstück, auf dem sich die Kaiserin Friedrich ihren Witwensitz Friedrichshof, als Tochter der Queen Victoria im hessisch interpretierten Tudorstil, erbauen ließ. Und ein Brief der Kaiserin Friedrich ist erhalten, in dem sie ihrer Mutter, der Queen Victoria mitteilte: „...kaufte von einem Kaufmann Reiß dieses Grundstück in Kronberg“. Die Reiss-Straße in Kronberg erinnert auch daran, dass die Familie Reiss dort die Eisenbahn finanzierte.

J. E.: Und war die Familie Reiss jüdischen Glauben geblieben?

Hauck: Nein, sie hatten sich schon früh protestantisch taufen lassen. Der Sohn von Alexander und Anna Emilie war Otto Hauck, mein Großvater, der sicher bedeutendste Bankier der Familie, über den ich schon gesprochen habe. Er war mit Mathilde Metzler verheiratet. Sie war die Tochter des Bankiers und Stadtrats Albert von Metzler, der auch Mitglied des preußischen Herrenhauses war. Das Ehepaar Otto und Mathilde Hauck hatte vier Kinder: Adele, Alexander, Elisabeth und Martha.

Friedrich von Metzler und ich sind Vettern zweiten Grades und unsere Väter waren noch dazu sehr eng befreundet, haben fast alles zusammen gemacht. Unter anderem sind sie noch als Erwachsene zwei Mal wöchentlich morgens vor dem Büro ins Stadion gegangen und haben dort geturnt. Beide Familien gehörten aber nicht demselben Freundeskreis an. Und auch die Familien meiner Eltern hatten nicht dieselben Kreise. Die Oswalts tendierten mehr zu Anwälten und zur damals gegründeten Universität und die Haucks mehr zu den konservativen Bankiersfamilien und Industriellen.

J. E.: Dein Vater, der wie sein Großvater Alexander hieß, war mit Anne Marie Oswalt, der Tochter von Henry Oswalt verheiratet, die aus einer ehemals jüdischen, aber schon lange assimilierten Familie stammte.

Hauck: Der Name Ochs, die Ochs, wie sie damals genannt wurden, kommt ja auch in New York vor, die Eigentümerfamilie der New York Times heißt ja Ochs, ob wir aber verwandt sind, weiß ich nicht. In Frankfurt wurden die Ochs im Jahr 1530 erwähnt. Sie gehörten nicht zu den führenden Familien, hatten aber mit ihrer Bildung einen guten Ruf und gehörten zum gehobenen Stand innerhalb der jüdischen Gemeinde. Mein Großvater, der Geheime Justizrat Henry Oswalt, der einst als Offizier in Bockenheim bei den Husaren diente und später als Notar und Rechtsanwalt in einer der großen Wirtschaftspraxen arbeitete, war ein klassischer Bildungsbürger und eine der Gründerpersönlichkeiten der Frankfurter Universität.

J. E.: Welche Funktion hatte er?

Hauck: Er war Berater von Wilhelm Merton, seinem Schulfreund, und unterstützte nicht nur ihn, sondern auch den Frankfurter Oberbürgermeister Franz Adickes mit Rat und Tat bei der Gründung der Akademie für Sozial- und Wirtschaftswissenschaften, die später zur Universität umgewandelt wurde. Henry Oswalt wurde Vorsitzender des nach dem Ersten Weltkrieg gegründeten Vereins der Freunde der Universität, gründete auch eine eigene Stiftung und unterstützte Friedrich Dessauer, den Begründer der Quantenbiologie und Reichstagsabgeordneten. Mein Großvater war überhaupt sehr interessiert an wissenschaftlicher Arbeit. Als einer der wenigen Deutschen akzeptierte er die liberale Wiener Schule und ihre Thesen, etwa zur Grenznutzentheorie. Seine Biografie, *Henry Oswalt – Bildungsbürger und Mäzen,* wurde mit meiner Unterstützung von der Goethe-Universität herausgegeben und ist 2014 erschienen. Henry Oswalt war mit Marie Hergenhahn verheiratet, einer Enkelin des ehemaligen Frankfurter Polizeipräsidenten August von Hergenhahn.

J. E.: Und nun zur Familie Hergenhahn.

Hauck: Die Hergenhahns sind von Interesse, weil der nassauische liberale Politiker August Hergenhahn (1804–1864), also der Großvater meiner Großmutter Marie Oswalt, im Jahr 1848 der Ministerpräsident der Märzregierung im Herzogtum Nassau und zugleich Wiesbadener Abgeordneter der Nationalversammlung in der Paulskirche war. Später hatte er mehrere Ämter inne, unter anderem war er als Präsident des Appellationsgerichts in Wiesbaden und als Mitglied des konstituierenden Reichtags des Norddeutschen Bunds tätig.

Sein Sohn August Hergenhahn, seit 1883 von Hergenhahn (1830–1939) war Jurist wie der Vater und seit Oktober 1872 der zweite Polizeipräsident im damals preußischen Frankfurt. Dort erkannte er sehr bald, dass sich sein Vorgänger zu Recht immer wieder bei der Regierung über den Mangel an Polizisten in der schnell wachsenden Stadt beschwert hatte. Geschehen war allerdings nichts. Das zeigte sich auf tragische Weise im April 1873, als die Erhöhung des Bierpreises von vier Kreuzern (ein Batzen) auf viereinhalb den Frankfurter Bierkrawall auslöste, bei dem eine empörte Menschenmenge mit dem Ruf „Wir wolle Batzebier" durch die Innenstadt zog und viele Gaststätten verwüstete. In dieser Situation war die Polizei in Frankfurt mit sechs Kommissaren, fünf Wachtmeistern und 53 Schutzleuten – bei damals 100.000 Einwohnern – völlig überfordert. Abends schlug die Frankfurter Garnison, das Infanterie-Regiment, den Aufstand mit Gewalt nieder. 20 Menschen wurden getötet, unzählige verletzt und 300 festgenommen.

J. E.: Nun zu Deinem Großvater Oswalt: War er auch ein Freund der Frankfurter Oberbürgermeisters Adickes?

Hauck: Freund ist zu viel gesagt, aber er war ein enger Mitarbeiter. Adickes war oft im Haus meiner Großeltern und eine seiner Töchter, Erika Eisenlohr, war eine Freundin meiner Mutter. Von den zwei weiteren Adickes-Töchtern heiratete eine Hugenberg, der später im ersten Kabinett Hitlers war, die andere den Frankfurter Generalmusikdirektor Rottenberg, einen jüdischen Rumänen. Und die Tochter Rottenberg heiratete Paul Hindemith. Mich fasziniert dieses Netz von Beziehungen immer wieder.

J. E.: Ist Dein Großvater protestantisch geworden?

Hauck: Richtig, aber ein kirchenfrommer Christ wurde er nicht. Und überliefert ist die Geschichte, dass mein Großvater über meine Großmutter sagte: „Die Frau war eine geborene Lerche, eine fromme biedere Frau. Sonntags ging sie zweimal in die Kirche, teils aus Frömmig- teils aus Zeitvertreib." Mein Großvater war überhaupt spöttisch, vielleicht hat er das von seinem Onkel Heine geerbt.

J. E.: Heinrich Heine war sein Großonkel?

Hauck: Die Mutter meines Großvaters, also meine Urgroßmutter, war eine geborene Heine und eine Cousine des Dichters.

Das Frankfurter Westend

J. E.: Wie war das Leben im Westend? Dort wohnten ja viele assimilierte jüdische Familien.

Hauck: Das alte Frankfurter Westend – geografisch, soziologisch, kulturell – war vielschichtig, facettenreich, vieldimensional. Als Ort wahrer Urbanität wurde es beschrieben, einer Lebensweise, die von Liberalität und Toleranz geprägt war oder – wie man heute sagen würde – eine besondere Lebensqualität hatte. Das Westend in Frankfurt hatte einen eigenen Stil. Und der Lebensstil der Juden war nicht eigentlich assimiliert, das wäre falsch, denn im Grunde haben sich die christlichen Familien gleichsam an die jüdischen Familien assimiliert, an die kenntnisreichen und mutigen Sammler mit dem sicheren Blick für die Kunst ihrer Zeit: So hat Robert von Hirsch, der bedeutendste unter den jüdischen Sammlern in Frankfurt, schon kurz nach 1900 bedeutende Gemälde der Impressionisten und seinen ersten Picasso erworben, während seine Nachbarn, darunter auch meine Vorfahren, weiterhin die heimische Malerei des 19. Jahrhunderts, vor allem die Kronberger Schule, bevorzugten. Im Leben von Paul Hirsch, dem Bruder von Robert von Hirsch, spielte hingegen eine entscheidende Rolle die Musik. Das schildert der Frankfurter Schriftsteller Erich Pfeiffer-Belli (Ehemann einer Nichte der Brüder Hirsch und Vater von Silvia Tennenbaum, Autorin des Buchs *Straßen von gestern*) in seinem Buch *Junge Jahre im alten Frankfurt – Eines langen Lebens Reise*:

„Im gesellschaftlichen und kulturellen Leben der Stadt spielte Paul eine nicht übersehbare Rolle. Er hatte Olga Ladenburg geheiratet, führte ein kinderreiche, sehr glückliche Ehe in dem ehemaligen du Fayschen Haus, Neue Mainzer Straße 57. Hier stand die Musikbibliothek in einem langen, galerieähnlichen Trakt, dessen Fenstertüren sich auf die Anlagen hinter dem ‚Schweizerhäuschen' öffneten, hier stand die nicht weniger bedeutsame Buntpapiersammlung der sehr eigenwilligen Ehefrau. Paul Hirsch war von liebenswerter Bonhommie, mit einer Neigung zum freundlichen Embonpoint; er betrieb einen Röhrenhandel auf internationaler Basis. Das Ehepaar repräsentierte Geist und Geld, beide waren unalltäglich gebildet, und ihre Geselligkeit war vorbildlich. So empfingen sie während eines in Frankfurt abgehaltenen Musikfests wohl an die hundert Gäste. Ich entsinne mich an Igor Strawinsky und seine statiöse Frau und an den Pianisten Edwin Fischer, der von Berlin kam, wo er die anbetungswürdig schöne Eleonora von Mendelssohn – Patenkind der Duse und Schauspielerin im Max-Reinhardt-Ensemble – geheiratet hatte. Hausgast bei Paul Hirsch war regelmäßig Wilhelm Furtwängler, dessen Sekretärin Bertha Geissmar jeweils kurz vor dem Dirigenten eintraf und alle Klingeln im Bereich des Fremdenzimmers abstellen und des Nachts störende Lichtquellen beseitigen ließ. Ebenso war Paul Hindemith hier wie zu Hause, der im Opernhausorchester unter der Leitung seines Schwiegervaters Rottenberg die Bratsche spielte."

Kaum vorstellbar, dass darüber gesprochen wurde, wer nun Jude oder Nicht-Jude war. Und sich überhaupt danach zu erkundigen, galt schon als schlecht erzogen. Das tat man einfach nicht. Im Westend spielte die Frage, ob man arischer oder nichtarischer Herkunft, christlich oder jüdisch oder konvertiert war, nach Heines Sentenz „Der Taufschein ist das Entrée-Billet für die gute Gesellschaft" damals keine große Rolle. Jedenfalls ist das mein Eindruck von dem, was ich höre oder lese. Aber mit Hitlers Machtergreifung änderte sich alles.

J. E.: Und wie war es in den Schulen, die im Westend einen besonders guten Ruf hatten?

Hauck: Das Goethe-Gymnasium, für viele eine „Quelle gemeinsamer Kulturüberlieferung“ war 1897 aus dem Frankfurter Gymnasium als Reform-Schule hervorgegangen und hatte sich bald zur wichtigsten Bildungsstätte für die Kinder auch der jüdischen Familien des Westends entwickelt. Einst mit freundlicher Ironie als „Elite-Schule für die Isra-elite“ bezeichnet, war es, vor dem Jahr 1933 in dieser Hinsicht ein echter Kristallisationspunkt. Denn dort fühlten sich alle Schüler in erster Linie als Mitglieder dieses Gymnasiums. Eine sehr lebendige Darstellung hat Selmar Spier, der 1910 dort Abitur machte, in seiner Autobiografie verfasst:

„Die Kameraden, unter denen ich mich zu entwickeln hatte, stammten aus allen Schichten der Frankfurter bürgerlichen Bevölkerung, ein kleiner Prozentsatz bestand aus Söhnen von zugezogenen Offizieren und Beamten. In der Klasse gab es eine Art von sozialer und regionaler Gruppierung. Es ist bemerkenswert, daß diese Gruppierung nichts mit der Religion zu tun hatte. Die zwei Katholiken der Klasse hatten miteinander keinen Verkehr (obwohl sie beide später Geistliche wurden), die Juden, ..., schieden sich deutlich in Westend und Ostend. Das Elternhaus, seine Lage im bevorzugten Viertel oder in einem der gewöhnlichen Stadtteile, bestimmte die Gruppierung. Es gab Häuser im Westen oder in der Gegend des Stadtwalds mit Dienerschaft und Wagen, und es gab kleine Wohnungen der Innenstadt, wo die Mutter so gut wie alles machte. Gäste aus einer anderen Welt, die mit niemandem persönlichen Kontakt hatten, obwohl sie wie andere Buben mit der Trambahn oder dem Fahrrad ankamen ..., waren zwei Neffen des Kaisers, die Prinzen von Hessen. Innerhalb der auf diese Weise ausgesparten Gruppen entschieden die persönlichen Interessen und Neigungen. Die zwei besten Schüler der Klasse waren Juden aus dem Ost- bzw. Nordend, die zwei schlechtesten (und unerzogensten) waren folgerichtig Antisemiten, als solche – und als Rüpel – aber auch ausschließlich aufeinander angewiesen. Sonst war an Spannungen nicht viel zu merken. Auch Schüler ohne persönliche Beziehung zueinander benahmen sich meist mit einer den Erwachsenen nachgeahmten Höflichkeit."

Hauck: Die Familie von Selmar Spier, die eine Kette von Schuh-Einzelhandelsläden betrieb, lebte im Nordosten der Stadt. Einzelhändler waren aus der damaligen Sicht nicht voll „gesellschaftsfähig" und Spier hat das wohl auch in der Schule gespürt. Trotzdem lobt er die liberale Grundeinstellung der Schule und der Schüler.

J. E.: Was wusstest Du von den Konzentrationslagern und seit wann?

Hauck: Auch darüber wussten wir schon als Kinder bald Bescheid. Zwar kannten wir nicht den Umfang und nicht das Schlimmste, das dort geschah. Aber nach dem Attentat in Paris im November 1938 wurden viele der Freunde der Eltern festgenommen und einige Monate im KZ festgehalten, unser Nachbar Richard Merton zum Beispiel oder der Rechtsanwalt Max Cahn, ein Freund meines Vaters. Seine Söhne gingen mit mir zusammen in die Volksschule und später ins Lessing-Gymnasium. Ein anderer Freund meines Vaters, Hermann Schmidt-Fellner, wurde Anfang des Krieges zuerst im Keller der SS in der Lindenstraße inhaftiert, aber dann nach Dachau und später nach Mauthausen verlegt. Dort starb er 1940, oder besser gesagt, er kam dort um. Der Witwe wurde erklärt, er sei an einer „Lungenentzündung" gestorben. Sie bekam seine Asche übersandt – gegen Nachnahme der Porto-Spesen.

J. E.: Wer war Schmidt-Fellner?

Hauck: Hermann Schmidt-Fellner war der Schwager von Richard Merton und als Vorstand der Metall-Gesellschaft ins Visier der SS geraten. Er war kein Jude, aber mit einer Frau verheiratet, die als Jüdin galt, obwohl Carola Schmidt-Fellner, geborene Liebmann, evangelisch getauft worden war. Nach dem Tod ihres Mannes war sie als Witwe nicht mehr „privilegiert" und wurde ins KZ Theresienstadt deportiert, wo sie 1945 von den Russen befreit wurde. Und obwohl Theresienstadt nicht zu den schlimmsten Konzentrationslagern gehörte, bedeutete es doch für viele Menschen den Tod. Auch Arthur von Weinberg, Ehrenbürger der Stadt Frankfurt und bedeutender Mäzen für viele städtische Einrichtungen, ist dort gestorben. Carola Schmidt-Fellner arbeitete nach ihrer Rückkehr aus Theresienstadt ehrenamtlich für die Centrale für Private Fürsorge (heute Bürgerinstitut). Erst im Jahr 2015 wurde Arthur von Weinberg von der Stadt Frankfurt dadurch geehrt, dass eine Straße nach ihm benannt wurde: Diese Ehrung wurde ihm 70 Jahre nach seinem Tod zuteil, auf Beschluss von Persönlichkeiten einer Generation, für die Theresienstadt und die anderen Konzentrationslager längst zur Geschichte aus dunklen Zeiten gehörten. Die Frage bleibt offen, warum so viele Jahre vergehen mussten.

Die Häuser der Familie Hauck / Eine private Frankfurter Architekturgeschichte

J. E.: Ihr habt ja ein sehr schönes Haus. Und anhand der Häuser Eurer Familie lässt sich auch ein Teil der Frankfurter Architekturgeschichte nachvollziehen. Wo fangen wir an?

Hauck: Vielleicht mit dem Haus meiner Großeltern mütterlicherseits an der Leerbachstraße, einem klassizistischen Frankfurter Westend-Bau mit weißer Fassade und etwas Schmuck über den Fenstern. Sonst war es mit seinem Flachdach eigentlich sehr einfach.

J. E.: Wann ist es gebaut worden?

Hauck: Vermutlich um das Jahr 1860 herum, ich nehme an, meine Großeltern Oswalt haben es gekauft, aber ich bin nicht sicher.

J. E.: Und steht das Haus noch?

Hauck: Es ist bei den Bombenangriffen im März 1944 abgebrannt. Das Grundstück wurde in die sogenannte „Welle" eingefügt, einen nicht sehr schönen Komplex. Ursprünglich war ja vorgesehen, in der Mitte dort wieder den Leerbach fließen zu lassen, aber das hat sich langfristig nicht realisieren lassen. Das Haus der Großeltern war ein typisches Westend-Haus, wie man sie heute noch zum Beispiel in der Liebigstraße sieht. Die Architekten dieser Häuser hatten die Tradition des Empire oder des Biedermeier fortgeführt. Auf dem Gogelschen Gut hatte sich die Familie ein Haus nach dem Entwurf von Nicolas Alexandre de Montfort gebaut (er war 1792 vor der Revolution aus Paris nach Frankfurt geflohen). Mit dem kleinen Rundbau, den Säulen und einem kaum sichtbaren Dach war es ein Gebäude im typischen Louis XVI-Empire Stil, der auch als vorrevolutionärer Klassizismus bezeichnet wurde.

J. E.: An welche Häuser Deiner Familie denkst Du noch?

Hauck: Anfang 1900 hat mein Großvater Otto Hauck mit dem Architekten Julius Hermann Günther sein Haus gebaut. Es war die Hoch-Zeit des Historismus, aber eigentlich schon die Spätzeit. Und Günther hat seine Bauherren wohl immer gefragt: „Was für 'ne Zeit willst Du? Gotik oder Renaissance oder...", und mein Großvater hat sich für Louis XVI entschieden.

J. E.: Louis XVI ist ja sehr wohnlich und eigentlich wunderschön.

Hauck: Es muss ein bisschen so wie die Villa Bonn in der Siesmayerstraße ausgesehen haben. Der Architekt dort war aber nicht Günther, sondern der berühmte Berliner Hofbaurat Ernst Eberhart von Ihne, der 1895–97 in Kronberg auch Schloss Friedrichshof für die verwitwete Kaiserin Friedrich erbaut hat. Doch in Frankfurt hat Günther auch sonst sehr viel gebaut. Das Haus der Großeltern hatte er mit einem Walmdach versehen und mit Amphoren geschmückt.

J. E.: Wie schön! Und wo stand es?

Hauck: Das Haus stand zwischen dem heutigen Gebäude des Deutschen Architektur Museums und des Museums für Kommunikation, also am Schaumainkai. Dort hatte sich im 19. Jahrhundert eine gesuchte Wohngegend entwickelt, wo damals auch viele Angehörige unserer Familie wohnten. Die Metzlers, also die Schwiegereltern meines Großvaters, hatten ihr Haus an der Ecke zum Städel hin, der Großvater wohnte nur drei Häuser weiter mainaufwärts, und dann weiter mainaufwärts die heutige Villa Metzler, das einzige alte Haus, das heute noch steht. Und Frankfurt-spöttisch sprach man damals nicht mehr vom Schaumainkai, sondern vom Schaumweinkai, weil dort offenbar einiges an Sekt konsumiert wurde.

J. E.: Natürlich war der Schaumainkai wohl auch die schönste Zeile, denn man hatte dort den besten Blick, wie auf dem Frankfurter Merianstich.

Hauck: Wie es typisch für diese Zeit war, lag aber der beste Teil im Haus meines Großvaters nach Norden, hatte also wenig Sonnenlicht. Es scheint überhaupt etwas überladen und nicht besonders gemütlich gewesen zu sein.

J. E.: Repräsentativ vor allem wahrscheinlich?

Hauck: Ja, eigentlich nur repräsentativ! Die Kinder mochten es gar nicht, die beiden älteren Schwestern meines Vaters nannten es die Villa Stallo Protzi oder Stallazzo Prozzi. Sie lebten viel lieber in dem einfachen Jagdhaus der Familie in Wehrheim im Taunus als in diesem sehr luxuriösen Haus am Main, wo es einen Festsaal gab mit einer kleinen Galerie für das Orchester. Sehr oft wurde der Saal aber nicht benutzt, denn das Haus war um 1906 oder 1907 fertig und im Jahr 1914 begann ja der Erste Weltkrieg. Und dieses Haus am Schaumainkai wurde im Zweiten Weltkrieg von drei oder vier Bomben getroffen, einiges stand dort noch, aber die Nassauische Heimstätte hat später alles abgerissen und im Jahr 1956 einen eher scheußlichen typischen Neubau hingesetzt.

Das nächste Haus der Familie war das meiner Eltern. Sie wollten zur Enttäuschung meines Großvaters nicht in seiner Villa am Schaumainkai 47 wohnen, die damals schon als altmodisch galt. Sie kauften lieber ein Haus in der Ditmarstraße 4, erbaut im Jahr 1923 von dem bekannten Architekten Hermann Muthesius. Er hatte es natürlich in einem ganz anderen klassizistischen Stil geplant, in klaren Linien und mit schönen Flächen. Innen gab es unter anderem einen großen Salon, der aber selten benutzt wurde, außer an Weihnachten und für die Eisenbahn, sowie ein schönes rundes Zimmer, das als Gartenzimmer und für Pingpong benutzt wurde; dann ein Esszimmer und ein sehr großes Treppenhaus, das war wirklich luxuriös. Sonst war alles sehr sachlich.

J. E.: Es erinnert auch ein bisschen an englische Landhäuser. Habt ihr es gebaut oder gekauft?

Hauck: Wir haben es im Jahr 1929 gekauft, vorher gehörte es einem Kaufmann, der es während der Weltwirtschaftskrise offenbar verkaufen musste, weil er Geld brauchte. Das Haus war nur leicht beschädigt durch den Zweiten Weltkrieg gekommen und als die Amerikaner Frankfurt besetzten, wurde es beschlagnahmt und als Wohnsitz für einen General, den Chef der sechsten oder achten US-Army eingerichtet. Damals gab es ja von der Bockenheimer Landstraße bis hinter die IG-Bauten ein großes Ghetto der Amerikaner und meistens mussten die Menschen ihre beschlagnahmten Häuser sehr schnell, in drei oder vier Stunden, verlassen und konnten kaum etwas mitnehmen. Bei uns war es anders organisiert, wir hatten etwas mehr Zeit und unsere Putzfrau, die auch zugleich bei den Amerikanern putzte, brachte unter ihrem weiten Rock immer noch viele Dinge für uns heraus. Aber nicht heraus brachte sie ein großes Gemälde von Anton Burger und das haben meine Eltern, um es vor den Amerikanern zu retten, damals dem Städel geschenkt. Dort wird das Bild, nun seit vielen Jahrzehnten, im Depot verwahrt, keiner sieht es mehr, und leider war man im Städel nicht dazu bereit, dass ich das Gemälde zurückkaufe.

Später haben wir das Muthesius-Haus verkauft, aus zwei Gründen: Zum einen ist das Haus zu groß, und das dafür nötige Personal kann man heute nicht mehr halten. Und zweitens liegt die Fassade auf einer Seite zur früheren Siesmayerstraße, der jetzigen Miquelallee hin, die sich im Lauf der Zeit zu einer sehr verkehrsreichen Umfahrungsstraße entwickelt hat. Das Haus wirkt von außen auch heute immer noch sehr schön. Innen hat man es für mein Gefühl aber nicht besonders gut restauriert. Nachdem die Universität es als Gästehaus übernommen hatte, musste sie das Innere des Hauses natürlich diesem Zweck anpassen.

Einen Teil des Gartens, der schon mit Zustimmung der Amerikaner abgetrennt worden war, haben wir aber behalten. Dort hat meine Mutter später ein Haus gebaut, in einem nun wieder anderen Stil, und zwar mit den Architekten Alois Giefer und Hermann Mäckler, dem Vater von Christoph Mäckler. Sie waren beide vom Bauhaus inspiriert. Das Haus hatte nur ein ganz leicht schräges Flachdach.

J. E.: Das war Anfang der Fünfziger Jahre?

Hauck: Ja. Es hatte aber viel zu große Fenster und das war, wie gesagt, später wegen des Verkehrs auf der Miquelallee sehr nachteilig. Das Haus war ja gebaut worden, bevor der Lärm so enorm zugenommen hatte. Und dies war für meine Mutter ein ganz, ganz großer Schaden. Man hat sich dann, ohne dass es architektonisch geplant war, mehr hinter dem Haus aufgehalten als davor. Meine Schwester Gabriele Busch-Hauck hat es später übernommen, mit ihrer Familie lang dort gewohnt und es dann auch an die Universität verkauft. Schließlich wurde das Haus abgerissen und wieder zu einer Rasenfläche im Garten des Muthesius-Hauses.

J. E.: Und nun zu Eurem heutigen Haus.

Hauck: Das ist wieder ein etwas historisierender Bau, im Widerspruch zu Giefer & Mäckler senior. Es hat einige Andeutungen ans Barock im Treppenhaus, also das wäre nicht unbedingt meine Wahl gewesen, aber wir haben es ja gekauft und nicht gebaut. Der Architekt, Paul Darius, war damals relativ bekannt.

J. E.: Es ist Anfang der Fünfziger Jahre gebaut worden?

Hauck: Ja, um diese Zeit hat es eine Familie gebaut, die ursprünglich als Rauchwarenhändler in Sankt Petersburg lebte, danach nach Leipzig ging und später hierher kam. Sie hatte einiges an Kunstbesitz, etwa Graphik von Rembrandt, und konnte sich den Bau des Hauses leisten. Darius hat handwerklich sehr gut gebaut, sodass es heute noch völlig in Ordnung ist.

J. E.: Es erinnert auch an englische Landhäuser, nicht wahr?

Hauck: Aber ganz anders als Muthesius. Wir haben auch Säulen, darin ist es etwas ähnlich. Aber dieser Architekt hat sonst meistens Häuser mit einem Walmdach gebaut. Ich kenne ein Haus von Darius in Ingelheim mit einem richtig barocken Walmdach. Er hatte eine gewisse Neigung zum Barock.

Der Bohnenkreis

J. E.: Was ist der Bohnenkreis?

Hauck: Gegründet wurde der Bohnenkreis oder die Bohnenrunde eigentlich aus Spaß, wie es seinerzeit hieß. Am 6. Januar 1898 hatte Albert Metzler, mein Urgroßvater, einige Freunde auf seine Jagd nach Wehrheim-Rodheim eingeladen. Damals soll er vorgeschlagen haben, in Zukunft den Gastgeber des Jagd- oder Dreikönigs-Essens in jedem Jahr durch das Los zu bestimmen. Und dabei kam nun der Hinweis von Walther vom Rath, dem Großvater von Walther Leisler Kiep, auf eine Sitte im Rheinland: Dort versteckt man eine goldene Bohne im Nachtisch, und wer sie findet, muss im folgenden Jahr das Abendessen übernehmen.

Die Jagdfreunde von Albert Metzler waren von der Idee, diese rheinische Sitte in Frankfurt einzuführen, offensichtlich sehr angetan. Also wurde fortan bei den Abendessen der Bohnenrunde als Dessert immer Pâtisserie mit einer gut darin versteckten goldenen Bohne serviert. Beim ersten Bohnenessen am 6. Januar 1899 erwischte Richard von Passavant-Gontard die Bohne und wurde König.

J. E.: Gehörte Passavant zur Kanaldeckel-Familie?

Hauck: Nein. Richard von Passavant-Gontard besaß eines der schönsten Palais an der Bockenheimer Landstraße, das leider im Zweiten Weltkrieg ausgebrannt ist. Die Fassade hätte man retten können. Aber in der wilden Stadtplanungs- oder Nicht-Planungszeit nach dem Krieg hat das irgendjemand leider übersehen, und dann ist das Palais abgerissen worden. Sehr schade! Damals war es noch auf der Menükarte abgebildet, wie später das Grüneburg-Schlößchen der Goldschmidt-Rothschilds oder das prachtvolle, leider auch abgebrannte Bethmann'sche Barockhaus im Bethmann-Park in der Nähe des heutigen Arabella-Hotels, oder auch das Holzhausenschlösschen.

J. E.: Auf den Menükarten waren also das Haus des jeweiligen Bohnenkönigs und Gastgebers des Abendessens der Bohnenrunde abgebildet?

Hauck: Es gibt eine ganze Sammlung der Menükarten des Bohnenkreises, die kulturhistorisch recht interessant sind, denn seit jeher war vereinbart, dass die Abbildungen einen gewissen Zeitbezug haben sollten. Als im Jahr 1909 die Internationale Flugausstellung in Frankfurt stattfand, waren auf der Menükarte die Heiligen Drei Könige in einem großen Zeppelin zu sehen. Während des Ersten Weltkriegs gab es von 1914 bis 1918 keine Zusammenkunft dieser Runde. Und als es im Jahr 1918 wieder ein Essen des Bohnenkreises gab, zeigte die Menü-Karte die Heiligen Drei Könige ohne Kronen auf einem sinkenden Schiff, und im Jahr 1931 einen schreienden SA-Mann sowie die Heiligen Drei Könige auf dem Weg in die Schweiz. Dies war vielleicht ein Hinweis auf Wilhelm von Meister, der damals nach Genf zum Völkerbund ging. Später wurde sogar ein Hakenkreuz auf der Menükarte abgebildet, obwohl man Max von Goldschmidt-Rothschild als Mitglied der Bohnenrunde immer weiter zu den Abendessen eingeladen hatte, bis zu seinem Tod (zitiert nach der Dissertation mit dem Titel *Frankfurter Bankiers, Kaufleute und Industrielle – Werte, Lebensstil und Lebenspraxis 1870 bis 1930* von Birgit Wörner, Seite 125. Das Buch ist 2008 im Verlag Waldemar Kramer erschienen, in der Reihe „Mäzene, Stifter, Stadtkultur" der Frankfurter Bürgerstiftung und der Ernst Max Grunelius Stiftung, Herausgeber Clemens Greve, Band 9).

J. E.: Wer war anfangs dabei?

Hauck: Zur Bohnenrunde gehörten in den ersten Jahrzehnten, außer Albert Metzler, Walther vom Rath, Richard von Passavant-Gontard und Max Goldschmidt-Rothschild, die ich bereits erwähnt habe, unter anderem Carl Borgnis, Carl von Grunelius, mein Großvater Otto Hauck, Wilhelm von Meister, Robert Osterrieth, Lutz Jay, Richard Nestle und Justinian Georg Freiherr von Holzhausen. Anfangs waren auch Mitglieder der Familie Mumm dabei. Zu den Gründungsmitgliedern gehörten außerdem zwei Brüder Nestle, aus einer Familie, die heute in Frankfurt offensichtlich vergessen ist, ganz im Gegensatz zu dem Weltkonzern dieses Namens, den wohl jeder kennt. Gegründet wurde das Unternehmen Nestlé übrigens von einem Vetter der beiden Brüder, der aus Frankfurt in die Schweiz emigriert war.

J. E.: Die Weinbergs gehörten aber nicht zu dem Bohnenkreis?

Hauck: Die Weinbergs, nein, die waren eher international orientiert. Max von Goldschmidt-Rothschild machte noch mit, aber Carl von Weinberg, den hätte man nicht genommen. Das war so Polo und Geld und große Welt und schon damals so etwas wie Jetset, den hätte man nicht genommen, nein. Warum man aber seinen Bruder Arthur von Weinberg nicht genommen hat, das weiß ich nicht. Er hätte eigentlich sehr gut gepasst. Er war ja ein wissenschaftlicher Typ, sehr zurückhaltend und wie sein Bruder Teilhaber der Cassella-Werke und er hat darüber hinaus persönlich die Forschungen von Paul Ehrlich unterstützt. Zudem hat er sich als großherziger Stifter und Mäzen wissenschaftlicher und kultureller Einrichtungen in Frankfurt betätigt, wurde auch zum Ehrenbürger der Stadt ernannt, was aber die Gestapo nicht daran hinderte, ihn wegen seiner jüdischen Herkunft ins Konzentrationslager Theresienstadt zu deportieren. Dort kam er um.

J. E.: Albert von Goldschmidt-Rothschild, der Vater von Nadine, verheiratete von Mauthner, also ein Vertreter der nächsten Generation der Familie Goldschmidt-Rothschild, war aber auch nicht im Bohnenkreis dabei?

Hauck: Nein, Vater und Sohn gleichzeitig, das hat es nie gegeben.

J. E.: Ah so! Aber ich meine, die Mitgliedschaft kann vom Vater auf den Sohn übergehen?

Hauck: Ja, aber einen Anspruch gibt es nicht. Und als Max von Goldschmidt-Rothschild starb, war sein Sohn Albert schon in die Schweiz emigriert.

J. E.: Hat der Bohnenkreis während der Kriege ausgesetzt?

Hauck: Während des Ersten Weltkriegs ja, während des Zweiten Weltkriegs nein. In den Jahren 1914 bis 1918 konnte man auf den Einladungen ganz unten folgenden Satz lesen: „Bitte bringen Sie mit: Fleischmarken 50 Gramm, Fett 50 Gramm…“ und so weiter.

Heute besteht der Bohnenkreis oft aus den Nachkommen der oben genannten Familien. Es sind immer zwölf Herren und diese Zahl bleibt durch Zuwahl stets die gleiche. Damen werden nicht aufgenommen. Auch heute noch kommen wir einmal im Jahr bei einem Abendessen zusammen. Der ganze Sinn der Bohnenrunde ist nach wie vor eigentlich nur, dass man sich trifft, dass man die Beziehungen weiter aufrecht erhält und jedes Mal eine schöne neue Menükarte produziert, die künstlerisch gestaltet wird.

J. E.: Können nur Frankfurter in den Bohnenkreis aufgenommen werden?

Hauck: Darüber hat es früher große Diskussionen gegeben, wenn es um neue Vorschläge ging, aber schließlich wurde der Kreis doch weit über Frankfurt hinaus erweitert. So ist auch Walther Leisler Kiep eines unserer Mitglieder, dies auch als Enkel seines Großvaters Walther vom Rath. Das ist eines der Beispiele dafür, dass für die Bohnenrunde die Familienbindungen auch über Generationen hinaus noch weiter existieren.

Auch in meiner Familie haben die Beziehungen zu den Familien einiger Bohnenritter schon lange bestanden und auch noch nach dem Krieg weiterhin Bestand gehabt.

J. E.: Was Du von dem Bohnenkreis berichtest, ist ja auch ein Beweis dafür, dass es durchaus konfessionsüberschreitende Freundschaften in Frankfurt gegeben hat und dass man sich mit irgendwelchen Vorurteilen gar nicht aufgehalten hat.

Hauck: Einschränkend muss man aber schon sagen, Helden habe ich in der Nazizeit nicht in Frankfurt getroffen. Jedenfalls nicht in den Kreisen der traditionellen Freunde. Ein Held dagegen, in Anführungsstrichen vielleicht, aber doch schon ein sehr mutiger Mann, war unser Hausarzt. Er hieß Fritz Kahl, es ist jetzt ein Platz an der Frauenfriedenskirche nach ihm benannt. Oben in seinem Haus hat er, obwohl er Kinder hatte und Angst um sie haben musste, einige Menschen versteckt und ihnen das Leben gerettet. Aber von den konservativen, den übernommenen Freunden haben damals manche doch die Freundschaft zurückgesteckt, wenn es nicht mehr bequem war.

J. E.: Es war natürlich dann auch opportun...

Hauck: ...und in der Firma haben wir doch auch sehr viele Kunden in den Jahren des Nationalsozialismus verloren. Zum Thema der Gleichberechtigung der Juden: Diese hatte in Frankfurt ja schon zu Beginn des 19. Jahrhunderts begonnen. Doch die Preußen, die im Jahr 1866 – 2016 sollte in Frankfurt dieses 150-jährige Jubiläum nicht vergessen werden! – die bisher Freie Reichsstadt Frankfurt übernommen hatten, zeigten sich besonders liberal im Umgang mit der jüdischen Bevölkerung. Das fand bei manchen nicht-jüdischen Frankfurtern wenig Zustimmung. Und einer Legende zufolge war damals auf ihren schriftlichen Einladungen zum Diner ganz unten „s.P." vermerkt, und das bedeutete „sans Prusses" Ich habe das nie gesehen, aber es ist eine schöne Geschichte.

J. E.: Sehr komisch. Na ja.

Hauck: Das „s.P." hörte aber sehr schnell auf. Und als Kaiser Wilhelm I. im Jahr 1880 nach Frankfurt kam, um die – nach den Plänen des Berliner Architekten Richard Lucae erbaute – Neue Oper zu eröffnen, wurde er mit Begeisterung empfangen. Denn mit den Preußen begann die Vergrößerung der Stadt und damit die Möglichkeit der Industrialisierung. Die alte Reichsstadt hätte die Industrialisierung verpasst.

Volksschule Varrentrapp

Von 1933 bis 1937 war ich Schüler in der Varrentrapp-Schule in Bockenheim. Das Gebäude überstand den Krieg, es gehört heute zum Messe-Komplex. Es liegt also in Bockenheim, das damals, hauptsächlich jedenfalls, bis zur Sophienstraße, von deutschen Arbeitern und deren Familien bewohnt war.

Wir waren in der Klasse etwa 40 Schüler, von denen nur drei oder vier sagen konnten, dass ihre Eltern ein Auto besaßen. Der Autoverkehr allgemein war noch so schwach, dass ich schon mit sechs Jahren mit dem Rad durch Bockenheim in die Schule fahren konnte. Mit dem Auto gefahren zu werden – das kam überhaupt nicht infrage und hätte auch größeres Aufsehen erregt.

Über den politischen Standpunkt der Eltern wurde nach 1933 natürlich nicht mehr gesprochen. Ich vermute, dass viele Eltern früher der SPD und auch den Kommunisten angehörten. Jedenfalls kam in der Klasse kein nationalsozialistischer Geist auf, vielleicht auch durch den Einfluss des Klassenlehrers namens Zollmann. Immer wieder mussten Statistiken erstellt werden, wer nicht und warum nicht der Hitler-Jugend oder dem Jung-Volk angehörte. Immer wieder musste ich aufstehen und Auskunft geben, warum ich kein „Pimpf" war oder werden wollte. Das wurde von Herrn Zollmann und auch der Mehrheit der Klasse ohne Reaktion oder Kommentar hingenommen, nur mein Nachbar auf der Schulbank, später ein höherer HJ-Führer, einer der wenigen mit einem Auto besitzenden Vater, forderte von einem Tag auf den anderen, nicht mehr mit mir zusammensitzen zu müssen. Zollmann arrangierte das problemlos und ich erinnere mich an keine ähnlichen Vorkommnisse mehr. Trotzdem versetzte mich das in eine Art Außenseitersituation, für die es sowieso Voraussetzungen gab, da ich ja in einer Villa mit Garten in der Sophienstraße lebte. Diese Außenseitersituation teilte ich mit den Brüdern Ernst und Peter Cahn, Söhne eines Rechtsanwalts, eines Freundes meines Vaters. Mit beiden blieb ich auch später im Lessing-Gymnasium zusammen, mit Peter sogar in der Klasse, bis sie 1942 aus der Schule entlassen werden mussten.

Für die heutige Generation ist es sicher erfreulich, so spät geboren zu sein, wenn ich berichten kann oder sollte, dass wir in der Volksschule noch Lehrer hatten, die uns mit einem Rohrstock auf den Hintern – recht schmerzhaft – straften. Ich hatte gewöhnlich in der Schule eine Lederhose an, auch damit ein Außenseiter, was mir manchen Spott eintrug, aber im Hinblick auf das Versohlt-werden dann auch Neid erregte, da diese Lederhose die Schmerzen begrenzte. Die Wirkung war also weniger physisch als psychologisch. Wir empfanden diese brutalen Methoden als unzeitgemäß und ehrenwidrig.

Flak-Zeit – Kontrolle der Literatur

Eines Abends saßen wir nach Dienstschluss in unserer Baracke und lasen. Herein kam der Batteriechef Oberleutnant Moll. Nach üblicher straffer Meldung durch den „Stubenältesten“ winkte Moll ab, er käme sozusagen als Privatmann, er sei, wie wir wüssten, Lehrer von Beruf, und er interessiere sich dafür, was wir lesen. Ich konnte mein Buch nicht mehr verstecken und musste ihm Eugen Kantorowicz: Friedrich II. vorzeigen. Eugen Kantorowicz war bis zu seiner Emigration ein häufiger Gast bei meinen Eltern gewesen. Oberleutnant Moll sah mich an und fragte, ob ich wüsste, wer dieser Autor sei und was ich da überhaupt täte. Natürlich war mir klar, dass der jüdische Kantorowicz als Autor im Dritten Reich verboten war und ich mir nun ziemlichen Ärger einfangen würde. Also antwortete ich: „Wieso? Das Buch handelt vom Stauferkaiser Friedrich II – ein großes Idol des Führers!“ Moll sah mich streng an und man merkte, dass er sich ein Lächeln nur mit Mühe verkneifen konnte. Schließlich sagte er, ich solle das Buch schleunigst wegpacken, mit nach Hause nehmen und etwas anderes lesen. Und dann ließ er mich in Ruhe.

Anmerkung zu dem Thema Literatur für 16-Jährige: Nach meiner Erinnerung war das Niveau des von Moll kontrollierten Lesestoffs im Vergleich zu den damaligen Gleichaltrigen recht hoch: Tolstoi, Krieg und Frieden, Geschichte, klassische Romane.

Militärdienst

Ich lernte das Militär und den Kriegsdienst erst nach der deutschen Niederlage in Stalingrad und nach der Vernichtung der 9. Armee im Winter 1942/43 kennen.

Um die dadurch entstandenen Lücken zu füllen, kam man auf die Idee, die Jahrgänge 1926 und 1927, später auch 1928, die Schüler in Oberschulen und Gymnasien waren, zu Luftwaffenhelfern, gewöhnlich als Flak-Helfer, einzuziehen. Ein Teil von uns war damals gerade einmal 15 Jahre alt. Der Ausdruck „Kindersoldaten“ wurde damals nicht benutzt, aber er bezeichnet besser dieses Verbrechen an den Deutschen, das die Nazi-Regierung ihnen angetan hatte, und an dem die Führung der Wehrmacht, ohne dass ein Widerspruch bekannt geworden ist, mitwirkte. Zunehmend zeigten sich nach Stalingrad und den laufenden Bombardierungen und Zerstörungen der deutschen Städte Verfallserscheinungen. „Ohne ausreichende Nahrung sinkt die Moral“ – auch so kann man Bert Brechts Zitat auslegen.

Das Ende des Krieges in Hannoversch Münden

Ende 1944 wurde ich nach Hannoversch Münden zu den Panzerpionieren eingezogen. Damals standen die Amerikaner und Engländer bereits am Rhein und die Russen rückten auf die Oder vor. In der Ausbildung ging es weiter nach Vorschrift und wir übten Paradeschritt und Gewehr präsentieren und Sprung auf Marsch-Marsch nach vorne, das heißt also den Angriff – obgleich es in der Realität wohl wichtiger gewesen wäre, den Rückzug zu üben.

Hier sei eine allgemeine Bemerkung erlaubt. Viel später, beim Studium und im Beruf war es ebenso: Nur Wachstum, Überschreiten der Benchmark, Vorwärts wurde gelehrt oder in der Praxis in die „Strategie" einbezogen. Ein geordneter Gewinnrückgang oder gar das Überstehen einer Krise – davon ist selten die Rede.

Die Amerikaner rückten mittlerweile auf Kassel vor, das wir von Hannoversch Münden aus nach einem nächtlichen Luftangriff brennen sahen. Eine Kampflinie wurde durch Ausheben von Gräben ein paar Kilometer außerhalb der Stadt vorbereitet und die Wiesen an der Fulda vermint. Ich diesen Tagen erschien bei uns ein Haufen von 15-Jährigen in Zivil. Sie wurden in Vorkriegsuniformen eingekleidet – man kann auch sagen „verkleidet", denn die Uniformen wurden wegen ihrer Silberstreifen am Ärmel „Circus Sarrasani" genannt. Die Ärmel hingen den Jungen weit über die Hände hinaus. In diesen „Klamotten" wurden diese Jungsoldaten auf dem Marktplatz der Stadt feierlich auf Hitler vereidigt, der sich zur gleichen Zeit, wie man heute weiß, kaum noch zurechnungsfähig in seinem Bunker in Berlin verschanzte. Frisch uniformierte Kinder spielten ja auch in den letzten Tagen in Berlin vor dem „Führer-Bunker" eine Rolle, als Hitler zum letzten Mal herauskam, um einige von diesen Kindern mit Eisernen Kreuzen für ihre Tapferkeit vor dem Feind zu beloben. Er tätschelte sie dann freundlich und schickte sie wieder an die näher kommende Front und wahrscheinlich in den (frühen) Tod.

Diese auch im Film „Der Untergang" (von Oliver Hirschbiegel aus dem Jahr 2004) festgehaltene Szene ist für mich ein schrecklicher Teil der Götterdämmerung. Auch in Hannoversch Münden wurden die Kindersoldaten zusammen mit allen sonst aufzutreibenden Kräften, einschließlich meiner Ausbildungsabteilung, bewaffnet mit alten französischen Beutegewehren an der provisorischen Kampflinie eingesetzt.

Ich war als Meldegänger in einem rückwärtigen Befehlszentrum eingesetzt. Als die Amerikaner sehr nahe kamen, wurde ich mit einer Meldung nach vorne geschickt. Dort war, entsprechend dem Kräfteverhältnis, die Front ins Wanken geraten. Man konnte sehen, wie die Kindersoldaten ihre Gewehre fortwarfen und sich ergaben – das war das Vernünftigste, was zu tun war. In diesem Moment erschien auf einem Pferd ein deutscher Offizier und gab uns den Befehl, alle die, die sich ergeben wollten, zu erschießen. Danach verschwand er wieder nach hinten. Diese gespenstische, absurde und fast unglaubwürdige Szene habe ich mir nicht ausgedacht, sondern erlebt als Teil dieser Götterdämmerung. Ich selbst zog mich zurück in unsere Befehlsstelle, die allerdings bereits geräumt war. Ich fand im Vorratsraum des Hauses noch eine Dose Kompott, die ich aß und wofür ich die abwesenden Eigentümer schriftlich um Verständnis bat und mich bedankte – auch eine absurde Handlung unter diesen Umständen.

Noch eine weitere kleine Episode aus dieser chaotischen Zeit ist mir in Erinnerung geblieben und ist meines Erachtens interessant genug, um festgehalten zu werden. Eines Abends im März 1945 marschierten wir, Panzerpioniere in Ausbildung, durch Hannoversch Münden. Plötzlich begegnete uns eine andere Marschkolonne. Die Soldaten trugen fremde Uniformen, sangen unbekannte und unverständliche Lieder. Wir erkundigten uns und stellten fest, dass es ungarische Einheiten waren. In Ungarn waren vor einigen Monaten die deutschen Truppen quasi als Besatzer in das bis dahin verbündete Land einmarschiert. Reichsverweser Miklós Horty wurde im „Unternehmen

Panzerfaust“ von SS-Truppen gestürzt und auf Schloss Hirschberg am Haarsee in Bayern interniert, während die faschistische Pfeilkreuzlerpartei unter Ferenc Szálasi die Regierung übernahm. Die sehr große jüdische Gemeinde war zum größten Teil in die Todesbunker nach Polen und vor allem nach Auschwitz transportiert worden. In den vergangenen Monaten hatte in Ungarn eine der größten Massendeportationen in Europa eingesetzt, die Teil der brutalen und verbrecherischen „Endlösung“ der Nazis war. Zugleich besetzte die Rote Armee Ungarn seit September 1944 schrittweise. Budapest wurde zwischen Dezember 1944 und Februar 1945 von angloamerikanischen Luftangriffen zerstört. Was machten und dachten nun diese Ungarn, die vor uns standen, im März 1945 in der Mitte des untergehenden Deutschen Reiches? Für wen oder für was kämpften sie? Es war eine unheimliche Begegnung.

Ein Jahr später lernte ich einen von ihnen kennen. Er lag neben mir auf einer Pritsche in der Tuberkulosebaracke des Kriegsgefangenenlazaretts in Rennes im Westen Frankreichs. Leider konnten wir uns nicht verständigen, da er nur Ungarisch sprach. Bald konnte er auch nicht mehr sprechen und starb nach Empfang der letzten Ölung. Selbst dem katholischen Priester merkte man wie allen anderen Gesunden, die in die Baracken kamen, an, dass er nicht länger als notwendig in der Baracke blieb. Als TBC-Kranker musste man sich daran gewöhnen, oft als quasi Aussätziger behandelt zu werden – etwa wie heute die Aids-Kranken.

Gefangenschaft

Ich kam als Kriegsgefangener der US-Armee als P.W. ins Lager Rennes. Es war für 60.000 Gefangene eingerichtet. Ich denke, dass rund 80.000 nach Kriegsende dort zusammengepfercht waren in Baracken und Zelten. Im Herbst 1945 übergaben die Amerikaner das Lager mit Insassen an die Franzosen (was, wie ich einmal las, ein Verstoß gegen die Genfer Konvention sein sollte). Die Franzosen aber waren nach den Jahren der Besatzung und den Kämpfen zur Befreiung nicht in der Lage, das Lager mit Proviant und der notwendigen ausreichenden Logistik zu versorgen, wie es die Amerikaner konnten. Allerdings war ab Kriegsende ein großer Unterschied zwischen Können und Wollen zu spüren. Die Entdeckung der Zustände in den deutschen KZs brachte einen brutalen Rückgang der Verpflegung und die Franzosen wollten sich noch viel weniger in dem für Frankreich sehr harten Winter 1945/46 belasten mit der Verpflegung der Kriegsgefangenen, die man andererseits für den Wiederaufbau verfügbar haben wollte.

Ich will nur über einen Aspekt der Gefangenschaft etwas festhalten. Und zwar einige Erfahrungen zur Struktur, zu den Herrschaftsverhältnissen, die ich vorfand und unter denen ich zu leiden hatte.

Die amerikanische und französische Armee setzte eine deutsche Lagerleitung ein. Da es sich um ein Lager für Nicht-Offiziere handelte, wurden hauptsächlich frühere Feldwebel ausgesucht, die bald ein mafiaartiges Netz von Beziehungen errichteten. Lagerleitung, Lager, Polizei, Verpflegung, alles lag ohne wirkliche Kontrolle in der Hand dieses Netzes.

Die Lagerleitung benahm sich wie alle Diktatoren, sie hielt sich eine Polizei, eine Art Hofstaat mit Theatergruppe, Schneiderei etc. und eine Art Harem. Ab und zu sah man junge Gefangene mit neuen schicken Uniformen um die Lagerführer-Baracke herumlaufen. Eines Nachts wachte ich auf, ich war in einer Baracke in der Nähe der Lagerleitung untergebracht. Man konnte deutlich Musik und den üblichen Lärm eines Fests hören, während wir vor Hunger kaum aufstehen konnten. Die Macht der „herrschenden Klasse". Ich meuterte beim Essenholen, da der ohnehin größere und dünnere wasserähnliche Teil der Suppe zuerst verteilt wurde und der ganze übrige „dicke" Teil in andere Quellen zu fließen schien (Später wurde eine Extrakraft zum Rühren der Suppentöpfe herangezogen). Jedenfalls meckerte ich laut und versuchte, meine Leidensgenossen auch zu unterstützen. Sofort kam die Lagerpolizei, nahm mich fest und steckte mich ohne Weiteres in das sogenannte Lagergefängnis, einem Käfig, der sich innerhalb des mit Stacheldraht umgebenen Lagers befand. Es erinnerte an einen Hühnerstall. Dort absolvierte ich zwei bis drei Tage Haft mit reduzierter Normalverpflegung. Nach einer Jugend in einer Diktatur hätte ich die Lehrzeit im Lager eigentlich nicht gebraucht.

Die schlimmste Lektion, nämlich Korruption in einer Diktatur, stand mir aber noch bevor. Als ich nach einer Massenuntersuchung der isolierten Gruppe der Tbc-Kranken zugeordnet wurde, kamen dort zwei oder drei Mal Gerüchte einer baldigen Repatriierung auf. Dies habe ich auch in meinem Tagebuch (veröffentlicht in *Kompost*) vermerkt. Immer wieder ist dort zu lesen „große Enttäuschung, wir kommen nicht mit".

Im Jahr 1946 durchbricht der vom YMCA entsandte Günther Schild diese Korruptionsverflechtung und erreicht endlich, dass ich auf einem auch für mich vorgesehenen Transport nach Hause komme. Er schildert in seinem Buch diese für die Betrogenen lebensgefährdenden Machenschaften und erwähnt den Sohn einer Hamburger Brauereifamilie, der dadurch frühzeitig nach Hause kam, zu Lasten eines unglücklichen Tbc-Kranken.

Soweit zur Machtstruktur in Gefangenenlagern. Ein gelernter Historiker oder auch ein Soziologe oder Politologe (hätte es sie damals schon gegeben, aber im 3. Reich gab es dies noch nicht) hätte im Lager sehr aufschlussreiche Studien treiben können, vorausgesetzt, dass er genug zu essen bekam, um überhaupt auf die Beine zu kommen, was aber im Lager kaum der Fall war.

Die Rettung aus der Todesbaracke

Ich war knapp 18 Jahre alt, als ich in französische Kriegsgefangenschaft geriet. Während dieser Zeit, also von Januar 1945 bis Juni 1946, führte ich ein Tagebuch – mit Bleistift geschrieben und heute nur noch schwer leserlich. So habe ich auch einige Eintragungen aus der für mich sehr bedrohlichen Zeit, als ich bei Rennes in der Bretagne in der Todesbaracke „La Prévalaye“ lag. Ich war stark an Tuberkulose erkrankt und ich hätte es wohl nicht geschafft, wenn mir nicht Günther Schild, ein Sekretär des Christlichen Vereins Junger Männer (CVJM), geholfen hätte. (Im Folgenden zitiere ich aus dem Buch von Fritz Pawelzik und Günther Schild *Spätlese – Rückblick auf ein Leben*, R. Brockhaus Verlag, Wuppertal und Zürich 1994, das ich damals als Dank an Günther Schild unterstützt habe). Die folgenden Passagen, notiert vor allem von Fritz Pawelzik, stammen aus einen Vortrag, den ich anlässlich einer CVJM-Veranstaltung Anfang September 1991 in einem evangelischen Gemeindehaus in Frankfurt-Sachsenhausen hielt und bei dem ich auch aus meinem Tagebuch vorlas:

„15. März 1946: Baracke etwa 45 TBC. Gerüchte über Transport nach Hause scheinen schon wieder nicht zu stimmen. Ein 20jähriger mit 60 Pfund."

„24. April 1946: Junger Mann zu betreuen."

Betreuen heißt, dass jene, denen es etwas besser geht, den Gefangenen helfen, die nicht mehr aufstehen können. Nicht aus Menschenliebe, sondern aus nacktem Überlebenstrieb. Die Todkranken konnten nicht mehr essen oder nur noch ganz wenig, der Betreuer kann den Rest behalten. So konnten wir zunächst überleben.

Nun kommt eine Eintragung, die missverständlich ist – die auch nur im Zusammenhang mit der Situation in der Todesbaracke zu erklären ist. Damals schrieb ich schon ziemlich entkräftet:

„Mittags Nudeln. Fritz tot."

Jener Mann also, den ich betreut hatte und der mir so eine Zusatzportion zum Überleben schenkte. Und weiter: „Sechsundzwanzigster Toter in unserer Baracke. Essenszusatz also vorbei."

Diese Eintragung zeigt, wie tief Menschen fallen können, dass sie nur noch an sich und ans Überleben denken können. Alles andere existiert nicht mehr, nur noch Essen und Trinken.

„3. Mai 1946: Etwas übel. Herr Schild [Günther Schild] von der YMCA wieder da. Sah sich alles genau an. Bekam Bescheid, ich sei am 12. April entlassen worden."

Man hatte ihn angelogen. Günther Schild hatte einen Hinweis bekommen, mein Vater läge im Sterben, er möchte doch versuchen, mich wenigstens ans Sterbebett zu bekommen. Herr Schild hatte ja Beziehungen, das wusste die Lagerleitung. Sie hatte ihn einfach belogen.

So wollten sie Herrn Schild einfach nicht in die Todesbaracke lassen. Angeblich wegen der Ansteckungsgefahr.

Aber Herr Schild ist trotzdem gegangen und hat mich dort vorgefunden. Sonst ging niemand hinein. Es war ja lebensgefährlich. Wir hatten alle offene und aktive TBC. Doch Herr Schild ging von Bett zu Bett, brachte Sterbenden etwas mit, ihnen ein Lächeln und gute, tröstende Worte. So besuchten uns sonst wenige. Nicht das Rote Kreuz, nur wenige Geistliche. Nur Herr Schild. Mit jedem Gefangenen sprach er sehr lange. Er kam uns wie ein Bote aus einer anderen Welt vor.

Als er sah, dass ich noch nicht entlassen war, war er empört, aber er versprach: Ich hole Sie hier raus.

Die von der Schreibstube hatten gekungelt, sicher gegen Bestechung, und einen anderen für mich nach Hause geschickt.

„4. Mai 1946: Soll nicht zum Transport. Wieder nicht. Ich gebe auf."

„7. Mai 1946: Schild nochmals da. Versucht alles, droht, verspricht, ich komme mit."

„8. Mai 1946: Neue Betttücher ausgelegt. Rotkreuz-Kommission soll kommen. Gerüchte. Keine Kommission. Drei Mann bauen ab. Haben die Hoffnung auf Entlassung aufgegeben. Wir sollen nicht mit. Schild da. Kommen mit. Er hat wohl in der Transportliste gelesen, dass mein Name darin stand, und er hat darauf geachtet, dass ich mitkäme."

„9. Mai 1946: Soll wieder ein Transport sein, aber wer weiß das schon von uns. Und wenn, dann ohne uns."

„10. Mai 1946: Drei kommen nicht mit. Es kommen doch alle mit. Herr Schild hat es durchgesetzt. 5 Uhr zum Bahnhof, 8 Uhr kam ein ehemaliger deutscher Lazarettzug, tadellos."

Ohne Herrn Schild wäre ich nicht nach Hause gekommen und hätte nicht überlebt. Obwohl es eigentlich gar nicht seine Aufgabe war und er nur Schwierigkeiten bekam, bleib er hartnäckig. Ich weiß nicht, wie vielen Menschen er das Leben gerettet hat. Wenn er nicht eingegriffen hätte, wäre ich wohl gestorben und nie mehr nach Hause gekommen.

Damals war offene Tuberkulose eine meist tödliche Krankheit. Herr Schild kam sogar noch in den Zug, um sicher zu sein, dass alle von ihm Betreuten auch wirklich dabei waren. Ich bin Herrn Schild und der YMCA sehr dankbar, dass sie mich vor dem Tode gerettet haben. Der YMCA kann stolz sein auf diesen Kollegen. Ich möchte ihn hiermit ehren und an seine Leistung erinnern. Herr Schild stammte aus Berlin aus einer jüdischen Familie und ist rechtzeitig nach Frankreich geflüchtet, wo er in einem unterirdischen Versteck überlebte. Lange nach dem Krieg besuchte er mich in Frankfurt und meine Frau und ich besuchten ihn in Frankreich zu seinem 90. Geburtstag.

Meine Metamorphose

„Als Gregor Samsa eines Morgens aus unruhigen Träumen erwachte, fand er sich in seinem Bett zu einem ungeheuren Ungeziefer verwandelt. […] „Was ist mit mir geschehen?" dachte er. Es war kein Traum, sein Zimmer, ein richtiges, nur etwas zu kleines Menschenzimmer, lag ruhig zwischen den vier wohlbekannten Wänden." Franz Kafka

Ich liege in einer Klinik, in der ich fast zum guten Ende therapiert war.
Per Rollstuhl.
Großer Saal.
Gefesselt.

Rückenlage, unbewegliche linke Seite.
Gedanken wild unkontrolliert.
Frage nach dem aktuellen Jahr. Zwei, drei Mal.
Notaufnahme.
Keine Angehörigen.
Fragen. Untersuchungen. Messungen. Dann Leere.
Was tun – was denken?
Training.
Ein- und Ausatmen. An was zuerst denken?
Skilaufen. Jagd.
Langsame Dämmerung. Erwachen.
Wo bin ich? Nachbarn?
Was ist passiert? Tag Eins?
Bett herausgefahren. Raus.
Eingang zur Außenwelt.
Unterwegs. Sitzungen endlos. Angestellter sagt, „Sie werden abgeholt."
Nächte: Menschen kommen zu Besuch und gehen wieder.
Endlich im Untersuchungsraum. Wieder Warten.
Irgendetwas wird aufgenommen. Dann wieder auf den Gang ins Nichts. Wieder Warten.
Wieder Menschen kommen und gehen.
Essen? Zeit? Arzt kommt.
Angst vor der Leere und der Erstarrung des Körpers.

Anmerkung: Anfang März 2008 (es war der 2. März) begann meine eigene gesundheitliche Krise mit einem Oberschenkelhalsbruch während meines Aufenthalts in Silvaplana, Operation in Samedan, Reha-Zeit in Frankfurt und als diese fast erfolgreich beendet war, kam noch eine Lähmung der linken Körperhälfte durch einen Schlaganfall. Drei Wochen in der Klinik Höchst waren eine durch die

Lähmung und auch durch die Verhältnisse sehr schwierige Zeit, die dann durch drei Monate in der Asklepios-Klinik Falkenstein abgelöst wurde. Mit guter Therapie schaffte ich den Übergang vom Rollstuhl zum Rollator und dann ab Juli 2008 das Gehen mit Stöcken.

Das Positive – und man lernt ja, zufrieden und positiv sein zu müssen – war insbesondere die Hilfe und Anteilnahme von vielen Freunden (dies schließt besonders viele Freundinnen mit ein).

Wichtig ist bei mir Zuhause nach wie vor auch ein Golden Retriever-Rüde namens Yeti. Die Kavallerie ist zum Glück nicht hier in der Nähe untergebracht. Haus und Hund werden ab und zu von allen oder einigen der sieben Enkel beherrscht. Drei Herren und eine Dame zwischen sieben und eineinhalb Jahren wohnen in der Nähe in Sachsenhausen und zwei Herren und eine Dame zwischen fünf und zwei Jahren wohnen in München. Außer Otto, dem ältesten Enkel, haben alle Namen erhalten, die sonst nicht in der Familie zu finden sind.

Und natürlich: Krankenpflege bei mir, Haushalt, Enkel, Pferde und Bridge sorgen bei meiner Frau für Vollbeschäftigung – trotz Überschreiten des Pensionsalters. Sie berichtete noch im Winter 2008/2009 von sechs Abfahrten hintereinander beim Skilaufen im Engadin.

Das Ende der Tradition von Georg Hauck & Sohn

Von meinen Anteilen an Hauck & Aufhäuser habe ich mich im Jahr 2000 getrennt. Bereits Ende 1993 war ich aus der aktiven Leitung der Bank ausgeschieden und hatte mein Pensionärsleben begonnen. Der Grund nun für meinen vollständigen Ausstieg aus der Bank war, dass ich nicht

mehr die richtige Einstellung zu den Gremien und den Nachfolgern fand. Zudem war mein Anteil über die Jahrzehnte hinweg durch Eintritt neuer Aktionäre und durch Schenkungen an Frau und Kinder sehr klein geworden. Dafür habe ich mich bis Frühjahr 2009 (eigentlich 2008, das heißt bis zum Schlaganfall) intensiv um den Immobilienbesitz der Alt-Gesellschafter von Georg Hauck & Sohn gekümmert, der 1981 ausgegliedert worden war, gekümmert.
Zuerst, das heißt bis etwa 2002, hatten wir außerordentlich gute Erträge. Damals standen wir für den Bau des „K 26" vor der Frage: Modernisieren oder Umbauen. Nach eingehender Beratung mit vielen sogenannten Fachleuten entschieden wir uns für Neubau durch hohe Neuverschuldung, da nur ein Neubau zu vermieten sei. Renovierte Büroflächen hätten gegen die Konkurrenz von modernen Neubauten keine Chance auf Vermietung. Leider hatten aber auch unsere schönen modernen 19 Geschosse von 2004 bis 2007 kaum Chancen und standen leer. Ich lernte die Situation eines Investors kennen, der Schwierigkeiten hat, seine Schulden zu verzinsen und noch weniger, seine Schulden zu tilgen. Ich lernte auch die Banken kennen, die plötzlich ihr Gesicht ganz anders zeigten und gar nicht mehr freundlich sind. Unsere Gläubiger haben aber selbst ähnliche Lektionen lernen müssen – nämlich als sie selbst sanierungsbedürftig wurden. Sic transit gloria mundi.

Im Herbst 2009 sind noch zwei Stockwerke nicht vermietet, eines war noch nie vermietet, das andere ist schon wieder frei geworden. Frankfurt hat doch auch an Dynamik und an Wirtschaftsunternehmen verloren. Ist es die Krise oder die Struktur?

Zum Zeitpunkt, als ich dies schreibe, im Oktober 2015, liegt ein Kaufangebot der chinesischen Investmentgruppe Fosun für alle Aktien von Hauck & Aufhäuser vor, der Bank, in der ich von 1946 – 1997 als persönlich haftender Gesellschafter, und von 1956 bis 1997 als geschäftsführender Gesellschafter tätig war. Alle Aktionäre haben das Angebot angenommen, zurzeit steht noch die Genehmigung durch die BaFin aus, die Voraussetzung für die Durchführung der Transaktion ist. Die Chinesen streben eine Alleinverfügungsgewalt an, was das Grundkonzept der Bank ändern würde.

Wie kam es zu dieser Entwicklung, die ja ähnlich bei vielen anderen Privatbankiers zu beobachten ist?

Mein Vater, geboren 1893, war nach dem Tod seines Vaters Otto Hauck von 1934 bis zu seinem frühen Tod 1946 alleiniger Anteilseigner. Als er starb, lagen der Krieg und die zwölf Jahre NS-Diktatur nur ein Jahr zurück. Deutschland war in vier Besatzungszonen geteilt, Frankfurt war Sitz der US-Verwaltung und zum Teil dafür von den Deutschen geräumt, so auch das Wohnhaus der Familie in der Ditmarstraße 4. Seit 1941 litt mein Vater an einer Krebserkrankung, der er dann auch 1946 erlag. Das Bankgebäude war beim Bombenangriff auf Frankfurt 1944 zerstört worden. Aber schon seit 1935 durfte mein Vater nicht mehr als „Betriebsführer“ fungieren.

Die gute jüdische Kundschaft ging nach 1933 völlig verloren durch Emigration, Enteignung und persönliche Vernichtung.

Das Geschäft der Bank war seit 1933 sehr heruntergefahren worden, da die Inhaber, also zuerst mein Großvater Otto und dann mein Vater Alexander, dem Regime nicht genehm waren. Die sehr interessanten Aufsichtsratsposten von Otto Hauck (Allianz, IG Farben, Metallgesellschaft, Deutsche Bank) waren alle verloren gegangen und damit auch die Geschäftsbeziehungen. So war die sehr hohe Quote im IG Konsortium von 5 Prozent ganz auf andere, dem Regime näher oder nahe stehenden Banken übertragen worden. Mein Großvater hatte in seinem Testament noch alle Anteile an der Bank auf meinen Vater und dessen drei Schwestern mit Aktien übertragen können. Als mein Vater 1946 sein Testament machte, waren die Werte völlig ungewiss und entsprechend der Niederlage und der Zerstörungen sehr niedrig. Die Bankanteile gingen deswegen an seine drei Kinder Maria, Gabriele und mich zu gleichen Teilen. Dies kann als ein erster Schritt zum späteren Verlust des Familieneinflusses gelten, denn naturgemäß gingen auch die Interessen der Familie später auseinander.

Eine andere Lösung war allerdings nicht möglich unter den Umständen des Jahres 1946. Die ab der Währungsreform 1948 tätigen Partner Dr. August Oswalt, der Bruder meiner Mutter, und Kurt Heide erhielten durch Kapitaleinzahlung und später 1952 durch die Überführung von neu gebildeten Rückstellungen ins Kapital höhere Anteile zu Lasten der Altgesellschafter, d.h. der Familie, und das galt auch für einige neue Kommanditisten. Außerdem hatte der neue, sehr erfolgreich tätige Partner Kurt Heide Kapital eingebracht, was auch zur Reduzierung des Anteils der Familie führen musste.

Da diese Kapitalerhöhungen von privaten befreundeten Personen aber nicht ausreichend waren, begann man ein neues Konzept und nahm die Hamburger Privatbank Brinckmann, Wirtz & Co. (heute M.M. Warburg) mit 25 Prozent als Kommanditistin auf. Dies bedeutete natürlich eine gewisse Aufgabe der Selbständigkeit und endete deswegen schon wenige Jahre später. Die Hamburger Partner waren sich über den Grund der mit dem Kapital auch übernommenen Haftung nicht einig, sodass Rudolf Brinckmann den Anteil seiner Bank als Privatperson übernahm.

Etwa ein Jahrzehnt später ging GHS eine neue Konzeption/Konstellation ein. 25 Prozent des Kapitals übernahm jetzt die Allianz Lebensversicherung Stuttgart. Diese Verbindung brachte sowohl ein großes Geschäftsvolumen als auch in Krisenzeiten, nämlich dem Zusammenbruch der Privatbank Herstatt und später Schröder Münchmeyer Hengst & Co., eine ausreichende und dazu nie öffentlich verbindlich zugesagte Rückendeckung. Solange die Verantwortung und Kontrolle durch einen Sitz im Gesellschafterausschuss in Stuttgart bei der Lebensversicherung und einer leitenden Person lag, lief die Zusammenarbeit sehr positiv. Die Zusammenarbeit war sachlich problemlos und menschlich sehr angenehm. Das änderte sich, als die Allianz viele Aufgaben in München konzentrierte, so auch die Vermögensverwaltung. Die unterschiedlichen Größenordnungen und Strukturen wurden deutlich. Die Allianz konzentrierte ihr Geschäft auf die Dresdner Bank und beteiligte sich dort auch mit einem erheblichen Kapitalanteil. Dass dies dann in der Krise 2008 zu großen Verlusten führte, sei in Parenthese vermerkt.

Ich war damals bereits aus der Selbsthaftung und dem Aufsichtsrat ausgeschieden und habe das neue Konzept nur aus der Entfernung kennengelernt. Es wurde mit „Die Bank für Unternehmer“ oder „die Unternehmerbank“ bezeichnet. Ich kann nicht beurteilen, ob die Erwartungen sich erfüllten. Immerhin war es gelungen, fünf bis sechs erfolgreiche selbständige Unternehmer als Gesellschafter zu finden.

Noch nicht erwähnt wurde eine mehrjährige Beteiligung eines Mitglieds der Familie Al Sabah aus Kuwait, die zur regierenden Herrscherfamilie gehört. Auch diese Verbindung ging wieder auseinander, ohne dass die großen Erwartungen sich erfüllen ließen.

Ein ganz neues Konzept wurde von meinen Nachfolgern erarbeitet und durchgeführt, nämlich die Fusion mit der Privatbank Aufhäuser München. Deren Gesellschafter, die Bayerische Landesbank, erhielt 25 Prozent des Kapitals der fusionierten Banken, das ein paar Jahre später durch Kapitaleinlagen von verschiedenen Unternehmen abgelöst wurde. Dieser Schritt verminderte auch den Kapitalanteil der Familie.

Die Beteiligung der Familie Hauck war durch die Aufteilung in verschiedene Familienstämme und die Eintritte der neuen, größeren Kapitalgeber auf weniger als 20 Prozent zurückgegangen und meine eigene entsprechend gering, nachdem man mich spüren ließ, dass ich mit 67 Jahren trotz meiner noch bestehenden guten Vernetzung keine Aufgabe im Aufsichtsrat oder Aktionärsausschuss zu erfüllen habe. Das hat mir, offen gesagt, trotz der Erkenntnis, dass dies normal und auch verständlich ist, doch etwas zugesetzt und hat meinen schnell gefassten Beschluss, alle meine Aktien zu verkaufen, herbeigeführt. Dies geschah im Jahr 1992. Käufer waren die Geschwister Brinckmann. Zusammen mit dem Verkauf habe ich auch den Rückzug aus der Tätigkeit im Aufsichtsrat und im Aktionärsausschuss vollzogen.

Die dann folgende Entwicklung der Bank konnte ich mit Distanz und ruhiger Gelassenheit verfolgen. Die Ernennung zum Ehrenvorsitzenden der Gesellschaft hatte nur formale Bedetuung. Betroffen machte mich, sehen zu müssen, wie die von meinem Partner Axel Schütz und mir an unsere Nachfolger überlassenen Aktiva mit erheblichen stillen Reserven nach und nach veräußert wurden. Dazu kamen die durchgreifende Änderung der geschäftlichen Gegebenheiten und Anforderungen, die zu einer Ertragslosigkeit der Bank über mehrere Jahre hinweg führten. Sehr negativ machte sich wohl auch der häufige Wechsel in der Geschäftsführung bemerkbar. Dies ist der Hintergrund, vor dem dann die Suche nach Käufern bei der Bank begann. Sie führte im Sommer 2015 zum Kaufangebot der chinesischen Investor-Gruppe Fosun, das von den Aktionären angenommen wurde und zum Zeitpunkt, in dem ich dies schreibe, nur noch der Genehmigung durch die BaFin bedarf. Sollte sie vorliegen und die Chinesen die Bank übernehmen, so ist sicherlich mit dem Ende einer Periode und dem Beginn einer neuen Zeit für die Bank zu rechnen. Ich habe die Entwicklung seit 1946 im Einzelnen betrieben; schwer zu sagen, ob damals schon der Beginn des Endes der Tradition von Georg Hauck & Sohn begonnen hat und wo die Ursachen dafür liegen. Ich glaube aber, richtig zu folgern, dass es ein langes Ende war, und ich bin froh, dass der Bank ein schlechtes Schicksal wie so manchen anderen Banken erspart bleibt.

8. LESERBRIEFE UND PRESSEARTIKEL

„Ich entschuldige mich"

Ein Thema verfolgt mich seit langem. Ich nenne es die „Ich entschuldige mich"-Unart. In einem Brief an eine Journalistin hoffte ich einmal mehr, damit Erfolg zu haben und Verständnis zu finden, aber auch hier wie bei vielen früheren Versuchen vergeblich.

„Das ist doch nur eine Redensweise und bedeutet nichts", so wird mir immer gesagt, auch und als gewichtige Stimme von meiner Frau. Dabei möchte ich beweisen, dass es auch und besonders negativ eine Denkart (das neue Wort „eine Denke" lehne ich ab) ist. Vielleicht finden ich einen Leser dieses hier abgedruckten Briefes, der mir Recht gibt und vielleicht habe ich dann endlich etwas Echo. Das „Ich entschuldige mich" spielt gerade für meine Generation und die Nachkriegszeit eine Rolle und ein „Ich bitte um Entschuldigung" hätte manches politische Missverständnis vermieden.

„Ich entschuldige mich" – Wie oft kann man dies lesen oder hören von Menschen, die etwas entschieden oder getan haben, das andere Menschen sehr negativ beeinflusst und gedemütigt hat? Das mag zwar meist, aber nicht immer, gut gemeint sein, aber es ist eben jedenfalls und immer falsch. Der Täter kann sich nicht selbst von seiner Schuld freisprechen. Das muss das Opfer tun, vielleicht auch ein unabhängiger Richter.

Sich selbst entschuldigen entspricht der Selbstjustiz und ist juristisch, moralisch, ethisch und auch dem reinen Menschenverstand entsprechend unzulässig und auch folgenlos.

Wer sich selbst entschuldigt, ist immer noch schuldig. Der oft benutzte Ausdruck „Ich entschuldige mich“ scheint mir nur ein falsch benutzter und zu oft gebrauchter zu sein und ist es hoffentlich auch in den meisten Fällen.

Richtig gebraucht ist dann „Ich bitte um Entschuldigung“. Entscheiden muss das Opfer, nicht der Täter.

Ich bin nicht katholisch, aber ich denke, ebenso richtig ist, dass katholische Priester und selbst der Papst sich nicht selbst Absolution erteilen dürfen.

Wenn nicht viele Täter genau dies beabsichtigen, nämlich sich selbst freizusprechen, noch Erfragen um Entschuldigung, wie könnte dann noch ein menschliches Zusammenleben funktionieren, wenn der Täter sich selbst entschuldigen könnte? Selbst Fußball würde nicht mehr richtig ablaufen, wenn ein Spieler später über sich selbst zu richten hätte, ob er den Platz zu verlassen hat oder ob ein Händedruck und die Entschuldigung ausreichen und er weiterspielen darf.

Martin Walser hat mit seinem törichten Ausspruch von der Auschwitz-Keule etwas Ähnliches getan. Er hat damit sagen wollen, dass wir jetzt doch endlich von der Schuld, für die Schuld am Holocaust endlich frei sein müssen. Das klingt für mich so etwa wie auch „entschuldige mich“ und es war ebenso falsch.

Leider habe ich die vielen Teile nicht schriftlich festgehalten, in denen ich das „ich entschuldige mich“ feststellte. Es ist eine lange Reihe und enthält auch große Namen aus Politik und Wirtschaft, die damit sicherlich etwas anderes als das „ich bin zwar der Täter, aber ich spreche mich im Folgenden frei“ sagen wollen.

Es wäre schön und ein Fortschritt, wenn der deutsche Sprachschatz in dieser Hinsicht bereinigt würde. Ich habe aber auch nichts dazu beigetragen.

Der Autor dieses Buches entschuldigt sich dafür und bittet um Verständnis, dass ihm manche Fehler oder Wiederholungen entgangen sind, die für den Lektor akzeptabel sein mussten, die er selbst aber noch geändert hätte, wenn er besser sehen und hören könnte.

Ein Leben im Traum

Erste Version, geschrieben 2010
(keine Zeitschrift hat diesen Text veröffentlicht)

Ich träumte, ich sei wieder in München, im Januar 1977 bei der Siemens Bankenkonferenz. Jedes Jahr lud der Vorstand der Siemens AG die Spitzen ihrer Bankverbindungen ein. Für uns „Kleine" war es wichtig, wenn man eine „gute Adresse" sein wollte, dass man dort dabei war. Es war wie die Zugehörigkeit zu einem Orden. Ich hatte – alles natürlich im Traum – das Glück, von Herrn H. J. Abs angesprochen worden zu werden wegen des Freien Deutschen Hochstifts. Herrn Jürgen Ponto konnte ich danken für eine Jagdeinladung im schönen Odenwaldrevier der Dresdner Bank.

Dann lief im Traum das Ritual wie üblich ab: Dem Vortrag über das letzte Geschäftsjahr durch den Finanzvorstand folgte der Dank stellvertretend für alle Gäste durch ein Vorstandsmitglied der Deutschen Bank. Eine Diskussion war, auch wie üblich, nicht vorgesehen. Aber plötzlich – dies alles ist, wie gesagt, im Traum und selbst im Traum erschrak ich darüber – erhebe ich mich und bitte um Gehör. Ich hätte gerade eine Ausgabe der FAZ vom November 2008 bekommen und würde gerne daraus einige Überschriften und Schlagzeilen vorlesen, sie seien vielleicht von Interesse. Trotz Einspruch fange ich an und zitiere:

Siemens-Manager vom Gericht wegen Bestechung verurteilt

Übernahme der Dresdner Bank durch die Commerzbank wird zeitlich vorverlegt. Die Commerzbank nimmt das Rettungspaket des Bundes in Milliardenhöhe an.

Auch WestLB und Bayerische Landesbank erbitten hohe Milliardenbeträge aus dem Rettungsangebot des Bundes.

Die Citi Group erhält vom amerikanischen Staat Hilfen in Höhe von USD 300 Milliarden

UBS erhält eine wandelbare Anleihe von der Schweizerischen Eidgenossenschaft in Höhe von CHF 60 Milliarden, nachdem sie durch hohe Verluste in 2007 und 2008 ins Wanken gekommen ist.

Die HypoReal Estate Bank, München, die das Hypothekengeschäft der von einer italienischen Gruppe übernommenen HypoVereinsbank fortführt, erhält eine Stützung vom Bund in Höhe von 50 Milliarden Euro, nachdem Vorstand und Aufsichtsrat fast vollständig ausgewechselt wurden.

Börsenkurse: Mitte Dezember 2008, der Dax-Index jetzt 4.810,20 nach Höchstkurs in 2007/2008 von 8.151,57.

Siemens Mitte Dezember 2008 bei 52,68, nach Höchstkurs in 2007/2008 von 111,47.

Deutsche Bank Mitte Dezember 2008 bei 27,83, nach Höchstkurs in 2007/2008 von 117,58.

HypoReal Estate Mitte Dezember 2008 bei 3,05, nach Höchstkurs in 2007/2008 von 53,45.

Dresdner Bank: Nach Übernahme durch die Allianz wurde die Börsennotiz eingestellt.

Am weiteren Lesen – immer noch im Traum – werde ich

nun aber durch immer stärker werdende Zwischenrufe gestört und ich höre, wie meine Nachbarn sagen: „Schade, er war doch ein ganz guter Bankier und jetzt diese wahnsinnigen Phantasien." Ein Vertreter der Bayerischen Vereinsbank meint: „So ein unvorstellbarer Wahnsinn." Ich werde von Sanitätern hinausgeführt. „Wir bringen Sie jetzt in die Psychiatrie der Uniklinik", also ins Irrenhaus.

Glücklicherweise wache ich aber nun auf, der Alptraum ist beendet und ich kann beim Frühstück im Januar 2009 in meiner Zeitung von der aktuellen Finanzkrise lesen. Anstelle ins Irrenhaus komme ich schlimmstenfalls ins Armenhaus.

Zweite Version, geschrieben 2015
(keine Zeitschrift hat diesen Text veröffentlicht)

Ich träumte und war wieder in München, und zwar 1977 auf der Siemens-Bankenkonferenz. Diese ehrwürdige Institution fand im Januar im Hotel Vier Jahreszeiten statt und versammelte alle für Siemens interessanten leitenden Persönlichkeiten aus Deutschland, der Schweiz und Österreich und einige aus England und Holland. An erster Stelle in Bedeutung und auch im Alphabet ist Herman Josef Abs zu nennen und am Schluss ich selbst, der in diesem Kreis ein Neuling war. Gerade für mich war es daher wichtig, mit den wichtigsten Persönlichkeiten im Gespräch von anderen gesehen zu werden und im Traum hatte ich Glück. Herr Abs sprach mich an und er diskutierte mit mir die notwendige Trennung vom Direktor des Freien Deutschen Hochstifts.[69] Dann wendete ich mich an Jürgen Ponto[70],

[69] Entspricht der Wirklichkeit.
[70] Entspricht der Wirklichkeit.

den Vorstandssprecher der Dresdner Bank, der im Juli 1977 dann ermordet wurde, und dankte ihm für die Einladung zur Jagd ins schöne Rotwildrevier der Deutschen Bank im Odenwald, wo ich im Herbst des Vorjahres eine Doublette auf Rotwild geschossen hatte. Das war dort traditionsgemäß allerdings damit verbunden, dass der Jagdkönig ein Jagdlied allein beim Abendessen vortragen musste.

Der rituelle Ablauf des Abends war dann der Vortrag des Finanzchefs und der Dank aller Anwesenden durch den Sprecher der Deutschen Bank. Im Traum war es H.J. Abs. Eine Diskussion anderer Fragen war nicht vorgesehen. Trotzdem und zu meinem eigenen Erstaunen erhob ich mich und bat darum, zur Abwechslung die FAZ aus dem Sommer 2015 vorlesen zu dürfen. Ich zitierte in etwa Folgendes, wie gesagt, im Traum:

Ein Gespräch mit dem zu 15 Mio. Schadenersatz wegen Bestechung in Zusammenhang mit Siemens-Experten verurteilten Siemens-Vorstand.

Die beiden Co-Sprecher der Deutschen Bank sind zurückgetreten, da sie in der HV zu viele Gegenstimmen bei der Frage um ihre Entlastung erhalten hatten und weil wohl auch der Druck der BaFin gegen sie oder auch wegen der vielen Skandale zu hoch war. Allein wegen Manipulation der veröffentlichten Euro-Zinsen muss die Deutsche Bank weit über zwei Milliarden Euro Strafe zahlen.

Die Commerzbank hat weitere Filialen der früheren, in ihr aufgegangenen Dresdner Bank geschlossen.

Seit der Rettungsaktion im Jahre 2009 hält der Bund noch 17,15 Prozent der Aktien.

Die Sparkassenorganisation NRW meldet, dass die Liquidation der früheren WestLB praktisch abgeschlossen ist.

Auch die zur italienischen Unicredit-Gruppe gehörende HypoVereinsbank schließt mehrere Filialen in Bayern. Der Rückgang der Anzahl unabhängiger Privatbankiers schreitet voran. Merck, Fink wurde von einem Investor des Golfstaats Katar übernommen; Sal. Oppenheim nach spektakulären Verlusten bei der maroden Karstadt-Gruppe von der Deutschen Bank, Hauck & Aufhäuser nach einigen Jahren Dividendenlosigkeit von einer chinesischen privaten großen Investorengruppe.

Ein Bericht befasst sich mit den Ursachen dieser Entwicklung und verweist besonders auf das Ende der Vorherrschaft des Systems der Hausbanken und das Ende des Systems der fest geführten Aktienkonsortien.

Austrocknung von Steueroasen: Auf Druck amerikanischer und europäischer Staaten hat die Schweiz ihr Bankgeheimnis aufgegeben.

Steuersünder werden bestraft anhand von gekauftem Diebesgut: Das Land NRW meldet, dass erneut eine Reihe von deutschen Steuersündern verhaftet wurde. Die Informationen wurden z.T. von kriminellen Schweizer Bankangestellten für Millionen Schweizer Franken gekauft.

Ein Messfehler hat veranlasst, dass VW mindestens zwei Milliarden Euro Strafe zahlen muss. „It's really a mess" – könnte man da wortspielerisch sagen.

Hier wurde ich vom Vorsitzenden der Sitzung jäh unterbrochen und von Saalordnern aus dem Saal geführt.

Die Signale eines Polizeiwagens lassen mich – alles noch im Traum – ahnen, dass ich ins Gefängnis eingeliefert würde und ich sah mich bereits in einer Zelle sitzen mit den Grafen Galen und Krockow, beides verurteilte frühere und sehr geschätzte Bankierskollegen. Beim Einsteigen in das Polizeiauto erfuhr ich aber, dass ich ins Irrenhaus eingeliefert würde. Die versammelte Tagung hatte beschlossen, dass solche Darstellungen wie mein Bericht aus der FAZ völlig abwegige und schädliche Wahnvorstellungen eines Wahnsinnigen seien, der ins Irrenhaus gehöre und nicht in eine Bank. Und dann wachte ich auf.

Beim Frühstück las ich dann wie immer die FAZ und stellte fest, dass mein Traum doch dem realen Leben entsprach – leider.

Ein Lob der Bescheidenheit bei Frikadelle und Rösti

Die Frankfurter Allgemeine Sonntagszeitung hatte sich im Oktober 2008 zum Lunch mit Michael Hauck in seinem Haus verabredet. Das Interview führte der Journalist Christian Siedenbiedel. Der Titel des Artikels: „*Ein Lob der Bescheidenheit bei Frikadelle und Rösti*". Der Vorspann des Artikels: „Michael Hauck hat 38 Jahre lang eine noble Privatbank geführt. Beim Essen in seiner Villa erzählt er, warum Mitläufertum und Eitelkeit die Bankmanager in die Vertrauenskrise gebracht haben." Hier nun der Text:

Parallel zur Bankenkrise hat Michael Hauck eine Lebenskrise durchlebt. So beschreibt der 81-jährige Ehrenvorsitzende der Frankfurter Privatbank Hauck und Aufhäuser seine Situation. Im Frühjahr hatte er einen Schlaganfall. Inzwischen geht es ihm schon wieder etwas besser. Aber das Laufen fällt ihm noch schwer – er ist auf einen Rollator angewiesen.

Wir treffen ihn deshalb zum Lunch nicht in einem Restaurant, sondern daheim in seiner Villa in Frankfurt-Sachsenhausen. Einem richtigen Banker-Stadtteil offenbar: Der frühere Chef der Deutschen Bank, Rolf Breuer, und dessen einstiger Vorstandskollege Ronaldo Schmitz sind Nachbarn.

Bei der Begrüßung gibt Hauck sich kämpferisch: „Aus

einer solchen Krise kommen Sie nur auf einem Weg heraus – üben, üben, üben." Er meint nicht nur seine eigenen mühsamen Gehversuche mit dem Physiotherapeuten. Sondern auch das Ringen von Banken und Staaten darum, mit Rettungspaketen und Garantien das Vertrauen der Menschen in das Finanzsystem zurückzugewinnen.

Hauck ist gleichsam Banker qua Geburt. Er ist Spross einer der bedeutenden Frankfurter Bankiersdynastien, neben den Metzlers, Bethmanns oder Rothschilds. Bei seinen Vorfahren hatte Goethe verkehrt. Hegel war in der Familie eine Zeitlang Hauslehrer gewesen: auf Vermittlung von Hölderlin, der dieselbe Stellung beim Bankier Gontard innehatte und sich in dessen Tochter Susette verliebte.

38 Jahre lang hat Michael Hauck das Bankhaus geführt – bis er sich in den 90er-Jahren zunächst aus der Geschäftsleitung, dann auch aus dem Aktionärskreis zurückzog. Er wolle sich zu einem ihm genehmen Zeitpunkt in freundschaftlichem Einvernehmen von der Bank trennen, begründete er damals seinen Entschluss. Heute hat Hauck in der Bank ein Büro – und trägt den Titel Ehrenvorsitzender.

Auf dem Weg durch die Villa ins Speisezimmer kommen wir nicht nur an seiner Sammlung antiker Tier-Skulpturen vorbei. Im Wohnzimmer hängt auch ein Bild im Goldrahmen, das einige seiner Vorfahren zeigt – posierend und ausstaffiert wie Adelige. „Die erinnern mich immer an den Sonnenkönig Ludwig XIV.", sagt Michael Hauck. „Offenkundig waren sie sehr eitel. Aber bald darauf ging es der Familie schlecht. Das ist meistens die Folge."

Das ist auch seine Diagnose für die gegenwärtige Bankenkrise: Die Banker waren zu eitel, zu überzeugt von sich selbst, glaubten an die „ewige Konjunktur" – damit mussten sie auf die Nase fallen. Hauck zitiert dazu gern den Nationalökonomen Albert Hahn (1889–1968), den er persönlich gekannt und über den er gerade ein Buch geschrieben hat: „Das meiste Unglück kommt davon, dass viele gescheite Leute so dumm sind.“ Die Investmentbanker, die sich mit komplizierten Bankprodukten beschäftigten, mussten unglaublich viel Fachwissen haben – und trotzdem passierten ihnen solche Dummheiten in der Einschätzung der Gefahren und Risiken.

Haucks polnische Haushälterin, die ihn auch pflegt, hat gekocht: Es gibt eine kräftige Rindersuppe, danach Frikadellen und Salat: bodenständig, aber sehr lecker. Hauck hat als Folge des Schlaganfalls etwas Schwierigkeiten beim Essen – gleichwohl strahlt er Stolz und Würde aus.

Die Börse verfolgt er täglich. Schließlich hat Hauck nicht nur die Geschicke der Bank lange Zeit gelenkt. Er war in den achtziger Jahren auch Börsen-Präsident in Frankfurt. Damals wurde gerade der Dax eingeführt, im Börsensaal gab es eine neue große Anzeigetafel: „Und jetzt rauscht das alles nach unten.“ Auch ihn selbst haben die turbulenten Entwicklungen am Aktienmarkt nicht ungeschoren gelassen. „Ich habe Bankaktien gekauft, deren Kurs sich halbiert hatte – aber seither sind die noch weiter heruntergegangen.“

Von Zertifikaten allerdings hat Hauck nie viel gehalten. „Darin fühle ich mich durch die Krise bestätigt.“ Sein Argument gegen diese Form des Sparens sei allerdings nicht das Risiko gewesen, dass die ausgebende Bank pleitegehen könnte wie bei Lehman. „Ich fand, Aktienfonds sind so eine gute Form der Geldanlage – bei Zertifikaten sah ich keinen Vorteil.“

In der Nach-Krisen-Zeit werden die Aufsichtsräte kritischer sein, hofft Hauck. Er selbst galt immer als widerspruchsfreudiger Geist, manchem sogar als Querkopf.

Schon in seinem ersten Aufsichtsrat, in den er mit Anfang 30 einzog, fiel er auf, weil er immer so hartnäckig nachfragte. „Die sagten damals, ich solle ruhig sein – aber ich bestand auf meinem Recht.“ In all den Jahren später habe er oft den Eindruck gehabt, die Kontrolleure seien zu brav, stimmten allem zu. Das sei auch ein Grund für die Exzesse bei den Manager-Gehältern gewesen: „Ich hielt das nie für richtig.“

Als der Nachtisch kommt, Obstsalat aus Himbeeren, Weintrauben und Bananen, erzählt Hauck von seinem gespaltenen Verhältnis zu Amerika. Die übertriebene Verehrung des „American Way of Life“ habe er nie verstanden. „Ich war schon in den 50er-Jahren als Austauschstudent in Amerika“, erzählt er. „Aber je länger ich da war, desto mehr wurde ich Europäer.“ Sosehr er aber die Übertreibungen des angelsächsischen Wirtschaftens für falsch halte – so wenig dürfe man vergessen, welche Folgen die Zwangs- und Planwirtschaft in Deutschland hatte. Nichts hält der Bankier deshalb davon, dass künftig der Staat mehr Einfluss im Bankgewerbe bekommen könnte. Die Krise der Landesbanken zeige schließlich, dass der Staat nicht der bessere Banker sei: „Wenn die erreichte Freiheit der Wirtschaft jetzt verlorengeht – dann wäre das die schlimmste Folge der Krise.“

(Aus: Frankfurter Allgemeine Sonntagszeitung, 02.11.2008, Nr. 44 / Seite 51)

Der Bankier, der Abs in die Knie zwang

(Aus der Frankfurter Allgemeinen Zeitung, Rubrik „Menschen und Märkte“, 11. Mai 2012)

Die Beziehung zur Bundesbank sei immer gut gewesen. Schon mit Karl Bernard habe er sich gut verstanden, sagte Michael Hauck am Mittwochabend während eines Festaktes anlässlich seines 85. Geburtstages. Bernard hatte nach dem Krieg zusammen mit Wilhelm Vocke die Bank deutscher Länder geführt und die Währungsunion vorbereitet.

So sagt dieser kleine Satz in Haucks Dankesrede eigentlich schon alles über den Erfahrungsschatz des langjährigen Chefs des Frankfurter Bankhauses, das heute als Hauck & Aufhäuser firmiert. Auch im Publikum im Mozartsaal der Alten Oper war reichlich Finanzplatz-Erfahrung versammelt, der frühere Deutsche Bank-Chef Rolf Breuer etwa, Kurt Viermetz, einst Aufsichtsratsvorsitzender der Deutschen Börse, Bundesbankpräsident a.D. Helmut Schlesinger und der vor wenigen Jahren in den Ruhestand gegangene persönlich haftende Gesellschafter von Hauck & Aufhäuser, Peter Gatti. Die Konkurrenz vom Bankhaus Metzler war durch den persönlich haftenden Gesellschafter Emmerich Müller vertreten. Sie alle lauschten dem sehr wissenschaftlichen Vortrag des ehemaligen Chefvolkswirts der Europäischen Zentralbank Jürgen Stark, den sich Hauck statt einer Konzerteinlage gewünscht hatte. Von Haucks Erfahrung wusste auch der heutige Chef der traditionsreichen Privatbank, Michael Schramm, zu berichten. Noch bevor er seinen Dienst angetreten habe, sei er zu Hauck gegangen, um sich mit ihm zu unterhalten, über den Finanzplatz, das Bankwesen, die Geschichte. Und irgendwann habe er ihm eine Anekdote von Hermann Josef Abs erzählt, dem legendären Vorstandssprecher der Deutschen Bank. „Herr Hauck. Sie haben mich in die Knie gezwungen“, habe der einmal gesagt. Der Grund war, dass ihm die Bilanz des Bankhauses damals aus dem Auto geflogen sei und er sie daraufhin habe einsammeln müssen. So sieht der Rückblick eines Mannes aus, der von 1956 bis 1993 eine Frankfurter Bank geführt hat. „Ich weiß nicht, ob es uns noch einmal gelingen wird, den Chef der Deutschen Bank in die Knie zu zwingen“, sagte Schramm.

Rezension Albert-Hahn-Buch

Im Feuilleton der Frankfurter Allgemeinen Zeitung erschien am 23. Februar 2009 die Kritik des Journalisten Gerald Braunberger über das Buch von Michael Hauck *Albert Hahn – ein verstoßener Sohn Frankfurts, Bankier und Wissenschaftler*:

Das Unwissen über Albert Hahn (1889 bis 1968) begann mit seinem Namen. „L. Albert Hahn“ stand unter zahlreichen Schriften, aber weil niemand wusste, was das „L.“ bedeutete, nahm man irgendwann einfach an, es müsse für „Ludwig“ stehen. Michael Hauck, Frankfurter Privatbankier und Herausgeber eines Buches über Hahn, hat nun das Rätsel gelüftet. „L.“ stand für „Lucien“.

Hahn war ein ungewöhnlicher Mann. Aus einer seit Jahrhunderten in Frankfurt ansässigen Bankiersfamilie stammend, übernahm er die Leitung der Deutschen Effecten- und Wechselbank, die von seiner Familie kontrolliert wurde. Doch fühlte er sich dem Geschäft nicht verbunden, weil ihn die Wissenschaft eher reizte. Innerhalb der Ökonomenzunft blieb Hahn ebenfalls Außenseiter, weil er zwar eine Honorarprofessur erhielt, aber niemals einen ordentlichen Lehrstuhl besaß und mit dem Blick des Praktikers wissenschaftliche Fragen anging. Als

Bankier zu sehr Ökonom, als Ökonom zu sehr Bankier, so nahm er seine Wirkung wahr.

Dabei hatte Hahn einiges zu sagen. Als junger Mann sorgte er mit dem Buch „Volkswirtschaftliche Theorie des Bankkredits“ für Aufsehen, indem er eine Sicherung des Wachstums durch expansive makroökonomische Politik begründete. Das seinerzeit vieldiskutierte Werk machte Hahn zu einem „Keynesianer vor Keynes“, und in mehreren Veröffentlichungen deutete Hahn an, Keynes könnte bei ihm abgeschrieben haben.

Als Keynes im Jahre 1936 seine „General Theory“ veröffentlichte, hatte Hahn längst das Lager gewechselt. Unter dem Einfluss österreichischer Ökonomen wie Ludwig von Mises war er zu einem Antikeynesianer geworden. An dieser Ausrichtung hielt er auch in späteren Schriften fest; seine Ansichten zur Geldpolitik der frühen Nachkriegszeit wurden damals innerhalb der Deutschen Bundesbank sehr beachtet. Hahn war zudem ein sehr erfolgreicher Kapitalanleger, der ein Gespür für erfolgreiches Handeln in der Krise besaß. Nicht zuletzt deshalb ist das Werk zeitgemäß.

Haucks Buch erinnert aber nicht nur an den Bankier und Ökonomen Hahn. Es beschreibt auch den Frankfurter Bürger und das bürgerliche Milieu der Stadt vor dem Zweiten Weltkrieg. Hahn musste wegen seiner jüdischen Herkunft die Heimat, die er liebte, verlassen. Über Kuba kam er nach New York, wo er geschäftlich reüssierte, sich aber nicht wirklich wohl fühlte. Ein paar Jahre nach Kriegsende kehrte Hahn nach Europa zurück. Er selbst hätte sich wohl im zerbombten Frankfurt niedergelassen, aber mit Rücksicht auf die Einwände seiner Frau wählte er Paris als Lebensmittelpunkt mit einer Villa in Südfrankreich als Zweitwohnsitz. Michael Hauck hat Albert Hahn gut gekannt, und er versteht sich ebenso als Frankfurter Bürger. So ist ein einfühlsames Buch entstanden; das über eine untergegangene Epoche der Stadt berichtet und über einen Mann, in dem sich alter Geldadel und Bildungsbürgertum verbanden und dessen Fliege äußeres Zeichen seines Nonkonformismus war. Hahn war Privatbankier, aber kein geldhungriger Banker, und er führte lieber geistreiche Gespräche mit seiner Freundin Marion Gräfin Dönhoff als eine Kreditverhandlung. Haucks Dokumentation, wie er sie nennt, sollte den Beginn einer Wiederentdeckung Albert Hahns einleiten.

Briefe zur geplanten Börsenfusion New York – Frankfurt 2011

Leserbrief von Michael Hauck in der Frankfurter Allgemeinen Zeitung zum Artikel „Die Börse" vom 19. 02. 2011

(veröffentlicht am 26. Februar 2011)

„Glücklich ist, wer vergisst", heißt es in „Die Fledermaus" von Johann Strauß. Dies ist eines der Leitmotive der positiven und unkritischen Kommentare der für die Entscheidungen zuständigen Stellen, die bisher zu hören waren.

Vergessen sind ähnliche positive Kommentare bei den Ankündigungen der Fusionen oder Übernahmen anderer Frankfurter Unternehmen wie z.B. der Hoechst AG, der Metallgesell-schaft, der Degussa, von Hartmann & Braun und so weiter. Heute erinnern an die meisten von diesen Frankfurter Firmen in Frankfurt nur noch leere, zum Teil denkmalgeschützte Gebäude, aber keine Aktivitäten und keine Gewerbesteuereinnahmen.

Vergessen sind auch die früheren Fusionspläne der Deutsche Börse AG. Damals sollte London den Handel in traditionellen Aktien und Frankfurt den Handel in neuen Aktien der New Economy zugewiesen bekommen.

Wenn die Pläne realisiert worden wären, würden heute an der Frankfurter Börse nur noch „Bulle und Bär", die die Frankfurter Wertpapierbörse beim 400 Jahre-Jubiläum im Jahr 1985 stiftete, auf dem Börsenplatz vor dem denkmalgeschützten Börsengebäude (das übrigens der IHK gehört) erinnern. Diese Erinnerungen machen aber ängstlich, vestigia terrent.

Was denken eigentlich die deutschen Anleger, die deutsche Aktien doch wohl nur ungern in New York und nach amerikanischen Gewohnheiten und Methoden kaufen müssen? Was denken die Emittenten, die gegen hohe Gebühren ihre Aktien in Frankfurt zugelassen bekommen haben oder die einen ersten Börsengang planen? Auch sie werden nur ungern mit einer Zulassungsstelle in New York verhandeln.

Werden Anleger und Emittenten sich an ein altes Volkslied erinnern „Es ist ein harter Schluss, dass ich aus Frankfurt muss, drum schlag ich Frankfurt aus dem Sinn und wende mich woanders hin."

Brief an Prof. Dr. Dr. h.c. Uwe H. Schneider, Institut für deutsches und internationales Kreditrecht des Spar-, Giro- und Kreditwesens an der Johannes Gutenberg-Universität Mainz
28. März 2011

„Unvereinbar mit Gesetzesauftrag", FAZ vom 18. März 2011
Sehr geehrter Herr Professor Schneider,
mit großem Interesse las ich in der FAZ vom 18. März 2011 eine Zusammenfassung Ihrer kritischen Stellungnahme zur Börsenfusion Eschborn-New York. Ich habe der FAZ einen Leserbrief gesandt, der das Thema sehr oberflächlich, aber wie ich glaube in gleichem Sinne wie Sie es getan haben, behandelt. Ich lege eine Kopie des Leserbriefes bei, der auch veröffentlicht wurde, allerdings gekürzt.

Sollte es möglich sein, weitere Einzelheiten zu Ihren Thesen zu bekommen, so wäre ich sehr interessiert und sehr dankbar, ebenso für eventuelle Antworten von Seiten der Börse. Allerdings ist meine Erfahrung, dass man bisher auf neue Kritik nicht gerne oder gar nicht eingeht. Vielleicht liegt es daran, dass ich die Ausrichtung der Börse nach der Maximierung der Erträge für die Aktionäre als systemwidrig ansehe und immer noch glaube, dass die Rechtsgrundlage und die richtige Einordnung der Börse auf Dienstleistungen für Anleger und Emittenten beruhen.

Nach meiner 30-jährigen Tätigkeit im Börsenvorstand, die letzten drei Jahre als sein Vorsitzender, die ich nach diesen Grundzügen tätig war, kann ich mich allerdings jetzt im Alter von 83 Jahren nicht mehr umstellen. Meinen letzten Brief an Herrn Francioni schloss ich mit dem Bibelzitat „was nütze es dem Menschen, wenn er die ganze Welt gewönne, doch Schaden nehme an seiner Seele“, das ich auf die Börse angewendet habe. Er hat nie geantwortet.

Freundliche Grüße

Michael Hauck

Briefe und Stellungnahmen zu den Börsenfusionsplänen London – Frankfurt 2016

Leserbrief an die Börsenzeitung zum Artikel: Christian Strenger, „Die Deutsche Börse – allein kann sie es besser!“, Börsenzeitung vom 9. März 2016

9. März 2016

Sehr geehrte Damen und Herren,

dem Artikel ist inhaltlich zuzustimmen. Der Autor berücksichtigt aufgrund seiner Berufserfahrung bei seinen Ausführungen ausgewogen die Interessen von Privatkunden, Kapitalanlagegesellschaften und Banken. Eine vergleichbare Interessenvertretung vieler an der Deutschen Börse interessierter Kreise fehlt bei dem erneuten Fusionsvorschlag mit der Börse in London.

Das erklärt sich meiner Ansicht nach auch dadurch, dass viele der für die Deutsche Börse zu treffenden Entscheidungen von Personen beeinflusst werden, die vom Investment Banking angelsächsischer Prägung geprägt sind.

Bedauerlich, sowohl im Hinblick auf die aktuellen als auch vergangene Fusionsgespräche, ist weiterhin, dass der zur allgemeinen Interessensvertretung eingesetzte Börsenrat der Frankfurter Wertpapierbörse bislang nicht zur diesbezüglichen Meinungsbildung beiträgt.

Ziel der Börse muss eine optimale Vertretung der Interessen aller an der Deutschen Börse aktiven Partien sein. Die ausschließliche Fokussierung auf die Maximierung der Eigentümerinteressen geht bei dieser speziellen Art von Unternehmen ins Leere.

Zu einer Verlegung des Geschäftssitzes der Deutschen Börse von Frankfurt nach London ist auch darauf hinzuweisen, dass die Erfahrungen deutscher Großbanken mit der Konzentration ihrer Investment Banking-Aktivitäten in London aufgrund einer einer Erschwerung von Zusammenarbeit und Kontrolle zumindest als gemischt zu bezeichnen sind.

Daher ist in Summe der Vorschlag des Autors der Fortsetzung der Unabhängigkeit der Frankfurter Börse zu begrüßen.

Michael Hauck

Brief an die Redaktion des Wirtschaftsteiles der FAZ, Frankfurt am Main
18. März 2016

Betreff: Artikel „Finanzplatz ohne Worte", Freitag, 18. März 2016
Sehr geehrte Damen und Herren,
da ich 30 Jahre lang im Börsenvorstand und drei Jahre dessen Vorsitzender war, ist mir das von Ihnen beschriebene allgemeine Schweigen hier in Frankfurt um die geplante Fusion der Frankfurter Börse und der Londoner Börse LSE weder verständlich noch entschuldbar. Ihr Artikel ist eine erfreuliche Ausnahme und ich hoffe auch ein weiterer Anstoß für eine die Frankfurter Interessen vertretende Diskussion. Die Tatsache, dass der für solche Angelegenheiten zuständige Börsenrat sich nicht öffentlich vernehmlich für die Interessen aller an der Frankfurter Börse interessierten Kreise einsetzt, ist für mich besonders schwerwiegend. Dies ist seine vertraglich und gesetzlich vorgeschriebene Aufgabe. Die Väter der heutigen Börsenverfassung haben den Börsenrat quasi als Nachfolger des früheren Börsenvorstandes als Interessensvertreter der mit der Börse in Geschäftsbeziehung stehenden Marktteilnehmer eingesetzt. Das heißt als Vertreter von privaten Kapitalanlagegesellschaften,

Banken, Versicherungsgesellschaften, Pensionsfonds etc. Man sah wohl damals schon die Gefahr, dass die Ausrichtung der Geschäftspolitik der Börse sich lediglich nach der Gewinnoptimierung der Aktiengesellschaft der Börsen AG richten würde und die oben genannten Interessen vernachlässigt würden. Wenn der Börsenrat diese Aufgabe nicht mit allem Nachdruck wahrnimmt, ist die Börse in Gefahr ihrer Aufgabe nicht mehr optimal zu entsprechen.

In Ihrem Artikel „Uns aus Frankfurt zu entfernen wäre ein Fehler" und in dem oben zitiertem Artikel zeigt sich, dass diese Gefahr der einseitigen Berücksichtigung der Gewinnmaximierung der Börse von Bankvertretern, die Sie interviewt haben, akzeptiert wird und dass der Vorstand der Börsen AG die Verfolgung allgemeiner Interessen nicht als Geschäftszweck ansieht. Ansonsten hätte er dies sicherlich in seinem Interview erwähnt und somit die berechtigten Besorgnisse Frankfurter Kreise zur Fusion auszuräumen versucht.

Die Erfahrungen von Paris, Amsterdam und Brüssel mit Verlegung des Börsensitzes sind für die alten Standorte sehr negativ und sollten eine Lehre abgeben. Dasselbe gilt auch für die Erfahrungen der Deutschen Bank mit Entscheidungen in die Hände von in London ansässigen Verantwortlichen. Damit verbunden war auch ein Kontrollverlust.

Vestigia terrent

Mit freundlichen Grüßen

Michael Hauck

Brief an Michael Balk, Ressortleiter Wirtschaft, Frankfurter Neue Presse, Frankfurt am Main

14. April 2016

Sehr geehrter Herr Balk,

mit großem Interesse las ich Ihren Artikel „Sitz London wird zum Stolperstein" und das Interview mit Christian Strenger in der FNP vom 9. April 2016. Ich habe die berufliche Karriere von Herrn Strenger verfolgen können und weiß, dass er Kenntnisse auf sehr breiter

Basis erworben hat und insofern auch eine weiten Kreis von am Börsengeschehen Interessierten meinungsmäßig vertreten kann.

Die zur Zeit geltende Verfassung der Börse sieht als Interessenvertreter für alle im/am Börsengeschäft vertretenen Interessenten eine Vertretung durch den sog. Börsenrat vor. Soweit ich sehe, hat der Börsenrat zur Zeit der aktuellen Verhandlungen mit London als auch bei den Fusionsgesprächen mit New York bei seiner gesetzlichen Aufgabe versagt. Jedenfalls habe ich keinerlei Stellungnahmen von dieser Seite gehört. Das ist aber typisch für die Überlegung zur Fusion mit London, dass der Börsenrat ersatzlos fortfallen wird – jedenfalls ist in den Medien noch nie davon gesprochen worden.

Der Börsenrat ist quasi eine Fortsetzung des früheren Börsenvorstands, dem ich 30 Jahre angehört habe, davon 3 Jahre als Vorsitzender.

Mit freundlichen Grüßen

Michael Hauck

Brief an Prof. Dr. Dr. h.c. Uwe H. Schneider, Institut für deutsches und internationales Recht des Spar-, Giro- und Kreditwesens an der Johannes Gutenberg-Universität Mainz

14. April 2016

Sehr geehrter Herr Professor Schneider,

mit großem Interesse las ich Ihren Artikel „Von Börsenfusion droht Unglück“ in der FAZ vom 13. April 2016

Ich stimme weitgehend mit Ihnen überein und habe mich in diesem Sinne auch in einem Brief an den hessischen Wirtschaftsminister geäußert. Zwei Leserbriefe an die FAZ und an die Börsen-Zeitung lege ich in Kopie bei, sie sind nicht veröffentlicht worden. Ich habe immer wieder auf Folgendes hingewiesen:

Die Väter des heutigen Börsengesetzes bzw. der heutigen rechtlichen Verfassung der Frankfurter Börse haben sehr wohl gesehen, dass die Interessen aller an der Börse interessierten Kreise mit gleichem Gewicht zu vertreten sind und nicht allein das Interesse der Deutsche Börse und ihre Aktionäre unbedingtes „Vorfahrtsrecht" haben. Dies habe ich auch als Angabe des Börsenvorstands angesehen, dem ich 30 Jahre lang angehörte, davon 3 Jahre als Vorsitzender. Die Aufgaben der Vertretung aller Interessenten hat in der neuen Verfassung der Börsenrat übernommen. Leider ist der Börsenrat meines Wissens auch bei den Fusionsverhandlungen mit New York nicht in Erscheinung getreten und hat damit seine ihm gesetzlich aufgetragene Aufgabe nicht erfüllt. Das kann damit zusammenhängen, dass der Vorsitz des Börsenrats bei einem Mitglied der internationalen Kapitalmarktinteressenten liegt.

Jedenfalls habe ich keinerlei Stellungnahmen von dieser Seite gehört. Das ist aber typisch für die Überlegung zur Fusion mit London, dass der Börsenrat ersatzlos fortfallen wird – jedenfalls ist in den Medien noch nie davon gesprochen worden.

Die von Ihnen aufgeführten Interessen, die bei einer Fusion mit London ins Hintertreffen geraten würden, müssten vom Börsenrat vertreten werden. Auf diese Lücke hinzuweisen, möchte ich immer wieder anregen.

Vielleicht könnten Sie auch einmal von Ihrer Warte aus die rechtliche Seite eingehend beleuchten.

Ich hoffe sehr, dass unsere Bemühungen Erfolg haben werden und bin mit freundlichen Grüßen

Michael Hauck

Brief an Prof. Dr. Dr. h.c. Uwe H. Schneider, Institut für deutsches und internationales Recht des Spar-, Giro- und Kreditwesens an der Johannes Gutenberg-Universität Mainz

29. April 2016

Sehr geehrter Herr Professor Schneider,

vielen Dank für Ihren Antwortbrief vom 25. April. Ich erlaube mir, nochmals auf unser Thema Börsenfusion zurückzukommen. Ich habe mir überlegt, warum so viele Institutionen in Frankfurt, die Interesse daran haben müssten, dass die Souveranität der Börse in Frankfurt bestehen bleibt, sich gar nicht oder nicht zugunsten der Börse geäußert haben. Aufschluss gibt vielleicht ein Blick auf die personelle Besetzung des Börsenrats und des Bankenausschusses der IHK Frankfurt sowie anderer Gremien.

Es zeigt sich, dass viele Posten besetzt sind mit Mitgliedern von Institutionen des Investmentbankings. Ich wiederhole mich vielleicht, aber dies scheint mir wichtig und noch wenig in das öffentliche Bewusstsein geraten zu sein. Herr Raettig war außerdem auch als Mitglied des Magistrats und in der CDU für Fragen der Börsenfusion zuständig – jedenfalls galt das für die Zeit der Fusionsgespräche mit New York.

Erfreulich finde ich die Stellungnahme Ihres Frankfurter Kollegen Jan Pieter Krahnen vom Frankfurter Center for Financial Studies, wobei ich unbescheiden anmerken darf, dass ich seinerzeit das Vorgänger-Institut für Kapitalmarktforschung mit anderen zusammen gegründet habe.

Mit Ihrem Institut war ich vor Jahren in Verbindung und habe in einem Seminar mitgewirkt, es war ein interessantes Gespräch und wenn ich mich recht entsinne, war eines der Hauptthemen der Interessenkonflikte bei Banken. Insofern ist unser Briefwechsel eine Fortsetzung früherer Verbindungen.

Mit freundlichen Grüßen
Michael Hauck

Nachtrag zu den Börsenfusionsplänen London – Frankfurt, 13. Mai 2016

In Ergänzung zu meinen Kommentaren zur Fusion der Börsen London und Frankfurt möchte ich noch Folgendes ausführen:

Ich habe auf die Besonderheiten des in Frankfurt bestehenden Börsenrates hingewiesen. Er ist nicht ein beratendes Gremium wie bei vielen börsennotierten Gesellschaften, sondern ein Träger unternehmerischer Aufgaben. Eine Hauptfunktion ist, die Interessen aller am

Börsengeschäft interessierten Kreisen zu vertreten. Ob der Börsenrat bisher diese Aufgabe so erfüllt hat wie es die Väter der heutigen Börsenverfassung vorgesehen haben, bezweifle ich. Jedenfalls hat er sich öffentlich – wie seinerzeit z.B. bei der Fusion New York – nicht geäußert. Soweit ich es aus den Veröffentlichungen der neuen Fusionspläne beurteilen kann, wird der Börsenrat für Frankfurt unverändert in Amt und Würden belassen. D.h. dass für die Festlegung von Gebühren und sonstigen Konditionen in Frankfurt weiterhin der Börsenrat zuständig sein wird und für London der Londoner Aufsichtsrat oder der Aufsichtsrat der Holding. Der Börsenrat hat sich nach den Interessen aller Börsenteilnehmer, das für London zuständige Gremium dagegen nach der Optimierung der Gewinne der gemeinsamen Gesellschaft zu richten. Das muss zu Problemen führen, die eine Geschäftsführung der gemeinsamen Gesellschaften nach unterschiedlichen Grundsätzen schwer denkbar macht. Vielleicht argumentieren die Befürworter der Fusion, dass diese Genehmigung implicite wenn auch nicht expressis verbis die Genehmigung zur Änderung der Frankfurter Börsenordnung enthält. Dass das ein Problem wird, ist wahrscheinlich, wenn auch nicht darüber gesprochen wird.

gez. *Michael Hauck*

Leserbrief von Michael Hauck zum Artikel „Vorteile der Börsenfusion", FAZ vom 1. Juni 2016
(veröffentlicht am 6. Juni 2016)

Seit Bestehen des Deutschen Aktieninstituts habe ich dessen Veröffentlichungen mit Interesse und meistens auch mit Zustimmung gelesen. Dem Artikel „Vorteile der Börsenfusion" von Christine Bortenschläger möchte ich widersprechen. Ich finde die Argumente der Autorin nicht überzeugend, insbesondere nicht im Hinblick auf frühere Veröffentlichungen des Instituts. Darin wurde immer darauf hingewiesen, dass Deutschland immer noch ein Entwicklungsland in Sachen Aktie ist. Eine Börse sollte aber ein Dienstleistungsunternehmen der Finanzwirtschaft und auch der realen Wirtschaft sowie der großen und kleinen Kapitalanleger sein und bleiben.

Die Fusion würde aber m.E. eine Börse nach Londoner oder amerikanischem Muster für Deutschland durchsetzen. Das würde aber dem Zustand unserer Aktienkultur, wie sie auch vom Deutschen Aktieninstitut immer wieder aufgezeigt wird, nicht entsprechen. Wir brauchen andere Instrumente. Ich glaube, dass entsprechende Artikel auch in der französischen Presse vor der Fusion mit der New Yorker Börse zu finden waren. Die Folgen sind ausgesprochen negativ gewesen, wie hinlänglich bekannt, und führten auch wieder zu einer Scheidung. Diese Spuren sollten auch für Frankfurt erschreckend sein und hätten nicht zu der positiven Empfehlung des Aktieninstituts führen dürfen.

Ein anderer Punkt, den ich für wichtig halte: die Institution des Börsenrats, wie sie in Frankfurt besteht, wird nicht erwähnt. Der Börsenrat soll garantieren, dass die Börse nicht eine maximale Gewinnorientierung für die Aktionäre als Ziel ihrer Politik akzeptiert, sondern das Gemeinwohl aller an der Börse interessierten Kreise. Der Börsenrat soll dies garantieren. Dass das mit keinem Wort erwähnt wird, ist für mich ein weiteres Signal, diese Fusion abzulehnen.

Leserbrief von Michael Hauck an die Wirtschaftswoche zum Artikel „Desaster für den Finanzplatz" vom 10. Juni 2016
(erschienen am 17. Juni 2016)

30 Jahre Tätigkeit im Vorstand der Frankfurter Wertpapierbörse und davon 3 Jahre als ihr Vorsitzender geben mir Anlass, zu dem Thema Fusion der Deutsche Börse AG Frankfurt mit der London Stock Exchange Stellung zu nehmen. Den Ausführungen von Herrn Prof. Uwe H. Schneider im o.g. Artikel stimme ich voll zu und möchte sie noch kurz ergänzen. Der frühere Börsenvorstand hatte als Aufgabe, die Interessen aller Börsenteilnehmer zu vertreten und so waren neben den Börsen und Banken auch die Makler, die Anleger (Versicherungen und Investmentfonds) und auch sonstige Anleger (durch Prof. Stützle z.B.)

vertreten. Diese Aufgaben kamen in der Börsenreform durch Gesetz und Satzung dem Börsenrat zu, dem auch die so wichtigen Aufgaben wie die Festlegung der Gebührenordnung zugeordnet sind. Ob er diese Aufgaben in der Vergangenheit voll erfüllt hat, steht hier nicht zur Diskussion. Bei den Fusionsverhandlungen mit New York jedenfalls ist keine Meinungsbildung von seiner Seite bekannt geworden. Auch im jetzigen Verfahren ist der Börsenrat nach außen stumm geblieben. In dem, was man aus der Presse von den Befürwortern der Fusion mit London kennt, ist aber für seine Funktion als Vertreter allgemeiner öffentlicher und privater Interessen kein Platz vorgesehen.

Die Festlegung der Gremienstruktur nach allgemeinen Interessen z.B. passt auch nicht in das Konzept, das ja nach Maximierung der Gewinne der neuen Holding ausgerichtet ist. Der Frankfurter Börsenrat müsste sich m.E. dagegen wehren und genau so auch der hessische Wirtschaftsminister.

Dies soll die Ausführungen von Prof. Schneider ergänzen. Wenn die Aufgabe des Börsenrats und die der Börsenaufsicht aufgegeben werden, so wäre die Fusion keine Reform, keine Revolte, sondern eine Revolution.

Brief an das Handelsblatt, Redaktion Unternehmen & Märkte, Frankfurt am Main

22. Juni 2016, per E-Mail

Betreff: Gastkommentar von Michael Eilfort, Handelsblatt vom 14. Juni 2016

Sehr geehrte Damen und Herren,

in seinem Gastkommentar behauptet Michael Eilfort, die Fusion Frankfurt / London sei unabdingbar. Genauso kann man behaupten, das Ende Frankfurts als unabhängiges Zentrum für den deutschen Kapitalmarkt sei unabdingbar verbunden mit der Fusion und einer zukünftigen Vorherrschaft von London. Beide Behauptungen stehen gegeneinander und sind – da sie mit der Zukunft zu tun haben – unsicher.

Falsch ist sicherlich die Sicherheit, mit der der Autor von einer „neuen Chance“ spricht. Mit Recht weist er in dem Gastkommentar auf die verschiedene Struktur des Kapitalmarkts in Großbritannien und Deutschland hin. Bekannt sind z.B. die unterschiedlichen Zahlen betr. einer breiten Verteilung des Aktienvermögens. Deutschland ist in dieser Hinsicht Entwicklungsland. Ähnliches gilt in Bezug auf institutionelle Altersvorsorge durch Pensionsfonds. Bei so großen Unterschieden kann die Börse, die ja ein Dienstleister für den Kapitalmarkt sein soll, nicht die gleichen Strukturen aufweisen.

Zu bedenken ist auch der bereits jetzt hohe Anteil des Auslands an den deutschen Aktiengesellschaften. Ich sehe hier einen Grund für Probleme der deutschen Wirtschaft in Zukunft. Eine Fusion würde wahrscheinlich den Anteil des Auslands am deutschen Aktienvermögen noch erhöhen.

Bei der Reform des deutschen Börsenwesens 1992 durch Errichtung der Deutsche Börse AG hat man diese Probleme gesehen und sich sowohl auf die Aufsichtsfunktion des hessischen Wirtschaftsministers wie auch durch die Einrichtung des Börsenrats verlassen. Die Aufgabe des Börsenrats ist es, die Interessen aller Börsenteilnehmer zu vertreten. Immerhin obliegt dem Börsenrat die Festlegung der Gebührenordnung. Im Falle der Fusion würde das allgemeine Interesse an der Börse institutionell nicht mehr vertreten werden, sondern die Tätigkeit der Deutschen Börse AG sich nur nach Optimierung ihrer Gewinne richten.

Soweit ich sehe, ist also diese Funktion der Ausgeglichenheit der Interessen in den Fusionsverhandlungen nicht mehr berücksichtigt, was m.E. sehr bedenklich ist und ein ganz starkes Argument gegen die Fusion.

Mit freundlichen Grüßen

Michael Hauck

Apologie eines Börsianers

Brief von Michael Hauck an einen „Freund"

Frankfurt, 29. Juli 2016

Lieber Freund,

vor einiger Zeit hast Du Dich in einem Gespräch über die Frankfurter Börse und ihre Entwicklung nach dem Krieg kritisch über den organisatorischen und technischen Zustand der Frankfurter Börse geäußert, als Du damals den Vorsitz übernahmst. Da ich zu Deinen Vorgängern als Vorsitzender des Börsenvorstands gehörte, habe ich sehr genau zugehört (als man mir das Interview vorgelesen hat), aber nicht sofort geantwortet. Ich möchte Dir nun heute meine Ansicht und Erfahrung zu der Entwicklung der Börse schildern und Du siehst daraus, dass ich Dir in manchem nicht zustimme und versuche, Dir meine und die Zeit von Karl-Oskar Koenigs, Ferdinand von Galen, Albert von Metzler und Hans Heinrich Hauck und eventuelle Unterlassungen in ihrer Zeit als Vorsitzende des Vorstands in mir wichtigen Teilen darzustellen.

Die Hauptquelle der Erträge und daher die wichtigsten Tätigkeitsfelder der FWB/Deutsche Börse sind m.W. die Verwaltung und Verwahrung von Wertpapieren, früher vom Kassenverein durchgeführt. Weiterhin sind wichtig das Options- und Termingeschäft, das ja seit ca. 20 Jahren von der Eurex abgewickelt wird, sowie Kursfeststellung und Verlusthochrechnung zwischen Käufer und Verkäufer. Diese Geschäftsbereiche haben eine unterschiedliche Entwicklung gehabt und können nicht in einer allgemeinen Beurteilung abgehandelt werden.

In Vergleich mit England haben wir beide schon damals bei unserem Aufenthalt in London gesehen, dass wir in Deutschland mit dem Kassenverein organisatorisch fortgeschrittener waren als man in London war, d.h. also, dass Deine Kritik für das Kassenvereinsgeschäft nicht zutrifft. Übrigens sind die für den Kassenverein verantwortlichen Persönlichkeiten oft die gleichen, die auch für die Börse zuständig waren, so z.B. Hans Heinrich Hauck und sehr viel später Dr. Breuer und – in aller Bescheidenheit – ich selbst.

Die Tätigkeiten der Börse als Vermittler zwischen Verkäufer und Käufer und die Feststellung der dabei getätigten Kurse war weniger gut organisiert als der Kassenverein, die Arbeitsteilung zwischen Banken und Maklern hatte Nachteile, aber ich denke auch verschiedene Vorteile, die mit der späteren Umorganisierung nicht mehr greifen. Die Organisation der Börse war in dieser Beziehung – und da stimme ich der Kritik durchaus zu – nicht zukunftsorientiert. Allerdings muss man auch sehen, dass das Computerwesen lange noch nicht so fortgeschritten war wie in späteren Jahren, was ja dann zur Umorganisation führte.

Meine Erfahrungen beginnen 1956 in Deutschland nach den üblichen Aufenthalten in USA, England und Frankreich. Dort habe ich einiges von Anlageberatung gesehen und lernte die Spezialisten des Aktienwesens kennen und das führte später zu der engen Kooperation auf dem Gebiet der Aktienanalyse. 1960 gründete ich mit ein paar anderen deutschen Fachleitern die DVFA, zu deren Ehrenmitglied ich bei ihrem 50-jährigen Jubiläum vor ein paar Jahren wurde.

Ich hatte vom Zustand der deutschen Aktienkultur keinen guten Eindruck gewinnen können. Die NS-Zeit und der verlorene Krieg hatten das, was früher wohl in Deutschland existierte, völlig oder fast völlig zerstört. Es gab keine systematische Beratung, keine Analyse.

Einige Beispiele: Banken und Berater berechneten die Rendite der Aktien durch Addition von Dividenden und Bezugsrechtserlösen. Daher bevorzugte man niedrige Bezugskurse. Die GuV-Rechnung von vielen deutschen Aktiengesellschaften zeigte einen Betrag in Höhe der vorzulegenden Dividende und oft zuerst nichts oder maximal einen geringen Betrag als Rücklagenbildung. Der Begriff price/earnings war absolut unbekannt. Der Vorwurf der fehlenden Aktienkultur gilt nicht in erster Linie den Banken, sondern den Aktiengesellschaften, der Verwaltung, dem Gesetzgeber, den Universitäten und den Gerichten.

Ein Beispiel aus der Gerichtsakte über die Abfindung von Aktionären durch den Großaktionär: Es ging um die Abfindung von Knorr-Aktien. Das Gericht setzte als Abfindungskurs 800 Prozent fest und begründet dies u.a. damit, dass der Kurs den vom Senat ermittelten Durchschnittskurs der Branche um 130 Prozent übersteige und damit auch dem hohen Wert des Knorr-Konzerns gerecht werde. Dabei wurde die sehr starke Schweizer Tochter nur mit einem Einzelposten in der Bilanz und der GuV erwähnt und vom Gericht überhaupt nicht berücksichtigt.

Ein anderes Beispiel: In der HV der Hoechst AG sagte der Vorstandsvorsitzende in einer Diskussion:

Wir gewähren unseren Aktionären eine doch sehr gute Dividende und ein gutes Bezugsrecht.

Ich war unklug genug, dem öffentlich zu widersprechen in Bezug auf die Formulierung „wir gewähren". Ich glaube nicht, dass ich verstanden wurde und dass mein Beitrag von Professor Winnacker besonders positiv aufgenommen wurde.

Die für den Markt heute so wichtige Funktion der Investmentfonds begann in meiner Zeit bei Null. In einem längeren Artikel in der ZfgKw habe ich mich gegen die frühzeitig entstandene Konkurrenz der Fonds durch Ausschüttung von sog. Kursgewinnen äußern müssen. Die Universitäten haben sich mit dem Aktienwesen überhaupt nicht befasst. Daraufhin habe ich mich beteiligt an der Gründung des Instituts für Kapitalmarktforschung (dem heutigen Center for Financial Studies), das später unter der Leitung von Dr. Breuer eine gewichtige Bedeutung gewonnen hat.

Alles dies zeigt den Zustand des Aktienwesens in den Jahren 1960–1970. Dies ist der Hintergrund, vor dem die Organisation der Börse zu überarbeiten ist. Die Börse dient dem Aktienwesen und erfüllt dessen Anforderungen. Damit aber mochte ich zeigen, dass die Börse damals ausreichend modern ausgerüstet und richtig organisiert war. Dies gilt m.E. auch weiterhin. Die Aktienkultur wurde seit 1968 entwickelt durch die Aktienrechtsreform 1992, durch die Empfehlung von Compliance und anderen Maßnahmen. Gleichzeitig wurde die technische terminliche Abwicklung der Kursfeststellung und der Abwicklung der Geschäfte laufend verbessert. Von der Anschreibung von Kursen mit Kurven auf Tafeln mit Kreide ging man über zur elektronischen Darstellung der Kurse auf gut sichtbaren Anzeigetafeln, um nur ein Beispiel zu nennen.

Das war damals der technische Stand der Zeit, der Einsatz von Computern wie heute ist noch nicht möglich gewesen, schlicht weil diese noch nicht „,erfunden" waren und die großen Hersteller wie IBM und Siemens bis Anfang der 90er-Jahre keine Rechner liefern konnten, die für die komplizierte und voluminöse Aufgabe ausreichend Kapazität hatten (Anmerkung: das habe ich nachschlagen lassen).

Ich wiederhole, dass heute das Verwahrgeschäft nach mir vorliegenden Informationen die stärkste Ertragsquelle ist und wohl auch die nachhaltigste. Auch hier kann der Vorwurf der Rückständigkeit nicht uneingeschränkt gelten. Als ich in den Börsenvorstand 1959 (ab Januar 1986 Vorsitzender des Vorstands) eintrat, war das Termingeschäft noch verboten. Erst ungefähr 1970 waren die ersten Optionsgeschäfte wieder möglich. Ich regte im Börsenvorstand an, einen Ausschuss für die Einführung (der Optionsgeschäfte an der Frankfurter Börse) zu gründen, um das Geschäft wieder aufzunehmen. Ich wurde mit dem Vorsitz betraut und von den an diesem Geschäft interessierten Mitgliedern verschiedener Banken bei der Arbeit unterstützt, sodass das Optionsgeschäft 1973 wieder an der Börse aufgenommen werden konnte. Allerdings stieß dies auch auf Ablehnung. So sagte mir Dr. Feith/Vorstand Deutsche Bank und Vizepräsident der Börse, er habe geglaubt, ich sei als Privatbankier in seinen Augen bisher doch ein seriöser Mann gewesen. Das Geschäft mit Optionen wurde zu Beginn nur bei 100 Prozent Deckung erlaubt. Das ist ein Zustand gewesen, der zu Kritik Anlass gegeben hätte, wenn nicht Herr Dr. Breuer als Nachfolger von Herrn Dr. Feith zuständig für das Wertpapiergeschäft der Deutsche Bank geworden wäre und die Organisation dieses neuen Geschäftszweigs in die Hand genommen hätte, nachdem ich die Aufgabe nach Übernahme des Vorsitzes im Börsenvorstand übernommen hatte und den Vorsitz im Optionsausschuss abgegeben hatte. Er gründete die DTB Deutsche Terminbörse, später EUREX, die eine großzügige Organisation des Options- und Termingeschäfts samt einer modernen technischen Ausstattung in Angriff nahm.

Dabei möchte ich allerdings kritisch anmerken, dass manche Entwicklungen für eine sinnvolle und ihren Aufgaben gerecht werdende Anlagepolitik übertrieben sind und nicht als förderungswürdig angesehen werden müssen. Die sehr gut organisierte Abwicklung verführt zu einer zu starken Spekulation als Anlagemittel. Die doch noch entwicklungsbedürftige Aktienkultur in Deutschland wird dadurch nicht gefördert. Damit sehe ich mich plötzlich in der Rolle von Dr. Feith.

Lass mich wiederholen, dass Organisation und technische Ausrüstung der Frankfurter Börse bis in die 80er-Jahre hinein ausreichten für angemessene Dienstleistungsprogramme, die die bis dahin entwickelte und wiederaufgebaute Aktien- und Rentenkultur anbieten konnte.

Für eine zukunftsweisende Ausrichtung allerdings war das nicht ausreichend und hier kann die Kritik einsetzen. Das wurde mit der Börsenreform 1992 bei der Gründung und der Übernahme der Börsengeschäfte durch die Deutsche Börse AG nachgeholt und zum Teil „überholt". Die für das Geschäft neue Konstruktion ging etwas zu weit, was ich mit „überholt" unterstreichen wollte. Heute tätigt die Börse in der Tat weitgehend Spekulationsgeschäfte, die dazu führen, dass das

Börsengeschäft heute wieder einen schlechten Ruf erworben hat, sie sei ein Spielcasino und die Teilnehmer Spieler. Im Deutschen kann das Wort „Spieler" den Violinspieler und den Zocker meinen, im Englischen wird dagegen streng unterschieden zwischen „player" und „gambler". Erlaubt sei auch die Frage, was nützt es dem normalen Anleger, wenn er Abrechnungen in Sekundenbruchteilen erhält? Ist das ein Fortschritt für die Aktienkultur oder nützt es nur einigen wenigen Anlegern? Was dann gegen das Gesetz der Gleichbehandlung aller Anleger verstoßen würde.

Dies ist die erste Fehlentwicklung. Noch nachteiliger ist, dass die Aktien der Deutsche Börse AG ohne jede Bildung einer Kern-Aktionsgruppe bei den früheren Börsenmitgliedern verteilt wurden. Die aktuelle Kursentwicklung der Deutsche Börse AG führt denn auch dazu, dass heute die Mehrheit der Aktionäre Anleger sind, deren Interesse nur bei der Gewinnentwicklung der AG liegen und nicht im Interesse des Aktienwesens und der Allgemeinheit.

Der dritte Fehler war, dass der Börsenrat zwar zur Wahrung der Allgemeininteressen etabliert wurde, dass er aber nicht zur Öffentlichkeitsarbeit verpflichtet worden ist. Ob und warum der Börsenrat in den letzten Jahren und besonders auch bei den Fusionsverhandlungen tätig wurde und die Interessen von Kleinanlegern vertrat, ist weitgehend unbekannt.

Dabei wäre z.B. bei den Verhandlungen London/Frankfurt die Vertretung aller Börsenteilnehmer dringend nötig, da vorher die Deutsche Börse AG nur die Interessen der AG vertrat, was ja auch andersherum zu erwarten war. Dass die Interessenvertretung aller Börsenteilnehmer lediglich in den Händen des politisch denkenden Ministers liegt, ist – auch für ihn selbst – keine gute Lösung und ist seinerzeit bei der Reform bedacht worden durch die Einsetzung des Börsenrats.

Ich glaube nicht, dass dem interessierten Käufer von Deutsche Börse AG Aktien klar ist, dass diese AG nicht nur ihre eigene Gewinnoptimierung anzustreben hat und dass z.B. der Börsenrat die Gebührenstruktur festzulegen hat.

Ich denke, dass die Arbeit an den nun neu entstehenden Problemen für die Zukunft wichtiger ist als die Kritik an früheren Zustanden.

Was man lernen kann, ist, wie so oft und wie auch auf anderen Gebieten, dass man auf positive Kritik hören sollte im Sinne des lateinischen Sprichworts: quidquid agis prudenter agas et respice finem.

Honi soit qui mal y pense.

Beste Grüße

Dieser Brief wurde vom Empfänger selbst nicht beantwortet.

Briefwechsel mit Max Hollein

Brief an Max Hollein, Direktor des Städel-Museums, Frankfurt am Main
10. Januar 2014

Lieber Herr Hollein,
zuerst möchte ich Ihnen und den von Ihnen geleiteten Institutionen meine besten Wünsche für 2014 ausdrücken.
Dann möchte ich erklären, warum ich meine Präsenz im Städel, zum Beispiel bei Ausstellungseröffnungen, so stark einschränken muss. Nach einem Schlaganfall vor fast sechs Jahren sind meine Mobilität und auch die Ausdauer stark eingeschränkt, zudem ist mein Hören und Sehen stark beeinträchtigt. Ich sehe von Bildern kaum noch etwas, ebenso wie ja auch meine Schwester Gabriele Busch. So kann ich Ihre vielen großen Erfolge wie den Gartensaal und jetzt die Dürer-Ausstellung selten oder gar nicht miterleben. Mit einer meiner Pflegerinnen war ich jetzt für eine Stunde in der Dürer-Ausstellung.

Beim Weg in die Ausstellungsräume sah ich zum ersten Mal das wiederentdeckte Bild „Der heilige Hieronymus" von Jean-Léon Gérôme. Die Beschriftung konnte ich nur oberflächlich lesen. Darf ich Sie bitten, den Text abschreiben zu lassen und mir zu schicken. Vielleicht kann ich ggf. bei einer Korrektur behilflich sein. Mit dem Stiften von Bildern hat man offensichtlich kein Glück. Der Burger ist seit Jahrzehnten im Keller, der Gérôme war im Keller und in der Buchhaltung verloren gelegen.

Ein Vetter, der nicht in Frankfurt lebt, und der wie ich ein Enkel von Otto Hauck ist, wusste gar nichts von dem Fund und der Rehabilitierung des gestifteten Bildes. Vielleicht kann der zuständige Leiter der Abteilung gelegentlich den Enkeln von Otto Hauck die Geschichte berichten. Ich gebe gerne die Adressen aller weiteren noch lebenden Enkel bekannt.

Mit nochmaligen Wünschen und besten Grüßen
bin ich
Ihr

Brief von Max Hollein, Direktor des Städel-Museums, Frankfurt am Main
30. Januar 2014

Sehr geehrter Herr Hauck,
herzlichen Dank für lhren Brief vom 10. Januar. Sehr gerne nehme ich die Gelegenheit wahr, um Ihnen ebenfalls meine besten Wünsche für 2014 zu übermitteln.

Es freut mich sehr zu hören, dass Sie vor wenigen Wochen das Städel Museum für die Dürer-Ausstellung besucht und dabei auch Jean-Léon Gérôme Heiligen Hieronymus betrachtet haben. Ein wunderbares Gemälde, das unseren Bestand an hochkarätiger französischer Malerei exzellent ergänzt.

Wie von Ihnen gewünscht, schicke ich Ihnen anbei den Text zu dem Bild sowie die Kopie eines Aufsatzes, den der Kurator und Sammlungsleiter der Moderne, Dr. Felix Kramer, im Burlington Magazine hierzu veröffentlicht hat. Im Zusammenhang mit der Neupräsentation des Gemäldes hatten wir Kathrin Succow über den Fund und die erfolgten Restaurierungsmaßnahmen informiert. Falls Sie oder andere Familienmitglieder gerne mehr Auskünfte über dieses wunderbare Werk haben möchten, dann ist Herr Kramer sehr gerne bereit, Ihnen im Städel von der Geschichte des Gemäldes und seiner Wiederentdeckung zu berichten.

Mit freundlichen Grüßen
lhr
Max Hollein
Direktor

Brief an Max Hollein, Direktor des Städel-Museums, Frankfurt am Main
1. Februar 2014

Lieber Herr Hollein,
haben Sie vielen Dank für Ihren Brief vom 30. Januar und die interessanten Anlagen. Ich werde sie an die Vettern und Kusinen, die Nachkommen von Otto Hauck sind, in Kopie weiterleiten.

Für mich ist noch offen und zu klären, ob die Schenkung von Otto Hauck stammt oder von seinen Erben, d.h. meinem Vater und dessen drei Schwestern. Otto Hauck starb 1934, sodass der Text „Geschenk von Otto Hauck 1935“ unter dem Bild nicht ganz richtig ist. Für mich wäre bis auf Weiteres „Aus dem Nachlass von Otto Hauck“ richtig. Aber das ist sowieso nicht so wichtig wie die Tatsache, dass das Bild 1935 geschenkt wurde. Der Schwiegervater von Otto Hauck, Stadtrat Albert von Metzler, war längere Zeit als Bankier in Paris tätig und kam 1871 nach Frankfurt zurück. Vielleicht ist das Bild von ihm gekauft und nach Frankfurt gebracht worden. Darüber aber gibt es keine Beweise.

Mit freundlichen Grüßen

Brief an einen neuen Museumsdirektor
Diesen Brief habe ich 2016 einem neuen Museumsdirektor geschickt; veröffentlicht wird er hier in etwas abgewandelter Form.

Sehr geehrter Herr,
Sie werden sich in der nächsten Zeit sicherlich in vielen Veranstaltungen vorstellen. Leider bin ich mit fast 90 Jahren und nach einem Schlaganfall und wegen meiner sehr schlechten Augen und meiner Schwerhörigkeit nicht in der Lage, an Veranstaltungen mit vielen Menschen teilzunehmen. Dabei fühle ich mich dem Museum, dessen Leitung Sie nun übernehmen, seit Jahrzehnten sehr verbunden. Ich muss Ihnen daher schreiben, da ich Sie zu Beginn Ihrer Arbeit nicht mit persönlichen Din-

gen beschäftigen will und da ich auch langfristig doch auf eine persönliche Begegnung hoffe, nachdem ich mit vielen Ihrer Vorgänger einen engen Kontakt pflegte. Aus dieser Zeit stammt bei mir auch eine kritische Einstellung zu dem „Bilder-Tourismus", den die vielen Ausstellungen verursachen. Ich sehe darin einen gewissen Konsum, den wir uns jetzt zu Lasten der Zukunft leisten. Irgendwann wird einmal ein großes Bild mit einem Flugzeug im Pazifik oder anderswo zugrunde gehen. So flog der Holbein des Landgrafen von Hessen zur Westküste von Amerika zur Ausstellung. Was wäre alles geschrieben worden, wenn ....

Das Thema hat mich bei Ihren erwähnten Vorgängern als Spielverderber erscheinen lassen, denn die Ausstellungen Ihres Museums waren – und sind – ja in der Tat international anerkannt.

Ich wünsche Ihnen für Ihre großen Aufgaben viel Erfolg und auch gute Kontakte mit der Stadt und ihren Bürgern, was ja auch zum Erfolg notwendig ist. Und privat ein schnelles Einleben und Geschmack an dieser interessanten Stadt und ihren Museen.

(Mein Begrüßungsbrief blieb bis zur Drucklegung unbeantwortet.)

Michael Hauck feiert 80. Geburtstag

Einer „jener Bankiers, deren Rat stets gesucht war"
Aus: Online-Gesellschaftsmagazin „Frankfurt live" am 21. April 2007

Michael Hauck, Ehrenvorsitzender von Hauck & Aufhäuser Privatbankiers, vollendet am 22. April 2007 sein 80. Lebensjahr. Der 1927 in Frankfurt geborene Nachfahre der Gründerfamilie des Bankhauses trat 1956 als aktiver Partner in der sechsten Generation in das 1796 gegründete vormalige Bankhaus Georg Hauck & Sohn in Frankfurt am Main ein. 38 Jahre lang führte er die Bank als persönlich haftender Gesellschafter gemeinsam mit den Mitgesellschaftern August Oswalt, Kurt und Frank Heide, Reinhard C. Schroeder sowie Axel Schütz sehr erfolgreich.

1993 wechselte der Bankier von der aktiven Tätigkeit in den Aufsichtsrat und den Aktionärsausschuss, bevor er sich 1997 gänzlich aus dem Geschäft zurückzog. Es ist unter anderem auf Michael Haucks Wirken zurückzuführen, dass das renommierte Bankhaus heute noch zu den unabhängigen Privatbanken gehört.

Die Stationen seiner beruflichen Laufbahn waren Banklehre in Hamburg, Ausbildung bei einem Wirtschaftsprüfer und Studium der Wirtschaftswissenschaften sowie Tätigkeiten in New York, London und Paris. Über seine internationalen Kontakte gründete und betrieb er 1959 mit Banken in Paris, London, Genf und Amsterdam die „Europäische Arbeitsgemeinschaft für Wertpapieranalysen".

Besonders verdient gemacht hat sich Michael Hauck im Bereich der Wertpapieranalyse, etwa mit der so genannten „Hauck'schen Formel", mit der sich der Gewinn von Unternehmen berechnen ließ, der damals eher willkürlich und nur unzuverlässig angegeben wurde. Zudem zählt er zu den Mitbegründern des Berufsstandes der Wertpapieranalytiker, der deutschen Vereinigung für Finanzanalyse und Anlageberatung (DVFA), deren Ehrenmitglied er heute ist. Dort setzte er sich für eine erhöhte Publizitätspflicht der Aktiengesellschaften ein. Neben anderen Engagements ist er außerdem Mitbegründer des Instituts für Kapitalmarktforschung, dem heutigen Center for Financial Studies an der Universität Frankfurt.

30 Jahre lang gehörte Hauck dem Vorstand der Frankfurter Wertpapierbörse an, deren Präsident er von 1986 bis 1989 war. In seine Amtszeit fielen der Umbau des Börsengebäudes und die Übergabe der weithin bekannten Bulle-und-Bär-Plastik.

Eine reine Computerbörse lehnte der Bankier stets ab: Sie zerstöre seines Erachtens „nicht nur die persönlichen Beziehungen zwischen den Händlern, sondern stört auch die Beziehung Händler – Kunde." Hauck sah die Börse als Dienstleistungsinstrument für Anleger und Emittenten und nicht als „Players' Market". Ende der 1960er-Jahre setzte er sich als Vorsitzender des Optionsausschusses maßgeblich für die Wiedereinführung des Terminhandels ein – gegen den vielfachen Widerstand gegen diese damals als „unseriös" betrachteten Geschäfte.

Frankfurter durch und durch

Michael Hauck ist der Stadt Frankfurt und dem Land Hessen eng verbunden. Anlässlich seines 65. Geburtstages wurde ihm 1992 das Bundesverdienstkreuz 1. Klasse verliehen. Das Land Hessen ehrte ihn 1997 durch die Verleihung seines Verdienstordens. Und die Stadt Frankfurt würdigte seine Verdienste um verschiedene Einrichtungen des Finanzplatzes ebenfalls 1997 mit der Verleihung ihrer Ehrenplakette an den „Frankfurter durch und durch".

Seine Verbundenheit zu Frankfurt zeigt sich auch darin, dass er 1959 Mitbegründer und bis 1989 Mitglied des Vorstandes des Städelschen Museumsvereins war. Darüber hinaus unterstützte er als Mitglied des Verwaltungsrates von 1958 bis 2003 das Freie Deutsche Hochstift in Frankfurt und den Stifterverband der Deutschen Wissenschaft in Essen.

Analytische Schärfe und das kompromisslose Festhalten an Überzeugungen machten Michael Hauck zu einem für seine Umgebung manches Mal nicht einfachen Zeitgenossen. Dagegen war er stets darauf bedacht, wenig Aufheben um seine Person zu machen. Beispielhaft dafür ist seine Rede anlässlich der Verleihung des Bundesverdienstkreuzes 1992: „Als ich 60 wurde, konnte ich, da ich gefragt worden war, darum bitten, die Verleihung nicht vorzunehmen. Nun, mit 65, wurde ich nicht mehr gefragt, vielleicht ist es auch eine Alterserscheinung."

Zu seinem 70. Geburtstag 1997 veröffentlichte er das Buch *Kompost*, in dem seine verschiedenen Vorträge und Publikationen zusammengefasst sind. Privat liebt er Spaziergänge im Taunus und im Engadin sowie seine Hunde, die er früher zur Jagd mitnahm. Seine große Leidenschaft ist das Sammeln von antiken Tierfiguren, über die er drei Bücher verfasst hat. Wegbegleiter bezeichnen Michael Hauck als einen „jener Bankiers, deren Rat stets gesucht war". (hbh)

Michael Hauck wird 85 Jahre alt

Aus der Börsenzeitung, 20. April 2012

Die Aktienkultur bzw. der Mangel daran in Deutschland ist ein Kernthema, das Michael Hauck bis heute nicht loslässt. In einer Ende vorigen Jahres erschienenen Chronik von Hauck & Aufhäuser Privatbankiers und im jüngsten Geschäftsbericht hat der Nachfahre des einen Gründerstammes und Ehrenvorsitzende der 1998 in einer hessisch-bayerischen Fusion entstandenen Bank auch dazu erneut Stellung genommen. Werbung für die Aktie als Anlageform wie als Finanzierungsmittel für Unternehmen sollte weiterhin ein wichtiges Anliegen für Privatbankiers sein, sagt Hauck und fügt hinzu: „Wie sollen sich denn junge Unternehmen anders finanzieren als über die Börse? Wir sollten uns nicht davon entmutigen lassen, dass die Aktie nach dem Zusammenbruch der New Economy an Ansehen verloren hat. Hier bleibt eine echte Marktlücke für eine gute und verantwortungsbewusste Beratung."

Hauck hat das Bankhaus Georg Hauck & Sohn als persönlich haftender Gesellschafter 38 Jahre lang bis Ende 1993 geführt; seine Berufswahl hatte er schon in der Volksschule getroffen bzw. sich dazu verpflichtet gefühlt. Doch war und ist er nicht nur Bankier. Er hat obendrein drei Jahrzehnte im Vorstand der Frankfurter Wertpapierbörse gewirkt und war von 1986 bis 1989 deren Präsident, weiß also auch insoweit, wovon er redet. Das mag auch für dieses Zitat gelten: „Ich hätte auch niemals zugestimmt, dass die Börse als Unternehmen selbst an der Börse notiert wird. Das ist für mich ein Widerspruch in sich, denn eine Börse muss auch öffentliche Interessen wahren. Ein privates Unternehmen kann das nicht." Da kommt der „Trommler und Querdenker am Finanzplatz Frankfurt" durch, wie ihn Rüdiger von Rosen, der einstige Chef der Deutschen Börse, jetzt Geschäftsführendes Vorstandsmitglied des Deutschen Aktieninstituts, einmal nannte, oder der „gewesene Rebell", von dem die Börsen-Zeitung in einer früheren Würdigung schrieb: „Fest steht: Hauck hat aus seinem Herzen nie eine Mördergrube gemacht." „Ein sehr selbstbewusster Vorstandsvorsitzender" der vormaligen Hoechst AG, so erzählt Michael Hauck selbst, habe einst in einer Hauptversammlung gesagt, er gewähre den Aktionären bei einer Kapitalerhöhung ein attraktives Bezugsrecht. Haucks Replik an den Manager: Der könne den Aktionären gar nichts gewähren, schließlich gehe es um deren Geld. Mittlerweile nennt man das Corporate Governance, wobei wohl nicht ausgeschlossen werden kann, dass der eine oder andere Vorstandsvorsitzende auch heute noch seinen Kapitalgebern etwas „gewähren" will.

Unabhängig davon, dass Hauck in der Sache völlig Recht hatte: Viele Anekdoten, die er aus der in mancher Hinsicht ja wirklich guten alten Zeit gerne erzählt, zeugen auch davon, dass er zum Lachen nicht in den Keller geht. Wie z. B. die Geschichte von einem anderen Privatbankier, der Hauck lange nach Geschäftsschluss einlud, damit der nicht merkte, dass Ersterer sich den branchenüblichen Portier nicht mehr leisten konnte.

Am Sonntag vollendet Michael Hauck sein 85. Lebensjahr. Ein paar Tage später werden ihm die Partner des Bankhauses einen Festabend ausrichten, bei dem der frühere Chefvolkswirt der Europäischen Zentralbank, Jürgen Stark, den Vortrag hält. Der wird mutmaßlich nicht in erster Linie von der Aktienkultur handeln.

Das Alte ehren und das Neue achten

Michael Schramm in der Börsen-Zeitung, 2. Februar 2012,
Nummer 23, Seite B 24

Der Trend geht zur Größe. In der Finanzbranche hat eine enorme Konsolidierung stattgefunden, die meisten Dienstleister sind mittlerweile industrieähnliche Konzerne. Ihre Marktmacht beruht auf dem Warenhausmodell und der Standardisierung von Prozessen, Produkten und Kundenbedürfnissen. Die globalisierte Wirtschaft mit ihrem riesigen Kapitalbedarf ist ohne den Banker angelsächsischer Prägung nicht mehr denkbar.

Doch auch der „Privatbankier" hat weiterhin seine Daseinsberechtigung. Denn ein zweiter Trend weist in Richtung kleiner und überschaubarer Organisationen: Finanzmanufakturen. Individuelle Lösungen für anspruchsvolle Kunden werden heute wieder häufiger nachgefragt. Nicht trotz, sondern gerade wegen der Kapitalmarktkrise. Das rückt die einschlägigen Adressen am Finanzplatz Frankfurt stärker in den Mittelpunkt des Interesses.

Dabei war der „Banquier" ursprünglich gar kein reiner „Geldhändler", sondern ein ganz normaler Kaufmann. Seine Wurzeln lassen sich bis zu den toskanischen Handelshäusern des 13. Jahrhunderts zurückverfolgen. Die Florentiner Medici waren die ersten Privatbankiers der Geschichte, auch wenn ihre Bank nur fünf Generationen lang Bestand hatte. Im 16. Jahrhundert gründeten die Fugger und Welser die ersten Privatbanken in Deutschland. Eine Zeit lang war ihr Einfluss kaum zu überschätzen: Sie zählten zu den wichtigsten Finanziers der europäischen Herrscherhäuser.

Der heutige Finanzplatz Frankfurt machte sich einen Namen zunächst als Stadt der Händler und Kaufleute. Auf den Oster- und Herbstmessen wurden Kleidung, Metallwaren und Luxusartikel gehandelt. Wechsel- und Kreditgeschäfte gehörten – besonders angesichts der kaum überschaubaren Währungsvielfalt im Heiligen Römischen Reich Deutscher Nation – von Beginn an dazu. Ausschließlich Finanzgeschäfte betrieben einzelne Firmen meist erst ab dem 19. Jahrhundert, als der wachsende Finanzbedarf und die Komplexität des Warenverkehrs nach spezialisierten Banken verlangten.

Zu den Frankfurter Firmen, die bald über die Grenzen der Region hinaus bekannt wurden und auch heute noch aktiv sind, gehören Rothschild, Bethmann, Metzler und Hauck. Rothschild machte sich 1764 als Münz- und Wechselhändler selbständig und beherrschte im 19. Jahrhundert das europäische Anleihegeschäft. Als dieses Finanzierungsmittel an Bedeutung verlor, begann auch der Abstieg der Rothschilds; das Frankfurter Stammhaus wurde 1901 geschlossen. Die 1748 gegründete Firma Gebrüder Bethmann handelte anfänglich mit Kolonialwaren, Textilien und Farbstoffen, nahm wenig später das Anleihegeschäft auf und legte mit der Einführung der „Partialobligation" den Grundstein zum modernen Rentenmarkt.

Ab 1760 stieg auch die ursprünglich als Tuchhandlung gegründete Firma B. Metzler seel. Sohn & Co. in das schnell wachsende Geschäft mit Staatsanleihen ein. Wenig später folgte Gebhard & Hauck. Das Haus gewährte unter anderem dem Oberrheinischen Kreis ein Darlehen und beteiligte sich an der Emission von Preußen-Anleihen. Die 1796 gegründete Firma betrieb außerdem einen weitläufigen Wein-, Seiden- und Farbstoffhandel.

Für Hauck war das Staatsanleihegeschäft jedoch nur eine kurze Episode. Trotz der Dominanz der Berliner Großbanken konzentrierte sich das Haus bald auf das Aktiengeschäft und zeigte dabei seine innovative Kraft. Man pflegte beste Beziehungen zu regionalen Unternehmen, wie zur Metallgesellschaft, der Berg- und Metallbank, den Adlerwerken und zu Brown, Boveri & Cie. Die Bankiers der Familie Hauck hatten Sitz und Mitspracherecht in zahlreichen Aufsichtsräten. Unter anderem brachte Georg Hauck & Sohn 1888 gemeinsam mit J. J. Weiller die Farbwerke Hoechst an die Börse.

Nach dem Zweiten Weltkrieg machte sich das Haus um die Aktienkultur verdient: Michael Hauck war ein Vorreiter der Finanzanalyse in Deutschland, Mitglied im Gründungskonsortium von DVFA und DWS sowie von 1986 bis 1989 Präsident der Frankfurter Wertpapierbörse. Noch heute ein Begriff ist die „Hauck'sche Formel", mit der die Bank in Zeiten eines noch relativ intransparenten Kapitalmarktes vom Steueraufwand eines Unternehmens dessen Gewinn hochrechnete.

Doch zurück in die Gründerzeit. In diesen Tagen blühte das Geschäft der Frankfurter Privatbanken, die sich als Finanziers vor allem regionaler und mittelständischer Unternehmen etabliert hatten. Auf gesellschaftlicher Ebene niedergeschlagen hat sich die Partnerschaft zwischen Finanzbranche und Wirtschaft später in der sogenannten „Bohnenrunde": Herren der Frankfurter Oberschicht trafen sich – und treffen sich noch heute – einmal im Jahr zu einem opulenten Diner. In einem der Desserts ist eine Bohne aus Gold versteckt. Wer sie serviert bekommt, ist „Bohnenkönig“ und damit Gastgeber der nächsten Einladung. Seit nunmehr 110 Jahren versammelt sich dieser illustre Kreis von meistens zwölf Personen früher am Dreikönigstag, mittlerweile Ende Januar.

Ein Bild dieser Herrenrunde des sächsischen Künstlers Georg Jahn aus dem Jahr 1907 hängt in unserem Bankhaus. Es zeigt neben Otto Hauck diverse weitere Bankiers wie Freiherr Max von Goldschmidt-Rothschild, Albert von Metzler (den Schwiegervater Otto Haucks), Carl von Grunelius und Carl Borgnis vom Bankhaus Gebr. Bethmann, sowie die Unternehmer Wilhelm von Meister, Walther vom Rath und Richard von Passavant. Dass ein für seine Sparsamkeit bekannter Teilnehmer die goldene Bohne lieber heruntergeschluckt habe, anstatt das nächste kostspielige Diner auszurichten, ist eine hübsche, jedoch nicht bestätigte Anekdote.

Rund 1.400 Privatbanken gab es um die Wende des 19. zum 20. Jahrhundert in Deutschland, knapp 200 allein in Frankfurt. Heute existiert landesweit nur noch rund ein halbes Dutzend dieser Häuser. Was zeichnet den Privatbankier moderner Prägung aus? Und was macht ihn zu etwas Besonderem.

Der Privatbankier als kluger und erfahrener Ratgeber ist überall dort gefragt, wo es um die Verwaltung großer und komplexer Vermögen geht. Sein unabhängiges Urteil wird besonders von unternehmerisch denkenden und handelnden Menschen geschätzt. Seine Stellung hat er sich nicht selten über Jahrhunderte aufgebaut. Im Idealfall genießt er das uneingeschränkte Vertrauen seiner Kunden und sitzt – bildlich gesprochen – als „Hausarzt der Finanzen“ mit am Familientisch.

Zwar schützen die überschaubaren Strukturen der kleineren Häuser und eine lange Tradition nicht vor wirtschaftlichen Fehleinschätzungen und unternehmerischen Missgriffen. Doch allein die Tatsache, dass viele Privatbanken ihr Geschäft schon mehrere hundert Jahre betreiben und sich trotz Wirtschaftskrisen, Währungsreformen, Kriegen und politischen Umwälzungen erfolgreich am Markt behaupten, weist auf zwei Charakteristika des Privatbankiers hin: sein Denken in längeren Zeiträumen und sein konservatives Verhältnis zum Risiko.

Grundlegend für diese Haltung ist und bleibt seine Herkunft – als Unternehmer und unabhängiger Kaufmann. Neben klassischen Kaufmannstugenden, wie Sparsamkeit, Aufrichtigkeit und Diskretion, die sich über Jahrhunderte herausgebildet haben und sein Handeln bestimmen, ist es das unternehmerische Prinzip der Koppelung von Risiko und Haftung, das bis heute die Basis seiner Geschäftsphilosophie ausmacht.

„Das tragende Fundament des freien wirtschaftlichen, sogenannten kapitalistischen Systems ist die volle persönliche Verantwortung des Wirtschaftenden für seine Handlungen in moralischer und finanzieller Hinsicht", erklärte programmatisch der Privatbankier und Frankfurter IHK-Präsident Otto Hauck im Jahr der Weltwirtschaftskrise 1931.

Und nicht weniger pointiert antwortete dessen Enkel, Michael Hauck, auf die Frage, wie der Privatbankier künftig seine Stellung im Wettbewerb verteidigen könne: „Er behält seinen Platz, wenn er sich an die alten Spielregeln hält und gleichzeitig auf die Veränderungen in der Wirtschaft achtet."

Bibliografische Information der Deutschen Nationalbibliothek
Die Deutsche Nationalbibliothek verzeichnet diese Publikation in der Deutschen Nationalbibliografie; detaillierte bibliografische Daten sind im Internet über http://dnb.d-nb.de abrufbar.

Umschlaggestaltung: Guido Klütsch, Köln
unter Verwendung des Gemäldes *Frankfurt (1960)* von Michael Hauck, Öl auf Holz, 24 x 30,5 cm
Autorenfoto (2008): © Felix Seuffert, Cape Town, South Africa
Gesamtgestaltung/Satz: Droste Verlag
Druck und Bindung: CPI – books GmbH, Leck
ISBN 978-3-7700-6024-5

www.drosteverlag.de